明德并购重组前沿丛书

跨境并购
来自并购监管与管制放松的案例

穆罕默德·贝迪尔（Mohammad Bedier） 著

孟凡帅 苗建琦 译

Cross-Border Mergers and Acquisitions
The Case of Merger Control v. Merger Deregulation

上海财经大学出版社
SHANGHAI UNIVERSITY OF FINANCE & ECONOMICS PRESS

上海学术·经济学出版中心

图书在版编目(CIP)数据

跨境并购:来自并购监管与管制放松的案例/(埃)穆罕默德·贝迪尔(Mohammad Bedier)著;孟凡帅,苗建琦译. —上海:上海财经大学出版社,2023.12

(明德并购重组前沿丛书)

书名原文:Cross-border mergers and acquisitions: the case of merger control v. merger deregulation

ISBN 978-7-5642-4233-6/F·4233

Ⅰ.①跨⋯ Ⅱ.①穆⋯ ②孟⋯ ③苗⋯ Ⅲ.①企业兼并-跨国兼并-研究 Ⅳ.①F276.7

中国国家版本馆 CIP 数据核字(2023)第 160201 号

□ 责任编辑　石兴凤
□ 封面设计　贺加贝

跨 境 并 购
来自并购监管与管制放松的案例

穆罕默德·贝迪尔　著
(Mohammad Bedier)

孟凡帅　苗建琦　译

上海财经大学出版社出版发行
(上海市中山北一路 369 号　邮编 200083)
网　　址:http//www.sufep.com
电子邮箱:webmaster @ sufep.com
全国新华书店经销
上海华业装璜印刷厂有限公司印刷装订
2023 年 12 月第 1 版　2023 年 12 月第 1 次印刷

787mm×1092mm　1/16　16 印张(插页:2)　313 千字
定价:86.00 元

图字:09-2023-0868 号

Cross-border Mergers and Acquisitions

The Case of Merger Control v. Merger Deregulation

Mohammad Bedier

© Mohammad Bedier 2018

All Rights Reserved. No part of this publication may be reproduced, stored in a retrieval system or transmitted in any form or by any means, electronic, mechanical, photocopying, recording, or otherwise without the prior permission of the publisher.

Authorized translation from the English language edition published by Edward Elgar Publishing Limited.

Chinese Simplified language edition published by Shanghai University of Finance and Economics Press, Copyright © 2023.

2023年中文版专有出版权属上海财经大学出版社

版权所有　翻版必究

致我的父母

致我的妻子赫芭（Heba）

致我的孩子马拉克（Malak）、亚辛（Yassin）、泽纳（Zeina）、优素福（Youssef）和我未出生的孩子

总　序

并购重组（merger，acquisition，restructuring，以下简称 MAR），来自西方英语世界，也是商学院一门金融、财务和战略方向的必修课程。因为属于外来词汇，汉语词库中并无精确词语完全对应这一概念，所以借鉴西方典籍了解 MAR，就是一个必然途径，也是一个捷径。引进翻译西方的并购重组书籍，有助于更多的读者了解当代西方的并购重组理论与实践经验。

外来的和尚会念经。从唐玄奘为学佛法，取经西天之日起，我国就有了取经的传统。当年历经千难万险，方才能取回真经。而今独守书斋，即可纵览天下典籍，不亦幸哉快哉！

翻译过程，实乃人生之辛苦事，对于专业书籍来说，除了至关重要的遣词用语需要中英文转换、领会原文的专业本意以外，还要能够精确理解涉及的理论专业名词和背景，否则，绝无翻译成功之可能。本套丛书由上海财经大学金融学院的专业教师牵头，指导部分研究生进行了初稿翻译，之后由教师校阅修改并最终定稿。

这套书目前共 7 本。

第一本《铁血并购》，作者是美国弗吉尼亚大学达顿商学院的罗伯特·布鲁纳教授，他是学界和业界均有影响力的学者。达顿商学院的并购案例教学举世闻名，众多世界名校的 MAR 课程均采用达顿商学院的教学案例。这是一本作为商学院教科书的案例集，系统总结了 20 世纪 90 年代至 21 世纪第一个 10 年的美国重大并购失败案例。

第二本《重大转折——并购失败中的教训》，作者是麦肯锡顾问公司并购咨询委员会成员罗伯特·斯坦凡诺斯基，他曾在美国通用电气（GE）公司多个下属机构担任 CEO，以及担任过瑞士银行 UBS 投行部的财务总监。该书聚焦于 2008 年全球金融危机爆发以来，英美国家发生的重大并购失败案例分析，特别是有多个银行、证券等金融机构的并购案，从全流程中总结了"并购准备—执行—整合"的经验教训。

第三本《兼并、收购和重组：文本和案例》（原书第 2 版），由两位印度教授克里希纳穆提和纳什瓦纳特合著，这是一本发展中国家学者编写的 MAR 教材，案例多取材于印度企业。因此若读者欲了解印度企业的并购重组，则本书提供了大量有益的信息。

第四本《欧洲私募股权和风险投资：市场、技术和交易》（原书第 2 版），作者是意大利博洛科尼大学商学院的两位教授斯特凡诺·卡塞利和朱莉亚·内格里，他们基于欧洲的实践，对私募股权和风险投资市场做了分析，其中讨论了 PE/VC 对并购、杠杆收购、转型重组等的参与，书中涉猎了私募债、PE 二级市场交易、公私合营项目 PPP、私募股权管理公司上市、众筹等新话题，该书覆盖了 PE/VC 的业务流程各领域，是了解行业前沿的好作品。

第五、第六本均为《并购的艺术》系列著作。《并购的艺术》诞生于 1989 年，是较早的一本"收购兼并买断指南"，目的是向社会和业界解释并购及重组交易的全过程。该系列丛书的独辟蹊径之处在于：应用苏格拉底式刨根问底的方法，提出一系列连珠炮式的问题，然后进行解答。通过这个过程，以模拟"思辨式思考"的创新探索过程，作者认为"没有愚蠢的问题，也没有人会因为提问题而变成傻瓜，除非他停止提问"。该系列丛书的策划者是亚历山德拉·里德·拉杰科斯，她是从事并购重组的咨询顾问，之后她的一些合作者及其女儿也参加进来。这套书对金融实务界的影响颇大，成为整个并购重组行业的一束火炬，照亮了行业前进的道路（我国的华夏出版社 1998 年引进翻译过当时的这套丛书）。2016 年《并购的艺术》新系列出版以来，反映了并购重组实践中的新进展。第五本《并购的艺术：公司估值指南》，介绍了估值中常用的现金流折现和可比公司法等，更分析了估值前沿的一些问题，如或有补偿、税务和法律对估值的影响等，给出了估值模型举例分析。第六本《并购的艺术：合并、收购和买断指南》是经典的系列开篇之作的第 5 个版本，出版于 2019 年，作者是亚历山德拉·里德·拉杰科斯及其创办的资本专家服务有限公司，这是一本百科全书式的指南，厚达 1 200 多页，自 1989 年以来更新了 5 版，在全球并购重组业内享有重要影响力。该书对美国并购重组的现实特别是有关法律问题做了最新的展示和分析。既然叫指南，就是如何操作之意，一本在手，可以大致了解并购重组的全貌。

第七本《跨境并购》揭开了跨国并购的神秘面纱，内容包括从初步协议和尽职调查，到评估、结构、融资和最终完成交易的全过程。它从理论和实证的角度研究了跨国并购的动机和效率。作者巧妙地确定了跨国并购所面临的障碍，重点介绍了并购前的控制法律和法规特别是美国、欧盟和中东的法律和法规。本书还考虑到了监管改革包括放松合并管制和其他关键改革建议的影响。经济、法律、投行等专业人员将获得克服与跨境交易相关的独特障碍的实际理解，政策制定者也会发现书中提供的信息和标准是评估和设计政策的有用工具。

"明德并购重组前沿丛书"的命名和诞生，与武飞先生的义举有着关键关系。"明德"一词，出自《礼记·大学》，所谓"大学之道，在明明德"。采用此名，则为武飞先生的建议。武飞先生，是上海道得投资合伙企业的创始合伙人。作为 20 世纪

90年代上海财经大学的本科毕业生，曾留校短暂工作了一段时间，终于被时代的经济大潮所吸引，就此成为我国经济改革开放事业中的弄潮儿。二十多年来，他在并购重组领域积累了丰富的经验，同时也积累了一些财富。由于他割舍不断与母校的谆谆情感，于是自2017年始，武飞先生决定捐助母校的教育事业。他出资捐赠上海财经大学，用于教学科研、大学生领导力培养、楼宇建设等，其中一项就是捐助用于并购重组的科学研究，包括出版"明德并购重组前沿丛书"。

说来事巧，我们曾于1998年国泰君安证券公司组建后的首届并购部中相识。彼时，武飞先生刚从大学跃入业界，李曜先生则在证券公司兼职工作。两人的办公桌就隔着一米宽的走道。每天清晨，武飞必泡上一壶绿茶，李曜则在浏览当天的报纸和财经信息，二人交流观点、畅谈资本市场。人生奇妙，二十年后，李曜从事着公司金融、并购重组的教学科研，武飞从事着并购重组的业务实践；李曜成为大学教授和知名学者，武飞成为著名的金融投资家和母校校董。在不同的人生轨道上漫游了一圈之后，又有了交汇的一刻。光阴荏苒，因缘不断，一切由于资本市场并购重组的事业。

我们致敬我国资本市场并购重组事业的发展，相信这一块业务必能获得更大的蓬勃发展空间。希望读者不用"言必称希腊"，采取"拿来主义"的态度即可，打开"明德并购重组前沿丛书"，开卷有益，从中获得指引和指南。成功经验的圭臬是什么？失败教训的覆辙有哪些？从而趋利避害，走向成功。

武　飞　上海道得投资有限合伙企业创始人、
　　　　上海财经大学校董
李　曜　上海财经大学金融学教授
　　　　2021年6月30日

目 录

前言 ⋯⋯⋯⋯⋯⋯⋯⋯⋯⋯⋯⋯⋯⋯⋯⋯⋯⋯⋯⋯⋯⋯⋯⋯⋯⋯⋯⋯⋯ 1

第一章　历史回顾与并购导读 ⋯⋯⋯⋯⋯⋯⋯⋯⋯⋯⋯⋯⋯⋯⋯⋯ 1
　第一节　历史回顾 ⋯⋯⋯⋯⋯⋯⋯⋯⋯⋯⋯⋯⋯⋯⋯⋯⋯⋯⋯⋯ 2
　第二节　并购导读 ⋯⋯⋯⋯⋯⋯⋯⋯⋯⋯⋯⋯⋯⋯⋯⋯⋯⋯⋯⋯ 48
　第三节　结论 ⋯⋯⋯⋯⋯⋯⋯⋯⋯⋯⋯⋯⋯⋯⋯⋯⋯⋯⋯⋯⋯⋯ 75

第二章　并购动因、效率与障碍 ⋯⋯⋯⋯⋯⋯⋯⋯⋯⋯⋯⋯⋯⋯⋯ 78
　第一节　并购动因 ⋯⋯⋯⋯⋯⋯⋯⋯⋯⋯⋯⋯⋯⋯⋯⋯⋯⋯⋯⋯ 79
　第二节　并购效率 ⋯⋯⋯⋯⋯⋯⋯⋯⋯⋯⋯⋯⋯⋯⋯⋯⋯⋯⋯⋯ 91
　第三节　跨境并购执行概况 ⋯⋯⋯⋯⋯⋯⋯⋯⋯⋯⋯⋯⋯⋯⋯⋯ 111
　第四节　并购管制:跨境并购的障碍 ⋯⋯⋯⋯⋯⋯⋯⋯⋯⋯⋯⋯ 133
　第五节　结论 ⋯⋯⋯⋯⋯⋯⋯⋯⋯⋯⋯⋯⋯⋯⋯⋯⋯⋯⋯⋯⋯⋯ 185

第三章　改革建议 ⋯⋯⋯⋯⋯⋯⋯⋯⋯⋯⋯⋯⋯⋯⋯⋯⋯⋯⋯⋯⋯ 187
　第一节　双边合作协议 ⋯⋯⋯⋯⋯⋯⋯⋯⋯⋯⋯⋯⋯⋯⋯⋯⋯⋯ 188
　第二节　国际并购管制规则 ⋯⋯⋯⋯⋯⋯⋯⋯⋯⋯⋯⋯⋯⋯⋯⋯ 194
　第三节　超国家并购前管制机构 ⋯⋯⋯⋯⋯⋯⋯⋯⋯⋯⋯⋯⋯⋯ 202
　第四节　程序改进建议 ⋯⋯⋯⋯⋯⋯⋯⋯⋯⋯⋯⋯⋯⋯⋯⋯⋯⋯ 210
　第五节　解除并购管制 ⋯⋯⋯⋯⋯⋯⋯⋯⋯⋯⋯⋯⋯⋯⋯⋯⋯⋯ 219
　第六节　结论 ⋯⋯⋯⋯⋯⋯⋯⋯⋯⋯⋯⋯⋯⋯⋯⋯⋯⋯⋯⋯⋯⋯ 227

结论与建议 ⋯⋯⋯⋯⋯⋯⋯⋯⋯⋯⋯⋯⋯⋯⋯⋯⋯⋯⋯⋯⋯⋯⋯⋯ 229

术语表 ⋯⋯⋯⋯⋯⋯⋯⋯⋯⋯⋯⋯⋯⋯⋯⋯⋯⋯⋯⋯⋯⋯⋯⋯⋯⋯ 232

缩略语 ·· 235

案例 ·· 237

法案 ·· 239

参考文献 ·· 243

前　言

20世纪下半叶，兼并与收购[①]备受关注。在全球公示的所有并购交易案例中，不同国家或辖区的公司之间的并购（以下简称跨境并购）占比不足50%。[②] 毫不夸张地说，跨境并购是世界经济中至关重要的交易类别，这是因为跨境并购已经占外国直接投资（简称FDI）的50%以上。[③]

此外，20世纪，法律文献以及政府在各个层面各个领域的其他文献都主要集中在有关贸易自由化的讨论上，特别是关于如何运用国际协议作为消除贸易壁垒以获取预期收益的讨论。然而，关于识别贸易障碍并采取其他福利最大化的交易方式，即跨境并购交易，这些亟待深思的问题各方却很少关注。

下面这个例子能够反映出跨境并购的规模有多大。2000年4月12日，欧盟委员会（以下简称欧盟）宣布不会阻止英国公司沃达丰（Vodafone）和德国公司曼内斯曼（Mannesmann）之间的跨境并购交易。此项交易价值接近1 800亿美元。[④] 在同样的背景下，据报道，2007年，作为世界第四大并购交易活跃区，中东地区的并购交易额超过1 060亿美元。[⑤]

不仅如此，20世纪最后十年，跨境并购领域出现了一类重要的且定期参与交易的活跃分子。它们并非新手，而且正逐渐成为关键选手。它们就是主权财富基金（以下简称SWF），即由国家拥有的投资基金。据报道，2007年，全球范围内跨境并购交易总额超过485亿美元。[⑥] 截至2014年5月，全球SWF总投资估计有6.5万亿美元，

[①] "并购"用于指称兼并、整合和收购。更精确的定义、分类和描述见第51页。

[②] Salim Mohammed, A Story of Two Halves, in *International Mergers & Acquisitions: Creating Value in an Increasingly Complex Corporate Environment* at 11, 15 (Financier Worldwide Booz & Company ed., 2008); H. Donald Hopkins, Cross-border Mergers and Acquisitions: Global and Regional Perspectives, 5 *Journal of International Management* 207, at 208-209 (1999).

[③] J. Peter Neary, Cross-Border Mergers as Instruments of Comparative Advantage, 74 *the Review of Economic Studies* 1229, at 1229 (2007).

[④] Commission Notice, 2000 O. J. C 141/07.

[⑤] Mohammed, A Story of Two Halves, *supra* note 2, at 15.

[⑥] Sonia Kalsi, Sovereign Wealth Funds, in *International Mergers & Acquisitions: Creating Value in an Increasingly Complex Corporate Environment* at 16, 17 (Financier Worldwide Booz & Company ed., 2008).

并且这种增长有望持续。[①]

基于并购交易的重要本质，许多国家专门为控制这些交易制定了一系列法律法规。实际上，这些法律法规被认为是一般意义上的并购交易，特别是跨境并购成功且高效完成的绊脚石。跨境并购的特殊性源自这样一个事实，即这类交易不仅受某些相关国家法律的约束，而且受不同司法管辖区的不同法律的约束。这些不同的法律可能相互矛盾，或者即使相似，也可能有不同的解释。

本书的核心主题在于清晰地梳理和介绍这些法律法规是如何被视为一般意义上的并购交易，特别是跨境并购所面临的障碍的。本书中的探讨不仅局限于国家和不同监管部门所造成的障碍，还涵盖由其他各方所添加的额外约束，如专业服务提供商，其中，法律咨询师便是典型的例子之一。此外，本书主要聚焦于一个主要的障碍——并购管制法，因为并购管制是典型的、最为复杂且最具影响力的跨境并购障碍之一。

事实上，在并购管制发展史上，比如在20世纪，很多监管区域都采用了并购管制法。据报道，截至2010年，110个司法管辖区已采用了并购管制体系。[②] 同时，本书将尝试仅在3个选定的司法管辖区辨析并购管制法的弊端，其中包括美国、欧洲联盟（简称欧盟）、埃及。

我们还应注意到选择这三种体系背后的主要原因是美国并购管制法是第一个采用并购管制体系的法案，而且美国和欧盟的司法管辖区是该领域最具动态性且最为活跃的司法管辖区。[③] 此外，另一个重要原因是美国和欧盟管制体系拥有独特的适用于并购管制的域外管辖权。更重要的是这两个系统被全球其他许多司法管辖区大量模仿。

此外，埃及体系也被选入其中，这是因为埃及是中东和北非（简称MENA）地区的领先国家，并且埃及体系是MENA地区各国广泛采用的并购管制体系。不仅如此，埃及的法律几乎被所有的阿拉伯国家广泛复制。而且，美国和欧盟体系都是并购前审查体系，而埃及体系是并购后管制体系，这是并购管制的两种典型体系。

另外，埃及法律体系被视为大陆法系，美国体系则属于英美法系，将美国体系作为英美法样本，将埃及体系作为大陆法样本，两相比较会更有助益。我们要识别管控体系的弊端。本书的第二个核心研究主题就是评估选定的改革方案以克服这些弊端。

[①] 欲知全球SWF的完整资料及更多细节，见https://www.swfinstitute.org（最近一次访问为2017年12月1日）。

[②] Julie Nicole Clarke, The International Regulation of Transnational Mergers (Queensland University of Technology, 2010).

[③] Maher M. Dabbah, The Internationalisation of Antitrust Policy at 278, 279 (Cambridge University Press, 2003).

要做到这一点,需解决采用改革方案的可行性问题,即该方案是否能促进并改善并购交易,特别是跨境并购的现状。

与此同时,为评估这些改革方案,我们有必要深入理解并购管制法是如何发展的。为了更好地理解并购管制体系,本书将会尝试介绍并解决一些导读性问题和次级话题。这些次级话题将作为本书的出发点,即"公司"这一概念的发展历史是什么、公司是如何起源的以及公司因何起源。公司与国家之间的关系是如何发端并发展的、并购的历史是什么、托拉斯是如何促成反垄断法的。[①]

为解答这些问题,我们就要讨论公司发展史上的一些标志性事件。这些标志性事件可能被视为促进变革的加速剂,发展并完善了"公司"这一概念本身。这部分会涵盖一些公司的历史简介。这些公司包括东印度公司,东印度公司被称为"现代公司之母";以及南海公司(South Seacompany),因为它是早期发展史上最大的金融危机的罪魁祸首。此次危机明显促进了国家和公司之间关系的变革。

一般来讲,讨论这些突破性进展主要是为了介绍早期西方司法管辖区内国家在管理公司本身及其发展上所起的作用。此外,这部分会介绍封建主义在公司和国家之间的关系上所起的作用,以及它是如何为这一关系的未来发展打开一扇门的。本书将阐述这一关系的起始与发展:它始于国家授予公司垄断权和注册权,于是公司配合国家利用这些权利作为金融工具控制和批准公司继续运营。接着,国家放权帮助公司挽救经济并为工业革命贡献了力量。在公司积蓄了一定的力量后,国家又再次开启对其监管的新时代。这一行为不仅无法成功而且导致私有化和放松管制的新趋势。

总而言之,本书以一种建设性的方式,并按时间顺序解答这些核心问题以及上述出发点,从历史回顾到现状概述,最后是改革提案下的未来展望。因此,本书主要分为三章:第一章旨在介绍并购导读与历史回顾,主要回顾的历史内容有:(1)公司史,(2)并购史,(3)反托拉斯史,(4)国家与公司关系史。

并购导读这一部分首先介绍并购的定义和分类,并且研究一些公司的重组方案和增长方案,例如,合营(以下简称JV)、授权经营、特许经营等。这部分还会从交易前准备到交易收官之后的阶段介绍并购交易的常见细节。并购交易系统将主要阐述并购交易本身的复杂性,尽管交易不受国家管控或者在不同的司法管辖区受到不同的法律约束。

审视并购系统至关重要,因为对并购系统的扎实理解是深入探究并购障碍的先决条件。基于此,仔细研究并购系统的每一步毫无疑问都是余下步骤的前提。除此之

[①] "反托拉斯"这一术语被用来代指其他术语,例如,"反垄断""反不正当竞争"等;此后,在可能的情况下,将使用"反托拉斯"一词代替所有其他类似术语。

外,审视并购系统必定会对理解如何消除或减缓并购障碍大有助益。

接下来,本书第二章分为三个主要部分:第一部分主要聚焦于识别最受认可的驱使各方参与并购交易的动因。第二部分主要致力于从两个维度或角度出发检验并购成效,即从并购各方的视角与对国家和全球经济影响的视角分析交易成败因素。这里的讨论主要评估为并购而付出修订或改革现行法律法规的努力是否值得。第三部分分为两个次级话题:第一个是识别并购各方将会面对的 12 个阻碍,这个话题会作为第二个次级话题的导入部分;第二个次级话题主要在细节上讨论并购管制系统,以揭示管制系统给跨境并购带来的阻碍有多大。并购管制系统的阐述将涵盖上述 3 个被选定的司法管辖区(即美国、欧盟和埃及)的法律概述。

第三章,即本书的最后一章,主要致力于介绍并评估 7 个改革提案,以改善多司法管辖区并购管制系统阻碍跨进并购的现状。此章的简介部分设立并制定改革提案的评估标准,接着对每个改革提案逐一讨论,进行详细介绍并根据上述标准加以评估。

第三章中提及的改革提案有些是全新的,还有些已经被讨论并经过改良,因此效率也有相应提高。这些改革提案主要包括:(1)双边合作协议,(2)国家并购管制规定,(3)超国家并购前管制机构,(4)管辖权规则,(5)通用在线申报系统,(6)多级监管制度,以及(7)解除并购管制。

第一章 历史回顾与并购导读

本章主要讨论以下两个主要话题：第一个话题是历史回顾，第二个话题是并购导读。历史回顾这一话题介绍了四个主要子话题：第一个子话题是"公司"这一概念的起源。"公司"这一概念是如何起源的及其早期发展主要归功于四个民族或宗教团体，主要有希腊人、罗马人、穆斯林、意大利人，甚至有些人宣称犹太人也以某种方式为"公司"的发展做出了贡献。

第二个子话题介绍早期学者眼中的公司概念、特点和分类，以及他们描述公司的方式。

历史回顾的第三个子话题致力于介绍公司发展史上的突破性发展，并且重点介绍被认为是促使公司变化、发展和扩散的主要里程碑事件。这部分将主要介绍东印度公司，因为该公司一直被认为是"现代公司之母"，还会介绍南海公司和《泡沫法案》以及它们是如何给公司带来重大影响的。此外，托拉斯的增殖将被介绍，以理解它是如何引致反垄断法的发展，并且辨别出在一定司法管辖区下那些法律颁布背后的真正原因。

因为本书主要与并购相关，所以并购的历史将会被作为公司发展史中的突破性进展之一来介绍，从古至今的并购交易模式会在此讨论，以便理解促进并购潮形成的动因；跨国公司也会被介绍。

历史回顾的第四个子话题介绍公司与国家之间的永久关系。这个话题放在公司史中审视以理解国家如何通过法律的方式控制公司。此外，此话题还会试图理解这种关系在封建主义下主要是如何萌芽、如何演进至今以及在这种关系下公司并非完全无可奈何。

深入探讨第一个话题，即历史回顾，无疑会使我们更好地理解公司，它们何以如此、为何如此，回顾历史还是把握公司未来如何向好的方面发展的关键一步。

因此，对这些话题的更好理解被放在第一个话题中介绍无疑是深入理解本书的先决条件。紧随其后，本章的第二个主要话题，即并购导读，将会涵盖二个子话题：第一个子话题是兼并的定义以及兼并与其他术语（如收购和整合）的不同之处。第二个子话题从经济、结构和程序、金融视角辨析兼并的不同类型及描述，介绍其他重组形式和趋势，以及公司除兼并以外其他发展的可选方案。接下来，第三个子话题会审视并购的组成。此话题介绍并购系统的每一个步骤，从准备步骤直到并购交易收官，历览所有其他步骤如尽职调查、估值、结构化和交易融资，有助于我们理解并购交易及其各个阶段将会面临的种种阻碍。

第一节　历史回顾

确实，历史是一个良好且有效的工具，它能使每一个研究者对其所研究的话题有所了解并且从中获得指引。确切来讲，对任何话题而言，回顾过去、审视历史都会带来两方面的好处：第一，了解这一学科自身的形成；第二，了解该学科主要特点的发展。[1] 此外，毫无疑问，历史应该被深刻审视以发掘其所有可能促成现代机构创建的内在与外在的因素。[2] 显然，深入挖掘历史直至上溯本源（即研究种子，而非仅仅根须），有助于我们更好地理解公司。

不幸的是，公司的历史是由早期历史学家写就的，由于他们中没有一人是法律专业人士，因此他们中的许多人并未考虑作为一个机构的公司与以商人个人名义做买卖的公司之间的区别。

我们还应注意，目前尚无足够的资源来描绘中世纪商业的完整法律图景。[3] 除此之外，甚至中世纪的资料也不应该被认为是可靠的，因为大多数人写道，这些资料主要是由不合格的非历史学家——士兵、探险家、传教士、牧师和商人所提供的。[4]

尽管历史学家过去是按照学科（即经济、社会和文化）[5]对其工作进行简化，但很难找到从法律视角审视历史的历史学家。我们还应注意，即便是法律学者也许都无能为力，这也是情有可原的，因为关于现代组织的历史在13世纪末之前才开始有记录，例如，大不列颠及北爱尔兰群岛（以下简称英国）[6]的国王法院的记录直至12世纪以后才开始统一并永久存在。[7]

---

[1] John Smith & Raymond O'brien, Conflict of Laws at 10(2nd ed., Cavendish, 1999).
[2] Francis Fukuyama, The Origins of Political Order at 1(Farrar, Straus and Giroux, 2011).
[3] A. T. Cater, a History of English Legal Institutions at 259(4th ed., Butterworth & Co., 1910).
[4] Gene W. Heck, Charlemagne, Muhammad, and the Arab Roots of Capitalism at 1(W. de Gruyter, 2006).
[5] Fernand Braudel, Civilization and Capitalism, 15TH—18TH Century: the Perspective of the World at 17 § 3(Harper & Row, 1981).
[6] 大不列颠及北爱尔兰群岛联合众国曾用过许多官方名称，特别是由于历史上疆域的变化，因此以下简称英国。
[7] Harold J. Laski, the Early History of the Corporation in England, 30 *Harvard Law Review* 561, at 562 (1917).

自此超过 4 个世纪以后，法律学者才开始写有关公司的内容。有些人认为，第一个写公司法的律师是威廉·谢泼德(William Sheppard)[①]，他的第一本著作于 1659 年在伦敦出版，他的第二本同研究主题的著作于 1702 年在他去世后出版。[②] 与此同时，还有些人声称爱德华·科克爵士[③]的报告是第一个从细节上讨论公司法的法律类著作[④]，特别是首次出版于 1614 年的《萨顿医院案》。[⑤] 在爱德华·科克爵士对此案的判决中，虽然他是以法官的身份在反驳案件中提出所有论点，但与此同时，他也揭露了当时企业的主要特征。

事实上，中世纪绝大多数著作者的工作都是"描述，而非定义"[⑥]，这一点已成定论。这从法律学者的早期努力的成果中可见一斑，当他们试图为公司法做出贡献时，他们往往对其加以解释，而非将其与其他法律区分开来。大多数早期的这类历史著作都是描述一个理念的发展而非对其加以分析，这纵然可悲，但事实如此。[⑦] 除此之外，中世纪法律学者的努力成果大多被认为是微不足道的。这些学者只是将所见绘于稿上，却不加丝毫分析或批判性思考。例如，在那个时期的著作中，常常能见到学者们花了很多精力来描述不同类型的公司，比如，独资公司和合资公司(aggregate corporations)[⑧]，尽管它们之间并无实际差异。他们甚至努力将公章描述为公司最重要的特征之一，而使用公章这一"伟大而悠久"的实践可追溯至罗马帝国时期。[⑨]

因此，基于缺乏分析资源，以及本段讨论的本质，例如，通过历史介绍，此处讨论将会更具描述性而分析性较少。以下讨论将会涵盖几个不同的说法。这些说法主要围绕三方面展开，即公司这一理念的起源、描述公司早期努力的几个成果以及公司的主要特征和分类。此外，本书将试图照亮前路，点明在公司历史突破中一些重要的里程

[①] 威廉·谢泼德(1595—1674)曾在英国上议院担任职员，之后又担任法律士官，直接参与公司事务，同时起草城镇注册公司的特许状。

[②] Amasa M. Eaton, the First Book in English on the Law of Incorporation, 12 The Yale Law Journal 259, at 259—260(1903).

[③] 爱德华·科克爵士(1552—1634)曾任律师，后升为司法部长，是两个法院的首席大法官，最后是政治家。有关他生平和理念的更多细节见 Edward Coke, the Selected Writings and Speeches of Sir Edward Coke at xxiv—xxvi(Steve Sheppard ed., Liberty Fund, 2003)。有关他的工作概述见 id. at xxvii—xxix。

[④] Sutton Hospital Case(1612)77 Eng. Rep. 960.

[⑤] Coke, the Selected Writings and Speeches of Sir Edward Coke, *supra* note 20, at xxvii.

[⑥] Joan C. Williams, the Invention of the Municipal Corporation: a Case Study in Legal Change, 34 American University Law Review 369, at 381(1985), citing Susan Reynolds, an Introduction to the History of the English Medieval Towns at 97(Clarendon Press, 1977).

[⑦] Richard Henry Tawney, Religion and the Rise of Capitalism, a Historical Study at 6(Penguin Books Ltd., 1938).

[⑧] 欲知早期公司分类与描述的更多细节，请参阅第 11 页。

[⑨] Samuel Williston, History of the Law of Business Corporations before 1800, 2 Harvard Law Review 105, at 117(1888).

碑事件，即主要是公司早期的发展和作为一种商业机构的托拉斯，如何导致反托拉斯法的引入。本书还将讨论并购潮、跨国企业、企业与国家的关系等重要事件。

一、公司的起源

本部分的讨论将展示学者之间在公司这一理念的起源方面存在的巨大争议，以及现代化是如何促进公司发展的，因此将本部分称之为起源与发展之争更易知晓其中含义。一些学者坚称公司这一概念诞生于罗马帝国时期，由穆斯林创立；其他学者则宣称穆斯林创造了第一个现代公司形式，意大利人将这一概念引入信奉基督教的欧洲地区；或者一些学者则称现代公司是意大利发明的，基本上用于满足日常交易事件的深层次需求；除此之外，还有一些学者认为犹太人是他们所在的所有经济的燃料，他们对现代企业概念的扩散和发展作出了巨大的贡献。

所有这些说法都会按事件顺序一一详细呈现，因为没有单一的说法可以展现起源与发展的全貌。应注意以下讨论将会限于公司从中世纪末期到16世纪的起源与发展，因为此内容将在我们稍后讨论公司特征、分类和突破性发展时进行剖析。此外，股票交易、银行和其他托拉斯机构的起源不在本次讨论范围内。

（一）希腊和罗马的起源

许多作者[1]都称公司概念的萌芽归功于努马·庞皮留斯（Numa Pompilius）[2]，而他们的这种说法都是援引自威廉·布莱克斯通爵士（Sir William Blackstone）的名作《英国法释义》（*Commentaries on the Laws of England*）。[3] 布莱克斯通引用的是古希腊另一位历史学家普鲁塔克[4]的说法，因为只有这位历史学家才完全了解努马真正创造了什么理念。据普鲁塔克所言，努马的想法是为萨宾人和罗马人建立独立的法律人格，然后他也发展了这个想法，为商人和工人建立独立的法律人格。[5] 此外，将公司

---

[1] Joseph K. Angell, Treatise on the Law of Private Corporations Aggregate at 34－35 (Samuel Ames & John Lathrop eds., Little, Brown 7th ed., rev., corr., and enl./ ed. 1861). Douglas Arner, Development of the American Law of Corporations to 1832, 55 Southern Methodist University Law Review 23, at 25－28 (Winter, 2002). Leonard W. Hein, The British Business Company: Its Origins and Its Control, 15 The University of Toronto Law Journal 134, at 135 (1963). Williston, Harvard Law Review, *supra* note 26, at 106. John Micklethwait & Adrian Wooldridge, the Company: a Short History of a Revolutionary Idea at 4 (Modern Library, 2003).

[2] 努马·庞皮留斯（Numa Pompilius）是罗马第二代帝王，倍具传奇色彩，出生于罗马建立当天（一般认为是公元前753年4月21日）。

[3] William Blackstone, Commentaries on the Laws of England in Four Books § 1 (J. B. Lippincott Co., 1893).

[4] 卢修斯·梅斯特略斯·普鲁塔克（Lucius Mestrius Plutarchus）生于公元46年，卒于公元120年，是希腊历史学家、传记作家和散文家。

[5] Blackstone, Commentaries on the Laws of England in Four Books, *supra* note 29, at 468－469.

分为社会的基本单元(即家庭)的想法也要归功于罗马人。① 同时,还有人声称,这种将人群分离或分类为联合团体的做法可以追溯到并归功于希腊人。②

与此相反,其他人声称,据报道,甚至在希腊人和罗马人之前,公元前 2000 年至公元前 1800 年期间,已经有几种公司出现。一群亚述人投资者集资 26 枚金币并与一个名叫阿穆尔·伊什塔尔(Amur Ishtar)的商人达成了一项协议。这位商人付了 4 枚金币,组建了一个社团并由其管理,这个社团运营了 4 年。③

此外,据说腓尼基人和雅典人借鉴了亚述人的思想,使得此思想随着航程远播四海,从而传播到其他文明之中。④ 在同样的背景下,值得注意的是,雅典人的贡献被列入梭伦的法律。⑤ 在该法律下,与罗马规则相比,组建一个私有制公司更容易。⑥

相传随着罗马帝国的扩张,罗马受托收税的税吏无力踏遍如此广袤的疆土收取税款,公司这种新型的社会团体便应运而生。⑦ 还传说这个时代下,公司及其原则不太完善或历经巨变。直到这个时代结束,公司还只是一个相当脆弱的机构,这导致它被一些人称作"乌合之众"。⑧ 另外,在罗马时代末期出现了不同形式的公司,如工场和贸易协会,即"行会"⑨和"商业帝国"⑩。

(二)伊斯兰教的起源

很多学者认为尽管事实上以色列并未对许多商业和银行工具的创建做出过贡献,但由于伊斯兰教禁止高利贷,伊斯兰教被认为是许多公司做法的起源,这些做法后来被意大利人借鉴并引入欧洲。此外,据传,穆斯林学者曾努力构建和调整公司形式甚至银行工具,以符合伊斯兰教规范。这些设计和结构被意大利人借鉴,并引入信奉基督教的欧洲地区。在那里,高利贷也被禁止,它帮助欧洲在"毁灭性的社会经济政策"

---

① Micklethwait & Wooldridge, The Company: A Short History of a Revolutionary Idea, *supra* note 27, at 4.
② Angell, Treatise on the Law of Private Corporations Aggregate, *supra* note 27, at 35; Williston, Harvard Law Review, *supra* note 26, at 106.
③ Albert Venn Dicey, Lectures on the Relation Between Law & Public Opinion in England During the Nineteenth Century at 245(Macmillan, 1920).
④ Micklethwait & Wooldridge, the Company: a Short History of a Revolutionary Idea, *supra* note 27, at 3—4.
⑤ 这些法律被认为是梭伦写就的。梭伦生于公元前 638 年,卒于公元前 558 年,是雅典的一位政治家和立法者。
⑥ Angell, Treatise on the Law of Private Corporations Aggregate, *supra* note 27, at 35; Arner, Southern Methodist University Law Review, *supra* note 27, at 25.
⑦ Micklethwait & Wooldridge, the Company: a Short History of a Revolutionary Idea, *supra* note 27, at 4.
⑧ Michael Ivanovitch Rostovtzeff, The Social and Economic History of the Roman Empire at 160(Clarendon Press, 1926); and see generally Arnold Hugh Martin Jones, the Roman Economy: Studies in Ancient Economic and Administrative History(Rowman and Littlefield, 1974).
⑨ 欲知中世纪行会的发展,请参阅 Arner, Southern Methodist University Law Review, *supra* note 27, at 26。
⑩ Micklethwait & Wooldridge, the Company: a Short History of a Revolutionary Idea, *supra* note 27, at 7.

下生存下来。①

确切而言，因为伊斯兰教禁止高利贷，富裕的穆斯林中拥有资产但是不想开展贸易的人，不能把他们的钱借给商人收取利息。相传穆斯林创造了后来在意大利广为人知的康孟达(commenda)。这类似于一个具有特定目的的工具或公司，它汇集资金，然后由其他人管理并在国外进行贸易，在贸易航行归来之后，各方分享利润、共担损失。②

值得注意的是，《古兰经》对早期贸易航行有所提及。在古来氏章中提到，古来氏人，居住在麦加，现在被称为沙特阿拉伯王国，他们是通过贸易航行团结在一起的。过去，他们每年安排两次贸易航行，一次在冬季前往也门，另一次在夏季前往沙姆地区，也就是当时的大叙利亚地区。③

尽管事实上伊斯兰教禁止高利贷且康孟达是公司的一种形式，但仍然有许多人错误地辩称康孟达只是一种契约，富裕的穆斯林借此借钱给商人为贸易航行融资以获取高额的利息回报。④ 相反，其他一些学者则称康孟达是通过有限责任理念这一发明而建立的。与公司相比，康孟达中的非运营者或者消极成员对他们所筹集的资金只承担有限责任。例如，在意大利，直到1408年之后，都没有独立的个体有义务负担康孟达的损失。⑤

另外，穆斯林所创的公司形式对其发展有诸多限制，因此并未取得进一步发展，这一说法是错误的。该说法出现并传播开来是因为穆斯林之间的大多数交易都不落于纸面，加之伊斯兰教继承法使得委托人过世后财产会被众多继承者分割。此外，秉持这一说法的人还声称在信奉基督教的欧洲，继承方式则有所不同，因为委托人被允许指定一个遗嘱受益人在委托人死后继承其财产。⑥

事实上，这些说法极易推翻。首先考虑到不成文交易，而且根据《古兰经》，穆斯林应写下他们所有的信用交易。正如《古兰经》黄牛章的282节中，穆斯林不仅被要求这样做，而且还规定，所有的销售交易除了书面要求外，还应由可信的人见证，即使无关紧要和金额较小的交易也是如此。

---

① Heck, Charlemagne, Muhammad, and the Arab Roots of Capitalism, *supra* note 14, at 5—7.

② John Braithwaite & Peter Drahos, Globalisation of Corporate Regulation and Corporate Citizenship, in International Corporate Law Annual at 7(Fiona Macmillan ed. ,2003).

③ 援引自《古兰经》古来氏一章。

④ Fernand Braudel, Civilization and Capitalism, 15TH—18TH Century: the Wheels of Commerce at 122 § 2(Harper & Row,1981).

⑤ Colin Arthur Cooke, et al. ,Corporation, Trust and Company: an Essay in Legal History at 46(Manchester University Press,1950).

⑥ Micklethwait & Wooldridge, The Company: a Short History of a Revolutionary Idea, *supra* note 27, at 5—6.

此外，考虑到继承法，在伊斯兰教早期，有犹太继承法，该法规适用于犹太人和基督教徒。这些法规不仅很大程度上与伊斯兰教继承法相似，而且允许多个家庭成员分割死者的财产，例如，在伊斯兰，若死者有一个及以上儿子，则其兄弟姐妹无权继承死者的财产，而根据犹太继承法，在此种情况下，死者的兄弟也可以继承一部分财产。

若上述说法正确，则股份分割太多给继承人，将在信奉基督教的欧洲地区而非伊斯兰国家造成更多阻碍；相反，考虑到伊斯兰教并未对公司股份的出售施加任何障碍，无论是继承还是其他方面，有人都会声称公司股份的分割有望促进新型公司实践的发展及其扩张。

同一立场的其他人则称穆斯林贸易实践和公司形式被建立并扩展到广大地理区域，即从地中海地区到印度洋的东部和中国，穆斯林贸易群体稳步占据整个拜占庭帝国。[①] 相传，甚至在闻名遐迩的意大利商人马可波罗14世纪访问中国之前，就有数以千计的穆斯林商人旅行到中国开展商贸活动。[②]

他们还认为不仅从穆斯林借鉴公司结构和理念是一大成功，与穆斯林开展贸易也是一大成功，因为交易所得的流通货币，如黄金、叙利亚或埃及货币（第纳尔）处处都可以使用。商人用这些流通货币从拜占庭购买丝绸和盐，接着再转卖给穆斯林，世称"三角交易"（triangular transaction）。[③]

（三）意大利的起源

许多学者称资本主义[④]是西方的一项发明，特别是在那些与穆斯林有贸易往来的意大利城市，因此可以说资本主义的萌芽可以追溯到穆斯林。[⑤] 进一步来说，早期的公司都创立于9世纪意大利的繁华都市，如威尼斯、热那亚、阿马尔菲、加埃塔和比萨。这些相似结构的公司都是为不活跃的富有的穆斯林而设计的，并且都是出于同一目的即贸易航行。[⑥]

在11世纪下半叶，确切而言是在1072—1073年，康孟达或"colleganza"[⑦]作为贸易航行的一种形式，开始出现，并发展为两种类型：第一种是单方康孟达，即不参与航

---

① Braudel, The Wheels of Commerce, *supra* note 45, at 584; Braudel, The Perspective of the World, *supra* note 15, at 108.

② Micklethwait & Wooldridge, The Company: A Short History of a Revolutionary Idea, *supra* note 27, at 5.

③ Braudel, The Perspective of the World, *supra* note 15, at 107.

④ Braudel, The Wheels of Commerce, *supra* note 45, at 237. Braudel noted that the word "capitalism" started to be used at the beginning of the 20th century and was defined as known today as the contrary of socialism.

⑤ Heck, Charlemagne, Muhammad, and the Arab Roots of Capitalism, *supra* note 14, at 4.

⑥ Micklethwait & Wooldridge, The Company: A Short History of a Revolutionary Idea, *supra* note 27, at 7.

⑦ 这两个术语在意大利各个城市中用法有所不同。

行的投资者一方提供航行的全部资金,而开展本次贸易的一方不支付任何资金,以25％入股分红;第二种是"colleganza",则由开展贸易的一方支付25％的资金份额,利润双方对半分。①

到了这个阶段,或许有人会说穆斯林对公司发展并无贡献。然而,相传12世纪,一种略显独特的公司形式在佛罗伦萨被建立,即"compagnia"。这种公司起初是作为一个家族企业发展起来的,主要基于所有家族成员的共同责任。了解到这一点之后,便可知"compagnia"是由两个拉丁语单词"cum"和"panis"组合而成,而它们的含义是"同分面包"(breaking bread together)。②

如上所述,从穆斯林处取得黄金货币是一大成功。相传,作为13世纪的一项进展,意大利人1250年在佛罗伦萨,1284年在威尼斯开始铸造他们自己的黄金货币。③在下一阶段,13世纪,相传意大利人的两项发明为公司的发展奠定了坚实的基础。第一项发明是复式记账法,主要使用阿拉伯数字而非罗马数字。④值得注意的是,意大利人弗拉·卢卡·帕乔利(Fra Luca Parioli)被认为是第一个发明和使用复式记账法的人。⑤

为了更好地理解复式记账法这一发明是如何为公司发展做出贡献的,相传"热那亚商人会将金额计入实'付'账款,并将其寄给他在布鲁日的代理人,而后者会将此数额计入实'收'账款。除寄钱之外,大商人之间开始通过商业票据建立互信,这是一项由意大利银行主导的业务"⑥。据此,复式记账法直接促进了贸易活动增加,而公司发展作为贸易活动之一,毫无疑问也被其推动。

毋庸置疑,弗拉·卢卡·帕乔利直接指引意大利创造了第二大发明——法律拟制的人(personaficta),即脱离于公司所有者之外的公司的法律人格。⑦在这一点上,还有人说将国家债务转化为债券是意大利此后的第三大发明,这项发明可能被视为一件帮助欧洲国家走向成功的金融革命工具。⑧此外,还有人说,意大利第四大发明出现于13世纪,直接影响贸易与公司的发展,它就是汇票。⑨与此同时,另一些人反驳了

---

① Braudel,The Perspective of the World,*supra* note 15,at 129—130.
② Micklethwait & Wooldridge,The Company:A Short History of a Revolutionary Idea,*supra* note 27,at 7—8.
③ Braudel,The Perspective of the World,*supra* note 15,at 110—112.
④ Braithwaite & Drahos,Globalisation of Corporate Regulation and Corporate Citizenship,*supra* note 43,at 5,8.
⑤ Dennis W. Carlton & Jeffrey M. Perloff,Modern Industrial Organization at 11(4th ed.,Pearson,2015).
⑥ Micklethwait & Wooldridge,The Company:A Short History of a Revolutionary Idea,*supra* note 27,at 8.
⑦ Braithwaite & Drahos,Globalisation of Corporate Regulation and Corporate Citizenship,*supra* note 43,at 5.
⑧ Braithwaite & Drahos,Globalisation of Corporate Regulation and Corporate Citizenship,*supra* note 43,at 4.
⑨ Braudel,The Perspective of the World,*supra* note 15,at 112.

这一说法，理由是汇票最初是在12世纪由穆斯林发明的，被称为"Saftaga"，它是在同一时期发明的其他商业工具，比如支票中被发明的。①

另外两种重要的公司形式在14世纪上半叶建立于热那亚：第一种是"compete"，第二种是"maone"。这两种公司形式都是被用于完成政府任务，而且一般来讲，并非所有学者都同意这两种公司形式的本质及其能否被视为公司。②尽管第一种公司形式很大程度上可被视为公司，但是第二种公司形式则可以被归类为政府与个人之间的一种借贷协议，而非一种公司。

14世纪末，一些意大利城市（如威尼斯）的经济无疑在繁荣发展③，以至于欧洲所有国家都在借鉴其公司形式、结构和运营技巧。一个重要的例子是德国的"Magna societas"，这是由3家家族企业合并而成的，总部设在斯瓦比亚的一个小镇拉芬斯堡④，200多个分支机构则遍布其他城市，诸如巴塞罗那、热那亚、维也纳和巴黎。⑤在意大利，公司的蓬勃发展不仅得益于在公司中拥有股份的富人，同时期有组织的贷款机构（如银行⑥，当时被称作"banchi"⑦）的发展也助推了这一潮流。相传银行扩张也有赖于众多分支机构以及坐落在不同国家各个城市的复杂网络。⑧银行在公司发展中起到的融资作用将会在下节犹太人的贡献中简要介绍。

16世纪初，限制一些家族成员的义务势在必行，这些家族成员不参与管理或贸易实践，即消极参与者一方。因此，一种新型公司出现了，即"accomandita"。accomandita逐渐取代前面提及的家族"compagnia"。⑨作为这些发展带来的必然结果，海上贸易航行或者如一些学者所称的"海军资本主义"（naval capitalism）在那个时期实现了显著扩张。⑩

（四）犹太人的贡献

事实上，从古至今犹太商人网一直在不断扩张，并且几乎渗入世界上的每一个国

---

① See generally Mofizur Rahman, Financial Transactions With Commercial Papers in the Light of Islamic Shariah, 3 Annual Research Journal of the International Islamic University Chittagong 91(2006).
② Braudel, The Wheels of Commerce, *supra* note 45, at 440.
③ Braudel, The Perspective of the World, *supra* note 15, at 119.
④ Braudel, The Wheels of Commerce, *supra* note 45, at 436.
⑤ Micklethwait & Wooldridge, The Company：A Short History of a Revolutionary Idea, *supra* note 27, at 12.
⑥ Micklethwait & Wooldridge, The Company：A Short History of a Revolutionary Idea, *supra* note 27, at 8.
⑦ "banchi"一词是"bank"一词的词源。该词是根据意大利单词"banco"所创，用于指称意大利贷款人用来坐或者站在后面的长凳上。
⑧ Micklethwait & Wooldridge, The Company. A Short History of a Revolutionary Idea, *supra* note 27, at 162.
⑨ Braudel, The Wheels of Commerce, *supra* note 45, at 438。据他所言，accomandita有史以来第一次被记录是1532年5月8日于佛罗伦萨。
⑩ Micklethwait & Wooldridge, The Company：A Short History of a Revolutionary Idea, *supra* note 27, at 18.

家。① 例如,"Cairo Geniza"文件②中就有 9 世纪犹太商人借由穆斯林创建的工具和渠道从埃及到非洲的埃塞俄比亚,再到亚洲的印度记录。③ 因此,相传在 10 世纪富裕的犹太家庭已经参与到多种生意之中,如贸易、银行,甚至还在很多监管区域如埃及、伊朗、伊拉克等参与税收活动。④

历史上所有少数族裔无疑都基于国家或者宗教背景出于各种原因融合并组成了各个族群,如犹太人,其中原因可能包括:为了安全感、为了族群内利益交换、为了互相扶持。⑤ 基于这一事实,我们可以说少数族裔的成员可能会有共同的实践行为,而且有可能将其行为在族群内或他们所居住的地区内扩散。由此,有学者称公司的现代结构和当代经济的构建因素数以千计,并列举了各种各样的例子,包括发现美洲大陆和工业革命,肯定如果没有犹太人参与和加入经济,资本主义就不会是现在的样子。⑥

审视法律环境并一览中世纪艺术概况,我们就会发现事实上高利贷在很多社会群体中都是被禁止的,高利贷者会受到严刑拷打并被流放。⑦ 比如,但丁·阿利吉耶里(Dante Alighieri)⑧在他发表于 1314 年的诗作《神曲⑨》(Inferno)中曾经将地狱分为几层,然后提到高利贷者会被送到第 7 层地狱的中心地带受罚,而这一层的人会受到"热沙与火雨"的惩罚。⑩

除了由于少数族裔的地位而团结起来之外,犹太人在早期曾被许多社会群体放逐,主要因为他们放高利贷,而这在大多数国家中是被禁止的。放逐和迁居不可避免地带来了一个结果,即犹太人不断影响着从古至今的公司结构与发展以及总体经济,并为此做出了贡献,这不仅是因为他们采用高利贷来为经济活动进行融资,还因为他

---

① Braudel,The Wheels of Commerce,*supra* note 45,at 157.
② 欲知 Cairo Geniza 的更多细节,请参阅 Shelomo dov Goitein,a Mediterranean Society: the Jewish Communities of the Arab World as Portrayed in the Documents of the Cairo Geniza(University of California Press,1999)。耶鲁大学图书馆文献简介:开罗精灵集是在埃及福斯塔特或老开罗的本·以斯拉犹太会堂的精灵集或储藏室中发现的约 30 万份犹太手稿碎片。这些手稿概述了 1000 年的连续性(公元前 870 年至 19 世纪)。犹太中东和北非历史的手稿集是世界上最大、最多样化的中世纪手稿集。Genizah 的文本是用各种语言写的,尤其是希伯来语。阿拉伯语和阿拉姆语主要在牛皮纸和纸上,也在纸莎草和布上。除了包含犹太宗教文本,如《圣经》《塔木德书》和后来的拉比著作(其中一些是作者的原作)外,Genizah 还详细描述了北非和东地中海地区的经济和文化生活,尤其在 10—13 世纪。它现在分散在许多图书馆中,包括剑桥大学和曼彻斯特大学的图书馆。
③ Braudel,The Wheels of Commerce,*supra* note 45,at 157,citing Shaul Shaked et al.,a Tentative Bibliography of Geniza Documents: Prepared Under the Direction of D. H. Baneth and S,D. Goitein(Mouton &. Co.,and Ecole Pratique des Hautes Etudes,1964).
④ Subhi Y. Labib,Capitalism in Medieval Islam,29 The Journal of Economic History 79,at 84(1969).
⑤ Braudel,The Wheels of Commerce,*supra* note 45,at 165.
⑥ Werner Sombart,the Jews and Modern Capitalism at 9(Mortimer Epstein trans.,Batoche,2001).
⑦ Micklethwait &. Wooldridge,The Company: A Short History of a Revolutionary Idea,*supra* note 27,at 8.
⑧ 但丁·阿利吉耶里(Dante Alighieri)(1265—1321)是中世纪时期著名的意大利诗人。
⑨ "Inferno"一词在意大利语中是指地狱。
⑩ Dante Alighieri,Inferno at Canto XIV(National Library Company,1909).

们在不断迁居时可能会从某一社会群体中借鉴某些做法，并将其传播到另一个社会群体中去。

二、公司的早期特征与分类

在威廉·谢泼德等早期学者的著作中，"Corporation""incorporation""body politic"和"body incorporate"这些术语可以互换使用，都是公司的意思。[1] 他们用以上这些术语描述为由许多人组成的法人。[2] 实际上，这在很大程度上与当今对现代公司的简要描述相似。[3] 他们认为法人是其指代的这一群人的永久接替物，代表着他们所有人的灵魂集合体。[4] 甚至爱德华·柯克爵士还说公司本质上就是灵魂，除此之外别无他物。[5] 200多年以后，首席大法官约翰·马歇尔（John Marshall）再次提出了几乎同样的描述，说"公司就是一个人造物，看不见，摸不着，并且只在法律意义上存在"。[6]

在同样的描述性文本中，大部分早期学者的说法都互相重复，并且提到了同样的公司主要特征。[7] 与此同时，值得注意的是，虽然他们的说法重复，但他们不过是在描述当时他们所见的公司特许状的情况，这可能有时会导致概念互相矛盾，或至少有细微的差异或局限性。但是据大部分学者描述，公司最主要的特征可以被总结为以下几类：（1）公司通常有永久继承权，但是一系列案例显示，继承期是有限的[8]，有时，这一权利则是随着企业所有合伙人死亡而解除[9]；（2）公司通常有权起诉他人，也可以被他人起诉，但是直到1872年英国才首次授予公司起诉外国公司的权利[10]；（3）公司通常

---

[1] Angell, Treatise on the Law of Private Corporations Aggregate, *supra* note 27, at 3; Eaton, the Yale Law Journal, *supra* note 19, at 265.

[2] Arner, Southern Methodist University Law Review, *supra* note 27, at 42(Winter, 2002). Angell, Treatise on the Law of Private Corporations Aggregate, *supra* note 27, at 20.

[3] Joseph Stancliffe Davis, Essays in the Earlier History of American Corporations at 5(Harvard University Press, 1917).

[4] Hein, The University of Toronto Law Journal, *supra* note 27, at 134.

[5] Sir Edward Coke Reports Volume 10 the case of Sutton's Hospital, p. 33a.

[6] Trustees of Dartmouth College v. Woodward, 17 U. S. (4 Wheat)518(1819).

[7] Coke, The Selected Writings and Speeches of Sir Edward Coke, *supra* note 20, at 366－367; Blackstone, Commentaries on the Laws of England in Four Books, *supra* note 29, at 475－476; Williston, Harvard Law Review, *supra* note 26, at 117(1888).

[8] 这是一种常规，但是有时这一有限的继承期是被授予的。欲了解更多细节，见 Hein, The University of Toronto Law Journal, *supra* note 27, at 139。

[9] Blackstone, Commentaries on the Laws of England in Four Books, *supra* note 29, at 485; Arner, Southern Methodist University Law Review, *supra* note 27, at 37.

[10] Smith & O'brien, Conflict of Laws, *supra* note 11, at 184, 提到在1872年，英格兰确立了外国公司可以被起诉这一规定。

有权购买并持有土地和其他各类资产[1],也有些学者提到公司不能购买或者持有土地[2];(4)公司有权拥有印章;(5)公司通常有权发布内部条例或细则;(6)公司有义务允许政府官员和其他人调查;(7)公司不能组建另一家公司[3],但是有些学者称公司可以由另一家公司创建,例如,国王就是一个公司,他有权组建另一家公司[4];(8)公司解散的方式有:通过议会法案、所有合伙人死亡或者法院处罚[5],而其他学者则称只有议会有权解散公司。[6]

审视哪怕只是近观这些早期著作所提的内容,就会轻易得出这一结论,认为早期学者很大程度上都比较肤浅。例如,在公司可以起诉第三方或者被第三方起诉这一方面,这些著作中没有任何一本详细讨论过这一概念。在1826年之前起诉一家公司,第三方将不得不起诉所有合伙人,写明各个合伙人全名,否则此案不予受理。之后公司被授予按公司名或者其代表人名起诉或者被起诉的权利。这项权利随之被全面禁止,从1826年起再一次授予公司,1857年永久授予大部分公司。[7]

在此背景下,有些学者提到公司是通过四种方式获准存在的:(1)依据普通法,(2)依据国王颁布的特许状,(3)依据议会法案,(4)依据公司事实存在的时间。[8] 同时,其他学者则称公司还可以通过第五种方式创建,即公司可以由另一家公司创建。[9] 这些学者甚至还说有些形式的公司就是自己创建的,例如,许多城镇就是自建的公司。[10]

像城镇这样的政治性或者社区单元在那时被归类为公司,这可能出人意料,但现实情况在中世纪正是如此。此外,那时大多数学者的作品中很大一部分都是在辨析哪

---

[1] Blackstone, Commentaries on the Laws of England in Four Books, supra note 29, at 475.

[2] Hein, the University of Toronto Law Journal, supra note 27, at 141(1963). James Grant, A Practical Treatise on the Law of Corporations in General: as Well Aggregate as Sole at 108(T. & J. W. Johnson, 1854),提到了公司不能持有或者购买土地。

[3] William Sheppard, of Corporations, Fraternities, and Guilds, or, A Discourse Wherein the Learning of The Law Touching Bodies-Politique is Unfolded Shewing the Use and Necessity of That Invention, the Antiquity, Various Kinds, Order and Government of The Same; Necessary to be Known not Only of all Members and Dependants of Such Bodies; But of all Professors of our Common Law; With Forms and Presidents of Charters of Corporation at 112(H. Twyford, T. Dring, and J. Place, 1659).

[4] Grant, A Practical Treatise on the Law of Corporations in General: As Well Aggregate as Sole, supra note 95, at 109—110.

[5] Blackstone, Commentaries on the Laws of England in Four Books, supra note 29, at 485; Arner, Southern Methodist University Law Review, supra note 27, at 37—38.

[6] Sheppard, of Corporations, Fraternities, and Guilds, supra note 96, at 129.

[7] Hein, The University of Toronto Law Journal, supra note 27, at 142—143.

[8] Coke, The Selected Writings and Speeches of Sir Edward Coke, supra note 20, at 363. Edward Atkins, The Law of Corporations Containing The Laws and Customs of all The Corporations and Inferior Courts of Record in England at 8—9(Printed for Isaac Cleeve, John Hartley, Francis Coggan, and Thomas Hodgson, 1702).

[9] Grant, A Practical Treatise on the Law of Corporations in General: As Well Aggregate as Sole, supra note 95, at 18.

[10] Eaton, The Yale Law Journal, supra note 19, at 266.

些事物可以被设立或者授权成为公司,例如,威廉·谢泼德举了以下例子:城市、乡村、自治市区、城镇、教区、医院、贸易商、自由人、现存公司等。① 根据威廉·谢泼德所引证的事实案例,即原本存在的公司可能会被授予重新成立的权利。这个事实可以被解释为公司可以重新成立或者重组,而这可以被视为公司重组广为人知而且为法律所认可的早期迹象。

早期对公司分类所做的尝试得出的几乎都是同一类型,并且大多数学者只是在相互复述。比如,在早期学者对公司分类的尝试中,根据研究对象,公司被分为单独法人和团体法人②,而罗马人不承认单独法人。③ 根据管辖权的不同,公司被分为教会公司和世俗公司④,有些人甚至还将世俗公司分为慈善公司和民间公司两类。⑤

不仅如此,在架构方面,或者如那时所说的公司的"政治身体"(Body Politick),公司可以被分类为选举制公司和代表制公司。⑥ 事实令人遗憾,这些分类在现实中都没有相关迹象可以表明,也无足轻重。与此同时,也有人称这些分类在那时非常重要⑦,但是他们并未举出任何证据支持这种说法,也没有给出任何详细说明加以验证。

在下一阶段,18世纪期间,公司分类开始出现明显的差异,甚至所依据的标准也相当不同。比如,亚当·斯密⑧将公司归类为受到管制的"私人合伙企业"与合股公司。受管制的公司,当时被称作"Hamburg Company",这是一个联合了一群人的协会,任何符合资格的人都可以加入该协会。该公司的每个成员都可以开展贸易活动,都要遵守公司内部规定但各负其责。⑨ 简而言之,这种受管制的公司可以视同亚当·斯密所处时代的"行会"。

值得注意的是,一些作者认为,英国受管制公司的发展与意大利"行会"之间的直

---

① Sheppard, of Corporations, Fraternities, and Guilds, *supra* note 96, at 10—12.

② Joseph C. France, Principles of Corporation Law at 11 (M. Curlander, 1914). Blackstone, Commentaries on the Laws of England in Four Books, *supra* note 29, at 469.

③ Angell, Treatise on the Law of Private Corporations Aggregate, *supra* note 27, at 20.

④ France, Principles of Corporation Law, *supra* note 105, at 11; Blackstone, Commentaries on the Laws of England in Four Books, *supra* note 29, at 470—471; Arner, Southern Methodist University Law Review, *supra* note 27, at 25, 36, emphasizing that Angell and Ames used this classification in their treatise in 1832, and Romans used the very same classification.

⑤ Williston, Harvard Law Review, *supra* note 26, at 105; France, Principles of Corporation Law, *supra* note 105, at 11; Blackstone, Commentaries on the Laws of England in Four Books, *supra* note 29, at 470—471.

⑥ Atkins, The Law of Corporations Containing the Laws and Customs of all the Corporations and Inferior Courts of Record in England, *supra* note 101, at 3.

⑦ France, Principles of Corporation Law, *supra* note 105, at 11.

⑧ 亚当·斯密是苏格兰一位哲学家兼经济学家,相传他曾学习成为一名律师,欲了解更多细节,见 Arner, Southern Methodist University Law Review, *supra* note 27。

⑨ Adam Smith, An inquiry Into the Nature and Causes of the Wealth of Nations at 979—980 (Edwin Cannan ed., University of Chicago Press, 1976).

接联系很容易识别与追溯①,甚至有人声称,在 15 世纪初,"guildate"与"incorporated"就是同义词。② 有些作者将亚当·斯密的受管制公司称作"societates",并举出了一些例子,如"采矿、制盐和收税的协会"。此外,为进一步阐述,他们还提到这类企业在很大程度上类似于具有权利、义务和负债的自然人。③ 在同样的背景下,据报道,这类早期的受管制公司仅在当地运营,但随着 16 世纪海上航行激增,受管制的公司被授予在国外开展业务的权利,甚至有人声称,东印度公司是作为一个受管制的公司成立的。④

随着受管制公司理念的发展,也有报道称,参与这些海外交易活动,即购买公司的股份,在 1614 年之前一直基于一次次海上航行,到 1692 年,发生了戏剧性的变化:受管制公司的成员不再被允许私下从事贸易。⑤ 到 17 世纪末,显然合股公司(joint-stock Corporation)是作为一种新的公司形式而诞生的。

一些学者称,合股公司作为一种可转让的股份概念,并没有同时得到所有法律体系的承认,例如,瑞典在 100 多年后的 1848 年才承认了合股公司。⑥ 此外,合股公司在制造方面的参与程度不像贸易那么高,但它们早在 1642 年就参与了玻璃和纸张的生产,例如,1706 年在宾夕法尼亚州建立的造纸厂。⑦

另外,亚当·斯密发现的"私人合伙企业"和股份公司的区别在很大程度上与现代合伙企业和公司的区别相似。毋庸置疑,亚当·斯密认为两者的区别在于,在"私人合伙企业"中,合伙人未经全体合伙人事先同意不得转让其股份,合伙人的责任不限于其股份。⑧

早在 16 世纪,学者们就发现了其他公司分类,例如,他们认为公司可以根据其目的和与政府的关系进行分类。在这方面,一些学者将公司分为私营公司、公营公司⑨、半公营公司。⑩ 学者们还意识到,这种分类并不十分有效,因为所有公司的最终目的,无论是私人"民事"公司还是公营公司,都是实现人的福祉。⑪

半公营公司的一个早期例子是军事公司。一个有趣的例子是一个名为"从纽瓦克

---

① Hein, The University of Toronto Law Journal, *supra* note 27, at 143—144.
② Williston, Harvard Law Review, *supra* note 26, at 108.
③ 同上,见第 107 页。
④ 同上,见第 109—110 页。
⑤ 同上,见第 110 页。
⑥ Micklethwait & Wooldridge, The Company: A Short History of a Revolutionary Idea, *supra* note 27, at 47.
⑦ Davis, Essays in the Earlier History of American Corporations, *supra* note 86, at 94.
⑧ Smith, An Inquiry Into the Nature and Causes of the Wealth of Nations, *supra* note 112, at 989.
⑨ Williston, Harvard Law Review, *supra* note 26, at 110.
⑩ France, Principles of Corporation Law, *supra* note 105, at 14.
⑪ Atkins, The Law of Corporations Containing the Laws and Customs of all the Corporations and Inferior Courts of Record in England, *supra* note 101, at 22.

到卑尔根点到保卢斯胡克的道路和渡轮受托人"的公司,后来被称为"泽西市"。这家公司成立于 1765 年 6 月 20 日,目的是维护和保持纽约和费城之间路况完好。作为回报,它有权借收取过路费和捐款而盈利。据报道,这家公司是由许多其他公司合并而成的。①

随着时间流逝,以上所有早期分类都被废弃,并被各个现代法律制度下数不胜数的新分类所替代。可以说,到了 20 世纪初,这些分类就不再受控。仔细审查发现现代分类不在本书范围内,以下只是某些公司形式的一些特定术语。这些术语根据所有权与管理权之间的关系进行分类:小型私人企业,股份不公开的企业,股份集中的企业,半合伙企业,少数人持股的小型企业、中小企业、所有者管理的企业、微型企业、大型上市公司、上市公司、股权分散的公司、伯利和米恩斯型公司。②

三、公司发展史上的突破性进展

在公司的历史上有几大里程碑事件,这些事件可被视为变革的催化剂,并且促进了公司这一理念本身的构建与扩散。本节作为这些里程碑时间的概览,并且会涵盖一些公司简史,其中有"现代公司之母"——东印度公司,在早期发展期间导致大萧条的主因——南海公司,此外,还将介绍"托拉斯"以及它们为何被视为反托拉斯法制定的主要原因。重中之重,本节将介绍并购的历史,审视从古至今的并购潮,最后还将概述跨国公司的发展。

(一)"现代公司之母"——东印度公司

相传合股公司作为特许法人从 16 世纪开始激增,在这段时期,欧洲君主们开始创设一些合股公司。③ 以下是 16 世纪到 17 世纪之间由欧洲君主创立的特许合股公司的一些例子:"非洲公司(Africa)""东印度公司(East India)""哈德逊湾公司(Hudson's Bay)""利凡特公司(Levant)""马萨诸塞湾公司(Massachusetts)""莫斯科公司(Muscovy)""弗吉尼亚公司(Virginia)""遥远地区的公司(The Company of Distant Parts)"等。④

还有人坚持认为那些早期合股公司只是"常规公司"在中世纪贸易中的发展⑤,并且学者进一步指出这两个概念虽然不相关,但是一般来说都基于早些时候的行会概念

---

① Davis, Essays in the Earlier History of American Corporations, *supra* note 86, at 99—103.
② Ben Pettet, Company Law at 17(2nd ed., Pearson Longman, 2005).
③ Joel Bakan, the Corporation: the Pathological Pursuit of Profit and Power at 8(Free Press, 2004); Micklethwait & Wooldridge, The Company: A Short History of a Revolutionary Idea, *supra* note 27, at XVI.
④ Micklethwait & Wooldridge, The Company: A Short History of a Revolutionary Idea, *supra* note 27, at 17.
⑤ Franklin A. Gevurtz, Globalization of Corporate Law: The End of History or a Never-Ending Story?, 86 Washington Law Review 475, at 481(2011).

发展而来,行会中所有成员都被允许开展贸易或者从事一些单独的特定职业,但要遵守内部规定。[1] 甚至还有人声称东印度公司一开始是一家"常规公司"。确切来讲,该公司的股东被允许在政府监管下开展贸易直到1692年被禁止。[2]

与此同时,值得注意的是一些学者错误地声称特许公司这一概念的发展归功于从中世纪借鉴而来的两个主要概念:公司股份交易概念和有限责任概念。[3] 另外,其他学者则称有限责任概念直到东印度公司被特许创设之前都未得到发展,还称有限责任概念被构建的主要原因之一是贸易海上航行的高风险,例如,在1599—1601年之间,4艘贸易航船开往东印度,其中2艘不知所终。[4]

鉴于此,还有人声称公司股份交易这一概念甚至都是基于一直存在的海上航行贸易的投资而非早前所显示的零星航行。[5] 相反,东印度公司始于为每个贸易海上航行分别发行股份。在最初的12次航行中,这种情况持续到之后转变为永续股概念。[6] 还有人称持有多次航行的公司股份这一理念是向荷兰人借鉴而来的,甚至一些学者也称东印度公司花了将近一个世纪才将这一理念模仿采用。[7]

投资于一系列海上航行贸易的理念首次创立于一家荷兰公司受到特许之后,这家公司与英国东印度公司名称相同——荷兰东印度公司(Vereenigde Oost-Indische Compagnie)。该公司成立于1602年3月20日[8],而允许投资者出售和交易其股份则使得这一理念进一步发展。[9] 值得注意的是,与此同时,许多其他公司被建立并且公司名称相似,例如,法国东印度公司被建立于1664年,西印度公司被建立于1664年。[10]

似乎那个时期创立的所有理念都错误地被归功于东印度公司。事实上许多其他著名的合股公司,如莫斯科公司,该公司建立于1553—1555年[11],也被一些作家称为

---

[1] Hein, the University of Toronto Law Journal, *supra* note 27, at 144.
[2] Williston, Harvard Law Review, *supra* note 26, at 109—110.
[3] Micklethwait & Wooldridge, The Company: A Short History of a Revolutionary Idea, *supra* note 27, at 18.
[4] Braudel, The Perspective of the World, *supra* note 15, at 262. 欲知更多关于东印度公司创设之前和之后的有关有限责任这一概念发展的细节,请参阅 Hein, The University of Toronto Law Journal, *supra* note 27, at 147—150.
[5] Gevurtz, Washington Law Review, *supra* note 128, at 482.
[6] Smith, An Inquiry Into the Nature and Causes of the Wealth of Nations, *supra* note 112, at 997.
[7] Braudel, The Wheels of Commerce, *supra* note 45, at 450.
[8] Braudel, The Perspective of the World, *supra* note 15, at 213, 216.
[9] Micklethwait & Wooldridge, The Company: a Short History of a Revolutionary Idea, *supra* note 27, at 20.
[10] Braudel, the Wheels of Commerce, *supra* note 45, at 451.
[11] Gevurtz, Washington Law Review, *supra* note 128, at 481; Braudel, the Wheels of Commerce, *supra* note 45, at 439, 449; Micklethwait & Wooldridge, the Company: a Short History of a Revolutionary Idea, *supra* note 27, at 18.

俄罗斯公司;皇家矿业公司(Mines Royal)建立于1564年[1],利凡特公司建立于1581年[2],都在东印度公司之前获得特许。东印度公司建立于1599年,而在1600年12月31日获得特许。尽管事实如此,许多作者还是将其称作"现代公司之母"。[3]

在了解了东印度公司的上述悠久历史之后,得知该公司存续了5个世纪以上,至今仍屹立于21世纪的现代公司之中,这也许不足为奇。[4] 但值得注意的是,几乎同一时期建立的其他公司目前依然存续,只是没有一家像东印度公司这样有名。其中一家就是哈德逊湾公司,该公司建立于1670年5月2日。[5]

东印度公司受到特许首先是出于英国和亚洲之间海上航行贸易这一类贸易实践目的。[6] 随着时间流逝,该公司逐渐发展稳定,最终拥军26万控制印度。[7] 此外,东印度公司还饱受争议,例如,一场关于奴隶制的争论导致其产品(糖)受到抵制,直到该公司开始向孟加拉国非奴隶制加工商购糖。[8] 影响更为重大的是,在政治背景下,1773年授予东印度公司茶叶贸易的垄断权引起了巨大的抗议,342箱茶叶被扔进大海,直接引发了波士顿倾茶事件。[9]

不仅如此,相传东印度公司对现代公司概念的发展做出了极大贡献,例如,其结构可以被视为在公司理念形成这一早期阶段的一种新发展。该公司由两方势力管理:一方较为常见,由股份所有者组成;另一方由管理人员组成。相传巨额股份所有者的儿子总会被选举担任管理职位。[10]

值得注意的是,特许经营公司在那个时期除上述人所共知的目的(即主要是贸

---

[1] Bakan, the Corporation: the Pathological Pursuit of Profit and Power, *supra* note 126, at 8.

[2] Braudel, the Wheels of Commerce, *supra* note 45, at 449.

[3] Nick Robins, the Corporation that Changed the World: How the East India Company Shaped the Modern Multinational at 5(Pluto, 2006); Gevurtz, Washington Law Review, *supra* note 128, at 481; Smith, An Inquiry Into the Nature and Causes of the Wealth of Nations, *supra* note 112, at 997.

[4] 欲了解东印度公司当前活动和新闻的更多信息,请参阅该公司官网:https://www.theeastindiacompany.com(最近一次访问为2017年12月1日)。

[5] Davis, Essays in the Earlier History of American Corporations, *supra* note 86, at 35; The Royal Charter for Incorporating the Hudson'S Bay Company Granted by his Majesty King Charles The Second, in the Twenty-second Year of his Reign, A. D. 1670, at 24(Henry Kent Custon &. Son. ,1865); Micklethwait &. Wooldridge, the Company: a Short History of a Revolutionary Idea, *supra* note 27, at 17;欲了解东印度公司当前活动和新闻的更多信息,请参阅该公司官网: http://www.hbc.com(最近一次访问为2017年12月1日)。

[6] Robins, the Corporation that Changed the World: How the East India Company Shaped the Modern Multinational, *supra* note 142, at 5.

[7] Micklethwait &. Wooldridge, the Company: a Short History of a Revolutionary Idea, *supra* note 27, at xvi.

[8] 同上,见第25页。

[9] 欲知更多细节,请参阅 Wesley S, Griswold, the Night the Revolution Began: the Boston Tea Party, 1773 at 93—106(The Stephen Green Press, 1972)。

[10] Micklethwait &. Wooldridge, The Company: A Short History of a Revolutionary Idea, *supra* note 27, at 23.

易①)之外,另一个目的被视为"准政府"目的,即服务于国王或公众的一定的利益需求,例如,赞助寻找新的海上航道以及运河开挖。② 此外,英国和法国为了帮助南海公司和密西西比两家公司摆脱17世纪末的巨额战后债务而特许了它们③,但是导致历史上的金融巨灾,这将在下一节介绍。

与此同时,一些其他特许公司服务于国王的利益,并且令人意外的是它们中大部分都为美洲殖民地的发展与繁荣做出了巨大贡献,例如,弗吉尼亚公司和马萨诸塞湾公司。④ 值得注意的是,随着时间流逝,这些公司通过一系列的交易步骤从英国独立出来,其中最后一步是由最高法院在1819年达特茅斯学院受托人诉伍德沃德案(Trustees of Dartmouth College v. Woodwardin)中宣布的一项引人注目的裁决。⑤

(二)南海公司和泡沫法案⑥

南海公司在1711年受到特许,是那个时期建立的合股公司之一。该公司主要的目的是贸易,并且被授予与"西属美洲"(Spanish America)进行贸易的专有权。在贸易活动中摸爬滚打之后,1719年,该公司管理者约翰·布伦特(John Blunt)决定将公司经营目标主要转向英国政府放贷。⑦ 同一时期,所有合股公司的典型特征是股份市场价格波动较大,并且有很多这类公司股价暴跌,值得注意的是,1720年这一趋势达到了顶峰。⑧

1720年,英国议会全力以赴挽救南海公司免予破产。确切而言,议会帮助该公司实施了一项符合其目的的计划,同时也通过交易其债务份额帮助该公司蓬勃发展。⑨ 议会靠两个步骤做到了这一点:第一步是在1720年1月21日宣布南海公司将独家处理英国政府的债务,这使得南海公司股价应声狂涨,从1月每股为128英镑,到2月升至187英镑,最后6月24日每股高达950英镑。⑩

不幸的是,南海公司即将破产,而暂时性的股价飙升使得大多数学者所称的"泡沫"形成。同年泡沫破裂。转瞬之间,股票持有者发现南海公司并无与他们的股票价

---

① Williston, Harvard Law Review, *supra* note 26, at 109.
② Micklethwait & Wooldridge, The Company: A Short History of a Revolutionary Idea, *supra* note 27, at 40.
③ 同上,见第28页。
④ Davis, Essays in the Earlier History of American Corporations, *supra* note 86, at 34.
⑤ Trustees of Dartmouth College v. Woodward, 17 U. S. (4 Wheat)518(1819).
⑥ Bubble Act 1720(6 Geo I, c 18).
⑦ Micklethwait & Wooldridge, The Company: A Short History of a Revolutionary Idea, *supra* note 27, at 31.
⑧ Pettet, Company Law, *supra* note 125, at 9.
⑨ Arner, Southern Methodist University Law Review, *supra* note 27, at 33.
⑩ Micklethwait & Wooldridge, The Company: A Short History of a Revolutionary Idea, *supra* note 27, at 31—32; Arner, Southern Methodist University Law Review, *supra* note 27, at 33.

值相似之物。[1] 其他作者称其为"南海公司事件",因为此事件是早期历史上最大的一场经济危机。[2]

第二步是泡沫法案。该法案是由英国议会在同年(1720年6月11日)批准实施的。该法案旨在减少可能与南海公司竞争的合股公司数量。根据该法案,议会禁止任何未经特许的合股公司设立,因此这使得任何被允许设立的合股公司都要受议会法案特许。[3] 第二步成功地对南海公司施以援手,使其免予破产,这家公司在这场危机中幸存下来,甚至其股票在同年10月回到每股170英镑的价格。随后,英国政府为了自己的利益将这家公司国有化,这样一来,就不必支付政府债务。[4]

英国泡沫法案带来的不可避免的后果是投资者用旧有交易工具(如合伙关系)对自己的交易进行重新布局,因为旧有工具不具备有限责任这一特质,英国经济面临严重下滑的趋势。[5] 相传在那个时期,大多数商人将合伙关系协议升级,使合伙关系中的份额可交易,以模仿合股公司。[6]

泡沫法案的影响不仅限于英国,1741年还扩展到美洲殖民地,显然也在一段时间内使经济增长滞缓。[7] 然而,美洲殖民地的影响更令人难以忍受,因为当地经济的存在与发展主要取决于早期的公司。例如,美国所有重要的机构都被特许为一个公司(银行、运河、教会、道路甚至大学):哈佛大学于1636年被特许为公司。[8]

一些作者声称美洲殖民地直到1776年7月4日宣布独立之前都没有摆脱泡沫法案的影响。[9] 可事实上,宾夕法尼亚州议会(即该机构等同于英国议会)违反了英国禁令,并且向一家名叫"费城火灾互助保险公司"(Philadelphia Contributionship)[10]授予了特许状,这一事件发生在美国宣布独立之前。另外,相传第一家美国保险公司——北美银行,坐落于美国北部,创立于1781年,在英国发布禁令之后。[11] 毫无疑问,美国在摆脱泡沫法案之后实现了蓬勃发展,而英国经济仍然饱受泡沫法案之苦,甚至相传

---

[1] Pettet, Company Law, *supra* note 125, at 9; Arner, Southern Methodist University Law Review, *supra* note 27, at 33.

[2] Micklethwait & Wooldridge, The Company: a Short History of a Revolutionary Idea, *supra* note 27, at 31.

[3] Arner, Southern Methodist University Law Review, *supra* note 27, at 33; Micklethwait & Wooldridge, The Company: A Short History of a Revolutionary Idea, *supra* note 27, at 32.

[4] Micklethwait & Wooldridge, The Company: A Short History of a Revolutionary Idea, *supra* note 27, at 33.

[5] Arner, Southern Methodist University Law Review, *supra* note 27, at 33.

[6] Micklethwait & Wooldridge, The Company: A Short History of a Revolutionary Idea, *supra* note 27, at 40.

[7] Arner, Southern Methodist University Law Review, *supra* note 27, at 43.

[8] Micklethwait & Wooldridge, The Company: A Short History of a Revolutionary Idea, *supra* note 27, at 43.

[9] Arner, Southern Methodist University Law Review, *supra* note 27, at 44.

[10] 费城火灾互助保险公司目前仍然存续;欲知更多关于其历史和目前活动的信息,请参阅其官方网站 http://www.contributionship.com or https://1752.com(最后一次访问为2017年12月1日)。

[11] Micklethwait & Wooldridge, The Company: A Short History of a Revolutionary Idea, *supra* note 27, at 44.

在1783—1801年,在美国有350家公司成立,而同一时期英国却没有相似的经济活动。①

直到1825年,泡沫法案才在英国被废除,而该法案的实施已经超过一个世纪;在那时,为了挽救经济,迫切需要允许个人多做生意。② 1844年,英国议会批准了一个新法案,该法案允许个人仅需注册便可轻松组建新合股公司。③ 然而,泡沫法案的废除并未获得预期效果。相传在该法案被废除之后,情势也令人捉摸不定,因为在那时,合股公司的成立是一个普通法的问题,而普通法的原则既不发达,也不牢固,不值得信赖。④

因此,合股公司法案被批准实施,以全面认可非特许合股公司。⑤ 值得注意的是,英国政府在废除泡沫法案之后对非特许合股公司非常犹豫,而到1826年,它才开始承认合股银行为注册即可成立的公司。1844年,英国政府又修改了规定,除非有"专利函",否则不允许个人组建公司;接着,1857年,政府再一次变卦,允许通过注册组建公司。⑥

(三) 托拉斯和反托拉斯法

国家与公司之间的关系将在下文详述。在早期,人们普遍接受给予大多数公司贸易或从事某些职业的专有权。然而,这些专有权却导致扰乱社会秩序的垄断行为,垄断所有者总是拥有稀缺商品或服务,故应该提高价格,以应对无限的商品或服务需求。这显然不合理,反之亦然,即供给是无限的,而需求是有限的。⑦

尽管事实上,到1890年,美国的21个州已有自己的反托拉斯法⑧,1890年美国的《谢尔曼法》⑨被视为"现代反托拉斯法之父",一位反托拉斯法学者又称其为"自由企业的大宪章"。⑩ 还有其他学者声称1889年5月2日颁布的加拿大法案——《预防和禁止限制贸易的合并法》(An Act for the Prevention and Suppression of Combina-

---

① Oscar Handlin & Mary F. Handlin, Origins of the American Business Corporation, 5 the Journal of Economic History 1, at 4(1945).

② Pettet, Company Law, *supra* note 125, at 9. Hein, the University of Toronto Law Journal, *supra* note 27, at 138—139.

③ Pettet, Company Law, *supra* note 125, at 9.

④ Hein, The University of Toronto Law Journal, *supra* note 27, at 145.

⑤ Joint Stock Companies Act 1844(7 & 8 Viet. c. 110).

⑥ Hein, The University of Toronto Law Journal, *supra* note 27, at 145—146.

⑦ Peter F. Drucker, Concept of The Corporation at 216, 219(New American Library ed., 1983).

⑧ John H. Shenefield & Irwin M. Stelzer, The Antitrust Laws: A Primer at 108(4th ed., AEI Press, 2001).

⑨ Sherman Antitrust Act, Ch. 647, 26 Stat. 209, codified at 15 U. S. C. §§ 1—7.

⑩ Thomas James DiLorenzo, The Origins of Antitrust: An Interest Group Perspective, 5 International Review of Law and Economics 73, at 74(1985), citing Marshall C, Howard, Antitrust and Trade Regulation: Selected Issues and Case Studies at 1(Prentice-Hall, 1983).

tions Formed in Restraint of Trade)是第一个现代反托拉斯法。[1] 此外,相传法国在1791年颁布了《谢普雷法》(the Le Chapelier Act)[2],以制止垄断和其他抑制贸易的行为。[3] 奥地利在1852年颁布了《奥地利刑法》(the Austrian Penal Code),其中采纳了相同方向的规定。另外,据报道,在英国和德国等国的其他法律制度下,这些做法则被认为是合法和可接受的。[4]

与此同时,深入挖掘以探索反托拉斯理念的根源和萌芽。可见该理念具有比现代实例更深层次的含义,甚至有人提出这一理念最早由罗马人构建,并纳入了诸多他们的法条。500年后,即公元前483年,该理念在伊苏里亚国王芝诺的宪法中取得进展。[5] 甚至在伊斯兰教早期,有人曾记录穆罕默德(愿他平安)所说的:凡干预价格,使其增长者,愿主将他安排在地狱里最糟糕的地方。此外,他给出了指示,以禁止导致价格上涨的垄断行为。[6]

在同一语境下,相传此后,在撒克逊国王时期,作为中间人,干预货物的直接销售而获利则被视为犯罪。该罪在1086年《末日审判书》[7]中曾被提及,垄断行为在1215年《英国大宪章》中也被视为违法行为。[8] 反托拉斯的早期历史不仅涵盖这些早期被采纳的几个判例或者法条,这一理念在一些早期裁决中早已得到认可,而普通法作为一项司法著作就是明证。[9] 例如,1414年戴耶的判例集中英国法院的几项裁决[10],1599年的达西诉艾伦案(Darcy v. Allien)[11]以及此后1711年的米切尔诉雷诺兹案(Mitchel v. Reynolds)。[12] 在相同语境下,甚至还有人声称1890年的《谢尔曼法》有"跨越大西洋的起源",是旧有普通法的再编版本。[13]

---

[1] Anestis S. Papadopoulos, the International Dimension of EU Competition Law and Policy at 9—10(Cambridge University Press, 2010).

[2] Le Chapelier Act of June 14—17, 1791.

[3] Francis Walker, The Law Concerning Monopolistic Combinations in Continental Europe, 20 Political Science Quarterly 13, at 27(1905).

[4] Papadopoulos, The International Dimension of EU Competition Law and Policy, *supra* note 181, at 8—9.

[5] Sandra Marco Colino, Competition Law of the EU and UK at 2—3(Oxford University Press, 2011).

[6] 欲了解关于穆罕默德(愿他平安)的这一句引述以及其他更多引述,见 Nasiruddin Al-Khattab, English Translation of Musnad Imam Ahmad Bin Hanbal(Darussalam, 2012).

[7] 欲知《末日审判书》的更多细节,请参阅 www.domesdaybook.co.uk(最近一次访问于2017年12月1日)。

[8] Colino, Competition Law of the EU and UK, *supra* note 185, at 3.

[9] Dabbah, The Internationalisation of Antitrust Policy, *supra* note 9, at 32. Papadopoulos, The International Dimension of EU Competition Law and Policy, *supra* note 181, at 7—9.

[10] Dyer's case, (1414)2 Hen. V, fol. 5, pl. 26.

[11] Edward Darcy Esquire v. Thomas Allin of London Haberdasher(1599)74 ER 1131, (1602)77 Eng. Rep. 1260 and(1599)Noy 173.

[12] Mitchel v. Reynolds(1711), 1P. Wms., 181, 24 Eng. Rep. 347.

[13] Dabbah, The Internationalisation of Antitrust Policy, *supra* note 9, at 32.

如前所述，16世纪，德国的情况与英美相似，即垄断行为被广泛接受。例如，巨型企业，如16世纪，富格尔(Fuggers)、赫希斯特(Hochstetters)和威尔瑟(Welsers)控制着水银、银和铜，没有其他公司跻身这些行业。① 然而，在16世纪末，詹姆斯六世及一世执政期间，情势在英国峰回路转。议会和司法部门都认为皇家垄断权的授予是违反宪法的，这一点之后在美国也扩展开来。② 另外，情势则古今一辙，即垄断行为在德国和其他许多国家是被接受的，这一点甚至持续到20世纪初。③

此外，值得注意的是，上述英美的变化并不意味着垄断被禁止，只是由国家授予企业此种权力违反宪法。实际上，与此相反，一些美国国内企业将垄断行为视作主要增长原因，甚至攫取国外的市场控制地位。到19世纪末，许多被称作"托拉斯"的机构形成了。④ 不出意外，正是这些托拉斯机构的成长与扩张引发了美国关于禁止垄断行为甚至特许垄断权的滥用的争议。⑤

对标准石油公司历史的回顾可以让我们更清楚地了解托拉斯是如何在美国出现和发展，继而发展成为上述辩论的主要导火索，甚至还导致所谓的反垄断法的。⑥ 故事始于1852年，当时约翰·戴维森·洛克菲勒(John Davison Rockefeller)和他的朋友莫里斯·克拉克(Maurice Clark)着手用各自的部分积蓄合伙经营"委托贸易"(commission business)。到1862年，他们与塞缪尔·安德鲁斯(Samuel Andrews)合伙开展了一项前景大好的新项目——石油加工。由于生意蓬勃发展，他们就开设了第二个厂房，此后他们还在各州开设了众多分厂。洛克菲勒投资了很多石油加工企业。1870年6月，他整合了自己所有的企业，总值超过100万美元，全部归入标准石油公司旗下。⑦

1871年，极富戏剧性的变化发生了。当时洛克菲勒遇到一位商人，此人有一件神奇的工具待价而沽。这一神奇的工具就是一家以"南方开发公司"(South Improvement Company)之名受到特许的公司，这家特许公司的所有者有权在任何地方做任何

---

① Braudel, The Wheels of Commerce, *supra* note 45, at 418.

② Shenefield & Stelzer, The Antitrust Laws: A Primer, *supra* note 178, at 8—9.

③ Micklethwait & Wooldridge, The Company: A Short History of a Revolutionary Idea, *supra* note 27, at 90—91.

④ Shenefield & Stelzer, The Antitrust Laws: A Primer, *supra* note 178, at 9.

⑤ Andreas Koutsoudakis, Antitrust more than a Century After Sherman: Why Protecting Competitors Promotes Competition more than Economically Efficient Mergers, 34 Dayton Law Review 223, at 230 (2009); Rudolph J. R. Pertiz, Competition Policy in America, 1888—1992: History, Rhetoric, Law at 9 (Oxford University Press, 1996).

⑥ 欲全面了解标准石油公司的历史，请参阅 IDA M. Tarbell, The History of the Standard Oil Company § 1 (Mc Clure, Phillips & Co. 2nd Impression ed., 1904)。值得注意的是，该书作者提到了自己是受到石油托拉斯严重伤害的众多石油生产商之一的女儿，对于当时发生的事情，她历历在目。

⑦ 同上，见第42—44页。

他想做的生意。洛克菲勒自然抓住了这一机会买下了这家特许公司,但他并非单枪匹马。他组建了一种新型的机构或协会,于1872年1月2日与众多石油加工商集资共建了一家公司,并将其分为2 000股。他们组建的这种协会或崭新企业结构之后被称作"托拉斯",意在称霸石油业。① 石油托拉斯,确切而言,托拉斯这一理念,为美国其他许多行业商人所借鉴,在同一时期,最引人注目的就有制糖业、烟草业、铁路业和钢铁业。②

行业控制已屡见不鲜,不足以促成反托拉斯理念。考虑到这一点,行业控制只能算作这场争论的导火索,而正是这场争论促进了美国反托拉斯法的发展。下文是关于这场争论的历史回顾。在此值得注意的是,虽然历史或许揭示了一些立法意图或目标,但这些目标将被作为合并控制的障碍之一,并在后文中加以讨论。③

值得注意的是,这场争论持续了大概两年,从1888年1月21日至1890年《谢尔曼法案》颁布。④ 确切而言,纽约州代表亨利·培根(Henry Bacon)挑起了这场争论,要求对托拉斯进行审查。不出意料,1888年8月,俄亥俄州参议员约翰·谢尔曼(John Sherman)提出了一份反托拉斯法案。该法案甚至以他的名字命名为"谢尔曼法",而俄亥俄州正是授予标准石油公司特许权的州。⑤

或许有人会认为参议员谢尔曼提出该法案是因为当时市场受到托拉斯机构的控制,而这种控制带来的物价高涨或物资短缺甚至劣质产品与服务引起了民怨沸腾,但是令人意外的是,通过仔细查看国会记录和分析参议员们关于这一争论的一些演讲,

---

① 同上,见第56—57页。
② Papadopoulos, The International Dimension of EU Competition Law and Policy, *supra* note 181, at 10; Pertiz, Competition Policy in America, 1888—1992: History, Rhetoric, Law, *supra* note 198, at 13; and see generally Dilorenzo, International Review of Law and Economics, *supra* note 180.
③ 关于促成《谢尔曼法》颁布的历史原委及客观环境的信息和细节,有大量文献可供引用,例如,Pertiz, Competition Policy in America, 1888—1992: History, Rhetoric, Law, *supra* note 198, at 9, citing over 50 references, most importantly Hans Birger Thorell!, the Federal Antitrust Policy: Origination of an American Tradition (Johns Hopkins Press, 1955); William L. Letwin, Congress and the Sherman Antitrust Law: 1887—1890, 23, the University of Chicago Law Review 221(1956); Richard Hofstadter, What Happened to the Antitrust Movement?, in the Paranoid Style in American Politics, and Other Essays(1965); Rudolph J. R. Pertiz, Rule of Reason in Antitrust Law: Property Logic in Restraint of Competition, 40 Hastings Law Journal 285(1989); David Millon, the Sherman Act and the Balance of Power, 61 Southern California Law Review 1219(1988); Robert H. Lande, Wealth Transfers as the Original and Primary Concern of Antitrust: The Efficiency Interpretation Challenged, 34 Hastings Law Journal 65(1982); John J. Flynn, Rethinking Sherman Act Section 1 Analysis: Three Proposals for Reducing the Chaos, 49 Antitrust Law Journal 1593(1980); Eleanor M. Fox, The Modernization of Antitrust: a New Equilibrium, 66 Cornell Law Review 1140(1981); Colino, Competition Law of the EU and UK, *supra* note 185, at 3, citing Hans Birger Thorelli, The Federal Antitrust Policy: Origination of an American Tradition(Johns Hopkins Press, 1955); see also Richard Orme Wilberforce, The Law of Restrictive Trade Pratices and Monopolies (2nd ed., Sweet & Maxwell, 1975).
④ Pertiz, Competition Policy in America, 1888—1992: History, Rhetoric, Law, *supra* note 198, at 13.
⑤ Id, at 9.

我们却揭开了极其出人意料的结果。参议员乔治·富兰克林·埃德蒙兹（George Franklin Edmunds）说道："虽然目前糖业托拉斯可能降低了糖的价格，而石油托拉斯肯定大大降低了石油的价格，但所有托拉斯从本质上就是错误的，这并不能改变。"[1]

此处值得注意的是，对现有数据的深入分析显示托拉斯确实使得经济产出增加。在1880—1900年期间，产出有明显增长，而且这一现象并不仅限于特定的托拉斯而是在所有托拉斯中都普遍存在，例如，石油、盐、钢铁、糖，如图1—1所示。[2]

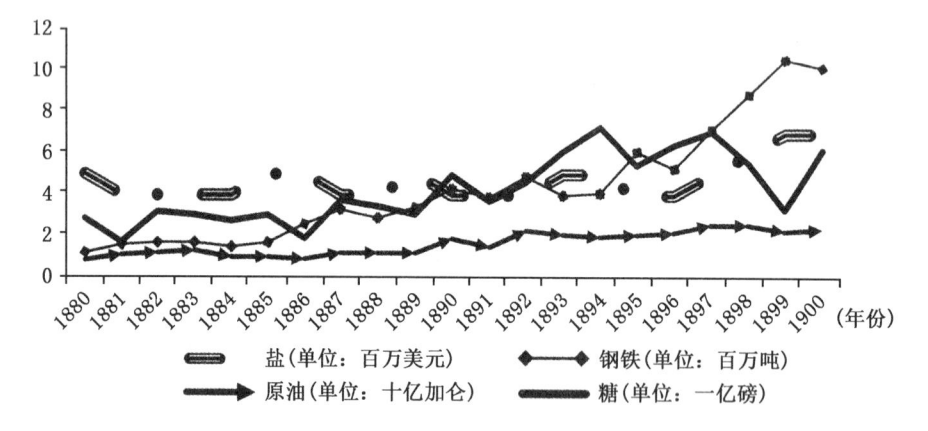

数据来源：Data retrieved from Thomas James DiLorenzo, The Origins of Antitrust: An Interest Group Perspective, 5 international Review of Law and Economics 73, 78—79(1985), citing US Bureau of the Census, Statistical Abstract of the U. S., various years(Washington D. C.: Government Printing office); US Bureau of the Census, Historical Statistics of the U. S.

图1—1　1880—1900年期间特定产业的产出

不仅如此，富兰克林并非孤掌难鸣，在那时这是众议院大部分议员的共识，比如在当时最重要的声明中，参议员威廉·欧内斯特·梅森（William Ernest Mason）明确说道：

> 托拉斯制造的产品更便宜，使得价格更低；但是就算石油价格降低，比如降低到每桶1美分，也无法纠正托拉斯对这个国家和人民犯下的错误。托拉斯破坏了合法的竞争，把诚实的人从合法的企业中驱逐出去。[3]

显然，他们是在就保护小型企业不受托拉斯这样的巨型强大企业的吞并而争论，但不幸的是他们认为价格并不重要，这意味着反托拉斯是以消费者为代价的。在这种

---

[1] Congressional Record, 51st Congress, 1st Session, House, 20 June(1890), P. 2558.
[2] DiLorenzo, International Review of Law and Economics, *supra* note 180, at 77—78.
[3] Congressional Record, 51st Congress, 1st Session, House, 20 June(1890), P. 4100.

背景下,有人声称此举的目的是拯救"效率较低的'诚实人'(免于)破产"。①

为了更详尽地阐述这一点,虽然参议员生动形象地揭示了石油业和制糖业托拉斯保持了降价的趋势,但是一些作者辩称铁路价格的下降也是降价原因之一。② 事实上,这两个原因,即托拉斯和铁路价格下跌是相互关联的,因为托拉斯使用铁路作为交通方式之一,而且他们设法取得了大额交易的交通退款③,这使得铁路价格降低;反之,铁路价格的降低又促使产品价格降低。

因此,价格下降的总体趋势对消费者有利,但同时另一群人却并不乐见这一结果。这群人主要是小型企业主和农场主,他们无法为自己的小额交易取得相同的交通运输价格,因此他们很难与托拉斯公司提供的价格竞争,也很难与这一时期的价格趋势竞争。那些群体加入了这场争论中反对托拉斯的阵营④,即便他们并未被视为这场反托拉斯之争的实际导火索。

但是,由参议员谢尔曼提交的第一个法案的用语表明该法案的目标只有保护消费者,这令人十分困惑。该法案内容摘录如下:"所有安排、合约、协议、托拉斯或者组合……都是出于某些观点而达成的,或者试图阻碍充分、自由的竞争……或者意在增加消费者的成本……特此宣布,这违反公共政策,非法且无效。"⑤

1889年1月23日,关于这一法案的争论开始时⑥,参议员谢尔曼的声明与此含义一致。他确实否认了他的法案,意在:

> 削弱资本和劳动力的组合,阻碍合伙企业的形成,但只是为了防止和控制以下合并,为防止竞争、限制贸易的合并,或以牺牲消费者为代价而增加生产者的利润而进行的合并。这些合并非法……且无益。⑦

---

① DiLorenzo, International Review of Law and Economics, *supra* note 180, at 87; Koutsoudakis, Dayton Law Review, *supra* note 198, at 245.

② Douglass North, Growth and Welfare in the American Past: A New Economic History at 139(Prentice Hall, 1966).

③ DiLorenzo, International Review of Law and Economics, *supra* note 180, at 75—76.

④ Sanford D. Gordon, Attitudes towards Trusts Prior to the Sherman Act, 30 Southern Economic Journal 156, at 158(1963).

⑤ H. R. Misc. Doc. No. 124, 50th Cong., 1st Sess., 19 CONG. REC. 719(1888) in substitution of H. R. REP. No. 67, introduced by Representative William Mason(R. I11). The resolution directed the House Judiciary Committee to investigate certain charges about trusts' high prices to consumers. Report of the House Committee on Manufactures, H. R. REP. No. 3112, 50th Cong., 1st Sess. (July 30, 1888); S. 3440 and S. 3445, 50th Cong., 1st Sess., 19 CONG. REC. 7512(1888); S. 3445, 50th CONG. REC. 1120(1889)(as amended), Earl W. Kintner, The Legislative History of The Federal Antitrust Laws and Related Statutes at 53 § 1(Chelsea House Publishers, 1978).

⑥ Pertiz, Competition Policy in America, 1888—1992: History, Rhetoric, Law, *supra* note 198, at 13.

⑦ Cong Rec S. 1, 51st Cong 1st Sess. (March 18, 1890), P. 2457.

显然，参议员谢尔曼试图维护他的法案的用语，其中一些理由甚至都毫无意义：他说他的法案意在使"非法联合"非法化。与此同时，似乎众议院中的大部分发声者都并非出于参议员谢尔曼所讲的目的。该法案被提交给另一个委员会，6 天后被退回，用语却完全不同，其中并没有提到"消费者的成本"，甚至也没有提到"充分、自由的竞争"。该法案改称解决"贸易限制"，以 52∶1 的大多数赞成票通过。①

《谢尔曼法案》的颁布并未结束这场争论，而是将其蔓延到法院，该法案执行起来则更令人费解。有人还称部分人期待辩论持续下去，这样就会分散公众对引入这种新型贸易限制工具的注意力，该工具就是由参议员谢尔曼本人发起的新关税法案。② 支持此说法的证据有很多，例如，《谢尔曼法案》首次投入使用是在对抗石油托拉斯（即标准石油公司）中，此时已经是 1906 年，该法案颁布 15 年之后。③ 实际上，以标准石油公司为代表的石油托拉斯卷入诉讼之中已经不是第一次了；1889 年，俄亥俄州司法部长大卫·沃森（David Watson）无意中读到了标准石油公司的托拉斯协议，他意识到标准石油公司从俄亥俄州政府手中攫取了其他公司的控制权，这违反了《俄亥俄州宪章》。俄亥俄州最高法院的裁决站在了州政府一方，但并没有宣布该项特许无效，而托拉斯也继续以新的名义存在，即"清算受托人"。④ 因此，洛克菲勒便将公司搬到了监管更宽松的新泽西州，这确实也使得他的生意能更自由地扩张。

1899 年，石油托拉斯作为所有者控制着其他 40 家公司⑤，甚至据报道，这一扩张是其资本从 7 亿美元增长到 100 亿美元的结果。⑥ 与石油托拉斯相关的第二件诉讼案，也是《谢尔曼法案》实施的第一件，给了托拉斯一记重拳：1911 年，最高法院命令总值 220 亿美元的托拉斯转让其资产所有权，牵涉其中的巨型石油公司有阿莫科、雪佛龙、埃克森和美孚。⑦

最后，值得注意的是，大西洋西海岸的行动从未停止，不断有修正案被纳入《谢尔曼法案》之中。这些修正案将在下文并购管制中进行讨论。⑧ 此外，在大西洋另一端的行动陷入沉寂，即欧洲国家并未迈出针对现代反托拉斯监管的切实一步。这一情况截至 1951 年 4 月 18 日《建立欧洲煤钢共同体条约》（以下简称 ECSC）签订，反托拉斯

---

① Pertiz, Competition Policy in America, 1888—1992: History, Rhetoric, Law, *supra* note 198, at 13—14.
② DiLorenzo, International Review of Law and Economics, *supra* note 180, at 87.
③ Micklethwait & Wooldridge, The Company: A Short History of a Revolutionary Idea, *supra* note 27, at 73.
④ Ida M. Tarbell, the History of the Standard Oil Company at 150, 153 § 2(McClure, Phillips & Co. 2nd Impression ed., 1904).
⑤ Micklethwait & Wooldridge, the Company: a Short History of a Revolutionary Idea, *supra* note 27, at 68.
⑥ Tarbell, the History of the Standard Oil Company, *supra* note 219, at 153.
⑦ Micklethwait & Wooldridge, The Company: A Short History of a Revolutionary Idea, *supra* note 27, at 73.
⑧ 请参阅第 134—135 页。

监管被纳入该协定之中。[1]

然而,有人称欧洲反托拉斯的第一步始于1957年3月25日,即《建立欧洲共同体条约》(以下简称EEC)签订。[2] 从那时起,反托拉斯就被认为是"一项基本条款,对于完成委托给(欧盟)的任务,特别是内部市场的运作至关重要"。[3]

(四)并购潮

并购这一理念在中世纪时期并不为人熟知。如前文所示,在围绕公司早期特征的讨论中,"一家公司可以拥有或创建另一家公司"这一理念甚至都存在争议。有人声称公司不被允许这样做[4],还有一些人则坚持认为公司可以[5],甚至还有些人用案例支持第二种说法,即这一时期的国家本身就是一家公司,国王被允许拥有或创建另一家公司;同样,许多美国殖民地也是一家公司,殖民者也会创建更多公司。[6]

因此,加之并购非常受限,就算没有被全面禁止,在早期阶段能用于讨论这段历史的资源也十分稀缺,被宣告的并购案例屈指可数。例如,第一件被宣告的并购案是荷兰东印度公司(Vereenigde Oost-Indische Compagnie),该公司建立于1602年3月20日,是几家公司合并后的实体。[7] 另一件被宣告的并购案发生于1702年,女王和两家公司为了合并而签订了一种名为"三方契约"的协议,然后在1708年,根据英国议会的一项法案,这两家公司变成了一个完全合并的公司,其结果就是,新的公司被命名为"东印度贸易联合公司"。这种情况一直持续到19世纪下半叶。[8]

自19世纪下半叶起,并购就开始成为经济生活中的一部分,有人声称那段时期组建的托拉斯可以被视为典型的并购后实体。石油业托拉斯之一标准石油公司一案就是一个很明显的案例,另一个案例是烟草业托拉斯:1890年,烟草公司所有者詹姆斯·布加南·杜克(James Buchanan Duke)将自己的公司与其他4家公司合并,组建了美国烟草公司,这一趋势也在其他行业显现,如棉花业和钢铁业。[9]

同一时期,在德国,衰退是联合的一大驱动力,但是他们更倾向于采取一种更为温

---

[1] Colino, Competition Law of the EU and UK, *supra* note 185, at 5.
[2] Papadopoulos, the International Dimension of EU Competition Law and Policy, *supra* note 181, at 14; EEC以1992年的《马斯特里赫特条约》(更名为《欧洲共同体建立条约》,以下简称TEC),并以2007年的《里斯本条约》更名为《欧洲联盟运作条约》(以下简称TFEU)。
[3] Eco Swiss China Time Ltd v. Benetton International NV, Case C-126/97 [2000] 5 CMLR 816, para. 36.
[4] Sheppard, of Corporations, Fraternities, and Guilds, *supra* note 96, at 112.
[5] Grant, A Practical Treatise on the Law of Corporations in General: As Well Aggregate as Sole, *supra* note 95, at 9—10.
[6] Eaton, The Yale Law Journal, *supra* note 19, at 370—371.
[7] Braudel, The Perspective of the World, *supra* note 15, at 213.
[8] Smith, An Inquiry Into the Nature and Causes of the Wealth of Nations, *supra* note 112, at 999.
[9] Micklethwait & Wooldridge, The Company: A Short History of a Revolutionary Idea, *supra* note 27, at 65—68.

和的工具而非参与并购,大部分公司加入了"卡特尔"(Cartels)。甚至据报道,1875年有4家卡特尔被组建,而到了1905年,卡特尔增至385家。[①] 倾向于这种联合形式而非并购,也许应归因于这些卡特尔象征着贸易限制行为,而这在德国同一时期是被允许并且广泛接受的,见上文。

关于并购历史的文本寥若晨星,仔细阅读显示所记录的唯一全面的数据仅限于美国的交易,因此下面关于历史上的并购潮的讨论将仅限于美国的并购历史。此外,仔细阅读这些文本还显示可供参考的资源有诸多局限性。例如,一些案例仅限于特定的行业,如采矿业,而另一些案例仅限于特定价值的交易,其他局限性甚至还有特定时期。

与此同时,大部分记录并购历史的文本都是主要基于这些资源所撰写,而这还是由于早期并购记录稀缺。这些资源主要有:(1)国家经济研究局的报告,其中特别是拉尔夫·尼尔森的报告[②],(2)美国联邦贸易委员会(以下简称 FTC)发布的报告,(3)《并购》期刊,(4)W. T. Grimm & Co 的年度报告。[③]

值得注意的是,大部分关于并购历史的文本表明,事实上从古至今的并购都是以浪潮或运动的形式展开的,因此有些人称其为"系列式"的并购。[④] 并购潮通常都在一定时期内发端,继而蓬勃发展直到触顶,然后再一次发展放缓。通常发展放缓是因为衰退[⑤]或者经济危机。[⑥] 这一事实的背后原因是并购是系列式的或者是以浪潮的形式进行的,而这一形式有其各自存在的客观环境,这将在下文中分别阐述。

除此之外,文本普遍表明,从19世纪末到今天,显然有6个形成并购潮的时期,本节将对此进行讨论。值得注意的是,以下讨论将主要围绕前五场并购潮。进一步来讲,后两场并购潮属于当代并购潮,且两者具有相同的一般趋势和特征,这将在后面讨论。

然而,大部分文本在"第一场并购潮开始的确切时间"这一问题上互相矛盾:有些人主张并购潮开始于1893年,而另一些人称其始于1895年;其他人坚称其始于1897

[①] Alfred Chandler & Takashi D. Hikino, Scale and Scope: The Dynamics of Industrial Capitalism at 423 (Belknap Press, 1990).

[②] Ralph L. Nelson, Merger Movements In American Industry, 1895—1956 at vii—viii (Princeton University Press, 1959).

[③] 欲知更多关于这些资源及其相关行业、实践和交易价值的局限性,请参阅 Alan J. Auerbach, Mergers and Acquisitions at 26—29 (University of Chicago Press paperback ed., 1988).

[④] Nelson, Merger Movements in American Industry, 1895—1956, *supra* note 234, at 4.

[⑤] Patrick A. Gaughan, Mergers, Acquisitions, and Corporate Restructurings at 50—51 (3rd ed., Wiley, 2002).

[⑥] Donald M. Depamphilis, Mergers and Acquisitions Basics: All You Need To Know at 24—25 (Academic Press, 2011).

年,甚至还有人声称1898年才是并购潮开始的时间。[①] 事实上,不仅第一场并购潮开始的日期存在争议,所有并购潮的起止时间都存在争议,这或许是由于数据缺失。正如前文所述,这也许是因为数据分析和解释不同。

不过这些不同点无关紧要,也不会引出错误的结果,至少在本书中是这样,特别是因为所有观点都在小范围内波动,如图1-2所示。但值得注意的是,一个作者称1946—1956年间有一场并购潮,他甚至还坚称这就是第三场并购潮。[②] 同时却没有人持相同的观点,因此,这一浪潮将被置之不论,不包括在时间线和接下来的讨论中。

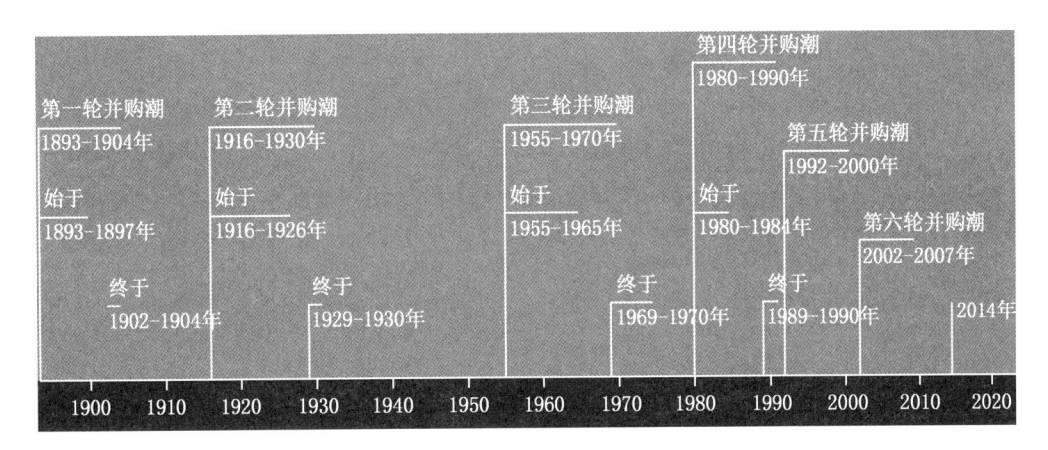

第一轮并购潮	第二轮并购潮	第三轮并购潮	第四轮并购潮	第五轮并购潮	第六轮并购潮
1893—1904年	1916—1930年	1955—1970年	1980—1990年	1992—2000年	2002—2007年
始于 1893—1897年	始于 1916—1926年	始于 1955—1965年	始于 1980—1984年		
终于 1902—1904年	终于 1929—1930年	终于 1969—1970年	终于 1989—1990年		2014年

数据来源:Data retrieved from J. Fred Weston & Samuel C. Weaver, Mergers and Acquisitions at 7—8(McGraw-Hill,2001); Joseph Stancliffe Davis, Essays in The Earlier History of American Corporations at 2(Harvard University Press,1917); Patrick A. Gaughan, Mergers, Acquisitions,and Corporate Restructurings at 23,28,30,32,44,50,51(3Rd Ed. ,Wiley,2002); Brett Cole,M&A Titans: The Pioneers Who Shaped Wall Street's Mergers And Acquisitions Industry at 2(John Wiley & Sons,2008); Donald M. Dep Amphilis, Mergers and Acquisitions Basics: All You Need to Know at 24,25,27,29(Academic Press,2011); Oliver Black, Conceptual Foundations of Antitrust at 23—24(Cambridge University Press,2005); Ralph L. Nelson, Merger Movements in American Industry,1895—1956 at 5(Princeton University Press,1959); Larry D. Qiu & Wen Zhou, *Merger Waves: A Model of Endogenous Mergers*, 38 The Rand Journal of Economics 214,at 214(2007)。

图1-2 并购潮的时间线

[①] J. Fred Weston & Samuel C, Weaver, Mergers and Acquisitions at 7(McGraw-Hill,2001); Brett Cole, M&A Titans: the Pioneers Who Shaped Wall Street's Mergers and Acquisitions Industry at 2(John Wiley & Sons,2008); Nelson, Merger Movements in American Industry,1895—1956, *supra* note 234,at 4; Gaughan, Mergers, Acquisitions, and Corporate Restructurings, *supra* note 237, at 23, 27; Depamphilis, Mergers and Acquisitions Basics: All You Need to Know, *supra* note 238,at 24.

[②] Nelson, Merger Movements in American Industry,1895—1956, *supra* note 234,at 5—6.

第一轮并购潮(1893—1904年)被认为是美国工业发展的基础。[1] 参与这场并购潮的主要行业有制造业、采矿业[2]和石油业。拉尔夫·尼尔森对制造业进行了明确分类,如下:(1)烟煤产业,(2)化学加工业,(3)金属制品业,(4)食品加工业,(5)石油开采业,(6)机械制造业,(7)初级金属制品业,(9)交通运输设备制造业。[3]

据报道,1901年摩根大通并购785家公司,成功创建了美国第一家10亿美元的公司,该公司即美国钢铁公司(the U. S. Steel Corporation)。[4] 此外,据报道,在第一场并购潮中,1 800家公司并购之后只剩137家,相传这场并购潮的形成主要受到完整的交通网的推动,即铁路。[5] 另一些人则认为,《谢尔曼法》执行不力,促使企业主参与水平化的并购,即在某一行业的同一水平上经营企业之间的并购。[6]

另外,审视同一时期的数据(见图1—3),揭示了纵向并购的总数。纵向并购即在某一行业不同水平上经营企业之间的并购。[7] 与同一时期横向并购的总数相比较,纵向并购总数更多。因此,反托拉斯法案执行不力不能被视为第一次并购潮的主要驱动力。

同样,如前文所述,推动第一次并购浪潮的主要原因是美国各州为了吸引公司重新部署投资而进行的"竞次"。由于《普通公司法》[8]的颁布,洛克菲勒将标准石油公司搬到新泽西州,其他许多企业主也都采取了同样的做法,这一法案对公司规模和合并不加限制。甚至有人断言,特拉华州在1899年通过了一项更加友好的《公司法》,从而在本次竞次中胜出。[9]

第二轮并购潮(1916—1930年)的一大特点在于纵向并购数量显著增加,一般来讲,通过分析交易,可见制造商试图控制或至少整合分销渠道。[10] 比如,福特公司[11]拥

---

[1] Gaughan, Mergers, Acquisitions, and Corporate Restructurings, *supra* note 237, at 23; Larry D. Qiu & Wen Zhou, Merger Waves: a Model of Endogenous Mergers, 38 the Rand Journal of Economics 214, at 214 (2007).

[2] Cole, M&A Titans: the Pioneers Who Shaped Wall Street's Mergers and Acquisitions Industry, *supra* note 239, at 2.

[3] Gaughan, Mergers, Acquisitions, and Corporate Restructurings, *supra* note 237, at 23.

[4] Depamphilis, Mergers and Acquisitions Basics: All You Need to Know, *supra* note 238, at 24.

[5] Weston & Weaver, Mergers and Acquisitions, *supra* note 239, at 7.

[6] Depamphilis, Mergers and Acquisitions Basics: All You Need to Know, *supra* note 238, at 24.

[7] 同上,第14页。

[8] 该法案即1896年的《新泽西普通公司法》。

[9] Micklethwait & Wooldridge, The Company: A Short History of a Revolutionary Idea, *supra* note 27, at 68, 69. Delaware General Corporation Law of 1899 (21 Del. Laws-273).

[10] Weston & Weaver, Mergers and Acquisitions, *supra* note 239, at 8.

[11] 福特是一家美国汽车制造公司,建立于1903年。欲了解更多关于福特及其历史的信息,请访问其官网链接 http://corporate.ford.com/our-company? gnav=footer-aboutford(最近一次访问为2017年12月1日)。

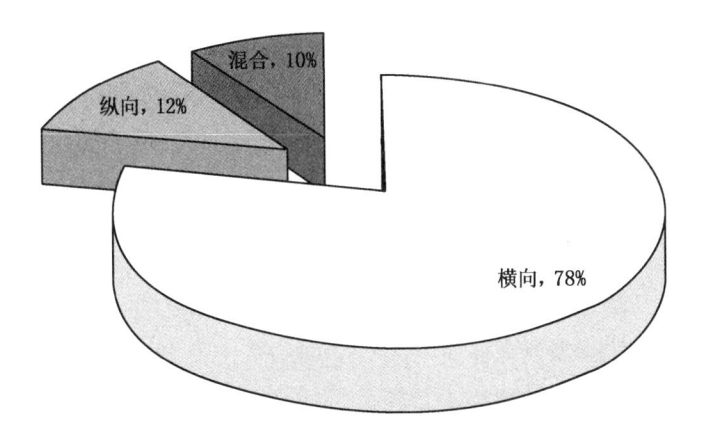

数据来源：Data retrieved from Neil Fligstein, the Transformation of Corporate Control at 72 (Harvard University Press, 1990)。

图1—3 第一次并购潮的分类

有钢铁厂、铁路和汽车生产线。① 与此同时，有人声称这一场并购潮是一股横向并购浪潮，但这一说法没有任何事实或数据依据，只是因为萨穆尔·因苏尔（Samuel Insull）创建了一家在美国39个州运营的公用事业公司。②

一般来讲，第二轮并购潮主要受到三个因素驱动：第一，第一次世界大战后经济蓬勃发展③；第二，沟通方式的发展，特别是无线电作为可靠的营销工具④；第三，交通方式的进步。⑤ 乔治·斯蒂格勒（George Stigler）⑥称在第二场并购潮期间的趋势是并购目的从单体垄断转向寡头垄断。寡头垄断意味着市场被几家公司主导，而非1家。⑦

第三轮并购潮（1955—1970年）的首要特点是被称作混合交易的这种趋势。传统的纵向并购或横向并购的吸引力逐渐消减，互不相关的不同行业中的公司开始互相并

---

① Cole, M&A Titans: the Pioneers Who Shaped Wall Street's Mergers and Acquisitions Industry, *supra* note 239, at 2.
② 萨穆尔·因苏尔（1859年11月11日—1938年7月16日），Depamphilis, Mergers and Acquisitions Basics: All You Need to Know, *supra* note 238, at 25.
③ Gaughan, Mergers, Acquisitions, and Corporate Restructurings, *supra* note 237, at 28; Depamphilis, Mergers and Acquisitions Basics: All You Need to Know, *supra* note 238, at 25.
④ Weston & Weaver, Mergers and Acquisitions, *supra* note 239, at 8.
⑤ Gaughan, Mergers, Acquisitions, and Corporate Restructurings, *supra* note 237, at 30.
⑥ 乔治·斯蒂格勒（1911年1月17日—1991年12月1日）是一位经济学家，于1982年获得诺贝尔经济学奖，同时也是芝加哥大学的经济学教授。他被视为经济学领域的芝加哥学派的代表人物之一。
⑦ Gaughan, Mergers, Acquisitions, and Corporate Restructurings, *supra* note 237, at 28; Oliver Black, Conceptual Foundations of Antitrust at 24 (Cambridge University Press, 2005), citing George J. Stigler; Monopoly and Oligopoly by Merger, 40 the American Economic Review 23 (1950).

购。① 其次,这场并购潮的另一特点还在于在金融市场上利用数学技巧,以获取卓越的利润,这在当时被称作"金融工程"。例如,在这场并购潮中,每当有一种获取利润的新工具或者新原理出现时,大部分公司就会受此驱动开展各式各样的并购。比如,在这场并购潮中,大部分并购都是受到市盈率(以下简称 P/E)模型下的获利前景驱动②,这一模型将在后文中与其他并购诱因共同被讨论。

因此,有人称,与前两场并购潮不同,银行在本场并购潮中并未提供资金,而企业则严重依赖金融工程工具作为新的融资选择。③ 据悉,作为对《谢尔曼法案》的强化,1914 年的《克莱顿法案》及其修正案④的严格执行,直接影响了继第二轮浪潮之后的并购活动。⑤ 严格地说,这不能被视为这轮并购潮的驱动因素,但避免违反反托拉斯法的意图塑造着企业集团的结构。据报道,这轮并购潮在 1969 年达到顶峰,被宣告的并购案多达 6 107 件,如图 1—4 所示。还有报道称,在这场并购潮的结尾,美国财富 500 强的前 200 名企业中 15 家是通过并购组建的企业集团。⑥

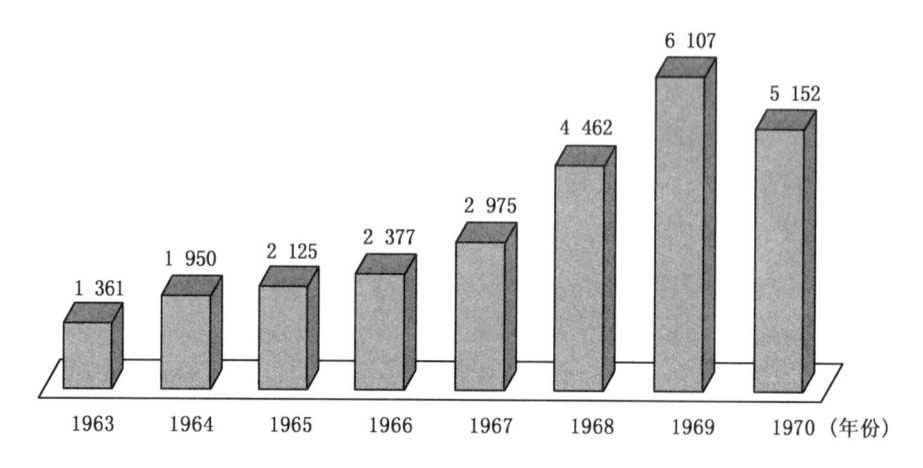

数据来源:Data Retrieved from Patrick A. Gaughan, Mergers, Acquisitions, and Corporate Restructurings at 33(3rd ed., Wiley, 2002)。

图 1—4 1963—1970 年期间宣告并购的数量

第四轮并购潮(1980—1990 年)的主要特点在于非友善或敌意收购,简单来讲,就

---

① Weston & Weaver, Mergers and Acquisitions, *supra* note 239, at 8; Black, Conceptual Foundations of Antitrust, *supra* note 258, at 24.
② Depamphilis, Mergers and Acquisitions Basics: All You Need to Know, *supra* note 238, at 25; Gaughan, Mergers, Acquisitions, and Corporate Restructurings, *supra* note 237, at 35—36.
③ Gaughan, Mergers, Acquisitions, and Corporate Restructurings, *supra* note 237, at 31.
④ 15 U.S.C. §§ 12—27.
⑤ Gaughan, Mergers, Acquisitions, and Corporate Restructurings, *supra* note 237, at 29.
⑥ Micklethwait & Wooldridge, the Company: a Short History of a Revolutionary Idea, *supra* note 27, at 121.

是未经对方同意就开展并购交易。① 在这一方面,不断发展的金融工程趋势在此期间起了很大作用,特别是新型金融工具的使用,如垃圾债券②和杠杆收购③(以下简称LBO)。④ 另外,还有人称这些特定的金融工具,如垃圾债券,是一把双刃剑,在这一场并购潮期间为杠杆收购筹集了大部分资金。到了期末,这些金融工具的崩坏也为这场并购潮画上了句号。⑤

分析这些数据,特别是比较第三轮与第四轮并购潮期间的并购数量和交易价值,揭示了一个非常有趣的结果:事实上,尽管与第三轮并购潮相比,在第四轮并购潮期间完成的并购数量非常少,但是并购交易价值非常高,分别如图 1—5 和图 1—6 所示。

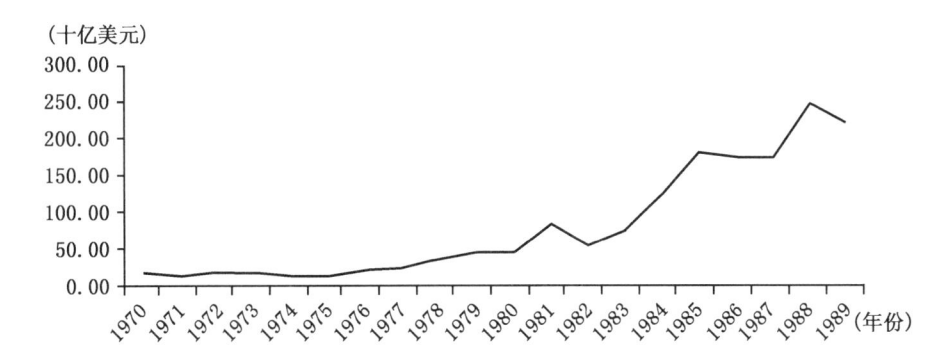

数据来源:Data retrieved from Lokey Houlihan & Howard Zukin, Mergerstat Transaction Roster(1998)。

图 1—5　1970—1989 年期间的交易价值

第五轮并购潮(1992—2000 年)的特点在于本质上参与本场并购的企业以扩大规模和走向全球化为目标,而这极具吸引力。这个阶段甚至以"战略性大型并购时代"闻名于世⑥,但是很大一部分并购都局限于五六个行业。⑦ 此外,据报道,在这轮并购潮中,并购活动在交易价值甚至数量方面都创下了新纪录。⑧ 在同一背景下,也有报道称,在这次并购浪潮中,并购带来的好处无疑不负众望,除了一些类似的交易形式外,

---

① Cole,M&A Titans: The Pioneers Who Shaped Wall Street's Mergers and Acquisitions Industry,*supra* note 239,at 2; Depamphilis,Mergers and Acquisitions Basics: All You Need to Know,*supra* note 238,at 25.
② 垃圾债券就是违约风险较高但是收益丰厚的债券。
③ 欲知更多关于 LBO 的细节请参阅第 54 页。
④ Weston & Weaver,Mergers and Acquisitions,*supra* note 239,at 8.
⑤ Gaughan,Mergers,Acquisitions,and Corporate Restructurings,*supra* note 237,at 50—51.
⑥ Cole,M&A Titans: the Pioneers Who Shaped Wall Street's Mergers and Acquisitions Industry,*supra* note 239,at 2; Depamphilis,Mergers and Acquisitions Basics: All You Need to Know,*supra* note 238,at 27; Gaughan,Mergers,Acquisitions,and Corporate Restructurings,*supra* note 237,at 51.
⑦ Weston & Weaver,Mergers and Acquisitions,*supra* note 239,at 8.
⑧ Depamphilis,Mergers and Acquisitions Basics: All You Need to Know,*supra* note 238,at 27.

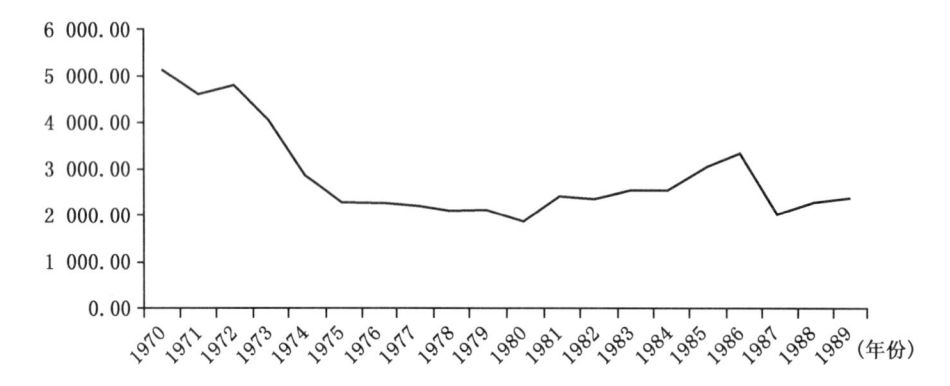

数据来源：Data were retrieved from Patrick A. Gaughan, Mergers, Acquisitions, and Corporate Restructurings at 50—51(3rd ed., Wiley, 2002)。

图1—6　1970—1989年期间的交易数量

并购创造了大约20%的美国财富1000强企业。[①]

与此同时，由于事实上并购在扩张，并且在世界各地蓬勃发展，其他国家也经历了几乎相同的并购潮。显而易见，从第五轮并购潮开始，并购就在不断扩张并跨越边境。尽管事实上如图1—7中的数据所示，其他国家并未经历与美国相同规模的并购潮，这也许证实了在同一时期并购越出美国，走向世界。还有报道称，据联合国贸易和发展会议（以下简称贸发会议）统计，在这场并购潮期间，并购的数量每年增加了42%。[②]

第六轮并购潮（2002—2007年）始于LBO的"重生"。整体上金融工程工具的大量使用和极其复杂的债务交易，最终导致2007年的世界金融危机。[③] 全球化精神以及以前大型并购公司的成熟和走向世界的欲望的增加是这一浪潮的特征。此外，并购交易开始变得愈加复杂。[④] 通常来讲，审视并理解这一复杂的趋势以及始于本场浪潮的并购的特点并不容易，这需要历经磨难并全心投入，但是以下讨论会令你得以一窥最近这场并购潮中所发生的事情。

[①] Micklethwait & Wooldridge, the Company: a Short History of a Revolutionary Idea, *supra* note 27, at 145—146.

[②] United Nations Conference on Trade and Development, Cross-Border Mergers and Acquisitions and Development at xix(United Nations, 2000).

[③] Depamphilis, Mergers and Acquisitions Basics: All You Need to Know, *supra* note 238, at 27.

[④] 请参阅 generally 2008 International Mergers & Acquisitions: Creating Value In An Increasingly Complex Corporate Environment, 2008, available at Financier Worldwide.

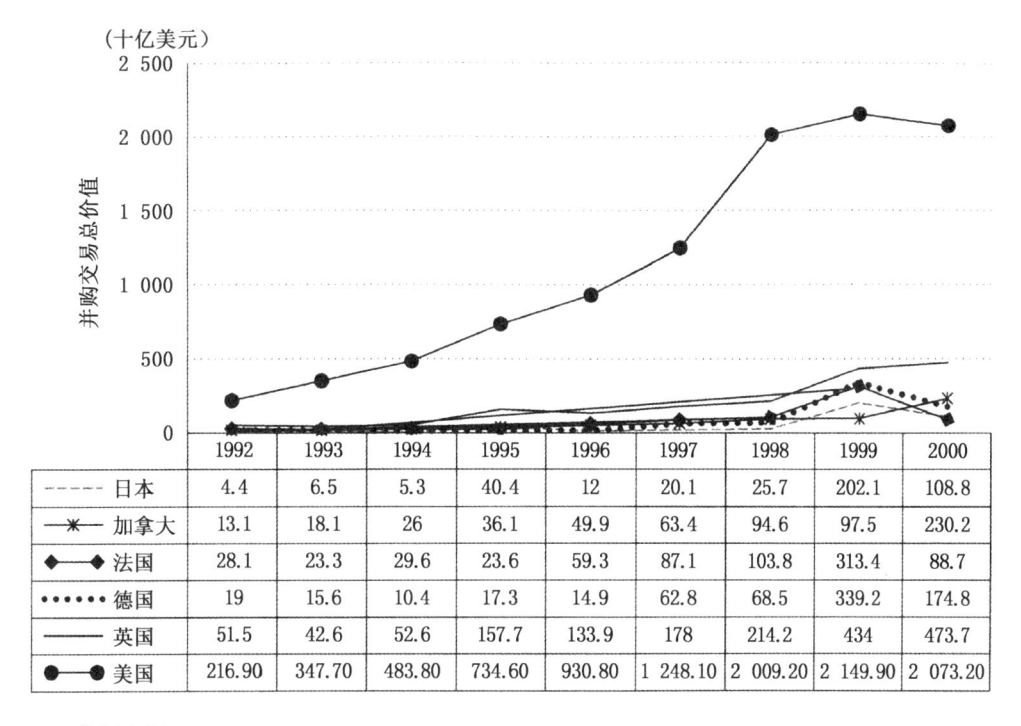

（十亿美元）	1992	1993	1994	1995	1996	1997	1998	1999	2000
日本	4.4	6.5	5.3	40.4	12	20.1	25.7	202.1	108.8
加拿大	13.1	18.1	26	36.1	49.9	63.4	94.6	97.5	230.2
法国	28.1	23.3	29.6	23.6	59.3	87.1	103.8	313.4	88.7
德国	19	15.6	10.4	17.3	14.9	62.8	68.5	339.2	174.8
英国	51.5	42.6	52.6	157.7	133.9	178	214.2	434	473.7
美国	216.90	347.70	483.80	734.60	930.80	1 248.10	2 009.20	2 149.90	2 073.20

数据来源：Data retrieved from Patrick A. Gaughan, Mergers, Acquisitions, and Corporate Restructurings at 54(3rd ed., Wiley, 2002), citing Thomson Financial Securities Data。

图 1—7 在监管区域下的第五次并购狂潮数据表

（五）跨国公司

德国唯心主义哲学家黑格尔[①]说国家是也将永远是社会的核心，阿道夫·希特勒[②]和弗拉基米尔·列宁[③]则认为政党是社会的核心，还有一些人认为其他机构（比如教会）是社会的核心。[④] 这些主张似乎没有一个符合现实，包括塞缪尔·马登的主张在内。塞缪尔·马登是 17 世纪爱尔兰的著名讽刺作家，他在自己的一本小说中不乏讽刺地指出，到 20 世纪，将有两大巨无霸公司统治世界。[⑤]

[①] 格奥尔格·威廉·弗里德里希·黑格尔（Georg Wilhelm Friedrich Hegel）（1770 年 8 月 27 日—1831 年 11 月 14 日）是一位德国哲学家、德国唯心主义的重要人物。他对现实的历史主义和唯心主义的解释彻底改变了欧洲哲学，是欧洲大陆哲学和马克思主义的重要先驱。

[②] Adolf Hitler(April 20, 1889—April 30, 1945) was an Austrian-born German politician and the leader of the Nazi Party and the National Socialist German Workers Party. He was chancellor of Germany from 1933 to 1945.

[③] Vladimir Lenin(April 22, 1870—January 21, 1924) was a Russian communist, politician, and political theorist.

[④] Micklethwait & Wooldridge, The Company: A Short History of a Revolutionary Idea, *supra* note 27, at xiv—xv.

[⑤] 塞缪尔·马登（1687—1765）是一位爱尔兰作家。欲知在他所处时代下他对 20 世纪预想的更多细节，请参阅 Samuel Madden, Memoirs of The Twentieth Century(1733)。

公司的当代形式并非偶然形成,这一点毋庸置疑。① 正如前文所述,公司这一理念是几个世纪以来逐渐发展的,非一夕而就。在此情况下,显然,公司历史上的最新突破,即跨国公司,是并购潮的必然结果。这一突破值得深入研究。

在第三轮并购潮期间,欧盟国家从噩梦中觉醒;大部分美国巨型公司,如 IBM、亨氏、家乐氏、福特、宝洁进军欧洲市场,而且许多美国公司开始对欧洲公司开展敌意收购。② 据报道,在此之前,即第一次世界大战末或者第二轮并购潮开始时、第三轮并购潮开始前,在跨国公司的帮助下,金融机构为公司全球化发展融资做了很大贡献,例如,这一时期,公用事业持续扩张,特别是电力行业。③

还有报道称,在第六轮并购潮中,全球跨国公司总数大约为 65 000 家,这一扩张并不局限于巨型公司,小型公司获得了像巨型企业一样为其交易融资的机会。④ 目前尚不清楚,是跨国公司扩张的必然结果推动了全球不同公司法体系的趋同,还是公司法的趋同推动了公司走向全球。⑤

这就是全球普通公司,特别是跨国公司都拥有相同特征的原因。"国内外"的人们从不喜欢它们,但恰恰相反,它们也被认为是一种"善良的力量……况且它已经放弃实施这种惊人的犯罪行为"。⑥ 加之,甚至还有人声称公司法在全球的覆盖率也随着并购潮而呈现出相同的形式;公司法也是系列式的,由"周期性的"运动或浪潮组成。⑦

最后,值得注意的是,有人认为,一种公司突袭正在入侵全球,例如,摩根大通公司就是它的 1 000 多家前身之间并购交易的结果,这些交易贯穿 20 世纪。⑧ 此外,在第五轮并购潮末尾,世界上 100 个最大的经济体都是公司。⑨ 从总体上看,公司已成为从古至今最大、最强的机构。⑩ 与此同时,全球政府或国家在面对公司突袭时并非坐以待毙。这两种强有力的机构之间总是存在某种控制或者至少关联的关系。关于这

---

① Williston, Harvard Law Review, *supra* note 26, at 113.

② Micklethwait & Wooldridge, The Company: A Short History of a Revolutionary Idea, *supra* note 27, at 171.

③ William J. Hausman, et al., Global Electrification: Multinational Enterprise and International Finance in the History of Light and Power, 1880s—1914, 58 Revue Economique 175, at 176, 186—187(2007).

④ Micklethwait & Wooldridge, the Company: a Short History of a Revolutionary Idea, *supra* note 27, at 173—174.

⑤ Gevurtz, Washington Law Review, *supra* note 128, at 479—480.

⑥ Micklethwait & Wooldridge, the Company: a Short History of a Revolutionary Idea, *supra* note 27, at 176—178.

⑦ Gevurtz, Washington Law Review, *supra* note 128, at 485—486.

⑧ J. P. Morgan Chase, the History of JPMorgan Chase & Co: 200 Years of Leadership in Banking at I(JP-Morgan Chase & Co ed., JPMorgan Chase & Co., 2008).

⑨ Braithwaite & Drahos, Globalisation of Corporate Regulation and Corporate Citizenship, *supra* note 43, at 4.

⑩ Kent Greenfield, the Failure of Corporate Law: Fundamental Flaws and Progressive Possibilities at 4 (University of Chicago Press, 2006).

一关系的故事将会在下文中详细讨论。

四、国家与公司之间的关系

从古至今都有各种形式或模式的国家被建立,例如,在早期,如中世纪,统治者是国王或者女王,甚至是教会,他们是万物之主。[①] 从国家与公司之间关系的角度审视不同的模型,揭示了从古至今它们之间总存在某种联系。一种极端的关系是国家完全控制公司,通过特许创建公司和许可其实践,抑或是作为监管机构监督公司;反之,则是国家用看得见的手来实施一些平抑政策或者用其他一些有用的政策工具帮助公司生存。

考虑到公司是市场的关键参与者,政府的注意力总会集中于公司。换言之,前文所述的公司的两种极端关系可以用罗纳德·里根(Ronald Reagan)[②]的一句话概述:"政府对经济的看法可以被总结为几句箴言:动,税之;恒动,规之;止动,资之。"[③]另外,从古至今,公司已经扮演了各式各样的角色。因此,下文将会概述不同阶段的各个角色以及公司与国家之间的关系是如何发展的。

(一)早期历史上的封建主义

尽管事实上早期历史上的封建主义[④]作为国家与公司之间关系的一种形式,有时互相矛盾,有时又含混不清,下文将继续揭示封建主义在公司这一理念发展进程上的影响。若只匆匆一瞥,则你可能会觉得封建主义对公司的发展没有影响,或者与其无关,但是对封建主义历史的分析揭示了二者之间的关系始于土地所有权问题,继而转变为统治者授权创立公司。

首先,试想封建主义之前的历史。在此阶段,第一种有历史记载的国家(国家的一种形式,其中以神庙为代表)与土地所有者的关系,出现于苏美尔人在公元前3000年左右发展出土地所有权的概念之后。各方意见协商一致后,神庙被授予参与经济活动的权力,还有人声称神庙对所有有关土地所有权的问题实行了某种形式的控制或监督。[⑤]

中世纪期间,国家与公司之间的关系发生了重要突破,即封建主义建立。封建主

---

① Braudel, The Wheels of Commerce, *supra* note 45, at 519.

② Ronald Wilson Reagan(February 6, 1911 – June 5, 2004) was an American actor and politician, and the 40th president of the United States.

③ President Ronald Reagan United States office of The Federal Register, Public Papers of The Presidents of the United States, Ronald Reagan: 1981—1988—1989 at 1109(U. S. G. P. O. 1982).

④ 封建主义的定义互相矛盾并且缺乏关联性。欲了解这方面的更多细节,请参阅 Elizabeth A. R. Brown, the Tyranny of a Construct: Feudalism and Historians of Medieval Europe, 79 the American Historical Review 1062, at 1063—1088(1974)。

⑤ Micklethwait & Wooldridge, the Company: a Short History of a Revolutionary Idea, *supra* note 27, at 3—4.

义是诺曼征服带来的一种理念。① 在该制度下,土地所有权和社会控制力按一个有等级的体系排布。该体系始于领主或贵族。这些领主或贵族等级最高,拥有封地,而封地上劳作的平民等级最低。② 在此背景下,封建主义为资本主义的发展铺平了道路,另一些人则声称正是这些被授予某些领主或贵族的权力和特权推动了资本主义的发展。换言之,贵族和领主们发现封建主义是"一种有利的形势……在此形势下,他们能够'将自己的地位制度化'"。③

确切而言,贵族和领主们将自己的地位制度化的方法在于统治者授权他们作为代表,有权收取封建制度下的费用或税款。随着时间流逝,他们发觉这个任务可以通过一些机构来完成,如此便可在更长时间内稳定收取税费。最终,他们意识到创立一个公司这一理念能够帮助他们保护个人利益。相传,出于这一目的所创立的最古老的公司是阿伯丁港(Aberdeen Harbour),该公司创立于1136年。④ 另外一个范例是伦敦城市公司(The City of London Corporation),该公司创立于12世纪。有趣的是这两家公司至今仍然存续。⑤

随着时间流逝,寻求机构框架这一理念广为流传。相传凡有群体处,人们为逃避封建主义制度都会致力于获取创立公司的授权,例如,在此时期,许多"群体",如自治区、行会和大学都被授权成为公司。⑥ 此外,英国大部分城镇也都被授权成为公司。⑦

与此同时,公司的广泛使用并不符合统治者的利益,因为旧公司的特点之一是永久继承权,这意味着一旦一群人被授予这种公司权利,他们将永远不受封建制度约束。因此,爱德华一世于1279年颁布了《没收法》(the Statute of Mortmain),以控制公司能拥有的土地数量。值得注意的是,尽管事实上《没收法》是国家对公司施加控制的一种形式,但是该法并未阻挡住公司这一理念的广泛传播。⑧

---

① Cater, A History of English Legal Institutions, *supra* note 13, at 16.
② Brown, The American Historical Review, *supra* note 295, at 1071(1974).
③ Braudel, The Wheels of Commerce, *supra* note 45, at 594.
④ 欲知关于阿伯丁港公司最近活动和新闻的更多信息,请参阅其官网链接 http://www.aberdeen-harbour.co.uk(最近一次访问为2017年12月1日)。
⑤ Micklethwait & Wooldridge, The Company: A Short History of a Revolutionary Idea, *supra* note 27, at 12。欲知更多关于伦敦城市公司最近活动和新闻的更多信息,请参阅其官网链接 https://www.cityoflondon.gov.uk(最近一次访问为2017年12月1日)。
⑥ Stewart Kyd, A Treatise on The Law of Corporations at 63(printed for J. Butterworth, 1793–1794). Stewart Kyd published his definitive treatise on the law of corporate boroughs in two volumes in 1793–1794.
⑦ Williams, American University Law Review, *supra* note 23, at 377.
⑧ Micklethwait & Wooldridge, The Company: A Short History of a Revolutionary Idea, *supra* note 27, at 13.

(二)授予特许权和垄断权[①]

在封建制度下,大部分公司都被授予某种专有权或者垄断权,这样可以执行任务。这种垄断权确实授予公司积累利润的特权,例如,相传一些公司曾借此赚取150%以上的利润。[②] 然而,被授予垄断权的公司仅限于封建的公司,因为垄断权是授权给私营公司或个人的,目的在于开展贸易。第一家被授予垄断权的私营公司是瑞典的斯道拉·恩索公司(Stora Enso)[③],该公司设立于1347年。[④] 如前文所述,第一家被授予特许权的是莫斯科公司,该公司设立于1553—1555年。[⑤]

如前所述,爱德华·柯克爵士等人称,在早期,公司是通过以下方式之一设立的:(1)普通法,(2)由国王特许,(3)议会法案,(4)公司事实存在的时间认定。[⑥] 与此同时,值得注意的是,通过公司事实存在的时间认定设立的公司,即通过长期占有或者普通法设立,不可从事贸易。自治区就是不事贸易的公司,如教会、教区,即便是通过公司事实存在的时间认定设立的公司,也必须得到"国王的默许"。[⑦]

在此情况下,统治者和议会设立特许公司的权力几乎是一样的,而且大部分早期学者并不对二者加以区分,但是有人称由统治者授予设立公司的权力更受社会认可,因为人们认为议会不过是统治者的代理之一,所以从权力委托人处获取的授权更有价值。[⑧] 在这一方面,值得注意的是,由议会法案设立的公司被视为"法定公司"。[⑨]

另外,相传统治者颁发的授予群体或公司垄断权的文书被称为"特许状",而如果

---

① 欲了解爱德华·柯克爵士对"垄断"的早期定义,见 Edward Coke, The Third Part of The Institutes of The Laws of England Concerning High Treason, and Other Pleas of The Crown, and Criminall Causes at 181(printed by M. Flesher, for W. Lee and D. Pakeman, 1644)。"垄断"被定义为"一家机构,或者某种许可,通过国王本人及其授权、委托或其他方式,允许一个人或者一群人、政治团体或公司,独家购买、销售、制造、从事或者使用某物,而这个人或者这群人、政治团体或公司过往拥有的某种行动自由或意志自由在其合法贸易中就会受到限制或阻碍"。

② Braudel, The Wheels of Commerce, *supra* note 45, at 343.

③ 欲知关于斯道拉·恩索公司最近活动和新闻的更多信息,请参阅其官网链接 http://www.storaenso.com(最近一次访问为2017年12月1日)。

④ Micklethwait & Wooldridge, The Company: A Short History of a Revolutionary Idea, *supra* note 27, at 12.

⑤ Gevurtz, Washington Law Review, *supra* note 128, at 48; Braudel, The Wheels of Commerce, *supra* note 45, at 439, 449; Micklethwait & Wooldridge, The Company: A Short History of a Revolutionary Idea, *supra* note 27, at 18.

⑥ Coke, The Selected Writings and Speeches of Sir Edward Coke, *supra* note 20, at 363. Atkins, The Law of Corporations Containing the Laws and Customs of all the Corporations and Inferior Courts of Record in England, *supra* note 101, at 8—9. Sheppard, of Corporations, Fraternities, and Guilds, *supra* note 96, at 6—8.

⑦ Davis, Essays in the Earlier History of American Corporations, *supra* note 86, at 6.

⑧ Eaton, The Yale Law Journal, *supra* note 19, at 282.

⑨ Pettet, Company Law, *supra* note 125, at 18.

授予个人,则被称为"专利证书"。[1] 虽然有些人可能会说,这种区别并不重要,但重要的是,赋予个人垄断权是为了个人的利益。这一事实并不为社会上的人们所接受,反之亦然。[2] 早在1601年11月20日弗朗西斯·培根在国会演讲时就认识到这一事实。他说:"如果女王陛下……使她的任何仆人获得专利或独占,则我们必须去大声反对;但如果她把它授予几个市议员或一家公司,那么必须成立,而且这确实不是垄断。"[3]

此外,有人指出,成功的贸易公司初建时都是垄断企业[4],如果没有垄断权,大部分公司则根本无法获得利润。[5] 同样地,那些没有获得任何专利证书的商人和大多数公众也饱受垄断之苦。这在各地的人们中引起了一场激烈的辩论,尤其是在英国议会,因为价格上涨和那个时期被授予垄断地位的公司所提供的商品的质量低劣。这场争论以1623年颁布的《垄断法规》[6]而告终,该法明确禁止某些类型的垄断。[7]

在那时,国王严重滥用《垄断法令》所允许的授予其他类型的垄断权利,以至于有报道称"公司设立"和"垄断"在英国是同义词,这实际上导致在1688年只有议会保留了授予垄断的权利。[8] 然而,1844年,《垄断法令》被撤销,因为国家意识到问题不在于授予垄断权,而在于滥用垄断权。因此,英国目前实行1998年的《竞争法》和2002年的《企业法》中规定的原则。[9]

还有报道称,所有上述发展,通过统治者的特许状或议会法案批准合并等,也在美洲殖民地生效,直到美国宣布独立为止。[10] 美国独立后,美国公司设立的发展与英国略有不同,例如,据报道,联邦巡回法院(Federal Circuit Court)在1771年更准确地描述了通过公司事实存在的时间认定设立公司,这一公司设立方式仅限于"宗教、慈善或文学目的"。[11]

授予特许状设立公司的权力不仅限于英国领土,也不仅限于英国统治者和议会。

---

[1] Laski, Harvard Law Review, *supra* note 17, at 584. Davis, Essays in the Earlier History of American Corporations, *supra* note 86, at 6.

[2] 欲了解更多关于1780—1860年期间垄断权的历史的相关细节,见 Morton J. Horwitz, The Transformation of American Law, 1780—1860 at 109—139(Harvard University Press, 1977).

[3] George Walter Prothero, Select Statutes and Other Constitutional Documents Illustrative of The Reigns of Elizabeth and James I at 111(3rd ed., Clarendon Press, 1906).

[4] Braudel, The Wheels of Commerce, *supra* note 45, at 443.

[5] Smith, An Inquiry Into the Nature and Causes of the Wealth of Nations, *supra* note 112, at 1008.

[6] Statute of Monopolies 1623, Chapter 3 21 Ja 1.

[7] Colino, Competition Law of the EU and UK, *supra* note 185, at 4—5.

[8] Hein, The University of Toronto Law Journal, *supra* note 27, at 137.

[9] Colin, Competition Law of the EU and UK, *supra* note 185, at 5.

[10] Davis, Essays in the Earlier History of American Corporations, *supra* note 86, at 7.

[11] Samuel Hazard, The Opinion of the Circuit Court of the United States, in and for the Eastern District of Pennsylvania, on the Will of Sarah Zane, a member of the Society of Friends, in Hazard's Register of Pennsylvania at 308—309(Samuel Hazard ed., 1834).

据报道,美洲殖民地早在 1652 年就行使了这一权力。比如,马萨诸塞州总法院(Massachusetts General Court)授予波士顿人设立公司的权利,以支持本州公用事业发展,如供水。① 在同一背景下,美国独立后经议会特许设立的公司非常之多,尤其是为铁路建设而开办的公司,这就是众所周知的"铁路狂热"。② 到 18 世纪末,大部分美国的州都有权出于各种目的特许公司设立。③ 此处值得注意的是,《经济学人》(Economist)在创刊之初只把股票市场专栏的一小部分列在上面,而在 1845 年用了整整 9 页的专栏介绍铁路股票市场。④

最后,以上论述表明统治者和议会只是掌控着公司设立或者授予垄断的权力,因为这两个词的含义几乎相同,但统治者和议会还试图在这方面发挥更大的作用。与此同时,社会公众和未能设立公司的群体饱这些权力滥用之苦。以统治者和议会为代表的国家与公司之间的关系并不止于此。国家不仅决定控制公司的创建并授予公司权力,而且还决定利用它,这将在下文中详细讨论。

(三)作为金融机构的公司

令人意想不到的是在 17 世纪末 18 世纪初国家就已经与公司"联手"。那时,商业社会中没有禁止之事,甚至出了问题国家也"视若无睹"。⑤ 与此同时,如果国家计划要做的事情已经通知给某人,那么万事皆可预知,国家提供这种灵活性和协作关系,并非免费,而应有所回报,本节将揭示这一内容。将国家债务转换为可交易和可转让的债券这一理念最早在 17 世纪的那不勒斯由那不勒斯人洛伦佐·蓬蒂(Lorenzo Ponti)于 1653 年发明。⑥ 国家通常用债券助其完成所有需要财务资源的任务,例如,有时国家会用债务为战争融资⑦,有时会为"准政府"融资,例如,为海上航行探索融资。同时,尽管事实上证券化这一理念是那不勒斯人发明的,但是英国的统治者决定充分利用它,这使得英国在那个时期成为比其他欧洲国家(比如法国)更强盛的国家。⑧

要将国家债务证券化视为国家与公司之间关系的一个里程碑事件,还需要再迈出一步,即债务转化为公司股份。这一步实际上是在英国和法国同时发明的。在法国,

---

① Davis, Essays in the Earlier History of American Corporations, *supra* note 86, at 89.
② Braithwaite & Drahos, Globalisation of Corporate Regulation and Corporate Citizenship, *supra* note 43, at 10.
③ Horwitz, the Transformation of American Law, 1780—1860, *supra* note 315, at 109.
④ Micklethwait & Wooldridge, the Company: A Short History of a Revolutionary Idea, *supra* note 27, at 48—49.
⑤ Braudel, the Perspective of the World, *supra* note 15, at 206.
⑥ Braithwaite & Drahos, Globalisation of Corporate Regulation and Corporate Citizenship, *supra* note 43, at 25.
⑦ Braudel, the Wheels of Commerce, *supra* note 45, at 519.
⑧ Braithwaite & Drahos, Globalisation of Corporate Regulation and Corporate Citizenship, *supra* note 43, at 4.

约翰·劳(John Law)[①]发明了这个理念。在此之前,他还发明了纸币,并在1729年将法国政府的债券转化为一家合股公司。该公司就是密西西比公司(Mississippi Company),负责处理法国政府的债务。随着时间流逝,债务愈加庞大,特别是在1689—1714年的战争之后。[②]

在英国,情况几乎一致。如前所述,1720年1月21日议会宣布南海公司独家处理英国政府债务。[③] 处理国家债务导致历史上最大的金融危机之一,并且这场危机甚至被命名为"南海公司闹剧"。[④] 与此相似,密西西比公司也存在泡沫,并且当投资者发现该公司没有资产时,泡沫突然破裂。[⑤] 但是,有人称"南海公司闹剧"没有达到密西西比危机的顶峰。

不幸的是,国家与公司之间关系的这一阶段并不成功,并且以令人不快的危机告终。如前所述,泡沫法案是英国议会为度过危机颁布的,并且确实起到了作用——主要用于禁止非特许公司将设立公司的权力仅归议会所有——但这是以经济和公司理念的发展为代价的。为了避开这些弊端,国家与公司之间的关系又迈向下一个阶段,即废除泡沫法案,并允许个人仅需注册便可成立公司,这将在下文介绍。

(四)注册成立公司

在上述金融危机期间,欧洲大部分国家的经济都在艰难前行,这使得国家开始采取一些举措来重整经济。这些举措大部分都专注于消除内地关税、海关关税以及通行费。西班牙早在1717年就开始采取这些举措,而法国直到1790年才实行这些政策,是最后一个采取这类举措的国家。[⑥] 显然所有举措的影响都不大,至少在其范围内如此,并且未实现预期。为了重整经济,国家与公司之间的巨变发生了。

正如之前在讨论南海公司和泡沫法案时提到的那样,英国议会废除了泡沫法案并以新法案代之[⑦],新法案允许个人仅注册便可成立公司。但是,该法案并非适用于所有公司,例如,开展银行业务的合股公司就不可以通过注册成立,这是由于担心未来可能产生类似于利用南海公司作为融资机构所产生的危机的影响。

---

① 约翰·劳(1671年4月21日—1729年3月21日),苏格兰经济学家、投机商人,发明了纸币,在1720年法国密西西比公司危机中负有责任。
② Micklethwait & Wooldridge, the Company: A Short History of a Revolutionary Idea, *supra* note 27, at 28—29.
③ 同上,见第31—32页。
④ Arner, Southern Methodist University Law Review, *supra* note 27, at 33; Pettet, Company Law, *supra* note 125, at 9.
⑤ Micklethwait & Wooldridge, The Company: A Short History of a Revolutionary Idea, *supra* note 27, at 30—31.
⑥ Braudel, The Perspective of the World, *supra* note 15, at 290.
⑦ 同上,见第18页。

自 1844 年起,任何个人都可以通过注册成立合股公司。在此背景下,有人称成立一家新公司仅需注册在那时"真正实现"了。① 并且通过这种自由化的方法,国家与公司之间的关系展开了一个新维度。② 实际上,自由化始于允许注册成立公司但是并非止于此,此后很长一段时间内还颁布了许多其他法案。例如,据报道,1856 年,有限责任原则得到法律允许,这促进了公司设立数量增多与总体经济发展。③

值得注意的是,自由化在贸易行业以外的其他行业内也得以拓展,主要在银行业。19 世纪后半叶,在英国,银行被授予成立有限责任公司的权力。这一自由化举措也为全球许多国家所效仿,不仅限于欧洲。④ 与此同时,出于种种原因,自由化伴随着许多其他不同方向的趋势继续发展。国家开始计划打开与公司之间关系的新维度,即实行更严格的程序,以便重新获得对公司的控制权并加以利用。⑤

(五)保护主义

到 19 世纪末,世界上许多国家,特别是美国,完全认识到它们应该介入并干预经济活动以保护并支持自身的经济。为了做到这一点,国家扮演了两种互不相同的角色:第一种角色是对本国国内公司采取更严格的政策,第二种角色是保护本国公司对抗外国公司的竞争。实际上,支持国内公司成长是从这些公司身上获取利润的先决条件,但是同时国家还计划将公司纳入其管控范围,这将在本节清晰说明。

例如,如前所述,在美国,反托拉斯措施在 19 世纪才得以实施,该措施旨在对国内公司施加某些管控。另外,还有报道称,那时许多国家(如法国和德国)正在发生的趋势就是对外国公司实施贸易壁垒⑥,主要包括财务壁垒(如关税和反倾销政策)以及非财务壁垒(如要求特定标准和许可)。所有这些壁垒都被视为支撑经济的金钥匙。

与此同时,仍然保持自由环境的英国高举自由贸易的旗帜,鼓励更多外国公司在英国投资甚至设立公司,这一特征并非英国独有。毫无疑问,许多其他保持自由化的国家也是如此。⑦ 在此基础上,据报道,美国公司在 20 世纪初进军欧洲市场,特别是英国市场,这促使 1897 年奥地利官员致信其他欧洲国家的竞争对手,号召他们联合对

---

① Pettet,Company Law,*supra* note 125,at 9.
② Braithwaite & Drahos,Globalisation of Corporate Regulation and Corporate Citizenship,*supra* note 43,at 10.
③ Pettet,Company Law,*supra* note 125,at 9—10,23—24.
④ Braithwaite & Drahos,Globalisation of Corporate Regulation and Corporate Citizenship,*supra* note 43,at 10.
⑤ Hein,The University of Toronto Law Journal,*supra* note 27,at 151.
⑥ Micklethwait & Wooldridge,The Company:A Short History of a Revolutionary Idea,*supra* note 27,at 164.
⑦ Maher M. Dabbah,Competition Law and Policy in the Middle East at 5(Cambridge University Press,2007).

抗"美国入侵者"。①

大约50年之后,国家和公司之间的这种趋势或关系形式结束,是《关税及贸易总协定》(以下简称关贸总协定)的生效。② 关贸总协定虽然只是一个为实施拟推行的关税削减制度而生效的暂时性协议,但最终成为一个"国际贸易政策协调框架"。③ 关贸总协定运动背后的一个主要原因是,到第一次世界大战结束,全球大多数国家都在通过采取保护主义措施来支持本国企业,甚至英国也在1932年放弃这一想法。④

在同一背景下,国家也有采取各种行动控制公司的倾向。几乎所有国家都在规避关贸总协定和其他对抗这一倾向的运动。国家所采取的行动之一就是制定几个例外情况。在这些情况下,国家可以采取额外的保护主义措施,如反倾销制度。⑤ 20世纪下半叶,甚至还有报道称国家试图通过颁布"特定行业"的法规来加强控制,驱动所有公司目标兼顾经济和社会福利。⑥

例如,罗斯福总统⑦就说过:"公司是现代文明不可或缺的工具;但我认为应该对其严加监管才能使其服务于社会整体的利益。"⑧国家的目标值得捍卫,但是如何达成这一目标就是另一个问题了,就算现在,我们也只能说实现这一目标的安排尚未就绪。因此,这种形式的关系近乎失败,这使得一些原有的自由主义方法再次实行,但可能具有更自由化的本质,如下文所示。

(六)私有化和行业管制放松

在20世纪下半叶,由于高通胀、萧条和高失业率,全球许多经济体都未能繁荣发展。⑨ 国家对总体经济,特别是对公司,采取更自由化的措施。这些经济的负面特征正是其背后的主要原因,其中一种措施是"公司化",即改变政府持有的公司内的结构

---

① Micklethwait & Wooldridge, The Company: A Short History of a Revolutionary Idea, *supra* note 27, at 164.

② General Agreement on Tariffs and Trade, Oct. 30, 1947.

③ J. M. Finger, The Origins and Evolution of Antidumping Regulation at 24 (Country Economics Dept., World Bank, 1991).

④ Micklethwait & Wooldridge, The Company: A Short History of a Revolutionary Idea, *supra* note 27, at 170.

⑤ 欲了解更多反倾销法律的细节,见 Greg Mastel, Antidumping Laws and The U. S. Economy (M. E. Sharpe, 1998); J. M. Finger & Nellie T. Artis, Antidumping: How It Works and Who Gets Hurt (University of Michigan Press, 1993)。

⑥ Robert B. Horwitz, Understanding Deregulation, 15 Theory and Society 139, at 142-143 (1986).

⑦ 西奥多·罗斯福(Theodore Roosevelt)(1858年10月27日—1919年1月26日)是第26任美国总统,也是一位美国作家、历史学家和政治家。

⑧ Quoted in Micklethwait & Wooldridge, the Company: A Short History of a Revolutionary Idea, *supra* note 27, 182.

⑨ Bakan, The Corporation: The Pathological Pursuit of Profit and Power, *supra* note 126, at 21.

和环境,以模仿私人管理架构。[1]

这一措施还伴随许多步骤,其中一步是英国首相玛格丽特·希尔达·撒切尔[2]于1982年发起的。这是一场私有化趋势或私有化狂热,即全球政府都开始将政府持有的公司卖给私人。英国政府将北海石油和天然气公司(North Sea Oil and Gas Corporations)私有化,之后又将英国航空、电力、天然气、钢铁、电信、水资源等公司私有化。十年之内,国家持有的公司中2/3都被出售。[3]

同时,还有报道称,并非所有行业都经历了上述私营化,国家还保留了一些行业。[4] 比如,尽管事实上根据埃及的法律,私人持有的公司可以拥有并运营发电厂,但这一权利直到20世纪末之前都没有授予任何人。[5] 通常来讲,1992年之前,私有化狂热都一直在欧洲各国蔓延,所有国有巨型公司,如德国电信、埃尼、埃尔夫、雷诺和大众都完全私有化或者在某种程度上私有化。东南亚和拉丁美洲也是如此。据报道,俄国总统鲍里斯·叶利钦[6]通过相同的模式,即"公司化"之后私有化,发起了一个宏大的私有化计划。[7]

有些人可能会说私有化与国家和公司之间的关系无关。但是,已有学者说明私有化趋势和引入监管措施来控制以前属于国家所有的企业之间存在一个直接的比例关系,这在全球许多行业,如电信行业和电力行业,均有所报道。[8] 此外,有人甚至声称私有化狂热是迫使国家在未来采取更激进举措的主要因素之一,即"放松管制"。[9]

在同一期间,即20世纪80年代到90年代,由于公司环境的结构不同,因此美国的情况完全不一样。美国已经迈向下一步,即行业管制放松。确切而言,美国总统吉米·卡特(Jimmy Carter)从航空业着手放松行业管制,之后是铁路、卡车和电信业。讽刺的是,有人称尽管行业管制放松,但美国和整个欧盟的国家官僚代表已经准备好

---

[1] Micklethwait & Wooldridge, The Company: A Short History of a Revolutionary Idea, supra note 27, at 126.
[2] 玛格丽特·希尔达·撒切尔(Margaret Hilda Thatcher)(1925年10月13日—2013年4月8日)1975—1990年任英国保守党党魁,曾于1979—1990年担任英国首相。
[3] Micklethwait & Wooldridge, The Company: A Short History of a Revolutionary Idea, supra note 27, at 126.
[4] Stanley Foster Reed, et al., The Art of M&A at 103(4th ed., McGrawHill, 2007).
[5] 欲了解更多细节,见第119页。
[6] 鲍里斯·尼古拉耶维奇·叶利钦(Boris Nikolayevich Yeltsin)(1931年2月1日—2007年4月23日)是俄罗斯联邦首任总统,任期为1991—1999年。
[7] Micklethwait & Wooldridge, The Company: A Short History of a Revolutionary Idea, supra note 27, at 127.
[8] David Levi-Faur, The Global Diffusion of Regulatory Capitalism, 598 Annals of The American Academy of Political and Social Science 12, at 18(2005).
[9] Micklethwait & Wooldridge, The Company: A Short History of a Revolutionary Idea, supra note 27, at 125.

通过在国家和公司的新关系中为自己找到一些角色来保持这种自由主义的方式。①

在乔治·W.布什总统②在任期间,放松管制的自由主义方式在美国蔓延。这位总统是第一位持有工商管理学士学位的美国总统。他计划放松对电力行业的管制,但不幸的是,2001年年末一大会计丑闻被曝光,电力公司巨头安然(Enron)在短短几周内便土崩瓦解,随之倒闭的还有电信业巨头世界通信公司(WorldCom)以及大部分相关会计公司如安达信(Arthur andersen)。③ 实际上,深入探究这些会计丑闻的细节不在本书范围内④,但是值得注意的是这些丑闻带来了一个不可避免的结果,就是国家再次干预公司。这次是靠颁布许多法律和监管规定,如《萨班斯－奥克斯利法案》(Sarbanes Oxley Act)⑤,以重新掌控公司。⑥

毫无疑问,行业监管放松趋势是与国家采取对公司的管控措施并行的。这些管控性措施,如《萨班斯－奥克斯利法案》以及其他保护主义措施,通过《外国投资与国家安全法案》⑦管控外国在美投资,这在下文跨境并购障碍中将详细介绍。⑧

按照同样的思路,有人认为,放松管制会被推动所有公司目标达到经济和社会福利目的的原有目标而做出的政治努力所抵消。⑨ 最重要的是,有人声称解除管制只是解除市场管制,而国家与企业的关系却从此走上了一条相反的道路,那就是过度管制,而且这条道路比以往任何时候都更加复杂。⑩ 因此,对当前那些复杂的、过度管制的趋势的所有细节进行审查是无法管理的,也超出了本书的范围。本书将仅限于审查并购行业的管制,更准确地说,是并购管制的规则。

(七)公司对国家的反击

毫无疑问,从古至今的公司在与国家之间的关系上并非清白无辜、权力低微或者

---

① Micklethwait & Wooldridge, The Company: A Short History of a Revolutionary Idea, *supra* note 27, at 128.

② 乔治·沃克·布什(George Walker Bush)(1946年7月6日—)是一位美国商人兼政治家(共和党),曾是美国第43任总统,任期为2001—2009年。

③ Micklethwait & Wooldridge, The Company: A Short History of a Revolutionary Idea, *supra* note 27, at 153.

④ 欲了解更多安然丑闻的相关信息,见纪录片《安然:房间里最聪明的人》(木兰影业2005年发行)。Enron: The Smartest Guys in the Room.

⑤ Sarbanes Oxley Act of 2002(Pub. L. 107-204, 116 Stat. 745, enacted July 30, 2002).

⑥ Micklethwait & Wooldridge, The Company: A Short History of a Revolutionary Idea, *supra* note 27, at 151.

⑦ Foreign Investment and National Security Act of 2007(Pub. L. 110-49, 121 Stat. 246, enacted July 26, 2007).

⑧ 见第126页。

⑨ Horwitz, Theory and Society, *supra* note 352, at 142-143; Micklethwait & Wooldridge, The Company: A Short History of a Revolutionary Idea, *supra* note 27, at 149-150.

⑩ Micklethwait & Wooldridge, The Company: A Short History of a Revolutionary Idea, *supra* note 27, at 190.

无能为力的一方。当公司受到国家威胁而不得不反击时,公司都会采取行动,这种情况主要发生在国家用权力过度控制公司的发展或者扩张的时候。值得注意的是,公司遭到威胁并非新鲜事;与国家采取措施控制公司一样,公司遭到威胁也由来已久。本节会涵盖四种直接明了的案例来说明公司对国家经济的明显威胁。

第一个案例是基于前文所述的历史上的少数族裔的相关内容,由于种族、国家或宗教而团结共建的族群都会使人更有安全感,会在族群内分享利得并且互相扶持。这些族群会毫不犹豫地威胁国家并撤回投资,即使只是出于个人原因而与国家过度控制无关。例如,据报道,1723 年,俄国政府拒绝了一名印度寡妇和她死去的丈夫一起火葬的请求,这招致所有印度人威胁,要求收回投资并离开莫斯科。俄国政府最终屈服。值得注意的是这并非孤例,1767 年有同样的事件再次被报道。[1]

第二个案例在 20 世纪 20 年代见诸报端,那时美国通用汽车公司(American General Motors Corporation)收购英国沃克斯豪尔公司(Vauxhall Corporation)和德国欧宝公司(German Opel Corporation)。这场交易主要为了绕过关税的结构进行构建。据报道,该公司首席执行官(以下简称 CEO)艾尔弗雷德·普里查德·斯隆(Alfred Pritchard Sloan)宣布:"我们必须制定出适合在海外应用的特定组织形式。"[2]这一案例明确不论国家何时推出新政策工具,如关税,公司都会转移到更友好的环境中。

第三个案例只是陶氏化学公司(Dow Chemical Corporation)CEO 的一个梦想。他曾经说过,"我一直都梦想着收购一个不属于任何国家的岛屿,并将陶氏公司的全球总部设在这样一个岛屿上真正的中立地带,不受任何国家或社会的约束。"[3]陶氏化学公司的梦想在某种程度上与第二个案例相似,但是第三个案例更难达成:他梦想拥有这种环境而非仅仅生活在这种友好的环境之中。

第四个案例是古巴的一家电信公司。在此案例中,公司实际上控制着国家及其决策。[4] 这些案例并非全部,显然,目前这类案例已有许多并且将来还会出现更多。这些案例主要是由于事实上全球国家对公司采取的措施并非一成不变,只要国家过度使用其权力或者控制力,公司就会因受到威胁而离开该国,并利用其他较少行使权力的国家中的机会。

然而,其他人称尽管事实上随着时间流逝,几乎所有国家的举措都会越来越复杂,

---

[1] Braudel, The Wheels of Commerce, *supra* note 45, at 153,165.
[2] Micklethwait & Wooldridge, The Company: A Short History of a Revolutionary Idea, *supra* note 27, at 170.
[3] Leslie Sklair, The Transnational Capitalist Class at 12(Blackwell, 2001).
[4] 欲了解更多关于该电信公司如何控制古巴的细节,见 T. J. English, et al., Havana Nocturne How The Mob Owned Cuba-and Then Lost It To The Revolution(Playaway Digital Audio:[manufactured and distributed by] Findaway World, LLC. 2009)。

并且复杂的走向并非同一,但是国家对公司采取的措施都在两个极端之间摇摆,即放松管制或过度管制,这种状态会作为趋势或沿周期性轨迹持续下去。国家有时会用反托拉斯法作为工具来控制已经在管制宽松的行业内运营的公司①,这一事实可以佐证一个说法,即国家是对市场放松管制,而非对公司本身放松管制。

如前所述,显然公司最初借助国家来发展,但是随着历史发展,这成为国家夺回控制权并利用公司的机会。此外,从古至今,在努力实现其目标的过程中,国家并没有采取单一的举措,而是采取了许多举措。② 这些措施不仅备受欢迎,而且有时还是公司本身提出的,而其他公司则遭到了反击。总而言之,国家与公司之间的关系就是一场永不休止的利益争夺战,并且有时双方会停火,稍事休整,再次冲锋,甚至有时是为了双方共同的利益。国家与公司之间关系的最佳概括是:公司是在以国家为代表的社会的"特许经营权"下诞生的,永远需要保持这种"特许经营权",但国家永远不会无条件地放弃。③

第二节　并购导读

以下讨论内容将首先包括"并购"一词的科学定义、各个并购类型的描述以及并购和其他成长方案的区别。其次,本节将介绍并购动态的概况;交易是如何准备和筛选继而推进各个步骤的,以及这些步骤和最后一个步骤是如何执行的,即并购收官。最后,本节还会概述一些并购后问题。

一、并购的定义

公司是以国家雏形出现的,并且从古至今不断发展,帮助国家履行对公民的义务或者责任,以使社会运转良好,在这一漫长的旅途上总有各种各样的突破。通过并购扩大规模,甚至通过竞争者之间的并购来扩大规模,是公司的非凡突破之一。④ 此外,如前所述,并购潮及其全球扩张显示,并购在很大程度上很受欢迎并且历史悠久,这就足以使得并购在全球大多数法律制度下都具有相同的定义。同时,"并购"一词在论述中用于指代合并、新设合并以及收购,在此我们要注意这些术语之间的区别。⑤

---

① Gevurtz, Washington Law Review, *supra* note 128, at 487—489.
② Braudel, The Wheels of Commerce, *supra* note 45, at 515.
③ Micklethwait & Wooldridge, the Company: A Short History of a Revolutionary Idea, *supra* note 27, at 182.
④ Stigler, the American Economic Review, *supra* note 258, at 23.
⑤ 在以下论述中,只要可能且适当,本书就会用"并购"一词指代以上这些术语。

收购被定义为某公司购买另一家公司(以下简称"目标方")部分或全部股份的过程。经由这一过程,目标方与收购方都将存续,但是由被收购股份所代表的目标方的所有资产与负债都将归收购方所有。另外,合并是指两家或两家以上公司组合而成一家公司的过程。这些公司中的一家能存续,但是其余公司不再存续。此外,新设合并虽近似于合并,但是在新设合并中,所有公司都不再存续,并且都将组合而成一家新公司。[①] 图 1-8 至图 1-10 会简要阐明这三者之间的区别,以此解惑。

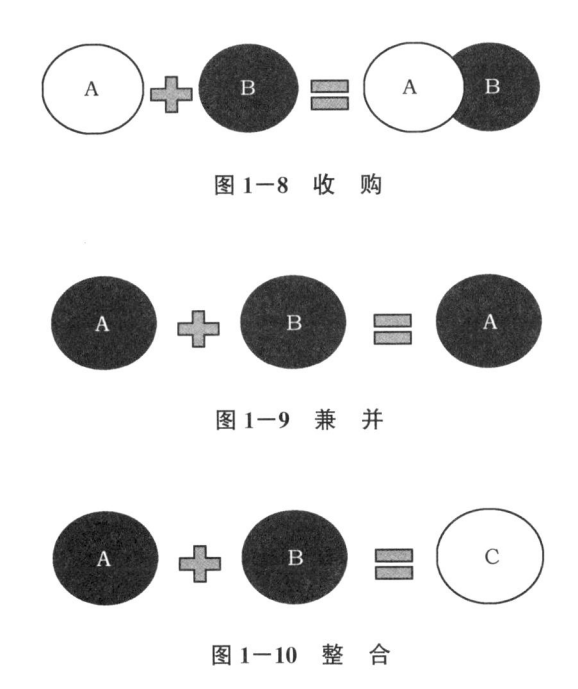

图 1-8 收 购

图 1-9 兼 并

图 1-10 整 合

然而,日常发生的交易却并非如图 1-8 至图 1-10 所示的这般简单且直接,并且在同一场交易中,当以上三者组合使用时,还会被赋予不同的术语。确切而言,收购方 A 可能会用其子公司 C 来收购目标方 B,这一过程被称为"子公司合并"。在此过程中,A 与 B 都会存续,但是 B 会成为 A 的子公司。若 B 与 A 合并,而 B 不再存续,这一过程则被称为"反向子公司合并"。在其他案例中,不同术语也用于区分基于交易各方意愿的友善交易与被强迫的非友善交易。"收购"以及"敌意收购"[②],甚至还会有更多术语用于其他复杂交易,这些将在下文中加以详述。

---

① Andrew J. Sherman, Mergers & Acquisitions from A to Z at 11(2nd ed., Amacom, 2006); Reed, et al., the Art of M&A, *supra* Note 359, at 4; Richard A. Roberts & Barry S. Mann, Business Law and the Regulation of Business at 774—775(10th ed., South-Western Cengage Learning, 2011); Depamphilis, Mergers and Acquisitions Basics: All You Need to Know, *supra* note 238, at 13—14.

② Gaughan, Mergers, Acquisitions, and Corporate Restructurings, *supra* note 237, at 7.

最复杂的交易就是跨境并购,虽然跨境并购在全球已宣告的并购总数中占比不到50%[1],但是它被视为全球经济中至关重要的交易类型之一,因为它在外国直接投资中占比超过50%。[2] 这类交易的规模巨大且对世界经济有重大价值。2000年4月12日,欧盟委员会(以下简称EC)宣布不会阻碍英国公司沃达丰和德国公司曼内斯曼之间的跨境并购,此项交易价值接近1 800亿美元。[3] 同样,据报道,作为世界第四大活跃收购方,2007年,中东地区发生的一则并购交易体量达到1 060亿美元。[4]

同时,值得注意的是,由于事实上如今的公司已经走向跨国化,在多个国家开展业务,加之,实际上定义公司的国家归属也存在一些相关问题,有时区分跨境并购与"半国内"并购交易并不简单。此外,哪些是纯国内并购、哪些不是,目前尚无明确定义。例如,据报道,美国公司沃尔玛(Wal-Mart)与波多黎各公司 Supennercados Amigo 之间的并购交易就被视为"半国内"交易,因为波多黎各是"半自治的美国联邦"。[5]

最后,如前所述,在20世纪最后十年,在跨境并购领域,有一类重要的常规活跃参与者,它们并非新手,但正逐渐开始成为关键选手,它们就是主权财富基金。在此背景下,据报道,2007年,全球范围内跨境并购交易总额超过485亿美元。[6] 截至2014年5月,全球主权国家基金总投资估计有6.5万亿美元,并且这种增长有望持续。[7]

二、并购的分类与描述

并购的分类与描述有很多,主要基于不同视角。第一,本节将涵盖经济视角的并购分类。在这一视角下,并购可以分为水平、垂直和混合并购。第二,本节第二部分将会囊括结构和程序视角的并购分类,其中,并购可以被分为直接并购、三角并购、反向并购以及其他结构更复杂的并购类型。第三,我们将会按融资视角对并购分类。这部分论述主要阐释并购是如何根据交易融资所采用的架构进行分类的,主要取决于并购是通过债务融资还是股权融资。根据这一分类,并购交易可以通过许多债务结构进行

---

[1] Mohammed, A Story of Two Halves, *supra* note 2, at 11,15; Hopkins, Journal of International Management, *supra* note 2, at 208—209.

[2] Neary, The Review of Economic Studies, *supra* note 3, at 1229.

[3] Commission Notice, 2000 O. J. C 141/07.

[4] Mohammed, A Story of Two Halves, *supra* note 2, at 15.

[5] Daniel A. Crane, Anti-Competitive Behavior and International Law: Substance, Procedure, and Institutions in the International Harmonization of Competition Policy, 10 Chicago Journal of International Law 143, at 149(2009); Eleanor M. Fox, An Anti-Monopoly Law for China: Scaling the Walls of Governments Restraints, 75 Antitrust Law Journal 173, at 183—184(2008).

[6] Sonia Kalsi, *Sovereign Wealth Funds*, in International Mergers & Acquisitions: Creating Value In An Increasingly Complex Corporate Environment at 16,17(Financier Worldwide Booz & Company ed. ,2008).

[7] 欲知全球 SWF 的完整资料及更多细节,见 https:// www. swfinstitute. org(最近一次访问于2017年12月1日)。

融资,比如 LBO、管理层收购(以下简称 MBO)或者员工持股计划(以下简称 ESOP)。此外,并购交易可以通过现金、股份或者资产置换以及以上这些金融工具的混合方式完成。

在此背景下,我们要注意并购通常被视为出于成长或其他目的而进行的企业重组交易,并且基于并购属于经营性重组过程而非财务性重组过程这一事实,并购也可以区别于其他重组交易。与此同时,企业经营性重组交易的其他形式或趋势还有分拆、割股上市、卷起交易等。[1] 因此以下论述的第四部分将会介绍其中一些交易形式和趋势。最后,本节论述将以其他交易介绍收尾。作为并购的替代方案,这些交易也通常用于企业成长。

如前所述,并购也可以按目标公司管理层与股东的同意与否的性质分类,即友善和敌意并购。同时,敌意并购交易受到某些特定规则约束,这些规则不适用于友善交易,而本书的论述仅限于友善交易,因此以下章节不会涵盖这类并购。同样,以下各章节也不会涵盖税务视角的并购分类,即应税并购和免税并购。

(一)经济学

从经济学视角看,学者通常会将并购分为三类:横向、纵向和混合并购。[2] 如前文中并购潮相关内容所述[3],横向并购就是两家及两家以上公司在同一或相关行业内相同经营水平下的并购,例如,计算机行业内制造商水平下两家公司之间的并购,比如,惠普与康柏之间完成的并购。[4]

其他例子,比如石油和天然气行业,埃克森和美孚、雪佛龙和德士古这样的巨型公司之间完成的并购。此外,在日新月异的消费品行业中的例子,宝洁和吉列之间的并购也属于横向并购。[5] 在科技和社交媒体行业,一个典型的例子是脸书和 Ins 之间的并购,这也是一次横向并购。[6] 距今更近的一次并购是脸书并购 WhatsApp。[7]

值得注意的是,横向并购还分为两小类,即市场扩张型并购和产品扩张型并购。

---

[1] Depamphilis, Mergers and Acquisitions Basics: All You Need to Know, *supra* note 238, at 17.

[2] Stephen A. Ross, et al., Corporate Finance at 818(6th ed., McGraw-Hill, 2002); Koutsoudakis, Dayton Law Review, *supra* note 198, at 227−228; Depamphilis, Mergers and Acquisitions Basics: All You Need to Know, *supra* note 238, at 14; Weston & Weaver, Mergers and Acquisitions, *supra* note 239, at 12.

[3] 请参阅本书第 27—28 页。

[4] Marco Becht, et al., Chapter 12 Corporate Law and Governance, in Handbook of Law and Economics at 852(A. M. Polinsky & S. Shavell eds., 2007).

[5] Depamphilis, Mergers and Acquisitions Basics: All You Need to Know, *supra* note 238, at 14.

[6] 托米奥·杰龙(Tomio Geron)称脸书正式完成 Ins 并购交易,《福布斯》,2012 年 9 月 6 日报道,https://www.forbes.com/sites/tomiogeron/2012/09/06/ facebook-officially-closes-instagram-deal(最近一次访问为 2017 年 12 月 1 日)。

[7] 蒂姆·布拉德肖(Tim Bradshaw)报道如下:脸书的 190 亿美元 WhatsApp 交易,《金融时报》,2014 年 2 月 19 日,http://blogs.ft.com/tech-blog/liveblogs/fbwhatsapp-liveblog(最近一次访问为 2017 年 12 月 1 日)。

若开展并购的公司行业相同但市场不同(即不在同一地理区域),则应归类为市场扩张型并购,这类并购会使公司获得进军其他市场的机会;若开展并购的公司在相关的行业内经营,则应归类为产品扩张型并购,这类并购会使公司获得共享资源和运营方式,或者产品捆绑销售的机会。[1]

纵向并购,也在前文关于并购潮的内容中有所提及[2],它的定义是两家及两家以上公司其中部分或全部都不在同一或相关行业内相同经营环节下的并购。例如,两家公司的合并,其中一家经营制造业务,另一家经营分销业务。时代华纳和特纳的合并交易是大型广播有限公司和媒体制作公司之间的纵向并购交易的典型案例。[3]

此外,纵向并购也分为两小类,即前向纵向并购和后向纵向并购。若收购方收购的目标公司的经营环节在收购方自身经营环节之前,则该交易将被视为前向交易;反之亦然。进一步来讲,Boise Cascade 公司收购 officeMax 公司就是前向并购的例子。在本例中,收购方是木制产品供应商而目标公司是这些产品的分销商之一。[4] 华特迪士尼收购皮克斯就是后向纵向并购的例子。在本例中,娱乐节目制作公司华特迪士尼发行动画和经典电影,而皮克斯正是这种电影的制作商。[5]

混合并购就是两家及两家以上公司其中部分或全部都不在同一或相关行业内的并购,换言之,这种并购既不是横向并购也不是纵向并购。[6] 这种并购可能发生在两家公司之间,其中一家在某一行业某个经营环节上,而另一家在另一个行业的某个相同或者不同经营环节上。菲利普·莫里斯公司(Phillip Morris)和卡夫食品公司(Kraft General Foods)之间的并购就是混合并购的例子,前者在烟草业生产环节经营,后者在食品杂货制作和加工行业的生产环节经营。[7]

(二)结构与程序

并购可以按交易过程中所采取的结构和程序进行分类,据此,分为以下几种类型。

---

[1] João D. Cicarini Jr., Valuation for M&A Purposes: An Analysis of its Importance to Present a Fair Value of a Company and its Implications for the M&A and Post-integration Process(Aalborg University,2009).

[2] 请参阅本书第 27—28 页。

[3] Mergers and Competition in the Telecommunications Industry Hearing before the Committee on the Judiciary,United States Senate,One Hundred Fourth Congress,Second Session September 11,1996 at 84—85(U. S. G. P. O.,1997).

[4] Depamphilis,Mergers and Acquisitions Basics: All You Need to Know,supra note 238,at 15.

[5] Jérôme Barthelemy,The Disney-Pixar Relationship Dynamics: Lessons for Outsourcing vs. Vertical Integration,40 Organizational Dynamics 43(2011).

[6] Koutsoudakis,Dayton Law Review,supra note 198,at 228; Weston & Weaver,Mergers and Acquisitions,supra note 239,at 12; Cicarini Jr., Valuation for M&A Purposes: An Analysis of its Importance to Present a Fair Value of a Company and its Implications for the M&A and Post-integration Process,supra note 400,at 18.

[7] Dennis C. Mueller,Efficiency Versus Market Power Through Mergers,in the International Handbook of Competition at 65(Manfred Neumann & Jürgen Weigand eds.,2004).

基本上，并购可以按交易是如何进行的来分类，即参与并购的公司之间直接合并还是通过其中一方所持有的子公司间接合并。这就是说，并购可以分为以下两类：直接并购和三角并购。直接并购交易就是参与并购的公司之间直接完成的交易，而三角并购就是由参与并购的公司其中一方的子公司而非母公司来参与并购交易。①

三角并购交易有许多优势：(1)交易应得到子公司股东的支持，即收购母公司，却不收购母公司本身的股东，如此便可以规避母公司股东强加的要求；(2)收购方母公司不会对目标公司承担责任，责任将仅限于子公司；并且(3)在某些法律制度下，目标公司的注册费用以及税费可以豁免。②

这种情况下，值得注意的是三角并购还可分为两类：若目标公司被并入子公司，则为前向三角并购；而若子公司被并入目标公司，则为反向三角并购。③ 反向三角并购有一些附加的好处，如目标公司可能继续持有不可转让的协议或其他监管许可，除非法律另有明确要求。④

并购也可按并购后公司的结构分为两类：法定合并与子公司合并。若收购方吞并了本场交易中的目标公司及其所有债务和资产，目标公司则不再存续，本次交易便可归类为法定合并；若目标公司在本次交易后仍然作为收购方的子公司存续，则本次交易可归类为子公司合并。⑤

并购还可按完成交易的程序或步骤分为两类，根据交易是一步完成还是通过一系列步骤完成。⑥ 在这种情况下，第一类是典型的并购交易，即交易在一个步骤中完成。第二种类型的交易分两步完成：第一步是收购目标公司的大量股权或控股权，这几乎总是要通过收购要约来完成；第二步是将整个目标公司并入收购方或将收购方本身并入目标公司，这就是所谓的"反向合并"。在大多数情况下，交易的第二步是通过"挤出"完成的，因为在这种交易中少数股东将被迫参与并购。⑦

值得注意的是，在这种情况下，私营企业，即没有股份在证券交易所交易的，可能

---

① Edwin L. Miller, Mergers and Acquisitions: A Step-By-Step Legal and Practical Guide at 84 (Wiley, 2008).
② Weston & Weaver, Mergers and Acquisitions, *supra* note 239, at 15-16.
③ Miller, Mergers and Acquisitions: A Step-by-Step Legal and Practical Guide, *supra* note 407, at 84.
④ Weston & Weaver, Mergers and Acquisitions, *supra* note 239, at 17-18.
⑤ Depamphilis, Mergers and Acquisitions Basics: All You Need to Know, *supra* note 238, at 13-14.
⑥ Sherman, Mergers & Acquisitions from A to Z, *supra* note 384, at 117; Reed, et al., The Art of M&A, *supra* note 359, at 270-271.
⑦ 欲了解更多"挤出"交易的细节，请参阅 Miller, Mergers and Acquisitions: A Step-by-Step Legal and Practical Guide, *supra* note 407, at 100.

会采取"反向并购"交易来规避证券市场监管或上市要求,即在证券交易所挂牌出售股票。① 换言之,私营公司可能会需要上市交易公司做"壳",接着收购方并入壳公司,在交易完成后,不必满足任何上市要求,该公司就可以成为上市公司。

(三)融资

如前所述,并购交易融资可以通过债务或者股权甚至二者混合的方式,并且如果交易主要通过债务融资,则该项并购即可视为LBO。② 在一场典型的LBO交易中,收购者几乎总是借款能力不强的空壳公司。该公司的大部分或者全部交易资金都是通过举债筹集的,目标公司资产以及预期收益或利润将会用作该项债务的抵押品。③

如果目标公司的管理层是收购方空壳公司的股东,则此交易被称作"MBO"。④ 在此我们要注意绝大多数MBO交易都是用来对抗敌意收购的一种防守战术,或者至少会降低目标方股份的吸引力,即"毒丸计划"。⑤ 此外,LBO和MBO都常用来把上市交易公司重组为私人企业,借此该公司股份将无法在证券交易所交易。⑥

在其他一些情景下,LBO并购交易有相反的用途,即将公司不可交易的股份转化为可在证券交易所公开交易的股票,这被称作"反向LBO"。⑦ 不幸的是,不良管理实践可能会导致管理团队在MBO交易中购买价值被低估的股票,并通过反向LBO交易以被高估的或者公允的价值将此股票再卖回去,只为赚取个人利润。⑧

LBO交易还有另一种版本,即ESOP。员工的养老计划基金主要用于通过空壳公司收购其雇主的股份。这种LBO,即ESOP,通常被用作对抗敌意收购的一种防守战术。⑨ 不仅如此,ESOP还有一些其他好处,例如,据报道,ESOP自20世纪20年代就已在美国广泛使用,主要是因为其税收效益。⑩

---

① Gaughan, Mergers, Acquisitions, and Corporate Restructurings, *supra* note 237, at 17; Cicarini Jr., Valuation for M&A Purposes: an Analysis of its Importance to Present a Fair Value of a Company and its Implications for the M&A and Post-integration Process, *supra* note 400, at 19.

② Depamphilis, Mergers and Acquisitions Basics: All You Need to Know, *supra* note 238, at 15—16.

③ Miller, Mergers and Acquisitions: A Step-by-Step Legal and Practical Guide, *supra* note 407, at 295.

④ Sherman, Mergers & Acquisitions from A to Z, *supra* note 384, at 123; Weston & Weaver, Mergers and Acquisitions, *supra* note 239, at 183; Gaughan, Mergers, Acquisitions, and Corporate Restructurings, *supra* note 237, at 11.

⑤ Ross, et al., Corporate Finance, *supra* note 394, at 841;欲了解更多对抗敌意收购的防守工具的细节,见Robert Winter, et al., State Takeover Statutes and Poison Pills(Prentice Hall Law and Business, 1988)。

⑥ Gaughan, Mergers, Acquisitions, and Corporate Restructurings, *supra* note 237, at 11; Depamphilis, Mergers and Acquisitions Basics: All You Need to Know, *supra* note 238, at 15—16.

⑦ Gaughan, Mergers, Acquisitions, and Corporate Restructurings, *supra* note 237, at 315.

⑧ Leslie Wayne, Reverse LBOs Bring Riches, New York Times, April 23, 1987.

⑨ Weston & Weaver, Mergers and Acquisitions, *supra* note 239, at 191—193.

⑩ Gaughan, Mergers, Acquisitions, and Corporate Restructurings, *supra* note 237, at 370. For more details about the tax benefits in the US see id, at 379—380.

然而，ESOP 也有一些弊端，或至少有些好处是虚假的，这些好处通常无法按预期水平实现。例如，有人认为公司会实现额外收益或者利润，因为员工自己会为满足自身利益而付出额外努力，但实际上据报道，ESOP 与 LBO 或者其他并购交易之间并无此类差异。① 此外，ESOP 交易实际成本的适当财务分析显示 ESOP 的弊端之一是股权稀释，这必然会导致公司股份控制权丧失。②

毫无疑问，融资视角下划分的所有并购类型都对交易应税与否具有重要意义。③ 因此，并购交易也可以被分为三种主要类型：应税交易、部分免税交易和免税交易④，这在下文并购系统中构建交易结构的部分将做进一步介绍。⑤ 与此同时，值得注意的是，免税交易并非绝对免费。确切而言，这类交易可以被视为税务递延交易，因为股东会推迟纳税，直到进入下一个应税交易环节，但是这在并购领域被称作"免税并购交易"。⑥

同样，如前所述，并购交易可以通过四种融资架构中的一种或多种进行融资。因此并购交易可以分为四类：第一类是全现金交易；第二类是全股票交易，即以股换股交易；第三类是以股票换资产交易；第四种是以上这些融资类型或者架构的混合。在此方面，根据美国税收体系，我们应注意只有两类被视为免税交易：(1)以股换股并购，以及(2)以股票换资产并购。⑦

在此税收背景下，我们要区分跨境并购交易中用于避税的特定并购结构。这些结构如下：(1)"股息获取股权结构"，这种结构下的交易会将并购公司股份的利益联结起来，但并购各方之间没有实际的股份交换；(2)"可交换股权结构"，这种结构下的交易与股息获取股权结构下的交易相似，但目标方为应对交换需求会发行可交换的股份；以及(3)"均衡结构"，这种结构下的交易与股息获取股权结构下的交易相似，但并购各方会共同控制合并后的公司。⑧

最后，根据收购方收购的股份比例，并购交易还可以被分为两类，即收购方只收购

---

① U. S. General Accounting Office, Employment Stock Ownership Effects: Little Evidence of Effects on Corporate Performance, Report to the Committee on Finance, U. S. Senate(U. S. G. P. O.,1987).

② Gaughan, Mergers, Acquisitions, and Corporate Restructurings, *supra* note 237, at 381—382.

③ 欲了解更多税收及其对并购影响的一般概念，见 Joseph P. Driscoll, Taxable Acquisitions and Their Effect on Seller and Purchaser, at 81—103(Bobbs-Merrill,1956).

④ Sherman, Mergers & Acquisitions from A to Z, *supra* note 384, at 113.

⑤ 见第 73 页。

⑥ Reed, et al., The Art of M&A, *supra* note 359, at 321; Sharon Stern Gerstman, et al., International Tax Law, 43 International Lawyer 759, at 769(2009).

⑦ Sherman, Mergers & Acquisitions from A to Z, *supra* note 384, at 109,115; Reed, et al., The Art of M&A, *supra* note 359, at 322.

⑧ 欲了解更多关于这些结构的细节，见 Richard Godden, et al., Cross Border Deals: Myth and Reality, PLI's Annual Institute on Securities Regulation in Europe 1121 at 1002—1017(2001).

目标方的控制性份额,其中,收购方作为控股公司存在。另外,收购方可能会收购目标方的全部股份,其中,目标方作为全资子公司存在。我们要注意,判断能否将收购方称作控股公司,主要是看收购方所收购的股份占比,通常在各种司法体制下会要求某一特定门槛。①

(四)其他重组趋势和形式

与并购密切相关的公司重组交易趋势和形式种类繁多,主要有分拆、割股、卷起交易以及股票跟踪。本节将会依次介绍各种交易趋势与形式。通常来讲,分拆和割股属于剥离交易,而剥离交易就是公司决定是否要将自己拥有的部分或全部子公司、业务单元有时仅是某些资产分离出去。②

事实上,一家公司决定开展剥离的原因可能有:某个子公司或者业务单元业绩表现不佳;或者只是完成新规划或者战略的步骤之一,借此更专注于某种业务运营;或者甚至有时是为了缩减规模。③ 然而,在特定情形下,公司可能被迫参与剥离交易,这将在下文关于并购管制的论述部分详述。

割股交易是一种典型的剥离交易,其中,被剥离的业务单元会被出售给第三方,即另一家公司,甚至会在证券交易所公开出售。④ 分拆也是一种典型的剥离交易,与割股交易不同,分拆出的业务单元会继续由公司股东持有并且不会被出售给第三方,该业务单元会以新公司的形式与母公司分别独立运营。⑤

这两种交易形式不同的一点还有:分拆交易都是免税交易,而割股在某些税收制度下可能要纳税。⑥ 据报道,因为分拆交易不必纳税,有些公司会将交易假装成分拆形式以避税,它们借新业务单元隐藏利润,更有甚者,借此隐藏亏损,而这一趋势在20世纪90年代全美国曾广泛出现。⑦

另外,卷起交易是收购方所采取的一种战略,而这一收购方通常是一家控股公司。通过这一战略,收购方会收购许多在某一特定行业或者地理区域运营的多家目标公司,而这可以通过水平、垂直甚至混合并购交易实现,而且,据报道,卷起交易趋势在

---

① 欲了解更多控股公司结构的利弊细节,见 Gaughan, Mergers, Acquisitions, and Corporate Restructurings, *supra* note 237, at 18—19.

② Sherman, Mergers & Acquisitions from A to Z, *supra* note 384, at 122—123.

③ Gaughan, Mergers, Acquisitions, and Corporate Restructurings, *supra* note 237, at 11; Weston & Weaver, Mergers and Acquisitions, *supra* note 239, at 179.

④ Gaughan, Mergers, Acquisitions, and Corporate Restructurings, *supra* note 237, at 12; Weston & Weaver, Mergers and Acquisitions, *supra* note 239, at 180; Depamphilis, Mergers and Acquisitions Basics: All You Need to Know, *supra* note 238, at 15—16.

⑤ 欲了解更多细节,见 Alexandra R. Lajoux and H. Peter Nesvold, The Art of M&A Structuring: Techniques for Mitigating Financial, Tax, and Legal Risk(McGraw-Hill, 2004).

⑥ Reed, et al., The Art of M&A, *supra* note 359, at 337.

⑦ Sherman, Mergers & Acquisitions from A to Z, *supra* note 384, at 122—123.

20世纪90年代就已经席卷美国。① 同时,股票跟踪交易中跟踪的股票是指那些由收购方发行和收购的股票,这些收购方对某一公司的特定类型的业务运营感兴趣,甚至对该公司的特定高增长业务部门感兴趣,而不是对其所有业务感兴趣。②

(五)并购和其他成长方案的区别

通常来讲,公司可能会利用其自身资源实现内生增长,即将股东价值最大化作为衡量公司成功的终极标准。③ 这可以通过开拓新销售渠道、雇用更多销售人员或者研发新产品等方式实现,也可以选择外部成长选项,如并购或者其他并购替代方案,主要有合营、战略联盟、特许经营、授权经营、独家协议、少数股权投资。④

由于各种外部成长方案之间关系密切,本节将概述以上各个方案并点明它们之间的区别。本书会从控制权最大的成长替代方案开始介绍,即少数股权投资,继而是合营,然后是特许经营、授权经营、独家协议,直到控制权最小的成长替代方案,即战略联盟。

少数股权投资是最接近并购的一种成长替代方案⑤,因为公司或者投资者想通过少数控制性股权收购,实现股东价值最大化,换言之,收购不到51%的目标方投票性股份。⑥ 这一成长替代方案有许多优势,例如,交易可能会简单可行,不需要任何同意或者预先批准,加之收购方可以消极被动且不必背负任何管理义务。但同时被收购的股份可能具有重大投票权,并且收购方可以行使对目标方的控制权。⑦ 在此我们要注意主权国家基金是这一领域最活跃的参与者,比如,据报道,卡塔尔投资基金(Qatar Investment Authority)常选择这一成长方案,该基金会运营卡塔尔的主权国家基金。⑧

另外,在典型的合营成长方案中,两家或两家以上公司会签订协议以组建一家新的法律实体。该实体以公司或者合伙企业的形式存在,通常,合营仅限于特定的共同任务或目标,有时甚至限于某一长期或者短期内。⑨ 此外,出于合营目的而构建的这家新的独立法律实体可能会直接受合营协议中的各方管理或者至少受它们控制,并且

---

① Sherman, Mergers & Acquisitions from A to Z, supra note 384, at 124.
② Weston & Weaver, Mergers and Acquisitions, supra note 239, at 181.
③ Depamphilis, Mergers and Acquisitions Basics: All You Need to Know, supra note 238, at 18.
④ Sherman, Mergers & Acquisitions from A to Z, supra note 384, at 10; Weston & Weaver, Mergers and Acquisitions, supra note 239, at 122—123.
⑤ Depamphilis, Mergers and Acquisitions Basics: All You Need to Know, supra note 238, at 18.
⑥ Ross, et al., Corporate Finance, supra note 394, at 817—818.
⑦ Depamphilis, Mergers and Acquisitions Basics: All You Need to Know, supra note 238, at 19.
⑧ Dinesh Nair, Qatar Builds up Xstrata Stake Ahead of Glencore Deal(Thomson Reuters, 2012); Jesse Riseborough, et al., Qatar Holds Out on Glencore as Davis Heads for Exit(Bloomberg News, 2012).
⑨ Depamphilis, Mergers and Acquisitions Basics: All You Need to Know, supra note 238, at 18—19; Sherman, Mergers & Acquisitions from A to Z, supra note 384, at 256.

据报道合营协议各方可能是竞争对手，但是它们有满足各自利益的共同目标。①

在合营中，各方将自身资源汇集到一起，以达成计划的共同目标或任务。在此背景下，我们可以得出合营最成功的案例清单，其中最著名的要数美国和日本的汽车制造商克莱斯勒汽车和三菱（Mitsubishi）汽车在美国伊利诺伊州布卢明顿的一家新制造厂生产汽车。② 在2001年2月20日，两家快速消费品巨头——可口可乐和宝洁签订了一份合营协议，以建设一家42亿美元市值的美国公司，生产果汁和零食，这一案例无疑也可被视为另一个成功的合营案例。③

在此我们要提一句，除实现共同目标这一常见好处之外，公司还可能出于其他目的而签订合营协议。例如，有些公司开展合营是为了绕开外国投资可能会面临的障碍④；或者外国公司与本国公司开展合营是为了规避美国某些特定行业的外国投资或活动的法律管制⑤，这一点在中国更显著。据报道，尽管事实上合营作为一种成长可选项由于自身存在的问题而逐渐在一众并购替代方案中失去青睐，但其中问题实际上与并购交易所面临的问题相似。⑥

中国实际上是这方面最重要的案例，首先，在所有发展中国家中，中国是领先的外国直接投资接收国，即入境的外国直接投资；其次，中国是领先的外国直接投资使用国，收购了多家外国公司，即出境的外国直接投资⑦；最后，按出境外国直接投资活动总量排名，中国主权国家基金在所有主权国家基金中名列第五。⑧ 在此背景下，实证显示公司通常倾向于借助合营这一外国直接投资模式打入限制性的封闭市场，例如，中国也可以解释为何总体上入境外国直接投资数量如此之多。⑨

这一解释无法推广，因为情况并非总是如此，即大多数情况下公司不得不采取合营模式进入市场。这是为了规避一些限制性做法，比如，禁止收购某些行业的国家公司，或者某些行业有国家合作伙伴以特定份额参股的准入要求。在跨境并购面临的障

---

① Shenefield & Stelzer, The Antitrust Laws: A Primer, *supra* note 178, at 54.
② Gaughan, Mergers, Acquisitions, and Corporate Restructurings, *supra* note 237, at 19—20.
③ Weston & Weaver, Mergers and Acquisitions, *supra* note 239, at 124.
④ Weston & Weaver, Mergers and Acquisitions, *supra* note 239, at 124.
⑤ 欲了解更多有关美国某些行业限制外国投资和活动的法规，见 Reed, et al., The Art of M&A, *supra* note 359, at 907—911.
⑥ Ian Coleman, *Emerging Markets and M&A Activity*, in 2008 International Mergers & Acquisitions: Creating Value in an Increasingly Complex Corporate Environment at 51(Financier Worldwide Booz & Company ed., 2008).
⑦ Mattia Colonnelli de Gasperis, et al., International M&A and Joint Ventures, 43 International Lawyer 367, at 389,403(2009).
⑧ For the full profile of the Chinese SWF see http://www.swfinstitute.org/swfs/china-investment-corporation(最近一次访问为2017年12月1日)。
⑨ Yung-Heng Lee, et al., An Empirical Study of Wholly-Owned Subsidiaries and Joint Ventures for Entry into China Markets, 3 Global Journal of Business Research 9, at 16(2009).

碍部分会对此进行详细论述。①

此外,关于中国出境外国直接投资激增,有人称这是由于中国公司通过与外国公司开展跨境合营来获取经验并实现技术转移。② 因此,可以说,采用合营模式是外国直接投资进入市场的一条捷径,还会惠及外国公司及其在其他国家的国民经济。

值得注意的是,为了充分利用并获取合营利益,中国于1979年7月1日通过了《合营企业法》,并于1990年4月4日进行了修订,2001年3月15日进行了第二次修订。据报道,自采用该合营企业法以来,采取合营模式的入境外国直接投资呈指数级激增。③ 与此同时,据报道,在中国运营的合营企业的实际数量几乎是已注册的460家合营企业的1/3④,评价中国的合营企业经验时,若仅考虑已注册的合营企业的数量,则可能是一个误导性的指标。

同时,合营交易在中国的扩张不仅源于合营这一理念扩张,还基于中国经济普遍繁荣这一事实。中国经济甚至在全球金融危机期间依然繁荣向好。比如,据报道,在2008年经济危机期间,美国以及全世界其他西方经济体的并购活动减少了近30%,而中国的并购活动增加了至少1%。⑤

中国努力吸引广义上的外国直接投资,充分利用合营特别是将其作为进入市场的一种模式。除此之外,1995年,中国还发布了特定目录以指导投资者规划外商直接投资的用法。最新一版为2017年更新的版本。⑥ 有人称这一目录将行业分为三个主要类型⑦:第一是鼓励类行业,第二是限制类行业,第三是以上两类都不含的行业,即允许类行业。⑧

这一说法并不完全准确,因为在中国的常见规则是行为未经限制并不意味着得到

---

① 见第122—123页。

② Karl P. Sauvant, et al., Foreign Direct Investment by Emerging Market Multinational Enterprises, the Impact of the Financial Crisis and Recession and Challenges Ahead(OECD Investment Divison, 2009).

③ Paul W. Beamish & Hui Y. Wang, Investing in China via Joint Ventures, 29 Management International Review 57, at 57(1989).

④ 同上,第41—42页。

⑤ Gasperis, et al., International Lawyer, *supra* note 454, at 388—389.

⑥ 这一目录的英文版可以在中国政府官网上查询到,链接如下:http://www.fdi.gov.cn/1800000121_39_4851_0_7.html(最近一次更新于2017年12月1日)。译者注:此目录是指《外商投资产业指导目录》。2021年11月5日,商务部正式发布了《中国外商投资指引(2021版)》。

⑦ 根据《指导外商投资方向规定》第四条,外商投资项目分为鼓励、允许、限制和禁止四类。鼓励类、限制类和禁止类的外商投资项目,列入《外商投资产业指导目录》。不属于鼓励类、限制类和禁止类的外商投资项目,为允许类外商投资项目。允许类外商投资项目不列入《外商投资产业指导目录》,即未列入外商投资产业指导目录的应为允许类项目。——译者注

⑧ Stephen Chan, Rules and Issues Surrounding M&A with Chinese Companies, in 2008 International Mergers & Acquisitions: Creating Value In An Increasingly Complex Corporate Environment at 341(Financier Worldwide Booz & Company ed., 2008).

允许①，而这也是大部分发展中国家的常见趋势，不仅限于中国。此外，在中国，监管机构执法不仅依照法律，还依照政府机关明确发布的指示，这些指示被称作"红头文件"。②

关于投资目录，最重要的一点是，其中列出的许多外国直接投资机会都是专门为合营企业保留的，如中药材种植、养殖业务，石油、天然气的勘探、开发和矿井瓦斯利用。最引人注目的是高科技半导体材料的制造。不仅如此，中国还努力鼓励合营企业和外商直接投资，一般靠政府官员采取的其他行动，如推出相关政策，吸引专业人才资源，从而增加经济附加值，这无疑可以视作中国外商直接投资环境增值的形式之一。③

与此同时，也有实证研究结果表明，一些公司出于种种原因，不愿将跨境合营作为在中国的成长替代方案：(1)害怕合营无法给其持有的知识产权（以下简称 IPR）提供稳定的保护④；(2)外国公司拥有的合营企业会受到区别对待，尤其是在政府采购这一方面⑤⑥；(3)不同监管机构之间缺乏协调⑦；(4)其他成长替代方案可能使收购方获得完全的独家控制权，但合营无法做到这一点，因此合营公司无法充分地服务于采取这一投资行为的公司股东的利益；(5)缺乏与全球经济相协调的标准，不仅包括生产标准，还包括管理模式等；(6)合营企业中方合作者的短期倾向或者心态；(7)在中国境内合营企业的外国合作者总是担心遇到汇兑困难⑧和利润汇出问题；(8)选择合营可能会带来与并购类似的复杂的税收问题。⑨

同样，还有人称合营这一成长方案有抑制市场竞争的效果，并购也如此。在此背景下，值得注意的是，这一领域的实证研究结论显示纯国内合营比跨境合营给经济带来的积极影响更大，甚至纯国内水平合营比跨境合营对经济的负面影响更小。此外，

---

① Fei Guoping, How to Speed Up M&A Deals in China, in 2008 International Mergers & Acquisitions: Creating Value In An Increasingly Complex Corporate Environment at 333(Financier Worldwide Booz & Company ed., 2008).

② 同上。

③ International Economic Research Division, Global Investment and Trade Report, Japanese External Trade Organization 1, at 10(2014).

④ Lee, et al., Global Journal of Business Research, *supra* note 456, at 19.

⑤ 关于这一点，为构建统一开放、竞争有序的政府采购市场体系，促进政府采购公平竞争，中国政府已有一系列法律法规及政策颁布，并且在加大落实力度，请参阅中国政府网：http://www.gov.cn/zhengce/zhengceku/2021-10/26/content_5644953.htm。——译者注

⑥ Ken Davies, China Investment Policy: An Update, 2013 OECD Working Papers On International Investment 1, at 3(2013); Guoping, How to Speed up M&A Deals in China, *supra* note 464, at 333.

⑦ Davies, OECD Working Papers On International Investment, *supra* note 468, at 31.

⑧ Beamish & Wang, Management International Review, *supra* note 459, at 62.

⑨ Sherman, Mergers & Acquisitions from A to Z, *supra* note 384, at 259.

有些人坚信合营促进竞争,但实证研究结论表明这个假定并不准确。①

因此,我们可以说以合营作为外国直接投资进入市场的一种模式是最接近并购的成长方案,虽然合营可以用来克服一些跨境并购面对的障碍,而这些障碍将在下文详述,但是合营并非想象中的那种免费交易,因为规划一场成功的合营所耗费的资源与并购所耗费的资源几乎一样多。② 然而,如上所述,合营在许多封闭型发展中国家备受投资者青睐,投资者用合营规避这些司法管辖区内实行的外国直接投资限制③,投资于合营的公司能获取本次成长机会的大部分收益,但也会受到一些限制,特别是在对合营公司的全面控制这一方面。

同样,全世界几乎所有司法管辖区都有并购管控规定。合营作为进入市场的模式之一,也受到相同的规定管控。④ 在同一背景下,有人指出,若合营公司经营成功,则外国公司总会显示出完全收购合营公司的倾向,即买断当地公司股份。⑤ 这意味着若无限制性的封闭市场管理规定,出于充分利用增长可能性的目的,公司都应该将合营转化为实际并购,全资持有并且全面控制合营公司。

以下是一则巨型公司拒绝与中国当地合作者开展合营的案例。美国保险公司美国国际集团(AIG)游说美国政府抵制中国加入世界贸易组织(以下简称WTO),除非中国政府肯动摇其保险行业准入要求,即外国公司必须与当地合作者开展合营。最终,AIG被授予继续在中国经营的权利,而无需与当地合作者成立合资公司。⑥

公司签订合营协议的目的可能降低风险,甚至消除因独自进入新业务领域而可能出现的计划外风险,这些目的可以通过在合营各方之间划分风险来实现。⑦ 值得注意的是,横向合营交易常被用作并购的替代方案⑧,这显然是为了规避典型的横向并购交易可能遇到的障碍。

另外,特许经营则是一种完全不同的成长替代方案,相关参与方签订合营协议。

---

① Tony W. Tong & Jeffrey J. Reuer, Competitive Consequences of Interfirm Collaboration: How Joint Ventures Shape Industry Profitability, 41 Journal of International Business Studies 1056, at 1069(2010).

② Christoph Reimnitz, Exploring the Potential of Joint Ventures to Create Value as Opposed to Outright M&A, in 2008 International Mergers & Acquisitions: Creating Value In An Increasingly Complex Corporate Environment at 115(Financier Worldwide Booz & Company ed., 2008).

③ Weston & Weaver, Mergers and Acquisitions, *supra* note 239, at 124.

④ 有关在60个不同司法管辖区的并购管控下应通知或控制的交易的更多实际细节,请参阅 James Musgrove & Eva Bonacker, 2017 Pre-Merger Notification Manual: A Practical Guide To Understanding Merger Regimes In Multiple Jurisdictions(Terralex, 2017).

⑤ Coleman, Emerging Markets and M&A Activity, *supra* note 453, at 51.

⑥ David L. Levy & Aseem Prakash, Bargains Old and New: Multinational Corporations in Global Governance, 5 Business and Politics 131, at 135(2003).

⑦ Sherman, Mergers & Acquisitions from A to Z, *supra* note 384, at 256; Weston & Weaver, Mergers and Acquisitions, *supra* note 239, at 123.

⑧ Sherman, Mergers & Acquisitions from A to Z, *supra* note 384, at 259.

在此协议中,"特许方"授予"特许经营者"制造或销售产品或服务的权利,授予其特许方商标名以及商业模式的使用权。根据协议,双方也会共享部分资源,并以此共享利润。① 这种成长方案,即特许经营,广泛应用于快餐业②以及酒店业。特许经营对特许方而言几乎零成本,但是特许方的一些资源会被打上特许经营成功的烙印。③

授权经营也是一种几乎无成本的成长替代方案。④ 在此方案下,相关参与方签订授权经营协议。根据此协议,知识产权的持有者,即"授权方",授予另一方,即"授权经营者"使用或利用该项知识产权,而不转让所有权,以换取知识产权使用费。这一费用几乎总是低于预期利润。⑤ 值得注意的是,授权经营成长方案在制药行业和高科技行业中应用广泛。⑥ 对授权经营者而言,授权经营也大有裨益,因为授权经营者不必投入资金或进行资源开发,就可以获得知识产权的使用权。⑦

同样,分销(distributorships)与经销(dealerships)主要可以归类为独家协议这一成长替代方案,在很大程度上是与特许经营和授权经营并行的,即某种产品或服务销售权的持有者与独立的另一方(即"分销商"或"经销商")签订协议,授予其独家销售某种产品或服务的权利。⑧ 这种独家协议通常使得该持有者能够进入他们力所不及的新市场。⑨

不仅如此,这种独家协议几乎总会将所授予的销售权限制在某一市场或者某一地理区域内,甚至仅限于销售某种产品或服务某类客户,也可能仅限于某段时间内。⑩ 值得注意的是,在独家协议模式下,权利持有者能对分销商或经销商行使的权利小于特许经营或者授权经营模式下行使的权利。但是在某些法律制度下,独家协议被归类为特许经营协议,这可能会引发非常复杂的问题,除非另有明确说明,有最低限度的控制权授予权力持有者。⑪

---

① Weston & Weaver, Mergers and Acquisitions, *supra* note 239, at 129; Depamphilis, Mergers and Acquisitions Basics: All You Need to Know, *supra* note 238, at 19; Sherman, Mergers & Acquisitions from A to Z, *supra* note 384, at 261.

② Depamphilis, Mergers and Acquisitions Basics: All You Need to Know, *supra* note 238, at 19.

③ Sherman, Mergers & Acquisitions from A to Z, *supra* note 384, at 262; Depamphilis, Mergers and Acquisitions Basics: All You Need to Know, *supra* note 238, at 19.

④ Depamphilis, Mergers and Acquisitions Basics: All You Need to Know, *supra* note 238, at 19.

⑤ Sherman, Mergers & Acquisitions from A to Z, *supra* note 384, at 256, 272.

⑥ 欲了解更多制药行业的案例,请参阅 Weston & Weaver, Mergers and Acquisitions, *supra* note 239, at 128—129。

⑦ Depamphilis, Mergers and Acquisitions Basics: All You Need to Know, *supra* note 238, at 19.

⑧ Sherman, Mergers & Acquisitions from A to Z, *supra* note 384, at 279.

⑨ Weston & Weaver, Mergers and Acquisitions, *supra* note 239, at 128.

⑩ Sherman, Mergers & Acquisitions from A to Z, *supra* note 384, at 279—280.

⑪ 欲了解更多美国法律制度下这类问题的细节,见 Reed, et al., The Art of M&A, *supra* note 359, at 563。

战略联盟很大程度上是一种合营,但更为灵活。[1] 战略联盟显著区别于合营的内容主要有:第一,从最低限度的协议到无正式协议或者需要书面协议,主要节省了财务资源并且提升了灵活度[2];第二,各方会运用各自的法律实体,而非建立新的独立法律实体[3];第三,战略联盟的特点是条款的不确定性和模糊性,各方之间的关系主要依赖于各方之间的信任[4];第四,战略联盟各方会互相合作但是各自制定决策的时候更独立[5];第五,不需要资本投入[6];第六,战略联盟一向是暂时的,甚至受到时间限制。[7]

一些公司在其发展史的各个阶段会运用并购或其他成长替代方案,甚至会同时组合运用全部或部分成长方案。细看 Mail Boxes ETC 公司的发展史就会发现,该公司在 20 世纪 80 年代早期运用特许经营作为成长方案,之后在 90 年代联合包裹公司收购了少数股份份额(15%)。接着,Mail Boxes ETC 公司与美国技术公司(USA Technologies)合营,以合作销售该公司的一种产品(MBE 快递)。之后美国办公产品公司(U. S. Office Products)通过 2.67 亿美元的交易收购了 Mail Boxes ETC 公司,然后与 iShip. com. 成立战略联盟。[8]

三、并购系统

如前所述,本书仅涵盖友善并购,而不会或较少讨论敌意收购,因为敌意收购受到一系列不同规则的监管。这主要是因为在敌意收购交易中收购方是机会攫取者,这显然意味着交易很有可能未经计划,因此执行起来会非常困难,几乎不可能预测其程序、结构和环节。审视并购环节十分关键,因为对各个环节的理解是深入理解并购过程中所含障碍的先决条件。考虑到这一点,有人称审视并购环节的每一步对理解其余步骤至关重要,并且收购方与目标方都应该"汲取源源不断的并购知识之泉,而若想深知,则必须首先认识到收购过程涵盖诸多环节……"。[9] 此外,对于理解如何消除障碍,或者至少对其加以管控,审视并购环节无疑是一个有益的工具。

本节将专注于并购环节,第一,我们将介绍目标公司如何为未来的并购做好准备

---

[1] Gaughan, Mergers, Acquisitions, and Corporate Restructurings, *supra* note 237, at 21.
[2] Weston & Weaver, Mergers and Acquisitions, *supra* note 239, at 125; Depamphilis, Mergers and Acquisitions Basics: All You Need to Know, *supra* note 238, at 19.
[3] Gaughan, Mergers, Acquisitions, and Corporate Restructurings, *supra* note 237, at 21.
[4] James Sawler, Horizontal Alliances and the Merger Paradox, 26 Managerial and Decision Economics 243, at 247(2005); Weston & Weaver, Mergers and Acquisitions, *supra* note 239, at 126.
[5] Sawler, Managerial and Decision Economics, *supra* note 494, at 243—244.
[6] Sherman, Mergers & Acquisitions from A to Z, *supra* note 384, at 258.
[7] Sawler, Managerial and Decision Economics, *supra* note 494, at 247.
[8] Weston & Weaver, Mergers and Acquisitions, *supra* note 239, at 130.
[9] Reed, et al., The Art of M&A, *supra* note 359, at 2.

并筛选出潜在收购者;第二,我们将检验并购各方可能采用的初步协定;第三步则会解决目标方的综合评估问题,即尽职调查和估值①;第四,我们会审查交易如何构建并融资;第五,我们将介绍交易收官。

(一)准备与筛选

不论开展并购的动因是什么,不论目标方何时决定参与并购,甚至是潜在收购者接近目标方,首先做好准备都大有益处。② 通过"内务整顿",可以轻松简化并购目标准备过程。③ 为成功完成这一步,目标方应该从组建准备团队入手。通常,团队会包括该公司内部的会计、财务、法务和公司事务团队,如果有的话,该公司则还可能会寻找其他外部专业服务,如投资银行家、税务顾问、房地产规划师等。④

准备团队的主要任务就是内部整顿,这可能包括处理所有财务、会计、法务、税务以及房地产未决事项,理清并准备好所有文件和记录,还有对目标方的初步估值等一系列任务。⑤ 该团队在执行任务时应该将目标牢记于心,即实现目标方的价值最大化,并且让目标公司在潜在收购者面前更具吸引力。因此,曾有人称未经准备或者准备不佳的目标方在潜在收购者面前的吸引力会较弱,或者至少会使得交易收官有所延迟。⑥

搜索并购交易的潜在"舞伴"(无论是收购方还是目标方)的过程被称作"筛选"过程,这是准备步骤的重要组成部分之一,或者至少与准备步骤直接相关。⑦ 在筛选过程中,公司会通过自身或者外部援助。常见的外部援助有投资银行家或者经纪人⑧详尽地在清单上列出最合格的收购方和目标方。⑨ 清单上几乎所有公司都应该符合并购规划或战略⑩,但是显然并非所有公司都有相同的参与拟议并购的意愿。因此,在与相关公司接洽后,这一清单会缩小范围,以利于辨识潜在的收购方或目标方。

在拟议并购交易各方之间寻得共同点并表露出各自对交易的兴趣之后,他们通常

---

① The term "due diligence" was originally used by Section 11 of the Securities Act of 1933(codified at 48 Stat. 74,15 U. S. C. § § 77a et seq.)as a defense against liabilities on account of a false registration statement, with regard to the publicly traded corporations on the stock exchange.

② Miller,Mergers and Acquisitions: A Step-by-Step Legal and Practical Guide,*supra* note 407,at 23.

③ Sherman,Mergers and Acquisitions from A to Z,*supra* note 384,at 21.

④ Richard Lieberman,Preparing a Company for Sale to Maximise Value,in 2008 International Mergers & Acquisitions: Creating Value In An Increasingly Complex Corporate Environment at 69(Financier Worldwide Booz & Company ed. ,2008).

⑤ Sherman,Mergers & Acquisitions from A to Z,*supra* note 384,at 21.

⑥ Lieberman,Preparing a Company for Sale to Maximise Value,*supra* note 503,at 68.

⑦ Sherman,Mergers & Acquisitions from A to Z,*supra* note 384,at 22.

⑧ 投资银行家的费用低于经纪人,这一说法援引自 Miller,Mergers and Acquisitions: A Step-by-Step Legal and Practical Guide,*supra* note 407,at 26.

⑨ Sherman,Mergers & Acquisitions from A to Z,*supra* note 384,at 29.

⑩ Reed,et al. ,The Art of M&A,*supra* note 359,at 31.

会构建一个时间规划,以逐步推进并购流程。至于交易收官,他们很可能会达成一项初步协议或其他类似的协议。该协议将支配所有随后的步骤①,这将在下一节中讨论。

(二)初步协议

到了这一步,各方都会更加严肃地对待参与拟议交易一事,而这需要构建一个行动计划并付诸实施以及签订初步协议。初步协议会涵盖一些条款和条件。这些条款和条件会规定交易收官前余下所有计划内的步骤,甚至还有一些并购后事项,以及这一过程的终止方式。这种初步协议已受到各种法律制度承认,通常被称作"意向书""条款清单""暂定协议"或者"初步协议"。②

与此同时,并非全球都有这类协议签订行为,并且曾有人称在某些情况下签订协议不切实际,甚至在有些情况下会招致诸多问题,特别是当拟议并购的其中一个参与方为上市公司时。例如,根据美国安全管理规定,签订这类协议可能会被视为过早宣布合并的行为,意在影响股份在证券交易所的交易价格。③ 因此,一定要谨慎起草这种协议。并购各方有时会起草协议并同意其中的条款,却不签署协议,甚至还会对所有有关拟议合并交易的问询采取"不予置评"的政策。④

我们要在此指出初步协议通常会规定所有并购过程的余下步骤相关的问题,而这一点因事而异。同时,在大多数情况下,初步协议会规定如下主要通用条款和条件:(1)授予获取账簿和记录的权限,(2)保护机密信息,(3)有关交易的宣传及公告,(4)并购过程费用,(5)经纪人费用,(6)交易对员工的预期影响,(7)交易收官条件,(8)并购期间的运作,(9)将被纳入交易结束协议中的条款以及时间表与截止时点。⑤

通常来讲,交易参与者总会关注各方之间的交易风险分配问题。这个问题可以在初步协议的条款中加以明确,甚至还有报道称有些交易参与者出于规避风险而签订了特别为并购交易而设计的保险协议。⑥ 除这些通用条款之外,初步协议还有可能包含关于以下问题的一些关键规定:(1)诚信谈判,(2)锁定交易,(3)并购过程的终结与中

---

① Sherman, Mergers & Acquisitions from A to Z, *supra* note 384, at 49.

② Robert Coyne & Kevin Evans, Non-binding Preliminary Agreements: Use 'Good Faith' With Caution, in 2008 International Mergers & Acquisitions: Creating Value In An Increasingly Complex Corporate Environment at 74(Financier Worldwide Booz & Company ed. ,2008).

③ Miller, Mergers and Acquisitions: A Step-by-Step Legal and Practical Guide, *supra* note 407, at 43.

④ Thomas Lee Hazen, Rumor Control and Disclosure of Merger Negotiations: Full Disclosure or "No Comment"-The Only Safe Harbors, 46 Maryland Law Review 954, at 961(1987).

⑤ Sherman, Mergers & Acquisitions from A to Z, *supra* note 384, at 52,56—58.

⑥ Walt Lemanski, Risk Allocation-Driving Force Behind the M&A Process, in 2008 International Mergers & Acquisitions: Creating Value In An Increasingly Complex Corporate Environment at 106(Financier Worldwide Booz & Company ed. ,2008).

断。这些附加规定都会在下文中依次讨论。

关于"诚信"条款,有些初步协议有此条款。该条款一般要求并购各方诚信协商,但是并未在世界上所有国家中得到同样的认可,一方面,在英国,此条款没有法律影响,而在澳大利亚,如果明确提到协议本身具有约束力,则会产生一些影响;另一方面,即使在初步协议中明确提到,该条款在大多数美国司法管辖区内并不具有约束力,仍然具有约束力。① 因此,在跨境并购交易中,对这一条款的不同解释可能会引发法律纠纷。

在此背景下,有人称初步协议中的"诚信"条款可能会与美国法律制度下的董事义务相抵触(诚信义务、注意义务和忠实义务)。② 进一步而言,"诚信"协商并购交易的义务可能会导致公司错失一些与第三方交易的机会,而这些机会可能会更有利于股东利益提升。这方面问题重重,是因为尚无明确的标准来定义这方面的董事义务。③ 在比"诚信"条款更清晰、明确且有效的替代方案中,并购各方可以明确说明并界定其在谈判过程和违约后果方面的义务,而不是这些广义的模糊义务。④

交易各方,主要是收购方,都希望在交易中保护自己的利益,而不想浪费资源,为人作嫁,看着目标方与第三方达成交易告终。因此,他们可能会在初步协议中加入锁定条款,或者被称作"禁止招揽"或者"禁止交谈"条款。这类锁定条款会至少在一段时间内禁止目标方与第三方就其他提案进行协商甚至交谈。⑤

同样,这类条款在部分司法管辖区内也问题重重,特别在美国,这些条款也有可能与董事义务相抵触(诚信义务、注意义务和忠实义务)。⑥ 有人称用终止条款来代替这类锁定条款会更清晰明了,终止条款即列出目标方因何种原因终结交易过程的所有结果。

以下是终止条款的一个例子,交易各方可能会同意设定某一费用,若收购方未能完成交易,或者目标方因第三方要约而终止了交易过程,则要支付这一费用。这类条

---

① 欲了解"诚信"规定给英国、澳大利亚、美国带来影响的更多细节,见 Coyne & Evans, Non-binding Preliminary Agreements: Use 'Good Faith' with Caution, *supra* note 511, at 74-76.
② Reed, et al., The Art of M&A, *supra* note 359, at 790.
③ Jessica Toonkel, Skepticism Rises Around SEC Fiduciary Rule(Thomson Reuters 2012).
④ Coyne & Evans, Non-binding Preliminary Agreements: Use 'Good Faith' with Caution, *supra* note 511, at 77.
⑤ John Mackie, Deal Protection in a Tough Market No Talks and Go Shops(Thomson Reuters 2011).
⑥ Miller, Mergers and Acquisitions: A Step-by-Step Legal and Practical Guide, *supra* note 407, at 28; for more details about one of the most famous cases that increased uncertainty in lock-up provision practice, especially in publicly traded corporations, see the Delaware Chancery Court decision in Omnicare, Inc. v. NCS Healthcare, Inc., 818 A. 2d 914-Del: Supreme Court 2003.

款被称作"反向终止费用""协议解约费用"或简称为"终止费"。[①] 这些条款十分重要并且对一些司法管辖区内几乎所有相关案例都有重大影响。

为了更好地理解这类终止条款的重要性和影响,试想在2011年期间的有些交易中,终止费达到了目标方预计收购价格的19.4%。[②] 不仅如此,据报道,2011年AT&T因未能完成交易而支付了30亿美元的反向终止费用给德国电信公司(Deutsche Telekom AG)。尽管事实上本次交易是受美国当局,即美国司法部(以下简称DOJ)的阻止而失败,但AT&T对本次交易失败没有责任。[③]

与此同时,据报道,终止条款并非在所有司法管辖区内都得到了同等水平的认可。有些司法管辖区不接受占比较高的终止费用,例如,在美国部分司法管辖区,法院只承认低于预计收购价格2%—3%的终止费用。[④]

在此背景下,值得注意的是,初步协议中的终止条款并不都像这样直截了当,即不仅限于设定预计收购价格的某一比例作为协议解约费用。终止条款可以采用分层结构设计和起草,这意味着百分比不是固定的,而是根据某些情况波动的。例如,在美可保健公司(Medco Health Solutions)和快捷药方公司(Express Scripts)的交易中,终止费用为6.5亿—9.5亿美元。[⑤] 同时,终止费用的分层结构必然会提高并购中的风险和不确定性。

最后,还有报道称这种终止条款不仅为交易各方所广泛接受,而且一些收购方可能会更倾向于支付高额的终止费用或者协议解约费用,而不愿参与估值过高的交易。[⑥] 此处值得注意的是,目标方估值以及判断其是否估值过高将会在并购的下一个步骤中介绍,即尽职调查与估值。

(三)尽职调查与估值

在尽职调查与估值这一步,并购各方会对交易进行"实际测试",深入核验相关记录与文件,以判定交易是否如看起来那样有价值。[⑦] 换言之,各方会检验准备团队在准备与筛选期间所得的结果,以确保拟议或预期价值是真实的,而非仅为专业团队所

[①] Marc C. D'Annunzio & Wayne N. Bradley, Drafting and Negotiating Purchase Agreements to Anticipate Challenges, in 2008 International Mergers & Acquisitions: Creating Value In An Increasingly Complex Corporate Environment at 102(Financier Worldwide Booz & Company ed. ,2008).

[②] Alex Lee, Reverse Termination Fees Escalation in an Uncertain Environment(Thomson Reuters 2011).

[③] Alex Lee, A Global Review of Merger and Acquisition Activity(Thomson Reuters 2011).

[④] D'Annunzio & Bradley, Drafting and Negotiating Purchase Agreements to Anticipate Challenges, *supra* note 522, at 102.

[⑤] Lee, Reverse Termination Fees Escalation in an Uncertain Environment, *supra* note 523, 2011.

[⑥] Derek Stoldt, Deal Certainty and Recent Dislocations in the Credit and M&A Markets, in 2008 International Mergers & Acquisitions: Creating Value In An Increasingly Complex Corporate Environment at 99(Financier Worldwide Booz & Company ed. ,2008).

[⑦] Sherman, Mergers & Acquisitions from A to Z, *supra* note 384, at 63.

得的理论上的价值,并且这一检验(即尽职调查)的结果无疑会不可避免地影响最终决策,即是否参与本次交易。①

尽职调查主要包括从法律、财务以及会计视角检验并分析目标方所有的记录与文件。此外,从以上这些视角出发,尽职调查的主要任务包括评估目标公司的现状,估计本次交易的预期收益,辨识潜在风险或者所有交易收官的障碍,并收集下一步所需的全部信息,例如,交易结构和融资可能需要的信息。②

收购方代表团在尽职调查期间需要检查的文件的类型可能数以百计③,将这些文件详尽地列在一张清单上实属不易,几乎难以达成。但是,有些作者已经尝试着将这些文件分为几个关键类型,以便指导。公司事务这类文件数量繁多,主要包括与公司注册相关的文件、公司章程及其修订、股东大会纪要以及所有与公司事务相关的管理报告等。财务事务文件同样卷帙浩繁,甚至比公司事务文件还要多。财务事务文件包括但不限于所有财务信息,从税务文件、审计报告、账簿到所有与债务和融资事务相关的文件、财务报告、资产负债表以及所有与财务相关的管理报告。④

此外,雇佣类文件也数不胜数,例如,所有雇佣协议;咨询与管理协议;福利计划,特别是顶层管理团队、工会的福利计划或集体协议。所有文件都要符合法律法规,例如,美国平等就业机会委员会(US Equal Employment Opportunity Commission)发布的规定、职业安全与健康法案⑤和美国劳工部所采纳的规定以及美国国内所实行的所有就业政策。⑥

此外,资产类文件数量之多,与前几个类目下的文件数量相比也不遑多让,其中可能涵盖的内容,比如,房地产注册和与纳税相关的文件;与房地产交易相关的所有文件,如租赁、购买和抵押;以及所有与知识产权相关的文件。⑦ 在此方面,值得注意的是,资产注册(特别是土地)在大多数法律制度下都是个很复杂的问题,在尽职调查阶段可能发现的法律问题中,房地产注册问题占大多数;甚至据报道,正因如此,从事农业领域的目标方一向都以被低估的价值被收购。⑧

---

① Reed, et al., The Art of M&A, *supra* note 359, at 381—382.
② Sherman, Mergers & Acquisitions from A to Z, *supra* note 384, at 64.
③ 欲了解尽职调查阶段待审查文件的总清单,见 Miller, Mergers and Acquisitions: A Step-by-Step Legal and Practical Guide, *supra* note 407, at 51—56, 60—63.
④ Sherman, Mergers & Acquisitions from A to Z, *supra* note 384, at 69—71.
⑤ Occupational Safety and Health Act of 1970, U.S.C. § 651 et seq.
⑥ Sherman, Mergers & Acquisitions from A to Z, *supra* note 384, at 71—72.
⑦ 同上,见第 49—50 页。
⑧ Bogdan Borovyk & Ekaterina Katerinchuk, Sector-Specific M&A in Ukraine, in 2008 International Mergers & Acquisitions: Creating Value In An Increasingly Complex Corporate Environment at 291(Financier Worldwide Booz & Company ed., 2008).

讽刺的是,穷尽需要尽调的文件类型甚至都不简单。例如,还有很多其他需要尽调的文件类型可以列出,如所有与国内和海外运营相关的文件;相关行业监管部门出具的备案和许可文件及所有合规报告;所有业务协议的相关文件,无论是已执行的文件还是未决的文件;以及在"诉讼分析"中发现的任何未决的或与预期纠纷相关的文件。[1]

显然,由于详尽的尽职调查文件清单难以制定,文件数量繁多不仅是个严重的问题,而且审查这些文件还有可能会导致收购方机密信息泄露,通过实地探访开展尽职调查还有可能影响公司的日常运营,最终消耗交易各方的资源。然而,关于在尽职调查步骤中可能披露的资料的保密问题,我们以前在论述初步协议步骤时曾指出,在大多数情况下,交易各方都愿意订立一项特别保密协议或在初步协议中列入保密条款,以便在该步骤和整个过程中适当保护自身的利益。[2]

在此背景下,虚拟数据空间(以下简称 VDR)的理念作为以上问题的解决方案应运而生。VDR 服务供应商将所有文件的软件副本上传到线上服务器端,目标方能便捷地授予潜在收购者访问线上服务器的权限。[3] 为了进一步说明 VDR 的实用性,需要指出:交易各方不会产生任何差旅费或住宿费[4];某些高度机密的信息访问权限可能受限,或者仅限高层管理团队访问;就算工作时间不同、时区不一致,文件也可以随时调取,这避免了传统的实地探访可能出现的"茶水吧谣言"对目标方员工的负面影响;可以将访问权限同时授予几个潜在收购者,甚至文件归档和搜索也比传统的实地探访更容易。[5]

除上述问题之外,值得注意的是,跨境并购的尽职调查问题也非常复杂,这是因为要在不同的司法管辖区内审查文件。每个司法管辖区都有其法律、监管、财务或者会计规定,这些规定各不相同,有时甚至相互矛盾,例如,在许多国家编制会计报表的规定都各不相同,这一点将在跨境并购的障碍中详述。尽职调查是一个高度复杂的任

---

[1] 欲了解更多尽职调查中关于诉讼分析的细节,见 Reed, et al., The Art of M&A, *supra* note 359, at 397—399.

[2] Miller, Mergers and Acquisitions: A Step-by-Step Legal and Practical Guide, *supra* note 407, at 26; Reed, et al., The Art of M&A, *supra* note 359, at 383.

[3] Miller, Mergers and Acquisitions: A Step-by-Step Legal and Practical Guide, *supra* note 407, at 27.

[4] Angus Bradley, Sell-Side Online Datarooms, in 2008 International Mergers & Acquisitions: Creating Value In An Increasingly Complex Corporate Environment at 137 (Financier Worldwide Booz & Company ed., 2008).

[5] Sherman, Mergers & Acquisitions from A to Z, *supra* note 384, at 79; Darren Redmayne & Saurin Mehta, Domestic Versus Foreign Acquirers: Managing An International Sale Process, in 2008 International Mergers & Acquisitions: Creating Value In An Increasingly Complex Corporate Environment at 83 (Financier Worldwide Booz & Company ed., 2008).

务,应该由专业人员完成,以免出现终结交易甚至更严重的致命问题。①

在跨境并购情况下,用外部专业人员完成或协助开展尽职调查出现了几种不同的趋势,例如,在欧盟的一些司法管辖区内,目标方可能会预先通过独立第三方制定尽职调查报告,之后再与潜在收购者推进后续更严肃的步骤。值得注意的是,不止不同趋势和规则相悖存在问题,各个司法管辖区还有其"热点问题",即该司法管辖区高度重视的问题,外部专业人员对此应多加注意。例如,据报道,在美国,与环境相关的问题就是热点问题,而在英国,员工养老金计划就是热点问题。②

基于上述热点问题,有人称国内收购者可能会比境外收购者更了解目标方的状况,因此有可能在尽职调查这一步得出更加准确的结果。③ 显然这对于上市公司也适用,因为上市公司的大部分记录和财务报告更易获取,这是因为大多数司法管辖区的证券交易所都对上市公司规定了披露义务,上市公司在尽职调查甚至初步协议签订前就已经披露了这些信息。

值得注意的是,在并购余下各个步骤中,尽职调查都不会停止,甚至交易收官这一步也是如此。尽职调查可能减速但是不会停步,比如,并购收官后做尽职调查对简化管理任务和审查并购收官前的所有声明都非常重要。在此背景下,并购各方通常会在并购协议中列出"陈述与保证条款"(bring-down clause),这个条款规定了目标方截至交易收官都保持财务和法务状况不变的义务和保证。④

如前所述,尽职调查的主要目标就是判断目标方的实际价值。因此,估值与尽职调查密切相关,并且二者都可视为并购系统的第二步。但是成功的尽职调查是开展估值的先决条件,为估值打下了坚实的基础,并且备好了目标方的真实信息,毫无疑问,这对预测目标方的未来业绩表现大有助益。值得注意的是,我们可以采取以下方法来完成估值:

第一种最常见的估值方法,即折现现金流(以下简称 DCF)法。DCF 法主要基于货币的时间价值原则,即某一数量的货币的当前价值与其未来价值不同。按估值的 DCF 法,目标方按如下过程估值:首先估计所有预期未来现金流,接着按某一比率对预期未来现金流进行贴现,以判断这些现金流的当前价值,就好像这些现金流都是当

---

① 关于尽职调查常见错误的更多细节,见 Sherman, Mergers & Acquisitions from A to Z, *supra* note 384, at 56—58。

② Redmayne & Mehta, Domestic Versus Foreign Acquirers: Managing an International Sale Process, *supra* note 541, at 83.

③ Redmayne & Mehta, Domestic Versus Foreign Acquirers: Managing an International Sale Process, *supra* note 541, at 81.

④ Reed, et al., The Art of M&A, *supra* note 359, at 410—411.

前赚来的,而非未来赚来的。①

第二种估值方法是相对估值法。用这一方法来判断目标方的价值主要依靠可比公司的市场价值,并且这个方法中的"可比"一词意味着两家公司,即目标方和可比公司,规模几乎相同,在同一行业内运营并且财务状况相同。②

第三种方法是价值重置法(以下简称 RVM)。根据 RVM 法,目标方估值是依据该公司自创立以来发展所耗费的成本。在此方法下,不仅有形资产的成本会被纳入考量范围,而且其他所有"软性资产"也会计入其中,例如,雇用当前员工的成本。③

第四种方法是平均收益率法(以下简称 ARR)。在此方法下,目标方估值是预期会计利润的平均值除以平均预期投资。④

第五种方法是回收期法。这种方法通过分析回收期内拟获取的价值来决定是否开展本次并购,其中,"回收期"是指收购方资金投入到收回所需的时间。值得注意的是,在回收期法下,所有超出回收期的收益都会被忽略不计。⑤

第六种方法是内部收益率法(以下简称 IRR),有时也被称作经济收益率法(ERR)。像 DCF 法一样,这种方法也是基于货币的时间价值原则,但是在 IRR 或 ERR 法下,要估计目标公司的预期未来收益,而非预期未来现金流,得出预期未来收益数额后,按一定比率对其贴现,以判断这些收益的当前价值,就好像这些收益都是当前赚来的,而非未来赚来的。⑥

第七种方法是市场价值法(以下简称 MVM)。市场价值法主要用于收购上市公司。这种方法主要靠可比公司的价值判断目标方价值。此处"可比"意味着两家公司,即目标方与可比公司,有相同的市盈率。⑦

第八种方法是可比净值 MVM 法。这种方法与 MVM 法相似,但实际上要做一些会计调整,用更少的信息得出更准确的估值结果,主要用来在挤出交易中保护少数股东。⑧

尽管实际上评估这些方法不在本书范围内,但是对这些估值方法的深入理解无疑会揭示估值并非"一门精确的科学,[而是]基于客观事实与对[目标方]未来业绩表现

---

① Sherman, Mergers & Acquisitions from A to Z, *supra* note 384, at 137—139; Reed, et al., The Art of M&A, *supra* note 359, at 89, 108—109.
② Miller, Mergers and Acquisitions: A Step-by-Step Legal and Practical Guide, *supra* note 407, at 32—33.
③ Reed, et al., The Art of M&A, *supra* note 359, at 87, 104—105.
④ Reed, et al., The Art of M&A, *supra* note 359, at 87—88, 105.
⑤ Reed, et al., The Art of M&A, *supra* note 359, at 88, 105—106.
⑥ 同上,见第 88—89、106 页。
⑦ 同上,见第 89、106—107 页。
⑧ 同上,见第 89、107—108 页。

的主观信念与假设"。① 甚至有人称，所有已知的估值方法都不切实际并且"高度主观"，最终估值结果主要基于谈判和供需力量，即为了推进并购，收购方愿意支付给目标方的某一数额与目标方愿意接受的某一数额，估计价值通常是二者之间的一个粗略范围。②

通常来讲，交易各方总是会协商甚至对估值做出调整，直到结算日为止。这是为了减少市场价格、外汇汇率以及其他可能影响初始估值的因素的波动。③ 在同一背景下，值得注意的是，价值常被误用作价格，但其实二者很容易区分："价值就是资产的内在价值，而价格就是购买者实际为其支付的数额。价值本质上只存在于人的想象中，而价格反映着真实世界的市场行为。"④

此外，为了避免或者至少缩小目标方估值与收购方对目标方未来预期业绩表现之间的差距，交易各方通常会用"盈利能力支付"条款（earn-out provision）。在盈利能力支付条款下，收购价格会与未来的业绩表现挂钩，如销售额或者总收入等，并且也有人认为这一条款会促进目标方保持或者改善其业绩表现。但是，这可能会使收购价格提高，并且缩小估值与收购方预期之间的差距。⑤

最后，值得注意的是，尽职调查与估值这个步骤几乎截至交易收官都在持续进行，并且其也像并购过程中的其他步骤一样，受到与此有关的任何初步协议的条款和条件的管束。但是，如果交易各方对推进并购过程的下一步感兴趣，则他们必须决定哪种并购结构才能最好地满足自身利益，还要决定如何为交易融资，这些内容将在下文中介绍。

（四）交易构建与融资

前文介绍了并购的分类与描述。并购交易执行和构建的方式不可胜数，而且并购也可以根据交易融资方式进行分类。⑥ 不仅如此，交易构建与融资之间还具有直接联系：交易构建要通过金融工具来执行，交易融资又主要取决于其构建方式。

实际上，如前所述，交易构建与融资都将主要取决于尽职调查期间收集的信息，且尽职调查做得越成功，就越有可能做出符合交易各方利益的交易构建与融资决策。一

---

① Sherman, Mergers & Acquisitions from A to Z, *supra* note 384, at 28.
② Miller, Mergers and Acquisitions: A Step-by-Step Legal and Practical Guide, *supra* note 407, at 35.
③ D'Annunzio & Bradley, Drafting and Negotiating Purchase Agreements to Anticipate Challenges, *supra* note 522, at 103; Miller, Mergers and Acquisitions: A Step-by-Step Legal and Practical Guide, *supra* note 407, at 50.
④ Reed, et al., The Art of M&A, *supra* note 359, at 79.
⑤ Murray Landis & Gregg Mcconnell, Effective Earn-Out Provisions In Sale & Purchase Agreements, in 2008 International Mergers & Acquisitions: Creating Value In An Increasingly Complex Corporate Environment at 104－105(Financier Worldwide Booz & Company ed., 2008).
⑥ 见第 51 页。

般来讲,交易各方会决定交易构建与融资的方式,而选定的方式会与前面讨论的并购分类与描述中的一种或多种结构相似。①

比如,并购各方可能会决定采取以下其中一种方式构建交易:(1)直接合并,(2)三角合并,(3)反向三角合并,(4)法定合并,以及(5)子公司合并;甚至会采取以下其中一种非传统交易结构,如:(1)股息获取股权结构,(2)可交换股权结构,(3)均衡结构或者其他上文讨论过的结构。此外,他们可能会决定通过债务或者股权为这次交易融资,如:(1)杠杆收购(员工持股计划或管理层收购),(2)现金换股,(3)股权换股,(4)股权换资产等,或者并购各方甚至可能还会决定通过以上各种金融工具的组合来为本次交易融资。

并购各方选定某种交易结构或融资方案的首要动因就是:在各个并购交易中,并购结构和融资选择将如何服务于他们的利益。但是一般来讲,他们在这方面的主要关注点可以被简易地分为以下几项:(1)税(实时税或递延税),(2)融资来源可得性,(3)在三角合并结构下收购方的有限责任,(4)并购后目标公司将如何运营、独立运营或被收购方完全吞并,(5)目标公司的协议和执照能否转让,(6)交易结构的复杂度和执行该交易结构所耗时长,(7)拟议并购结构在公司注册地和交易执行地的合法性。

这是一个交易构建的例子。假设"A"公司将开展员工持股计划,一些"C"公司的股东同意共同收购"A",保持"K"("A"公司的一个业务单元)的独立运营,并卖出"Y"("C"公司的一个业务单元),"C"公司的剩余部分则将作为"A"公司的一部分继续运营。该交易结构可能如下:成立一个新公司,称其为"B",接着"B"公司与各种贷款来源签订债务协议,然后"B"公司购得"C"公司的控股性股份,就会通过挤出交易(squeeze-out transaction)获取"C"公司余下的股份。"C"公司会在反向三角合并交易中吞并"B"公司。之后,"C"公司通过与第三方开展割股交易,将"Y"公司剥离,便通过与各种贷款来源签订的债务协议在 LBO 交易中收购"A"公司。"A"公司通过分拆交易将"X"公司剥离,最终"A"公司通过反向三角合并将"C"公司吞并。

(五)交易收官

交易收官是并购的最后一步。这关键的一步将成功敲定并购交易全流程中所付出的全部努力,并将其化为现实。交易收官可以被简单地定义为"通过签署和交付文件,以及(如果适用的话)资金转移,并购交易的各方完成该交易的事件……",由此出现了两类收官问题:第一个是公司问题,第二个是融资问题。② 作为并购环节之一,交易收官始于其他所有环节之后,如初步谈判、尽职调查、估值、并购各方决定交易结构

---

① 见第 51 页。
② Reed, et al., The Art of M&A, *supra* note 359, at 613.

如何构建,以及交易各方决定交易如何融资。收官环节从起草和协商最终协议入手来决定所有关键性事项和交易条件,例如,声明与保证、赔偿、付款条款与条件、成交条件、并购收官后的权利与义务、交易执行方式,以及对任何违约行为的补救措施的定义。①

在并购收官环节要完成的任务基本上很多,并且可以被分为三个阶段:(1)收官前,(2)收官中,(3)收官后。② 在此语境下,上文提到的起草与协商最终协议就是收官前这一阶段的任务之一。在此阶段,我们不推荐签署最终协议,因为这样做有风险,在签署最终协议之前还需要满足一些收官条件。③ 据报道,在大多数案例中,并购各方签署最终协议和交易成交是在收官阶段同时发生的。④

除此之外,并购各方还应该做好所有准备以满足所有收官要求和所有协议、法律所规定的条款,并符合所有相关司法管辖区的监管条例,例如,申请并获取所需的股东的同意;获取所需的监管许可,如并购管控机构的反托拉斯许可。若并购的一方或多方是上市公司,则要获取证券交易机构的许可:所有行业特定的并购前许可以及所有外商投资许可或国家安全许可。⑤

在此,我们还要指出,决定交易完成所需时长的不仅有交易体量和交易的构建方式,交易时长还极大地取决于收官前这一阶段所需完成的任务。这是由于事实上这些任务中的大部分都以这样或那样的方式取决于第三方的行动,甚至取决于他们权利的放弃,例如,需要反托拉斯当局的并购前许可的这种情况,第三方与目标公司签署协议作为先决条件的另一种情况。

要度过收官前这一阶段可能耗费的漫长时间,克服它可能给目标公司和收购方运营、股票交易价格带来的负面影响,并满足新法律颁布之后不同情况下的管理规定和条例要求,并购各方可能会签署最终协议,并安排一个托管账户,特别指定该账户为在签署日期之前尚未完成的任务做担保。另外,签署最终协议有时是监管机构和融资合作伙伴要求的先决条件。⑥

收官通常比较短,耗时仅几个小时或几天。在此期间,并购各方必须完成最终任务清单上的任务,一般来讲,可能有:(1)文件终审,(2)将所有未注明日期的文件注明日期,(3)给所有需要签名但未签名的文件签名,(4)检查是否所有收官条件都已满足

---

① Sherman, Mergers & Acquisitions from A to Z, *supra* note 384, at 174.
② Reed, et al., The Art of M&A, *supra* note 359, at 618.
③ Miller, Mergers and Acquisitions: A Step-by-Step Legal and Practical Guide, *supra* note 407, at 29.
④ Reed, et al., The Art of M&A, *supra* note 359, at 614.
⑤ Miller, Mergers and Acquisitions: A Step-by-Step Legal and Practical Guide, *supra* note 407, at 29, 77.
⑥ Reed, et al., The Art of M&A, *supra* note 359, at 614—615.

或者部分已经放弃,(5)支付,以及最后(6)递交文件。[①] 显然,从签署最终协议那一刻开始,并购各方之间的关系以及所有收官或者收官后问题都会按最终协议裁定,而非早前的初步协议。

最终阶段是收官后这一阶段。在此阶段,并购各方都会收到在收官期间尚未递交的所有余下文件,这一般发生在一些文件无法在收官阶段递交的情况下。[②] 事实上,在收官后这一阶段,并购各方必须执行并购后计划,以战胜所有执行期间可能面对的挑战,甚至在按业绩表现付款的交易下,他们有时不得不相互监督并购后的运营情况。[③]

值得注意的是,执行并购后计划可能会花很长时间,3个月到6个月以上不等[④],因为在大多数情况下,这是一个在两家及两家以上公司之间进行的整合过程,而这些公司之间有着诸多不同之处,例如,运营、政策、金融和会计视角等。总之,整合将主要取决于交易本身的体量和结构复杂度以及许多其他因素,如并购交易各方之间的文化差异,在此文化差异被视为可能影响并购后计划执行顺利与否的主要问题。

尽管文化差异并不会直接导致并购失败,但是它们可能会给并购后计划执行带来负面影响,或者至少会减慢理念的整合水平,降低并购全面实现的预期效率。因此,据报道,大部分知名的并购都会饱受文化差异之苦,例如,索尼公司和哥伦比亚电影公司、AT&T和NCR、戴姆勒—奔驰公司和克莱斯勒公司、花旗公司和旅行家集团、美国在线和时代华纳、惠普和康柏。文化差异问题是多么至关重要,在惠普和康柏的并购交易中就足以见得。在该案例中,文化差异带来的影响巨大。超过两年,公司才辨识出哪些文化差异需要克服。在此期间,公司在不止22个国家中组建了超过144个焦点小组开展调查。[⑤]

第三节 结 论

在本章结尾我们得出了很多结论。第一个结论是公司这一理念的起源及其发展

[①] Reed, et al., The Art of M&A, *supra* note 359, at 622—623.
[②] 同上,第629页。
[③] Sherman, Mergers & Acquisitions from A to Z, *supra* note 384, at 21—22.
[④] Reed, et al., The Art of M&A, *supra* note 359, at 649.
[⑤] Reed, et al., The Art of M&A, *supra* note 359, at 661—662, citing J. Robert Carleton & Claude S. Lineberry, Achieving Post-Merger Success: A Stakeholder's Guide to Cultural Due Diligence, Assessment, and Integration, (Wiley, 2004) and it is noteworthy that Carleton's firm, Vector Group Inc. conducted the focus groups and interviews as consultants to HP.

可以归功于从古至今的所有人；有些种族群体思考过这一概念，有些人可能想象过它的未来，另一些人则仅仅传播了这一理念，甚至还有人参与了这一理念的构建过程，但是最重要的事实是这一理念主要是为了他们（即人类）的利益而组织并构建的。

第二个结论是早期学者并未如预期那样对该理念的发展做出重大贡献。他们仅仅尝试描述了他们在特定时期的经历，而并未给其继任者勾勒出该理念的全貌，尽管也可以归咎于当时有限的条件。

第三个结论是像东印度公司从17世纪早期令人惊讶地存活到今天，并且事实上这并非孤例，还有其他早期公司尚存。不过，其他像南海公司这样的公司不仅是早期公司的例子，它们还极大地改变了公司的历史及其与国家的关系，当时它们被用作政府的筹资工具。此外，事实证明，无论公司是否出于为人谋利，它都可能会导致整个经济崩溃。

第四个结论也是一个非常重要的结论：令人意外的是，美国反垄断法颁布的目的并非保护消费者，也不是终结托拉斯组织给美国经济带来的危害。颁布这一法律实际上是为了支持一些焦虑不安的农场主和其他小型低效公司，同时也将公众的注意力从一项新关税法案上转移。最重要的是，当时托拉斯组织是对经济有益或至少它们与反竞争行为并无关系。

第五个结论围绕封建主义在公司与国家之间的关系中扮演的出人意料的角色，这为两者之间关系的未来发展打开了一扇门。总之，这段时期的发展简而言之就是：始于国家授予垄断权和公司设立权，之后公司主动接受国家，将其作为筹资工具，以保证国家同意其继续存在，随后国家权力收缩，以帮助公司挽救经济，并且为工业革命做出了贡献。在国家获取一些权力后，以托拉斯组织为代表，国家再次开启了一个重新管理公司的新时代，但是这一次是在新的架构下并且是以更专业的方式进行管理的。但是这依然没有成功，并且分别引发了两种趋势：公司私有化和市场管制宽松化。

第六个结论是国家在公司监管中所扮演的角色起源并发展于西方司法管辖区，而监管角色在东方司法管辖区内鲜少发现，特别是阿拉伯国家。这可能是因为，事实上，从伊斯兰教的角度，至少在公司这一理念的早期发展阶段，阿拉伯国家盛行伊斯兰教，国家不应干预或通过立法来控制市场，除非它是为了拯救市场免予彻底崩溃[①]，比如在早期没有任何有关新公司设立的要求或程序的传闻。

第七个结论是并购并非唯一的企业成长方案。这类方案还有很多。从法律视角看，尽管人们总是期望并购作为一个强大的工具能带来更好的结果，但是，实际上利益相关方总会选择其他方案。

---

① Dabbah, Competition Law and Policy in the Middle East, *supra* note 346, at 24.

第八个结论是并购是高度复杂的交易,因此只应被特定的专业人员执行,可是这类交易大多主要基于高度主观的估计而得出,消耗了大量的资源。

第七和第八个结论实际上向我们提出了非常令人困惑的问题。这些问题主要有:参与这类交易值得吗,这在现实中真的有效吗。下一章我们将对这些问题以及其他内容加以介绍。

第二章 并购动因、效率与障碍

本章被视为本书的核心,这是因为本章不仅将尝试回答并购执行中所面临的问题,在驱使各方参与这类高度复杂的交易(即并购)的动因方面,还将提供一份清晰且详尽的答案。换言之,本章将会明确预期收益是什么,之后会回答并购是否有效,以及并购各方能否辨别出哪些是预期内的、哪些不是。此外,如果并购效率存在,下文则也会尝试勾勒出并购效率的全貌。

在本章中,以上问题将依次得到解答。因此,下文将首先介绍驱使并购各方参与交易的动因。确切而言,并购各方是指并购各方的管理层,即做出参与并购交易决策的人。在明确并购动因之后,我们应将这些动因用作评价并购交易的标准,即评估并购机会并判定这次并购机会的效率,在此应该首先定义预期收益。本章将尝试明确介绍这些动因,并理解并购各方是如何利用它们实现预期收益的。

本章将介绍常规动因,比如,经营性和财务性协同效应、技术联盟、税收优惠甚至突破管理不善的障碍(如骄傲自大和赢者诅咒)。另外,本章还将指出主要与跨境并购有关的动因,例如,汇率、境外司法管辖区内提供的市场动因等。接着,我们将会尝试解答第二个问题,即并购效率如何,还将尝试辨识并购交易中的成功因素和失败因素。

在解答关于并购效率的第二个问题时,本章将尝试勾勒出并购对社会各界影响的全貌。社会各界不仅包括并购各方,还包括其他成员,比如员工。此外,由于这个问题的本质,本章将不会局限于讨论几个有待争议的观点,还会讨论实证研究结果,以探究并购对全社会福利的实际影响。从跨境并购视角出发,这一讨论将尝试进一步解答与此相似但至关重要的问题,即跨境并购对全球化的影响,还将解答另一个更加深刻的问题,即当前世界与全球化的世界距离还有多远。最后,本章还将解答跨境并购是否有可能加深全球化的恐惧,以及这些流言是否属实。

在此番讨论给出了明确而具体的答案之后,我们便可以解答第三个问题。这个问题也是本书的核心主题,即一般意义上的并购,特别是跨境并购都面临着哪些障碍,这些障碍是如何影响并购交易的?另外,在此我们还将回答这些问题,即这些障碍如何分类,以及给它们分类是否重要。在这一部分中,我们将会辨析并介绍 12 种障碍。这些障碍不仅限于国家或者不同监管部门带来的障碍,还包括其他并购方带来的障碍,例如,专业服务提供商、法律顾问以及法学院在这方面所扮演的角色。

之后,本章将会再阐明并探索一种障碍。这种并购面对的障碍就是并购管制制度,本部分意在回答第四个问题:全球跨司法管辖区并购管制制度是如何妨碍并购开展的。为了解答这一问题,本章首先概述三种不同的并购管制制度,即美国、欧洲和埃及的并购制度。此后,本章将辨析全球各国采纳此类并购管制制度给一般意义上的纯国内并购和跨境并购带来的障碍。

我们将在本部分讨论的这种障碍只有 10 个,会阐明它们可能怎样影响并购交易,从加大获取交易预期收益的难度到无法获取任何收益,再到交易完全失败并且保守损失甚至破产。在本部分结尾,跨境并购可能面对的问题或者障碍已经被清晰阐明,相关讨论也该更进一步,即设计出一些改进方案。

第一节　并购动因

如前所述,并购交易并非未经筹划。毫无疑问,决定参与一场并购并非自然而然、率性而为。实际上,促使决策制定者参与这样一场复杂交易的动因有很多。许多学者和并购行业专家已经给出了并购动因的相关阐释,提出了各种各样的动因清单。在这些动因清单中,有人声称动因只有一个,如沃伦·巴菲特[1]指出参与并购交易的主要且唯一的动因就是"将投资从现金换成资产",而另一类学者则称常见的动因清单中涵盖的动因有 10 个甚至更多。[2]

由此而论,在常见的并购动因清单上,并购动因可以被简单地分为如下 11 个:(1)经营性协同效应,(2)财务性协同效应,(3)被低估的资产,(4)管理傲慢(骄傲自大),(5)代理问题(管理不善),(6)技术联盟,(7)汇率,(8)战略规划,(9)市场政策(管理和管理放宽),(10)市场力量,以及(11)税收效益。[3] 以上所有动因都将在下文中被逐一介绍,但是在此我们要指出其中一些动因与另外一个或多个动因直接相关,因此,下文有时会将这些动因放在同一标题下介绍。

---

[1] 沃伦·爱德华·巴菲特(Warren Edward Buffet),生于 1930 年 8 月 30 日,是一位美国商人和慈善家。根据《福布斯》杂志排名,他在美国最富有的亿万富翁榜上名列第二。欲了解更多他的经历,请访问《福布斯》杂志官网链接:http://www.forbes.com/profile/warren-buffett(最近一次访问为 2017 年 12 月 1 日)。

[2] Reed, et al., The Art of M&A, supra note 359, at 646, 647; Sherman, Mergers & Acquisitions from A to Z, supra note 384, at 13—17.

[3] Depamphilis, Mergers and Acquisitions Basics: All You Need to Know, supra note 238, at 3.

一、协同效应

协同效应总是被归类为驱使决策制定者决定参与并购交易的最重要的动因。此外,人们总是希望实现协同效应,即使协同效应并不是驱动各方的动因。[①] 在并购业内协同效应被定义为"竞争力增强并带来并购各方预期以外的独立现金流"。[②] 协同效应也可被简单地解释为价值创造或并购交易带来的并购各方价值增加。

进一步来讲,我们思考一个简单的例子:A 公司的价值是 V_A,B 公司的价值是 V_B,并购前,两家公司的总价值是 V_A+V_B,而并购后期望的两公司总价值要高于 V_A+V_B,因为这一价值等于 V_A+V_B+协同效应。[③] 换言之,预期 1+1 将大于 2 会促使决策制定者参与并购交易。[④]

如前所述,并购被视为整合成长工具。一般来讲,公司整合过程可以分为两个主要类型:第一类是出于经营性目的进行整合(经营性整合),第二类是出于财务性目的进行整合(财务性整合)。据此,并购交易作为整合成长工具的主要动因也可以分为两个主要类型:第一类与预期经营性协同效应相关,第二类与预期财务性协同效应相关。[⑤] 这两类动因都将在下文中被依次介绍。

(一)经营性协同效应

如前所述,绝大多数(如果不是全部的话)的并购交易都预期会实现经营性协同效应。其中,并购交易预期能实现的经营性协同效应分为两小类:第一类经营性协同效应出现于纵向并购中,例如,在供应商与制造商合并后,对产品投入的销售和营销费用会减少,或者在制造商与分销商合并后,对最终产品投入的销售和营销费用会减少。[⑥] 第二类经营性协同效应在横向并购的情况下实现,例如,通过分享或者使用某些并购双方之间共同的资源,可以显著减少相关费用。例如,通过分享一些资源如设施甚至员工来减少固定成本[⑦],或者通过分担备用配件的存货成本或者分享其他可在同一水平层面分享的资源来减少可变成本。[⑧]

[①] Steffen Huck & Kai A. Konrad, Merger Profitability and Trade Policy,106 The Scandinavian Journal of Economics 107, at 107(2004).
[②] Mark L. Sirower, The Synergy Trap: How Companies Lose the Acquisition Game at 6(Free Press, 1997).
[③] Ross,et al. ,Corporate Finance,*supra* note 394, at 823.
[④] Reed, et al. , The Art of M&A, *supra* note 359, at 27.
[⑤] Depamphilis, Mergers and Acquisitions Basics: All You Need to Know, *supra* note 238, at 4, 13.
[⑥] Reed, et al. , The Art of M&A, *supra* note 359, at 19.
[⑦] 固定成本也被称为间接费用。与可变成本不同,可变成本是指公司在不受运营变化影响的情况下产生的费用,无论是增加还是减少,例如,公司的租金和管理团队薪酬。
[⑧] Reed, et al. , The Art of M&A. *supra* note 359, at 27.

在水平和垂直层面,并购各方都将实现平均成本①减少带来的协同效应。关于平均成本减少有许多不同的解释,例如,采取了更好的管理措施②、合规要求更简单等。③同时,此方面有两种主要理论:第一种理论是范围经济。根据这一理论,并购各方共同运营的平均成本更少。在这种情况下,协同效应就会实现。例如,用一方的产出或产品作为另一方在并购中的投入,甚至分享前文中提过的一些水平层面的资源。④ 第二种理论是规模经济。⑤ 这一理论认为,当规模经济增加时,并购各方的运作成本减少,在这种情况下,并购就实现了协同效应。换言之,并购可能会诱导并购各方增大他们的产出范围,如此便有更多的产出来分摊固定成本,可能会使得平均成本减少。⑥ 然而,我们在此还应指出:平均成本并非总会随着产出增多而减少,因为在特定的产量或产出水平上,平均成本将会随着产出增加而增加。换言之,如果边际成本高于平均成本,由于规模不经济,并购就不会实现经营性协同效应。⑦

在此我们要说明:在规模经济甚至范围经济理论下,并购实现协同效应并不意味着并购各方要操作同一个设备或者使用同一间仓库等,而是意味着他们可能会在不同的工厂或者设备上共享资源。进一步来讲,并购公司可能会利用同一销售、营销、管理和财务团队,但将生产保留在各自异地的工厂内。⑧

在此理论下,乔治·斯蒂格勒称规模经济理论缺少有效的判定最佳产出规模的工具,因此他构建了"幸存者方法"这一技巧,以准确判定最佳产出规模。⑨ 以下例子可以用一种简单的方式展示规模经济的主要理念:据报道,印第安纳州的图书馆的平均成本呈 U 形曲线,其中一家每年的图书借还量为 2 000 本的小型图书馆的平均成本为每本 3.63 美元。如果一些小型和中型图书馆参与并购,并组建成一家每年的图书借还量为 350 000 本的图书馆,则该图书馆的平均成本会降至每本仅 2.13 美元,而每年的图书借还量在 350 000 本以上的图书馆的平均成本将高于每本 2.13 美元。⑩

---

① 平均成本等于特定产品或服务的总成本除以这类产品或服务的数量。
② Depamphilis, Mergers and Acquisitions Basics: All You Need to Know, *supra* note 238, at 4.
③ Horst Lukanec, et al., Corporate Restructuring the European Cross-Border Merger Directive with a Special Focus on Employment Issues, 19 Employment & Industrial Relations Law 13, at 13(2009).
④ Black, Conceptual Foundations of Antitrust, *supra* note 258, at 44.
⑤ 欲了解更多关于范围经济的讨论和细节,请参阅 George J. Stigler, The Economies of Scale, I Journal of Law and Economics 54(1958).
⑥ Miller, Mergers and Acquisitions: A Step-by-Step Legal and Practical Guide, *supra* note 407, at 11; Depamphilis, Mergers and Acquisitions Basics: All You Need to Know, *supra* note 238, at 4; Hopkins, Journal of International Management, *supra* note 2, at 215.
⑦ Black, Conceptual Foundations of Antitrust, *supra* note 258, at 35,39.
⑧ Black, Conceptual Foundations of Antitrust, *supra* note 258, at 46.
⑨ Stigler, Journal of Law and Economics, *supra* note 589, at 54(1958).
⑩ Black, Conceptual Foundations of Antitrust, *supra* note 258, at 41.

值得注意的是,要在横向并购中实现经营性协同效应,经济学家称还有一些前提条件,主要条件就是并购各方的产出要有不同的边际成本。[1] 而在各方产出的边际成本相似时,并购就不会如预期那样有利可图,因此,经营性协同效应就不会是驱动这类并购交易的动因。[2]

毫无疑问,并购可能不仅受到运营平均成本减少的诱导,其他可能实现的经营性协同效应也可能驱动并购交易开展,如减少经营性业务交易的负债,至少在并购各方之间负债减少,甚至减少并购方对第三方的负债。[3] 实际上,通过改善并购各方的风险状况[4],甚至通过提高借贷能力,也可以实现经营性协同效应。确切而言,并购的一方可能会受益于获取并购另一方的特定产出,并将该产出用作市场低谷的投资来源,这毫无疑问会支持该业务部门更好地履行其义务,并管理风险和负债。

最后,我们还应该指出,尽管事实上协同效应一般被视为带来积极效应的"神力",通过收益增加或者成本削减机制,一些经营性协同效应同时也对经济造成了普遍意义上的负面影响。例如,共享同一资源,如管理团队,会导致失业,给经济带来负面影响,即岗位减少会不可避免地导致失业率增加,甚至有时会导致参与并购的公司损失,因为大部分员工都会在离职时拿到补偿金。[5]

(二)财务性协同效应

财务性协同效应是可能促使各方参与并购交易的第二类协同效应,在此仅指并购交易预期的资本成本减少的效应。据此,有人声称资本成本在很多并购情况中都可能减少,其中显而易见的例子就是并购的其中一方或多方有多余的现金流,与没有足够内生融资来源的一方或多方共同参与并购。换言之,通过借债获得的并购运作资金会减少。[6]

有人称财务性协同效应在这种情况下没有实现,有多余现金流的公司如果不与资金短缺的一方开展并购,则能够节约自身的资本成本。[7] 这种说法明显有误,因为并购各方平均减少的资本成本将会比拥有多余现金流的公司所减少的资本成本更多。这背后的原因是实际上并购各方的价值增加主要是由其他经营性协同效应带来的,比如,增强风险管理和借款的能力。此外,还有人坚称通过金融工程运作,即使在没有经

---

[1] 边际成本是当1单位产出增加时,总成本的变化。
[2] Qiu & Zhou, The Rand Journal of Economics, *supra* note 241, at 215.
[3] Mads Andenas & Wooldridge Frank, European Comparative Company Law at 491(Cambridge University Press, 2009).
[4] Miller, Mergers and Acquisitions: A Step-By-Step Legal and Practical Guide, *supra* note 407, at 12.
[5] Cicarini Jr., Valuation for M&A Purposes: An Analysis of its Importance to Present a Fair Value of a Company and its Implications for the M&A and Postintegration Process, *supra* note 400, at 16.
[6] Depamphilis, Mergers and Acquisitions Basics: All You Need to Know, *supra* note 238, at 5.
[7] 资本成本是诱使未来的收购者或贷款人通过债务或股权为收购公司股票提供资金所需的最低回报。

营性协同效应的情况下,财务性协同效应也能实现。①

由此而论,我们将解释市盈率②(P/E)模型。这是一种金融工程工具,它将会是一个范例,用于展示并购各方会如何通过并购实现财务性协同效应,以及它是如何成为一个驱动并购各方参与并购交易的强大动因的。假设在一个市盈率模拟模型中,A公司有1 000只股票,每股价值为11美元,总收益是1 000美元,这意味着该公司每股收益(以下简称EPS)为1美元,该公司市盈率为11;而B公司有1 000只股票,每股价值为5美元,总收益也是1 000美元,这意味着该公司的EPS为1美元,而市盈率为5,因此,A公司与B公司价值之和为16 000美元。

当A公司通过以股换股的并购交易收购B公司时,A公司会提出用1只股票(价值11美元)换B公司的2只股票(价值10美元+1美元溢价③),这意味着A公司将会用500股换B公司的1 000股,并购方最终总共会持有1 500股。据此,平均EPS约为1.33美元(总收益2 000美元÷股票总数1 500),并且因为实证结果表明股票交易通常会使收购方而非目标公司市盈率保持不变。④ 在这种情况下,市盈率为11,即最终结果将是每股平均市场价格约为14.6美元,公司总市值为22 000美元而非并购前的16 000美元,即仅靠财务性协同效应可以实现6 000美元。

甚至有人声称,财务性协同效应可以通过市盈率模拟模型实现。这是引发数量空前的并购交易的唯一动因⑤,并且1955—1970年期间发生的并购潮(即美国的第三场并购潮)可以清晰地证明这一点。⑥ 在前文并购潮的相关内容中,我们曾提到第三场并购潮主要是由财务性协同效应引发的。这种财务性协同效应是通过金融工具实现的,尤其是市盈率模拟模型。⑦

二、价值误估

前文中曾经提到过,作为并购环节之一,估值方法的讨论揭示了人们强烈认为所有已知的估值方法都是高度主观的,显然并不总是反映公司的实际价值。在实务中,

---

① Miller, Mergers and Acquisitions: A Step-by-Step Legal and Practical Guide, *supra* note 407, at 9.
② 市盈率等于公司每只股票市场价格除以该公司给股东带来的收益;欲了解更多关于市盈率模型的信息,请参阅 Gaughan, Mergers, Acquisitions, and Corporate Restructurings, *supra* note 237, at 35−36; Weston & Weaver, Mergers and Acquisitions, *supra* note 239, at 88−89.
③ 溢价是指公司实际价值的估计值与获取公司价值所付出的代价之间的差异。收购溢价代表了在一次并购中购买目标公司多花费的成本。
④ Miller, Mergers and Acquisitions: A Step-by-Step Legal and Practical Guide, *supra* note 407, at 11; Gaughan, Mergers, Acquisitions, and Corporate Restructurings, *supra* note 237, at 35−36.
⑤ Miller, Mergers and Acquisitions: A Step-by-Step Legal and Practical Guide, *supra* note 407, at 10−11.
⑥ Gaughan, Mergers, Acquisitions, and Corporate Restructurings, *supra* note 237, at 35.
⑦ 见第27−28页。

价值误估有两个极端,即高估和低估。在这两种情况下,不准确的价值都有可能成为促成并购开展的动因。下文将对此展开讨论。

作为促成并购开展的动因之一,你可能在很多情况下都发现了价值误估:(1)公司股票被低估,因此,对于其他公司而言,此时就是收购这些股票的好时机,(2)公司的股票被高估,这或许是公司用自己的股票为交易融资,以收购其他公司的好机会,(3)当以上两种情况同时发生时,即收购方股票被高估,而目标公司股票被低估,这就是典型的价值误估在诱导收购方参与并购交易,以实现预期的财务性协同效应中起主要作用的案例。[1]

还有人声称价值误估不仅是驱动收购方参与并购交易的主要并购动因之一,还可能导致并购潮形成。由此而论,还有人称经济环境可能是价值误估的背后原因,例如,通货膨胀率与利率增加会不可避免地导致股票价格低于资产负债表上所列示的资产价值,即公司的账面价值。[2] 此外,还有人坚称,在一个国家参与证券交易时,股票价格被低估可能会诱导另一个国家的收购方参与跨境并购,特别是当收购方的股票价格被高估时,甚至在股价被正确估计时也是如此。[3]

值得注意的是,为了辨别出价值是否被误估并判断出价值是否存在低估或高估,詹姆斯·托宾(James Tobin)[4]建立了 Q 比率。Q 比率是公司股票的市场价格与更换其资产所需成本的比率,当 Q 比率小于 1 时,公司被低估;而当 Q 比率大于 1 时,公司被高估。[5] 根据 Q 比率理论,Q 比率小于 1 的公司,有望成为目标公司;Q 比率大于 1 的公司,有望成为收购方。

三、管理目的

与管理相关的目的可能是促使决策制定者参与并购交易的最强动因。在此方面,据报道,在这些与管理相关的动因之中,最重要的就是个人动因。这些动因驱动管理者或者决策制定者参与并购交易,即"骄傲自大"和"赢家诅咒"。[6] 与此同时,还有其他与管理相关的动因,如改进不良的管理措施,并引入更好的公司治理体系。[7] 以下讨论将依次主要介绍这两类动因。

---

[1] Huck & Konrad, The Scandinavian Journal of Economics, supra note 577, at 107.
[2] Depamphilis, Mergers and Acquisitions Basics: All You Need to Know, supra note 238, at 9—10.
[3] Hopkins, Journal of International Management, supra note 2, at 215.
[4] 詹姆斯·托宾(James Tobin)生于 1918 年 3 月 5 日,卒于 2002 年 3 月 11 日,是一位经济学家,于 1981 年获得诺贝尔经济学奖。他曾任耶鲁大学经济学教授、经济学顾问委员会委员和联邦储备委员会成员。
[5] Depamphilis, Mergers and Acquisitions Basics: All You Need to Know, supra note 238, at 9—10.
[6] Hopkins, Journal of International Management, supra note 2, at 216.
[7] See generally David R. Kuipers, et al., The Legal Environment and Corporate Valuation: Evidence from Cross-Border Takeovers, 18 International Review of Economics & Finance 552(2009).

(一)"骄傲自大"与"赢家诅咒"

据报道,在一些并购交易中,管理者的决策分析结果显示大多数管理者都会像大多数人一样,严重受到偏见影响,因此他们的决策通常不会仅仅基于理性动因,而是可能出于一些其他的个人动机,比如骄傲自大。[1] 在此方面,有人称这些偏见可以被分为三种:(1)乐观偏见,(2)期望偏见,以及(3)控制错觉偏见。[2] 还有人称这些管理上的偏见总会带来超额支付的问题。出于个人动机而收购目标公司,交易成交,随之公司损失惨重甚至一败涂地。在这种情况下,管理者或决策制定者可能会名誉扫地。这种个人动机就是"骄傲自大"和"赢家诅咒"。[3]

在乐观偏见下,管理者可能会认为他们的业绩表现会抵消所有超额支付,因为他们认为自己对目标公司和本次交易的总体估值十分准确,对预期未来出现的协同效应(不管是经营性协同效应还是财务性协同效应)也把握精准。另外,期望偏见指的是管理者觉得在未来某些事件会发生,而这些事件的发生会将他们的预期实现。控制错觉偏见是指管理者觉得他们能控制未来发生的所有事件,却忽视所有风险和其他给他们的预期打上问号的因素。[4]

在大多数情况下,当这些动因驱使管理者参与并购交易时,这场交易不出所料一定是敌意收购交易。若这场交易是通过要约收购完成的,收购方的管理者则可能会因为愿意超额支付而赢得竞标,但是得标者往往会受到赢家诅咒,因为这个决定可能会经由受托责任带来严重的债务负担,即由于管理者在决策时没有考虑到股东利益,管理者的决定会使整个公司陷入麻烦。[5] 在此还要指出,受托责任确实带来了一系列严重问题,其中有些问题在本书讨论范围之外。同时,在其他一些司法管辖区,例如,瑞典,公司董事和高级职员受特定保险保护以免除这类债务负担。这种保险是专为这些人士在这种情况下的债务量身定制的。[6]

(二)管理不善

管理不善可能是由很多管理措施导致的,但主要是在管理者专注自身利益,而非

---

[1] Depamphilis, Mergers and Acquisitions Basics: All You Need to Know, *supra* note 238, at 9.

[2] 欲了解更多关于这三种偏见的细节,请参阅 Avishalom Tor, The Fable of Entry: Bounded Rationality, Market Discipline, and Legal Policy, 101 Michigan Law Review 482, at 503—514(2002); and for more details about hubris see generally Richard Roll, The Hubris Hypothesis of Corporate Takeovers, 59 The Journal of Business 197(1986).

[3] Depamphilis, Mergers and Acquisitions Basics: All You Need to Know, *supra* note 238, at 9.

[4] Tor, Michigan Law Review, *supra* note 617, at 503—514.

[5] Depamphilis, Mergers and Acquisitions Basics: All You Need to Know, *supra* note 238, at 9.

[6] 公司董事和高级职员保险受瑞典保险合约法{Swedish Insurance Contracts Act[Försäkringsavtalslag (SFS 2005:104)]}管制。Susanna Norelid & Christer A. Holm, Directors and Officers Duties According to Swedish Law, in 2008 International Mergers & Acquisitions: Creating Value In An Increasingly Complex Corporate Environment at 259—260(Financier Worldwide Booz & Company ed. ,2008).

专注股东利益的情况下发生,如改善生活方式、伪造声誉以及保住工作,而专注股东利益才会将股票价值最大化,而专注个人利益必然会导致股价下跌甚至公司总价值下跌。另外,据报道,在大多数情况下管理不善会以另一种方式驱动并购,即目标公司股价低会成为收购者开展并购的动因,或者收购方因为管理者尝试通过收购市盈率低的目标公司来提高股票价格而开展并购。①

由此而论,有一家驻美国公司的副董事长阿维·伊顿(Avi Eden)声称管理不善是收购目标公司的主要动因。通过收购一家管理部的公司,他的公司可以改善目标公司的管理现状,并由此实现协同效应,以最大化股票价值。他还补充说道,他的公司不会收购管理良好或者收购后管理状况无法改善的公司。② 另外,公司可以通过收购管理状况更好的公司,用更好的管理团队替换之前管理不善的团队,以借鉴其优良的管理实践,改善当前的管理状况。③

在此方面,还有人称最成功的由管理不善动因驱动的并购交易是那些收购方为大公司,并且具备优良的管理实践和体系;而目标方为小公司,一般是创业公司,并由不具备管理技能但是有创新产品或者服务的创业者领导。④ 此外,优良的管理状况或者更好的公司治理实践可能驱动管理不善的公司开展并购,以抵消其损失并实现股票价值最大化。

讽刺的是,事实并非总如此。管理不善甚至可能被误用,管理团队可能会决定参与并购,以从管理不善的机会中获益,即避开原管理团队在原股东监管规章下要承担的义务与责任,换言之,与一家管辖规则更宽松甚至对管理不善行为更友好的公司开展并购交易。这种情况常见于股东权利在某些司法管辖区受到法律或者管理条例高度保护,而在其他司法管辖区下管理者受到保护并免予承担对股东的负债。例如,如前所述,在瑞典的保险政策下,决策制定者可能会收购一家有类似政策的司法管辖区内的目标公司。⑤

四、技术联盟

一般来讲,技术先进是一家公司与同一行业内其他公司高效竞争最重要的工具之一,特别是当不同的司法管辖区内存在技术鸿沟时。⑥ 我们可以通过以下几种方式打

---

① Depamphilis, Mergers and Acquisitions Basics: All You Need to Know, supra note 238, at 10—11.
② Hopkins, Journal of International Management, supra note 2, at 219.
③ Miller, Mergers and Acquisitions: A Step-by-Step Legal and Practical Guide, supra note 407, at 11—12.
④ Gaughan, Mergers, Acquisitions, and Corporate Restructurings, supra note 237, at 151.
⑤ Kuipers, et al., International Review of Economics & Finance, supra note 615.
⑥ Jeff Madura & Geraldo M. Vasconcellos, Cross-Border Mergers and Acquisitions: A Capital Budgeting Approach and Empirical Evidence, Faculty Working Paper No. 1440 BEBR, at 6—7(1988).

造先进的技术优势:首先是内部构建研究与开发业务单元(以下简称 R&D),获取专利授权,打造特许经营品牌或者采用其他成长方案(如前文所述的并购)。同时,通过 R&D 内部打造先进的技术优势并不容易,但是采用其他成长方案可能存在弊端或者至少无法保证收购方通过并购交易也能获取与技术持有方一样的利益或者权利。

因此,与拥有先进技术的公司联盟可能是并购的动因之一。葛兰素公司(Glaxo Wellcome)和史克必成公司(SmithKline Beecham)在 1999 年以 730 亿美元完成了合并交易,构建了葛兰素史克公司(GlaxoSmithKline)。[①] 这一案例充分证明了并购的好处,特别是在先进技术领域并购的好处,技术联盟可能是公司参与并购交易的主要动因。在这一案例中,最重要的并购结果是两家公司之间的研发预算合并。研发预算是制药行业极度重要的支柱,这必然会使并购各方实现大部分甚至全部预期收益。[②]

毫无疑问,技术联盟这一并购交易动因并不局限于某些特定行业,如制药行业。显然,在一些行业中,技术先进不仅是公司成长的关键,甚至被视为公司存续的先决条件,这一点在电信行业以及其他以技术为基础的行业也清晰可见,如电子消费品行业、互联网服务行业、互联网供应服务行业等。[③]

值得注意的是,在跨境并购这一方面,有一个技术联盟这一并购交易动因特有的模型,即一些国家有技术比较优势[④],而另一些国家有劳动力成本比较优势,因此,模型预测这一技术和劳动力成本之间的差距是双方国家之间公司参与并购的动因。并购会被视为一种工具,用于提高专业化水平并实现并购协同效应和其他专业化收益。这一模型得到了经验证据的有力支持。[⑤]

此外,还有人称为获取先进技术而参与并购可能不仅仅是出于企业成长的目的,还有其他目的。比如,有人称公司可能会出于防御目的而参与并购,以获取先进技术所有权,例如,2006 年易趣(eBay)[⑥]收购 Skype[⑦]是为了在竞争者中保持先进的技术优势。这一决定后来被证明是误判。2009 年,易趣又出售了 Skype,并且承认自己未

---

① 葛兰素史克公司是最大的制药公司之一;欲了解该公司自 1715 年以来的历史信息,请访问其官网:http://www.gsk.com/en-gb/about-us/our-history(最近一次访问为 2017 年 12 月 1 日)。
② Gaughan, Mergers, Acquisitions, and Corporate Restructurings, *supra* note 237, at 151.
③ Depamphilis, Mergers and Acquisitions Basics: All You Need to Know, *supra* note 238, at 7—8.
④ 比较优势是指生产者或者国家以更低的边际成本生产某种产品或提供某种服务的能力,甚至有些生产者或者国家在生产所有产品和服务方面具有绝对优势,能从限制其生产中获益,即专业化;欲了解更多关于比较优势的细节,请参阅 Smith, An Inquiry Into the Nature and Causes of the Wealth of Nations, *supra* note 112.
⑤ Neary, The Review of Economic Studies, *supra* note 3, at 1246—1247.
⑥ 易趣公司基于互联网开展消费者个人对消费者个人(CTC)的业务;欲了解更多关于易趣的信息,请访问其官网:https://www.ebayinc.com/our-company(最近一次访问为 2017 年 12 月 1 日)。
⑦ Skype 是一家提供互联网技术与信息服务的公司;欲了解更多关于 Skype 公司的信息,请访问其官网:https://www.skype.com/en/about(最近一次访问为 2017 年 12 月 1 日)。

能成功取得预期的好处。①

五、汇率

汇率就是一种货币兑换成另一种货币的比率。显然，这无法诱发同一司法管辖区内或者交易各方都使用同一种货币的并购交易。有人称汇率可能在诱发跨境并购交易中起到了重大作用。② 为了更好地理解汇率是怎样被视为跨境并购动因的，我们举以下例子：当A司法管辖区内的货币价值少于B司法管辖区内的货币价值时，A区的公司就会有望成为B区公司的收购目标；反之亦然。

此外，还有人称在美国有明显案例可以证明这一点，只要美元汇率高于其他外汇汇率，美国的公司对其他汇率低于美元汇率的司法管辖区内外国公司的主动收购行为就有可能增加。在此期间，当美元经历汇率困难时，美国公司将为其他国家的收购者提供相对于美元更好的汇率。③

然而，这一说法并不准确，因为各个外汇之间的价值差异（即汇率）微小，无法作为货币购买力的指标。④ 货币购买力才是并购动因之一。进一步来讲，持有购买力较强的货币的公司以货币购买力较弱的公司为目标开展收购或相关交易。在这种情况下，收购方希望通过双方的货币购买力差异而从交易中获益。

在这一背景下，有人称甚至货币购买力对跨境并购都没有明确的效益，因为有望通过各方货币购买力差异而从跨境并购中获取的利得，也可能会在目标公司将收益汇回收购方母国时被抵消，因为目标公司收益所用货币与收购方所用货币相比购买力也会相应较弱。确切而言，跨境并购各方财富净值可能会受各方不同货币的购买力波动影响，这也应该被纳入各方重点考虑的范围，并且也会诱导并购各方参与交易。⑤

六、战略动因与市场动因

毫无疑问，参与并购交易被视为公司成长战略本身。另外，一些其他战略规划也可能诱发公司参与并购交易，比如，并购可能帮助公司筹集主营业务或多元化所需资金，提高其市场竞争力，为公司提供额外资源，或者最终受益于归入成功的母公司旗下或者加入成功的公司集团中，这就是"母合优势"。⑥

---

① Depamphilis, Mergers and Acquisitions Basics: All You Need to Know, *supra* note 238, at 9.
② Weston & Weaver, Mergers and Acquisitions, *supra* note 239, at 86.
③ Madura & Vasconcellos, BEBR, *supra* note 627, at 3—4, 24.
④ 货币购买力就是实际汇率，它等于本国单位货币购买商品或换取服务的能力与购买同样商品或换取同样服务的外币数量之比。
⑤ Kuipers, et al., International Review of Economics & Finance, *supra* note 615.
⑥ Hopkins, Journal of International Management, *supra* note 2, at 212.

除此之外，业务多元化通常也会降低风险并提高公司的借贷能力。[1] 由此而论，有人称预期收益更高的新产品或市场业务扩张的战略就是范例之一。这个例子可以显示出多元化是如何降低风险的[2]，有人还坚持认为多个经济体之间国际层面的多元化可能会带来更多利好。[3] 由此，在业务多元化公司战略下，公司通过在他国增加新产品线以实现风险最小化，这个案例就说明了业务多元化是如何被视为公司参与跨境并购交易动因的。[4]

另一个案例是电子消费品行业的一家公司拥有精通营销与销售的团队，却没有满足消费者的新产品专利。此外，由于产品的高成本，在该公司本国出现了一次市场衰退。公司可能会构建一种战略规划，以减少生产和开发新产品的成本。因此，该公司的战略规划可能包含与其他已经有了新产品专利权的公司开展并购交易，或者与能够以最低成本生产这些产品的公司开展跨境并购交易。

由此而论，有人声称公司可能构建一种特定的竞争战略，而这种战略可以通过市场主导地位来实现，即获取足够的市场力量来控制某些产品或服务的供应。参与一场或一系列并购交易可能是实现这种垄断目的的最好办法。由此，公司竞争战略也可能是公司参与并购的动因之一[5]，这类动因可能会引发反托拉斯者的怀疑[6]，下文并购管制这一部分将介绍这一内容。[7]

此外，有人称除为获取市场竞争力而构建的公司战略是动因之外，市场本身也可能是动因之一。市场本身是并购动因之一，这显然符合跨境并购交易的现实情况。在跨境并购交易中，不同司法管辖区内的市场会给并购各方实现预期收益的机会，因此市场可以被视为公司参与并购交易的动因之一。进一步讲，更宽松的市场政策或者在某一司法管辖区内管理宽松的市场可能诱发境外公司开展并购。这些公司意在从这些政策中获利，而非在该市场内白手起家或者采用其他成长方案以进入该市场。[8]

与此同时，我们还要指出，有人声称，在一般意义上的跨境并购活动甚至某些特定的经济体和行业中，市场本身可能是显著诱导并促进其蓬勃发展的因素之一。在这方面，很多案例发现这种市场因素，比如，加快技术进步、降低交流与交通费用、提高研究

---

[1] Ross, et al., Corporate Finance, supra note 394, at 834—835.
[2] Depamphilis, Mergers and Acquisitions Basics: All You Need to Know, supra note 238, at 6.
[3] Madura & Vasconcellos, BEBR, supra note 627, at 5—6.
[4] Miller, Mergers and Acquisitions: A Step-by-Step Legal and Practical Guide, supra note 407, at 11.
[5] Depamphilis, Mergers and Acquisitions Basics: All You Need to Know, supra note 238, at 12; Huck & Konrad, The Scandinavian Journal of Economics, supra note 577, at 108.
[6] Madura & Vasconcellos, BEBR, supra note 627, at 6.
[7] 见第 134 页。
[8] Hopkins, Journal of International Management, supra note 2, at 214—217.

与开发质量、行业管制与放松管制等。① 事实上,这一说法显然错误,因为如果某个因素会在广义上促进并购蓬勃发展,则这种因素显然会诱发特定的交易,所以会被视为这类交易的动因之一。

七、税收效益

根据前文中并购交易构建的相关内容,税收可能会显著影响交易构建,因为在不同结构的交易中,有些交易可能需要纳税,有些则是免税交易。② 税收在并购中也起着至关重要的作用,因为它们被视为可能驱动公司参与并购的动因之一。③ 比如,有人称,由于税收效益,在很多情况下,公司都有可能从与其他公司的并购中获利。例如,公司有可能受益于从结转合并应税收入中抵消损失;使用剩余的投资税收抵免;在并购交易中,资产价值可能因重估而发生变化,相关摊销费用随之改变,税收效益可以将其抵消;等等。④

由此而论,有人称只有在某些情况下实现税收效益的预期才有可能被视为诱发各方参与并购交易的动因。⑤ 甚至还有人称,从经验上看,在并购流程中,仅仅宣布拟议交易有预期税收效益,抵消损失、结转或使用税收抵免,就会不可避免地在并购期间显著影响交易各方的收益。⑥

不仅如此,作为并购的动因之一,税收效益能在跨境并购交易中清晰地显现出来。在不同的司法管辖区内,税收管理体系存在差异,这就给了并购各方实现预期收益的机会,因此税收效益被视为公司参与并购的动因之一。比如,低税率、更宽松的税收政策甚至免税司法管辖区(即"税收天堂"),都可能诱发其他司法管辖区的公司参与跨境并购。这些公司是为了通过境外税收管理体系获利,而不是因为通过本国税收制度受损,甚至这也不是公司将所有业务转移到这一境外司法管辖区的计划的第一步。

在这方面,我们要注意实现税收效益不必采取任何逃税行为,如在关联⑦公司之

---

① Weston & Weaver,Mergers and Acquisitions,*supra* note 239,at 3—4;Sherman,Mergers & Acquisitions from A to Z,*supra* note 384,at 40.
② 见第 73 页。
③ Huck & Konrad,The Scandinavian Journal of Economics,*supra* note 577,at 107.
④ Depamphilis,Mergers and Acquisitions Basics:All You Need to Know,*supra* note 238,at 11.
⑤ Ronald Gilson,et al. ,Taxation and the Dynamics of Corporate Control:The Uncertain Case for Tax Motivated Acquisitions,in Knights,Raiders and Targets at 273—299(John Coffee,et al. eds. ,1988).
⑥ Gaughan,Mergers,Acquisitions,and Corporate Restructurings,*supra* note 237,at 154,citing Carla Hayn,Tax Attributes as Determinants of Shareholder Gains in Corporate Acquisitions,23 Journal of Financial Economics 121,at 121—153(1989).
⑦ "关联"是指两个或两个以上相关法人实体之间的关系。其中,"相关"是指一方通过某种方式控制另一方。

间分割利润或者转让定价的方法。① 这类行为可能受到不同司法管辖区之间特定的双边约定的管制和境内规章制度的约束。② 此外,即使是境外所得收益,根据美国税收管理体系和其他一些"全球税收"管理体系,也可能要纳税。③ 这意味着与一家处在"避税天堂"的公司开展并购可能也不再具有任何吸引力。因此,有人称如果不管何时,交易收官后的税收结果都非常重要,则税收效益可能是这场交易的主要动因。在其他情况下,税收效益可能被视为次要动因甚至无关事项。④

第二节 并购效率

如前所述,参与交易的各方做出参与这类交易的决策几乎总是基于预期收益,而且实际上并购各方追寻的具体内容并不重要,即使表面看来并购各方关注点不同,但这将都归于一个主要目标,即成长,不管是为了股东价值最大化,还是出于个人目的,即骄傲自大。在实务中,所有关于并购动因的讨论都出自并购前视角,但是现在,从并购后视角来看,并购是否有效才是我们要解决的问题。换言之,所有并购都是成功的,还是失败的,还是有些成功,有些失败。

另一个重要的问题是:促使并购成功或失败的因素是什么?谁能取得成功的果实:收购方、目标方、员工、消费者还是全社会?谁会承受并购成败所带来的损失?在此背景下,更重要的问题是以上这些问题有无明确答案、有无经验证据可以支持这些答案。所有这些问题的答案都是为了解答最关键的问题:参与一个高度复杂的交易或者选择这一成长方案,即并购,真的值得吗?抑或这只是一种理论上可行的思路或者谬论?在以下讨论中所有这些问题都会得到详细解答。

---

① 转让定价是指给两个或两个以上的关联公司的特定产品或服务定价,以分配利润和损失;欲了解转让定价的更多相关内容,请参阅 Wolfgang Schön & Kai Andreas Konrad, Fundamentals of International Transfer Pricing in Law and Economics(Kai Andreas Konrad & Wolfgang Schön eds., Springer, 2012)。欲了解关于转让定价实践的更多细节,请参阅该书第 111—177 页;欲了解经济合作与发展组织发布的转让定价指南的相关细节,请参阅该书第 49—110 页。

② 大部分国家或地区的税收管理体系都会管控转让定价;欲了解经济发展与合作组织成员方转让定价形成的详情,请参阅 http://www.oecd.org/ctp/transfer-pricing/transferpricingcountryprofiles.htm(最近一次访问于 2017 年 12 月 7 日)。埃及税收法律 2005 年版第 91 号对转让定价作出了规定;欲了解埃及制度的更多相关信息,请参阅 Egypt Tax Guide 2012 at 4(PKF International Limited, April, 2012)。同时,值得注意的是,要确定转让定价法规的效益并不容易,关于这一点请参阅 Assaf Razin & Joel Slemrod, Taxation in the Global Economy at 150—151(University of Chicago Press Paperback 1992 ed., 1990)。

③ 例如,菲律宾也是全球税收管理体系,见 Taxation of Cross-Border Mergers and Acquisitions: Philippines at 8(Maria Georgina J. Soberano ed. KPMG International, 2012); Razin & Slemrod, Taxation in the Global Economy, *supra* note 657, at 2.

④ Sherman, Mergers & Acquisitions from A to Z, *supra* note 384, at 113—114.

一、并购效率理论与实践

在并购效率领域有一场激烈的辩论。[①] 一些学者认为并购都是失败的,另一些学者则认为并购都是成功的。同样,还有其他学者称并购存在成功因素和失败因素,并购成败取决于每个并购案的条件,因为并非所有并购都是一样的,并且每场交易都有各自的条件,这是毫无疑问的。出人意料的是,这些互相矛盾的说法却并非仅为理论学说,而是在实证调查中被报道过的,下文将对此进行展示。

理论上来讲,有人坚持称并购效率总体上是可以分类的。根据诱导决策制定者参与交易的动因,并购效率可分为三个主要场景:(1)场景一:交易受与协同效应和价值创造相关的动因驱动,在理论上,这种情况下交易各方都能实现收益,即目标方和收购方价值都会增加,因此总价值就会增加;(2)场景二:交易受与管理目的和管理不善相关的动因驱动,在理论上,这种情况下目标方能获取收益,而收购方会遭受损失,因此损失可能会将收益抵消;(3)场景三:交易受到与错误相关的动因驱动,如可能引发委托代理问题的动因,在理论上,这种情况下目标方能获取收益,但这一收益无法抵偿收购方遭受的损失,因此并购各方总价值会减少。[②]

如前所述,在大部分并购交易中,交易各方都有望获利,至少在理论上如此。同时,有人坚持称一些并购是低效的,至少对于收购方而言是这样。[③] 与此相反,从实践视角来看,至少对于收购方而言,大部分并购都是有效的。[④] 我们在前文公司历史这一部分讨论过并购潮的历史。[⑤] 这段历史确实证实了实践视角的说法,并且给其他说法打上了问号,因为至少过去一个世纪至今,几乎所有行业内并购交易都在蓬勃发展并在数量和交易价值上屡创新高。在此情况下,大部分并购都是低效的这一说法确实说不通。[⑥]

尽管事实上准确衡量并购收益有很大困难[⑦],但是从实证调查结果来看,并购效

[①] 欲了解更多有关从并购中获得效率的细节,从经济学家视角出发的观点,见 Lars-Hendrik Röller, et al., Efficiency Gains from Mergers, in European Merger Control: Do We Need An Efficiency Defence? (Fabienne Ilzkovitz & Roderick Meiklejohn eds. 2006)。

[②] Weston & Weaver, Mergers and Acquisitions, *supra* note 239, at 83—84.

[③] 同上。

[④] James A. Fanto, Quasi-Rationality in Action: A Study of Psychological Factors in Merger Decision-Making, 62 OHIo State Law Journal 1333, at 1334(2001).

[⑤] 见第 27—28 页。

[⑥] Anju Seth, et al., Value Creation and Destruction in Cross-Border Acquisitions: An Empirical Analysis of Foreign Acquisitions of U. S. Firms, 23 Strategic Management Journal 921, at 921(2002); Kenneth J. Hamner, The Globalization of Law: International Merger Control and Competition Law in the United States, the European Union, Latin America and China, 11 The Journal of Transnational Law & Policy 385, at 386—387(2002).

[⑦] Ross, et al., Corporate Finance, *supra* note 394, at 845.

率领域相互抵牾的各个学说之间的辩论可以休矣。例如,监控并购各方的股票价格,会使得识别各方收益或损失变得更容易。在此方面的实证证据数量空前,这些实证证据来自"事件研究"。据报道,在几乎所有并购中,目标公司都会实现股票价格上的短期收益。另外,还有报道称在很多其他案例中,这些收益可能是长期的。①

此外,还有报道称由目标公司以股价上涨的形式实现的收益主要来自溢价,这一收益通常始于交易公告日,并在交易收官日达到顶峰。② 这一说法显然意味着上述收益可能不会被归类为并购收益,因为这一收益主要是在并购前实现的,并且即使并购各方未能在指定日期完成交易,这一收益也有可能实现。由此,有人称这些价格波动不过是"所有权洗牌而产生的短期收益……"的产物③,甚至还有报道称并购失败(即未完成的并购)的各方,通常股价会下跌。④ 此外,甚至有人还称目标公司的股价上涨可能单纯是经营策略的产物。这一经营策略通常用于提高溢价或者为了阻止某个收购者完成交易收官。这类策略被称为"毒丸计划",主要用来防御敌意收购交易。敌意收购曾在前文关于并购按融资分类这一部分中提到过。另外,还有报道称收购者若在敌意收购中成功收购目标公司,则收购者会实现其股票价格收益,并且这一收益会高于在友好的并购交易中成功收购目标公司所实现的收益。⑤

虽然我们刚才提过大部分并购所得的收益都很难被准确衡量,但是这并不意味着没有可供参考的实证结果来衡量这类收益。例如,一些学者直接检验并分析会计数据来确认并购各方价值上的所有收益,而非仅仅观察其股票价格。会计数据才揭示了实际的价值增量,而一些研究者,使用几乎相同的技巧直接从会计数据中检索得出结论,称各方实现了显著收益,即价值创造。而这一收益得以实现的最重要因素是采取了更优良的管理实践做法带来的变化和通过"裁撤冗员"节省的资金。⑥

在此方面,据报道,当收购者来自更关注股东权利的司法管辖区,而目标公司所在司法管辖区并不关注这一点时,这通常会促使并购交易创造价值并实现显著受益,而当收购方所在司法管辖区比目标方所在司法管辖区更关注市场时,这通常无法促使并

---

① Mueller,Efficiency Versus Market Power Through Mergers,*supra* note 406,at 69-70; Black,Conceptual Foundations of Antitrust,*supra* note 258,at 26; Ross,et al.,Corporate Finance,*supra* note 394,at 841,844.

② Black,Conceptual Foundations of Antitrust,*supra* note 258,at 26; Mueller,Efficiency Versus Market Power Through Mergers,*supra* note 406,at 71.

③ Black,Conceptual Foundations of Antitrust,*supra* note 258,at 25.

④ Ross,et al.,Corporate Finance,*supra* note 394,at 841.

⑤ Black,Conceptual Foundations of Antitrust,*supra* note 258,at 25.

⑥ Depamphilis,Mergers and Acquisitions Basics:All You Need to Know,*supra* note 238,at 216; Black,Conceptual Foundations of Antitrust,*supra* note 258,at 27.

购创造出当收购者来自股东权利导向型司法管辖区时一样多的价值。[1]

不仅如此,还有实证研究结论称在大多数情况下并购带来的成本削减并无证据支持[2],并且甚至有人称并购破坏的价值比它为交易各方创造的价值多。[3] 然而,有人称这一实证研究结论(即关于价值创造并无证据支持这一研究)是不正确的,特别是在跨境并购中,在这一方面,大多数研究并未将交易动因纳入考量范围。而尚未定义成功就对其加以衡量是没有意义的,同样一些动因也不会立刻带来价值创造,并且一些并购甚至仅仅是由个人动因(如骄傲自大)驱动的,而这些并购在任何时候都没有预期会实现公司层面的收益。[4] 另外,有报道称大多数并购都为各方创造了价值并且削减了成本。[5] 在此,我们要注意关于跨境并购的实证研究结论存在很大争议,实证研究结论是否证明了跨境并购有效,如果有效,则参与这种交易是否比参与纯国内交易更有效。在这一方面,据报道,实证研究结论揭示了跨境并购实现的收益明显高于纯国内交易可能实现的收益。这些收益并非来自某些特定的因素,而是来自司法管辖区之间总体上的差异,例如,税收制度和税率的差异。[6]

同时,有人称实证研究结论显示国内并购可能实现的收益确实不同于跨境并购可能实现的收益,但哪一种收益对并购各方更有利,主要取决于本国和外国司法管辖区采取的贸易政策和并购政策。在这一方面很多排列组合可以导致不同的结果,例如,若在国家层面实施封闭的市场政策,在纯国内交易中可能实现的收益就会比跨境并购中多,反之亦然,并且还有报道称纯国内并购对国家经济有利而对外国经济有害。[7]

我们还要指出所有这些实证研究结论都是对大量数据观察和分析得出的结果,在其他领域的实证研究也是如此。然而,关于并购效率的结论通常是相互矛盾的,这主要是由于这些变量:(1)每项实证研究观察和分析的数据集都有所不同,不同之处可能包括并购数量、所在时间、交易融资工具、司法管辖区、行业等;(2)由于保密问题,实证研究存在固有的限制,比如,数据的访问权可能不易获取;(3)大多数研究都基于并购决定是理性决定这一假定,并且没有考虑到每个并购交易的不同动因。如上所述,相

---

[1] Seth,et al.,Strategic Management Journal,*supra* note 665,at 938;Steen Thomsen & Torben Pedersen,Ownership Structure and Economic Performance in the Largest European Companies,21 Strategic Management Journal 689,at 702—703(2000).

[2] Ross,et al.,Corporate Finance,*supra* note 394,at 845.

[3] Fanto,Ohio State Law Journal,*supra* note 663,at 1334—1335.

[4] Seth,et al.,Strategic Management Journal,*supra* note 665,at 937—938.

[5] Black,Conceptual Foundations of Antitrust,*supra* note 258,at 28.

[6] Robert S. Harris & David Ravenscraft,The Role of Acquisitions in Foreign Direct Investment:Evidence from the U. S. Stock Market,46 The Journal of Finance 825,at 842—843(1991);S. Scholes Myron & Mark A. Wolfson,The Effects of Changes in Tax Laws on Corporate Reorganization Activity,63 The Journal of Business S141,at S141—S164(1990).

[7] Huck & Konrad,The Scandinavian Journal of Economics,*supra* note 577,at 108—110,121.

关讨论旨在展示各个研究是如何出现不一致的结果的,相关数据分析和合理性讨论不在本书范围内,因此并未赘述。

此外,我们还要注意那些实证研究结论主要基于研究者对失败的定义,而他们之间对失败的定义存在显著差异;有些人可能将其定义为并购动因的完成度,另一些人则只考虑某个财务目标;等等。例如,以下这一例子可以展示有多少因素会影响并购决定的理性程度,以及实证研究应该将这些动因纳入考量范围:有些实证研究表明许多心理因素会影响参与并购交易的决策,并且这些因素也会影响并购交易收官后的公司业绩。[①] 这些心理因素以及其他动因将在下文中详述。

二、成功因素与失败因素

我们要注意与并购各方相关的内部因素可能影响交易成败,即交易收官后预期收益的实现。本部分讨论的内容将仅限于内部因素,而与其他相关方有关的外在因素将在下文对并购障碍的讨论中被详细介绍。这主要是因为,如前所述,本节是与并购效率相关的,并且是为了回答参与并购确实值得抑或只是一种理论上可行的思路或者谬论这一问题。以下答案可能有助于回答交易是否确实值得这一问题:有哪些可能会阻碍他们成功的外部因素?

查阅文献来判断促使并购交易成功或失败的因素揭示:没有哪一个因素可以被视为必胜法宝、灵丹妙药,或者失败之门,而是有一个成功因素清单和一个失败因素清单。尽管事实上这些因素在两个清单中都可以被列入,但是失败因素清单可能并不像成功因素清单一样长,如下文所述。

成功因素清单非常长[②],但是这些因素可以被分为五个主要类型,每个类型都包含很多因素。第一类是跨境相关因素。这一类包括以下因素:(1)增加新的分销渠道,即进军新市场;(2)通过避开目标方母国的贸易障碍(如共同市场)改善现有分销渠道;(3)强化经营性投入优势,即质量更好或者产品投入更便宜,劳动力更廉价或者员工更有经验,产出工具更先进;(4)监管优势,即政策更宽松或者行业监管放宽,税率更低,政治更稳定,投资动因更好,透明度和问责制,更容易满足的许可要求或豁免条件;(5)汇率差异。

第二类成功因素是与技术相关的因素,包括:(1)收购新知识产权;(2)获取新技术;(3)获得新研发潜力;(4)充分利用现有技术;(5)充分利用现有知识产权;(6)进军

---

① Huck & Konrad, The Scandinavian Journal of Economics, *supra* note 577, at 108—110,121; Fanto, Ohio State Law Journal, *supra* note 663, at 1358—1374.

② 成功因素清单更详细的信息,请参阅 Weston & Weaver, Mergers and Acquisitions, *supra* note 239, at 85—86; Neary, The Review of Economic Studies, *supra* note 3, at 1230.

与技术相关的行业;(7)升级现有的先进技术。

第三类因素是与管理相关的因素,包括:(1)整合各个层级的团队,如行政管理、市场营销、运营、销售团队等;(2)采取新的管理策略;(3)采取更好的管理实践做法;(4)采取更好的公司治理做法;(5)采纳更好的企业文化。

第四类成功因素是与市场相关的因素,包括:(1)增加市场份额;(2)范围经济的优势;(3)多元化优势①;(4)市场支配力;(5)竞争者更少。

第五类成功因素是与财务相关的因素,包括:(1)规模经济带来的成本削减;(2)增强融资组合;(3)提高风险管控能力;(4)获得新的融资渠道;(5)增强贷款能力;(6)充分利用所有资源。

失败因素清单包括三个主要失败因素。此外,成功因素如果没有在合适的时间按对的方向妥善利用,则也可能会被视为失败因素。例如,过度专注团队之间的整合可能会导致业绩不佳,继而导致失败。② 第一个失败因素是超额支付,即支付过高溢价却没有可以将其抵消的协同效应③,或者至少这一溢价在很长一段时间内很难被分摊。④ 第二个失败因素是整合流程失败、成本高昂或者进展缓慢,即整合不同的管理政策、团队、运营、会计体系、公司文化等。⑤ 第三个因素是不良管理错误。这可能是由于主要为满足个人目的而采取的做法,比如由骄傲自大驱动的并购⑥或者其他心理因素。

在此方面,有些实证研究表明有些心理因素影响着参与并购交易的决策,并且这些心理因素甚至还会影响并购交易收官后合并公司的业绩表现。⑦ 这些心理因素主要有:(1)目光短浅:在这一心理因素影响下,决策制定者主要受欠缺考虑的情绪左右;(2)维持现状:在这一偏见的影响下,决策受到失去当前市场支配力或者地位的恐惧驱动;(3)厌恶极端:在这一心理因素影响下,决策制定者会选择一般策略并得到一般结果,以避免极端状况出现,尽管这一状况会带来收益或者避免损失;(4)过度乐观:在这一心理因素影响下,决策制定是基于不切实际的预期的,这一预期与惯例或者经验统

---

① Black, Conceptual Foundations of Antitrust, *supra* note 258, at 27. 这位学者称一些实证研究结论显示并购后运营越多元化,收购方实现的收益就会越少。

② Fanto, Ohio State Law Journal, *supra* note 663, at 1335.

③ Hopkins, Journal of International Management, *supra* note 2, at 213.

④ 例如,美国联合包裹速递服务公司(United Parcel Services,UPS)以50%的溢价,总计68.5亿美元收购荷兰TNT快递公司(TNT-express),并且UPS计划要在整合过程中花费13亿欧元。欲了解更多此项交易的细节,见Anthony Deutsch, et al., UPS to Buy TNT for 5.2 Billion Euros, in Business Law Currents(Anna Willard ed.,2012).

⑤ Depamphilis, Mergers and Acquisitions Basics: All You Need to Know, *supra* note 238, at 43.

⑥ Mueller, Efficiency Versus Market Power Through Mergers, *supra* note 406, at 69.

⑦ For an early summary of the psychological factors in literature see Bernard S. Black, Bidder Overpayment in Takeovers,41 Stanford Law Review 597(1989).

计数据相悖；(5)锚定思维：在这一偏见的影响下，决策制定基于任意选择的"锚"，即现成的价值，决策制定者抓住"锚"不放，尽管这一行为不理性。[1]

最后，我们还要注意成功因素与失败因素清单并非涵盖所有可能导致并购成败的因素。如前所述，每项交易都有其独特的条件和因素，如果加以妥善、充分利用就会成功，反之亦然。不仅如此，介绍这些因素和并购效率的实证研究结论确实没有提出一个坚实的答案，也没有勾勒出并购的全景图，以展示并购是否有效且值得，以及并购对社会上其他群体的影响。所有这些问题都将在下文中加以介绍。

三、并购效率全景图与阻碍

并购效率不仅包括交易各方的收益与损失。从并购效率全景图来看，其他利益相关者和第三方也应该纳入并购效率衡量范围，因为并购公司并非身处孤岛，它们与许多其他利益相关者一起共同生活，并且也有可能受其他并购交易影响，即使它们并未作为交易的一方或者反托拉斯机构之一参与其中。确切而言，利益相关者包括消费者、竞争者、新投资者、员工和其他可能受到影响的利益相关者。

在"欧盟并购管控二十年"(Merger Regulation in the EU after 20 years)会议[2]之前，杰奎因·阿尔穆尼亚(Joaquin Almunia)，时任欧盟委员会副主席兼负责竞争政策的专员直至2014年11月在演讲中列举了预期能从并购中获得的收益，说道："并购全景图更为复杂，因为并购也会给消费者和经济带来伤害，例如，并购使得公司拥有过强的市场支配力。有些并购不锁定效率提升，却将竞争拒之门外，并且这一现象会持续很长时间。"[3]

尽管事实上杰奎因·阿尔穆尼亚的话有待验证，这些话并未总结出并购效率的全景图，但是实际上这是这一领域最激烈的辩论之一，并且确实反映了政府官员和反托拉斯机构以及大多数学者的意见和关切。这一辩论的焦点是并购交易带来的市场支配力效应。上文提及的全景图包括以下四个群体：并购公司、该公司的竞争者、顾客和整体社会，即经济。

但是，全景图至此依然不完整，还有第五个群体，即员工。有人可能会说这次聚会并非故意遗漏于杰奎因·阿尔穆尼亚草拟的全景图之外的，实际情况是这次聚会不在会议议程内，但实际上并非如此，因为员工未纳入全景图不是第一次发生，甚至还有报道称很多司法管辖区内的政府官员明确提过在并购领域与员工相关的问题完全"不在

---

[1] Fanto, Ohio State Law Journal, *supra* note 663, at 1358—1374.
[2] 这场会议由国际律师协会和欧盟委员会组织于2011年3月9日到11日在布鲁塞尔召开。
[3] Joaquin Almunia, Eu Merger Control Has Come of Age at 2(IBA Antitrust Committee and the European Commission ed., 2011).

考虑范围内"。①

全景图清楚地表明除并购各方所有可能实现的效率或收益之外,其他相关方也有可能经历某种程度上的阻碍。这些阻碍可以被分为两种主要类型:第一类是通过并购(换言之,反竞争和垄断性行为)而获取的市场支配力可能带来的负面影响,第二类是员工可能经历的负面影响。

反竞争行为这一方面,有人称并购后存续公司会获得市场支配力,而并购各方的竞争者可能会因此备受折磨,如全部被逐出市场或者至少一部分竞争者会被逐出市场。② 同样,在垄断性行为这一方面,有人称消费者会主要受到价格上涨的影响,这是由于商家限制产出。在此情况下,并购各方实施垄断性行为,以实现其利润最大化。③

确切而言,即限制产出的行为会如何危害社会,试想图2-1中显示的情况。市场上的公司相互竞争,并且一直持续到它们达到均衡状态,此时它们能生产某一数量的产出(Q)。Q由供给或者边际成本(MC)与需求曲线(D)交叉点上的市场支配力决定。在此处,公司会以价格(P)卖出产品,P此时等于产出数量(Q)的MC。在这种情况下,消费者剩余就会出现。④

另外,如果市场上的公司之间没有实际竞争,则这家相关公司(或者这几家相关公司)就会照自己的意愿和能力试图限制其产出数量(Q_1),此时MC与边际收益(MR)相交叉。此处,公司会以更高的价格(P_1)出售其在这一产出数量上的单位产品,并且消费者支付的价格会随着公司产出的减少而提高。这一损失通常被称为无谓损失或者福利损失。⑤

由此可见,并购的主要目标与这一假设是相悖的,因为并购公司会主要对扩大规模、获取收益或者规模经济带来的预期协同效应(即效率)感兴趣⑥,同时,基于这一事实,反托拉斯机构就会对调查并购是否对市场产生了某种影响感兴趣。并购对市场的影响主要分为以下三类:(1)单方面的或者非合作的影响,(2)合作的影响,(3)集团的影响。⑦ 所有这些影响都会在下文基础性错误这一并购管制的弊端部分进行讨论。⑧

---

① L. -H. Röller, J. Stennek, & F. Verboven, Efficiency Gains from Mergers: Report of EC Contract II/98/003(Centre for Economic Policy Research Commission of the European Communities Directorate-General I. I. Economic Financial, Affairs. ,2001).

② Mueller, Efficiency Versus Market Power Through Mergers, *supra* note 406, at 66—67.

③ Hamner, The Journal of Transnational Law & Policy, *supra* note 665, at 388; Black, Conceptual Foundations of Antitrust, *supra* note 258, at 25.

④ 当消费者愿意支付更高的市场价格以换取某一产品或服务时,消费者剩余就会出现。

⑤ Gaughan, Mergers, Acquisitions, and Corporate Restructurings, *supra* note 237, at 138—139.

⑥ Black, Conceptual Foundations of Antitrust, *supra* note 258, at 18—20.

⑦ Jonathan Green & Gianandrea Staffiero, Economics of Merger Control, The Handbook of Competition Economics 8, at 8(Business Research GCR, 2007).

⑧ See infra p. 244.

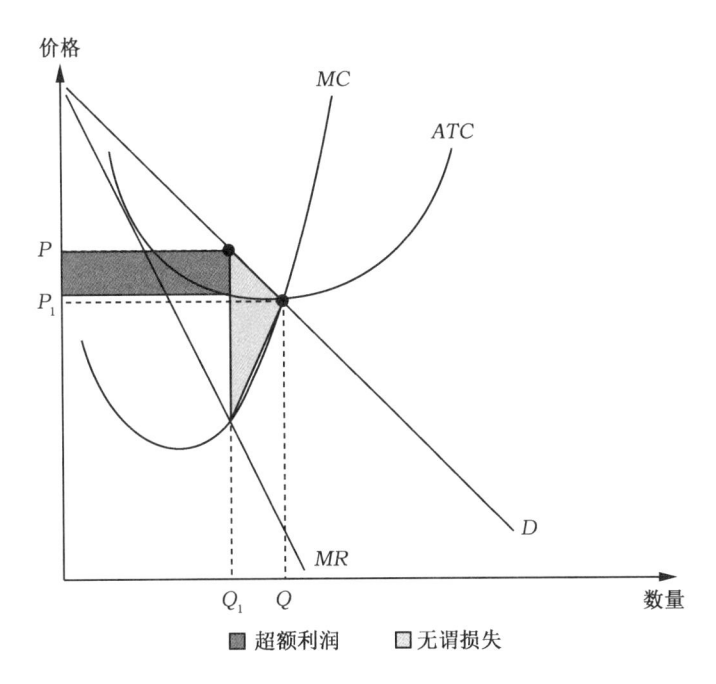

图 2—1　反托拉斯法规的传统经济合理性

还有人称公司的产出限制使消费者遭受损失这一点可以佐证反托拉斯法的合理性。在其他领域,若公司接收了错误的信息,则认为某一产出量上的价值比该产品实际价格更高,消费者也会遭受非直接的损失。①

在此背景下,根据芝加哥经济学派的说法②,消费者福利模型旨在抵消消费者因公司限制产出带来的"生产效率低下"导致的损失。公司限制产出的能力来自并购以及消费者实现消费者剩余"配置效率"的地位,这意味着反托拉斯法主要关注效率问题。③ 实际上,芝加哥学派并非唯一一个论证反垄断法的经济合理性的学派,其他涉足这一领域的学派还有哈佛学派、后芝加哥学派等。④

---

① Colino, Competition Law of the EU and UK, *supra* note 185, at 9.
② 欲了解关于芝加哥经济学派思想和理念的更多细节,见 Richard A. Posner, The Chicago School of Antitrust Analysis, 127 University of Pennsylvania Law Review 925(1979).
③ W. Adam Hunt, Business Implications of Divergences in Multi-Jurisdictional Merger Review by International Competition Enforcement Agencies, 28 Northwestern Journal of International Law & Business 147, at 150—151(2007).
④ 欲了解更多这些主要学派之间思想差异的细节,如芝加哥学派和哈佛学派,见 William E. Kovacic, The Intellectual DNA of Modern U. S. Competition Law for Dominant Firm Conduct: The Chicago/Harvard Double Helix, 2007 Columbia Business Law Review 1(2007); Max Huffman, Marrying Neo-Chicago With Behavioral Antitrust, 78 Antitrust Law Journal 105, at 111—115(2012); Vivek Ghosal & John Stennek, The Political Economy of Antitrust at 27, 32—34, 37—38, 44(B. Baltagi, et al. eds. Elsevier. 2007); Posner, University of Pennsylvania Law Review, *supra* note 701.

有人称实现利润并不代表着并购具有经济效率[1],因为经济效率主要是关于减少"社会上资源的损耗水平",即提高配置效率。[2] 并购倡导者称并购会带来生产效率,在此,我们要注意并购的生产效率是最不受争议的一类并购效率。但是在此背景下,并购的生产效率也被视为过去十年间并购交易的主要驱动因素之一。[3]

并购效率说通常基于另一个学说,即并购能实现的受益无法通过其他成长替代方案获取。[4] 在此背景下,据报道,许多司法管辖区内,证明通过除并购外的其他成长替代方案无法合理地获取收益,被视为接受并购效率说的先决条件之一。[5]

此外,还有人称并购后所实现的所有效率都是并购特有的效率,而其他人则称并购能实现的效率在其他成长替代方案下也能实现,因此,并购特定效率并不存在。然而,这两种极端对立的说法只是理论上的,实际上每场并购交易都有其独有的产出。[6] 从实践视角来看[7],并购特定效率的说法主要依赖于市场集中度及其扩张方式,甚至还有人称并购各方在快速扩张的市场中会很难成功地采取有效的防御措施……因为通过内部扩张,也可以相当迅速地达成同样的结果。[8]

不仅如此,还有人认为并购预期能实现几种不同的效率,尽管事实上其中一部分效率被视为"真正的成本节约",而另一些则被视为"可能招致罚款的成本节约"。以上所有效率都可以按照成本节约或者成本削减效率进行分类。[9] 税收效率和汇率预期效益就是一类可能招致罚款的成本节约效率的典型例子,其中,汇率预期效益已经在前文并购动因中讨论过。[10] 可以被归类为"真正的成本节约"的生产效率包括:(1)合

---

[1] Stanley M. Besen, et al., An Economic Analysis of the AT&T-T-Mobile USA Wireless Merger, 9 Journal of Competition Law & Economics 23, at 38(2013).

[2] Julie Clarke, International Merger Policy: Applying Domestic Law To International Markets at 21 (Edward Elgar Publishing, 2014).

[3] Neil Finkelstein & Michael Piaskoski, Do Merger Efficiencies Receive "Superior" Treatment in Canada? Some Legal, Policy and Practical Observations Arising from the Canadian Superior Propane Case, 27 World Competition 259, at 272(2004).

[4] Clarke, International Merger Policy: Applying Domestic Law to International Markets, *supra* note 705 at 21.

[5] For instance the FTC requires that efficiencies expected under the merger should not be achievable by other alternatives, for instance see Applications of AT&T Wireless Services, Inc. and Cingular Wireless Corporation For Consent to Transfer Licenses and Applications, Memorandum Opinion and Order, 19 FCC Rcd 21522, at 201(2004).

[6] Joseph Farrell & Carl Shapiro, Scale Economies and Synergies in Horizontal Merger Analysis, 68 Antitrust Law Journal, at 691, 692(2001).

[7] 欲了解加拿大、欧盟、法国、德国、瑞典、英国以及美国关于并购效率学说的更多细节,见 Röller, et al., Efficiency Gains from Mergers, *supra* note 660, at 58—92.

[8] Röbert Pitofsky, Efficiencies in Defense of Mergers: Two Years After, 7 George Mason Law Review 485, at 488(1999).

[9] Röller, et al., Efficiency Gains from Mergers, *supra* note 660, at 15.

[10] 见第 88 页和第 90 页。

理化的产出,(2)规模经济和范围经济,(3)先进技术优势,(4)购买经济,(5)减少管理懈怠。①

确切而言,合理化产出意味着并购各方有望将生产环节转换到生产边际成本最低的一方,以达成最佳的生产利用水平,从而节约成本。② 而在范围经济这一方面,如前所述,当并购各方一起运营而非将生产环节从一方转换到另一方时,平均成本会减少,从而实现并购效率。与此同时,在规模经济下,除了短期规模经济实现的收益之外,事实上,并购各方通常会投资长期规模经济,而主要收益也会从此实现。③

不仅如此,作为并购预期生产效率之一,合理化产出还可以通过利用各种资源来实现。可利用的四种资源如下:(1)有形固定资产,如机器和建筑物,(2)自然资源,如原材料,(3)无形资产,如专利、专门知识或技能,(4)人力资源。④

先进技术优势能以很多形式实现并购效率,如削减生产成本、成本不变但提高产品质量、专门知识或技能扩散。⑤ 至于购买经济这一方面的收益实现是靠并购各方在面对供应商时取得更强的议价能力。⑥ 在多数情况下,并购能使各方通过借鉴他方优良的管理实践方法以克服内部管理低效,这被称为"X—无效率"(x-inefficiencies),从而有望减少管理懈怠。⑦

如果上述并购交易效率都被实现,则明显必然会带来至少并购中的一方平均总成本减少的结果,并且长期供给曲线还会因此下移。由此,若并购各方在并购前没有以最小的有效规模运营,由于合并交易实现的生产效率,他们将达到最低有效规模。⑧

在这一背景下,曾有人称在某些市场情境下,例如,当市场通过先进技术优势发展时,并购预期生产效率,确切而言,通过合理化产出预期可以实现的生产效率也可以通过并购各方一般的内生增长实现,即在市场竞争中,尽管这些公司没有参与并购交易,但也可以通过内生增长实现这类生产效率,以达到最小有效规模。⑨ 然而,还有人称

---

① Röller, et al., Efficiency Gains from Mergers at, *supra* note 660, 14—24.
② Dennis van Harmelen, Efficiency Effects: The Effects of a Horizontal Merger on Cost-Efficiency (Erasmus University Rotterdam, 2012); Röller, et al., Efficiency Gains from Mergers, *supra* note 660, at 16.
③ 同上,第7—10页。
④ Gregory J. Werden, An Economic Perspective on the Analysis of Merger Efficiencies, 11 Antitrust 12, at 12 (Summer, 1997).
⑤ Röller, et al., Efficiency Gains from Mergers, *supra* note 660, at 18—20; van Harmelen, Efficiency Effects: The Effects of a Horizontal Merger on Cost Efficiency, *supra* note 715, at 13—16.
⑥ Röller, et al., Efficiency Gains from Mergers, *supra* note 660, at 20, 21; van Harmelen, Efficiency Effects: The Effects of a Horizontal Merger on Cost Efficiency, *supra* note 715, at 16—18.
⑦ Röller, et al., Efficiency Gains from Mergers, *supra* note 660, at 20, 21; van Harmelen, Efficiency Effects: The Effects of a Horizontal Merger on Cost Efficiency, *supra* note 715, at 18, 19.
⑧ 最小有效规模是生产处于平均成本曲线上的最低点时的生产规模。在这个规模上,每生产一件额外产品的平均成本等于边际成本。
⑨ Farrell & Shapiro, Antitrust Law Journal, *supra* note 709, at 688, 689.

就算不并购也能实现这一效率(即达成最小有效规模),通过并购实现这一效率也有可能会更快。①

同样,还有人称当并购只起到了加速效率达成的作用时,减少延迟的价值也可被视为并购特有的效率。② 此外,据报道,有些并购参与方公布的效率与其赞成竞争的说法相悖。确切而言,并购各方称新入场的企业在进军本市场时不会受阻,因为那些新入场者虽然规模很小,但是效率足够高。同时并购各方还称并购会提高它们自身的效率。讽刺的是,这意味着它们说的是一个驼峰状的平均成本曲线而不是传统的 U 形平均成本曲线。③

不仅如此,并购特有的生产效率还可以分为可变成本削减和固定成本削减。④ 此处我们还要注意,据报道,可变成本削减说更为各司法管辖区内监管机构所接受,例如,加拿大、美国、欧盟,并且这主要是由于这一说法,即可变成本削减是通过消费者以价格降低的形式实现的,甚至实现所需时间还比固定成本削减短。⑤

由此,我们要注意并购交易收益最终应该"转嫁"到消费者身上,这种"转嫁"会采取价格降低或者其他好处的形式展现,例如,价格不变的同时产品质量提高,并且这也是考虑"并购特有效率"主张的一个额外先决条件。⑥ 值得注意的是,这一"转嫁"先决条件为诸多学者所接受,而不仅是监管机构。⑦ 不仅如此,"转嫁"延迟所实现的对消费者的收益可能会导致监管当局对这一效率主张"加以轻视,因为此'转嫁'不易实现且难以预测"。⑧

此外,有人称"转嫁"要求应该被解释为转嫁给消费者的效率,不仅包括价格下降这种一般含义,还包括该效率能否抵消并购各方提高的市场支配力。⑨ 由此,即使在短期内价格提高⑩,但是,显然这种"转嫁"要求依旧可能被视为支持并购效率的先决条件。这种情况只有在消费者福利被作为终极目标时成立,而当目标为总福利时,"转

---

① Besen, et al., Journal of Competition Law & Economics, *supra* note 704, at 38; Farrell & Shapiro, Antitrust Law Journal, *supra* note 709, at 697.

② U. S. Department of Justice and Federal Trade Commission, Horizontal Merger Guidelines, n. 13 at 30, (August 19, 2010).

③ Farrell & Shapiro, Antitrust Law Journal, *supra* note 709, n. 7 at 688.

④ 见第 87 页注⑦。

⑤ Finkelstein & Piaskoski, World Competition, *supra* note 706, at 266.

⑥ 美国联邦贸易委员会的决定中首次解释了"转嫁"要求。American Medical International, Inc. 104 F. T. C. 1, 213—20(1984).

⑦ Paul L. Yde & Michael G. Vita, Merger Efficiencies: Reconsidering the "Passing-on" Requirement, 64 Antitrust Law Journal, at 735(1996).

⑧ U. S. Department of Justice and Federal Trade Commission, Horizontal Merger Guidelines, n. 15 at 31 (August 19, 2010).

⑨ Yde & Vita, Antitrust Law Journal, *supra* note 729, at 736.

⑩ Joseph Kattan, Efficiencies and Merger Analysis, 62 Antitrust Law Journal 513, at 527(1994).

嫁"条件就不会被视为并购特有效率主张的先决条件。

总之,并购效率领域的经济分析重点在于所采取的福利标准,或者配置效率与生产效率二者被分配的权重。在此方面,有人称法院不应该只采纳非黑即白的并购语言法律分析,而是应该考虑并购效率的经济分析。[1] 大法官罗伯特·博克[2]称80多年来美国法院都没有构建一个美国反垄断政策的综合理念。[3] 此外,还有很多著名学者质疑反托拉斯的经济正当性,并且他们还赞成废除反托拉斯,这在下文对作为并购管制体系弊端之一的不同政策和实施行为部分将进行详细介绍。[4]

同时,区分学者对各种反托拉斯规定的经济正当性及其实施方式的支持或者批评并非本书的研究目标。但是识别并指出其中差异可能对有助于揭示并购管制政策不同,甚至有些情况下这些政策有所相似或者执行方式本身不同。这个事实必然会导致这一结果,即并购管制体系是跨境并购面对的障碍之一。下文的行为反垄断结果并非并购管制体系弊端之一这一部分将对此进行详细介绍。[5]

毫无疑问,消费者声誉、生产效率以及无谓损失都应该被纳入反托拉斯法的考量范围,这并非该法律本身的终极目标,而是作为一种自由市场竞争动态的"副产品"。[6] 此外,据报道,并非所有并购都会产生抑制竞争的影响,事实上,有些并购甚至可能有促进竞争的影响。在这种情况下,并购各方可能会被诱导参与交易,以改善一方或多方效率低下的业绩表现,使其恢复原有竞争状态,并与行业中其他高效参与者同频共振。[7] 这一说法在布朗鞋业公司诉美国(Brown Shoe Co., Inc. v. United States.)[8]一案中得到了美国法院的支持。在此,我们应该注意这些关于抑制竞争和垄断性实践的

---

[1] Andrew J. Roman, et al., Legal Principles Versus Economic Principles: The Battle Over Efficiencies in Canadian Merger Review, 44 Canadian Business Law Journal 173, at 188,189(2006).

[2] 大法官罗伯特·博克(Robert Bork,1927年3月1日—2012年12月19日)是一位著名的法律学者、法律专业人士、司法部长、法官,还是一位积极的反托拉斯法律学者。

[3] Robert H. Bork, The Antitrust Paradox: A Policy At War With Itself at 50—51(Basic Books, 1978); in the same line of criticizing antitrust and merger control see generally Dominick T. Armentano, Antitrust: the Case for Repeal(Mises 2nd ed., 1999); Yale Bittlingmayer & George Brozen, Concentration, Mergers, and Public Policy (Macmillan Pub. Co.; Collier Macmillan Publishers, 1982); Fred L. Smith Jr., Why Not Abolish Antitrust?, Regulation: Aei Journal on Government and Society 23(1983); Frank H. Easterbrook, The Limits of Antitrust, 63 Texas Law Review 1, at 1—40(1984); Fred S. McChesney, Law's Honour Lost: The Plight of Antitrust, The Antitrust Bulletin 359, at 359—382(1986); Fred S. Mcchesney & William F. Shughart Ⅱ, The Causes and Consequences of Antitrust: The Public-Choice Perspective(University of Chicago Press, 1995); and William F. Shughart, The Organization of Industry(2nd ed., Dame, 1997).

[4] 见第162—163页。

[5] 见第162—163页。

[6] Maurice E. Stucke, Should Competition Policy Promote Happiness?, 81 Fordham Law Review 2575, at 2645(2013).

[7] Koutsoudakis, Dayton Law Review, *supra* note 198, at 230—231.

[8] Brown Shoe Co., Inc. v. United States, 370 U. S. 294(1962)370 U. S. 346.

说法是本书的核心,这将在下文的并购管制作为障碍之一部分详述。①

很多案例曾报道过,雇佣问题作为并购的必然结果,会导致员工数量减少②,而这种情况显然会实现,特别是在交易受经营性协同效应动因驱动的情况下,例如,规模经济。在这种情况下,并购各方可能会分享共同资源。而人力资源正是其中之一,并且人力资源共享在所有层级都有可能发生,特别是顶级管理层,比如,大多数情况下,存续公司只受一位首席执行官(CEO)管理。由此,有人称并购收益不过是"虚幻的……,财富会不公平地从靠被收购公司的人(例如,员工)手中转移到该公司股东手中,或者不过是证券市场的估值错误"。③

不幸的是,全景图中每个导致某一方损失的因素对其他各方而言都有可能变为收益,因此,总体上收益与上述损失可能相互抵消,反之亦然。例如,失业带来的损失,特别是在规模经济的情况下,会带来成本削减,从而也会提高生产效率,而这必然会带来利润和消费者剩余增加。因此,可以说,在这种情况下,总福利通常会增加,而这会抵消失业带来的损失。④

在此方面,还可以发现更多的例子,例如,并购各方竞争者的损失。据报道,在大多数情况下,并购各方的股价上涨,其竞争者的股价也会上涨,除非存续公司显著提升了其相比于竞争者的生产效率。同时,有人称除证券交易价格之外,没有明确的证据或者实证数据存在以支持这两种相互矛盾的说法。⑤

最后,有些人强烈认为没有明确的综合证据可以解释并推理出并购全景图在描绘什么,或者断定并购有某种收益或弊端,只能说积极和消极的事情都有可能出现。同时,根据帕累托法则,80%的结果来自20%的因素,反之亦然。⑥ 因此,当一些弊端已经被预见时,根据这一法则,即使实现收益的概率很小,这些收益也有抵消部分甚至全部损失,甚至有所盈余。⑦ 由此,有人称进一步研究跨境直至获得有助于构建这些规则的理解、可信结论或者证据是值得的⑧,要牢记并购全景图应该放在全球经济背景下考量,而这将在下文中被作为主要内容加以介绍。

---

① 见第134—135页。
② Röller, et al., Efficiency Gains from Mergers: Report of EC Contract II/98/003, *supra* note 692, at 57.
③ Black, Conceptual Foundations of Antitrust, *supra* note 258, at 28.
④ Neary, The Review of Economic Studies, *supra* note 3, at 1244.
⑤ Black, Conceptual Foundations of Antitrust, *supra* note 258, at 27—28.
⑥ 帕累托法则是以意大利经济学家维尔弗雷多·帕累托(Vilfredo Pareto)命名的,因为这一法则援引自他的发现,即20%的意大利人拥有80%的意大利土地;欲了解更多关于帕累托法则的信息,见 Richard Koch, The 80/20 Principle: The Secret of Achieving More With Less(Doubleday,2008)。
⑦ Clarke, The International Regulation of Transnational Mergers, *supra* note 8, at 25.
⑧ Röller, et al., Efficiency Gains from Mergers, *supra* note 660, at 241; Röller, et al., Efficiency Gains from Mergers: Report of EC Contract II/98/003, *supra* note 692, at 55; Black, Conceptual Foundations of Antitrust, *supra* note 258, at 28.

四、并购和全球化进程中的世界

本节将主要介绍跨境并购对全球经济的影响,确切而言,是对全球经济增长的影响。由此而论,我们要指出,相关研究数量的增长和"全球化"一词的过度使用,使得这一概念本身变得更加模糊、更加令人费解。[1] 同时,有人称全球化被视为一种意识形态,还进一步称全球化"掩盖而非揭露了世界正在发生的事情……"。全球化被定义为"一系列不平等的交流,在这种交流中,某一人工制品、条件、实体或地方身份将其影响扩展到当地或国家边界之外,并由此发展出一种能力,将另一种与之竞争的人工制品、条件、实体或身份指定为当地的"[2]。

尽管事实上全球化这一理念可追溯至20世纪上半叶。最早在1883年,罗伯特·路易斯·史蒂文森(Robert Louis Stevenson)曾经说过:"世上没有外国,只有外国人。"[3]但是直至20世纪70年代末,学者对这一说法并未予以重视。[4] 自此,学者便逐渐将其努力转变到这一方向,比如,在20世纪90年代期间,与全球化这一主题相关的书籍接近500本得以出版,此后每一年半这个数字就会显著增加超过两倍。[5]

然而,对全球化的关注增加并不意味着所有学者都支持或者都反对这一理念,而是从总体讲大多数学者都对它心生恐惧。在此背景下,有人称相关研究数量的增加和"全球化"一词的过度使用,使得这一理念本身更加模糊和令人费解。[6] 甚至有些人对这一不可控的现象(即全球化)发出警告,例如,联合国前秘书长科菲·安南(Kofi Annan)就了解到各方观点,并且提出"反对全球化就像反对引力定律"。[7]

为了展示全球化的模糊和过度使用状况,试想有些人称跨国公司借助全球化主导着全球经济。[8] 与此相反,另一些人则称国家公司和跨国公司如果不"走向全球化",

---

[1] Gerald K. Helleiner, Markets, Politics, and Globalization: Can the Global Economy be Civilized?. 7 Global Governance 243, at 2(2001).

[2] Boaventura de Sousa Santos, Globalizations, 23 Theory, Culture & Society 393, at 395-396(2006).

[3] Robert Louis Stevenson, The Silverado Squatters at 96(Chatto and Windus, 1883).

[4] 欲了解"全球化"一词的起源与含义,见 R. Walker Gordon & Mark A. Fox, Globalization: An Analytical Framework, 3 Indiana Journal of Global Legal Studies 375(1996)。

[5] Pankaj Ghemawat, Redefining Global Strategy: Crossing Borders in a World Where Differences Still Matter at 10(Harvard Business School Press, 2007).

[6] Helleiner, Global Governance, *supra* note 749, at 2.

[7] Andrew R. Klein, Foreign Plaintiffs, Forum Non Conveniens, and Consistency, Selected Works 1, at 2 (2007); Kofi Annan, Speech(Opening 53rd UN annual DPI/NGO conference ed., 2000).

[8] Rodriguez Garavito & Cesar A. Santos Boaventura De Sousa, Law and Globalization From Below: Towards a Cosmopolitan Legality at 92-93(Cambridge University Press, 2005).

就无法在市场上谋得一席之地①,或者这些公司至少应该为全球化这一现实做好准备②;其他人则称事实上反全球化的势力在夸大事实,跨国公司并没有如他们所述的那么强大,背后的原因是这些人混淆了跨国公司的实际价值与该公司的销售规模。③

讽刺的是,许多反全球化运动在近几年有所抬头,如果没有全球化带来或者产生的工具④,那么反全球化运动者确实没有机会完成他们在世界各地的交流,安排他们在西雅图和其他地方的活动和抗议,或者将思想发布到网上,甚至没办法在人们面前出现。⑤ 由此而论,尽管事实上讨论全球化本身是好是坏还存在很大争议⑥,而且这一内容确实不在本书范围内,但是有人称即使全球化是一个实际威胁,它也可以转化为一个极佳的机会,特别是对于欧盟地区而言。⑦ 此外,弗朗西斯·福山(Francis Fukuyama)在其著作《历史的终结及最后一人》(*The End of History and the Last Man*)中曾提到,尽管有些社会群体在抵制全球化文化,"但是全球几乎没有一个社会群体不在拥抱这一目标本身"。⑧

如今,这一讨论应该转向识别并购对全球经济的影响并观察并购与全球经济二者之间是如何产生关联的。我们要注意以下讨论将仅限于跨境并购,因为它们与全球经济之间的关联与影响比纯国内并购更加清晰。由此而论,技术手段和全球化过程无疑是全球经济增长的主要决定因素。与此同时,跨境并购的产物"全球公司"实际上也是技术手段和全球化过程的主要决定因素。⑨

除了全球公司与其他因素决定着全球经济的增长,有人称政治因素也是主要决定因素之一,并且这一因素将推动两种形式的全球化进程,即国家法律法规的趋同以及个别国家规定的消失。⑩ 与此同时,还有人称全球化势力正在推动政治力量走向规则

---

① Theodore Levitt, The Globalization of Markets, The Mckinsey Quarterly 1, at 19(1984), citing Christopher Lorenz, The Overselling of World Brands, Financial Times, July 19, 1984.
② Levitt, The Mckinsey Quarterly, *supra* note 757, at 20.
③ Micklethwait & Wooldridge, The Company: A Short History of a Revolutionary Idea, *supra* note 27, at 176.
④ Daniel W. Drezner, Globalization and Policy Convergence, 3 International Studies Review 53, at 53 (2001).
⑤ Godden, et al. , Pli's Annual Institute on Securities Regulation in Europe, *supra* note 431, at 1121.
⑥ Dabbah, The Internationalisation of Antitrust Policy, *supra* note 9, at 12; Globalization and its Impact were greatly debated during the Globalization of the Legal Profession Symposium, held at the Indiana University School of Law, on April 6, 2006.
⑦ Neelie Kroes, Challenges to the Integration of the European Market: Protectionism and Effective Competition Policy at 6(Competition Law Association-Burrell Lecture 2006 ed. , 2006).
⑧ Francis Fukuyama, The End of History and the Last Man at 126(Free Press; Maxwell Macmillan Canada; Maxwell Macmillan International, 1992).
⑨ Levitt, The Mckinsey Quarterly, *supra* note 757, at 20.
⑩ Drezner, International Studies Review, *supra* note 760, at 53—54.

趋同和个别国家法规消失。

实际上,这两种说法可能都是正确的,但是这主要取决于政治力量本身的强弱。在发达国家,毫无疑问,全球化正在驱动该国政策制定者将本国政策与全球政策体系相协调,反之亦然。在此背景下,我们还要注意从经验上看,国际货币基金组织的一项研究发现,尽管全球化在理论上前途远大,但是在发展中国家"没有数据能证明财务全球化促进了全球经济增长"。[①]

跨境并购作为全球化进程的形式之一,显著促进了美国经济的发展,并且美国司法部几乎 1/3 的工作都与跨境并购有关。还有报道称,在一年中有一整个季度,所有根据《哈特－斯科特－罗迪诺反垄断改进法案》(以下简称 HSR)[②]报告给美国当局的并购交易的各个参与方中至少有一方是外方,即外国公司的一方。[③] 与此相反,据报道,在欧盟成员国中,大部分并购交易都是在国内公司之间开展的[④],这不可避免地推动了欧洲议会和理事会发布特别指示,以鼓励和促进欧盟成员国之间的跨境交易。[⑤]

一般来讲,全球经济增长要靠技术手段,而技术手段则受资本主义驱动。[⑥] 根据这一说法,有人称过去 50 年全球经济增长受到全球资本主义传播的驱动。[⑦] 因此,这意味着全球投资的扩散是全球经济增长的主要原因,但是有人可能会反驳这些投资可以通过绿地投资[⑧]来完成,而跨境并购并非投资的唯一方式。

确实外国直接投资可能是绿地投资的一种,但是实证研究结果显示,在 2007 年,比如,全世界一半以上的外国直接投资都采取了跨境并购的方式,而非绿地投资,那些

---

① Eswar Prasad, et al., Effects of Financial Globalisation on Developing Countries: Some Empirical Evidence, 38 Economic and Political Weekly 4319, at 4319(2003); For further details about the impact of globalization on Egypt as it is classified as a developing country see generally Salaheldin Ismail Salaheldin, The Impact of Globalization On Operations Management Activities in Egypt, 6 The Journal of Business in Developing Nations 28 (2002).

② 1976 年,《哈特－斯科特－罗迪诺反垄断改进法案》(Hart-Scott-Rodino Antitrust Improvements Act)公法第 94－435 号,即 HSR 法案,将在下文作为并购障碍之一的并购管制一节进行详细讨论。

③ Douglas H. Ginsburg & Scott H. Angstreich, Multinational Merger Review: Lessons from our Federalism, 68 Antitrust Law Journal 219, at 219(2000), citing C. Benjamin Crisman & Matthew S. Barnett, Mergers & Acquisitions: Recent Trends ill Antitrust Enforcement, 1049 Pli/Corp Practising Law Institute 379, at 402(1998).

④ For more details see Caterina Moschier & Jose Manuel Campa, The European M&A Industry: A Market in the Process of Construction, WP-762 International Center for Financial Research-IESE Business School 1, at 1 (2008).

⑤ Directive of the European Parliament and of the Council on Cross-border Mergers of Limited Liability Companies, 27-07-2005, Pe-Cons 3632/05.

⑥ Fukuyama, The End of History and the Last Man, *supra* note 764, at 126.

⑦ Joseph L. Bower, et al., Global Capitalism at Risk: What Are You Doing About it?, Harvard Business Review 1, at 5(2011).

⑧ 绿地投资是外国直接投资的一种形式。与跨境并购不同,绿地投资是指投资者直接向外国投资,从零开始建设新企业并运营,而非直接收购现有企业。

跨境并购总体上占全球活动的40%以上。① 此外,跨境并购预设已有现成目标公司待收购,而那些公司是由国内投资或者绿地投资建设好的。因此,根据联合国贸易和发展会议报道,在绿地投资潮之后总会有跨境并购潮随之而来,并且这一点无论在发达国家还是发展中国家都适用。②

值得注意的是,如前所述,在20世纪90年代期间,在外国直接投资中的跨境并购领域,有一类重要的常规主动参与者,即主权财富基金。据报道,在2007年跨境并购交易总价值超过了485亿美元。③截至2014年5月,全球主权财富基金的总价值约为6.5万亿美元,跨境并购也以另一种方式流入拥有这些主权财富基金的国家,例如,大量投资流入了阿拉伯联合酋长国(以下简称UAE)④,而UAE持有阿布扎比主权财富基金(Abu Dhabi SWF),这一基金在全球所有主权财富基金中价值第二高。⑤

尽管大部分外国直接投资都是绿地投资,但这并不与跨境并购显著影响全球经济增长这一事实相悖。很多学者都已经深入研究过这一主题以回答这个问题,并且对有关全球化恐惧的辩论有所贡献,但是他们没有想到对全球化本身这一问题提出疑问,即前文所提到的与全球化相关的辩论在原本应该存在的焦点上更进了一步。应该被解决的这一基本问题是:现在的世界是不是真正的全球化世界,换言之,全球化过程有没有到达顶峰,抑或是需要在各种外国直接投资方式上付出更多努力以达成预期进步,或者这一概念只是一个谬论,即全球化并不存在?

在此方面,托马斯·弗里德曼⑥是这一领域的著名作家之一。他曾经在他的著作中声称世界是平的。⑦ 不幸的是,如许多其他学者所述⑧,他们在读完本书之后很容易就会发现书中关于全球化世界的说法不过是一系列跨国公司的成功故事;没有数据、数据分析和任何实证研究结论可以帮助读者准确地理解世界在全球化的哪一阶段,以

---

① Moschier & Campa, International Center for Financial Research-IESE Business School, *supra* note 770, at 7; Neary, The Review of Economic Studies, *supra* note 3, at 1229.

② Cesar CalderóN, et al., Greenfield Fdi vs. Mergers and Acquisitions: Does The Distinction Matter? at 1—2 § N° 173(Banco Central de Chile, 2002);欲了解更多跨境并购数据,见 Unctad, *supra* note 274.

③ Kalsi, Sovereign Wealth Funds, *supra* note 6, at 16—17.

④ Anthony Richardson, et al., Cross-Border M&A, 9 Asian-Mena Counsel Special Report at 30—31 (2011).

⑤ 欲了解更多全球主权财富基金的细节和详细资料,见 http://www.swfinstitute.org last(最近一次访问于2017年12月1日)。

⑥ 托马斯·弗里德曼(Thomas Friedman)生于1953年7月20日,是一位美国专栏作家,为《纽约时报》(*New York Times*)撰写双周专栏。他的作品主要关注全球贸易、全球化和中东地区。欲了解更多关于他的博客、作品和思想的信息,请参阅官网 http://www.thomaslfriedman.com(最近一次访问于2017年12月1日)。

⑦ Thomas L. Friedman, The World is Flat: A Brief History of the Twenty-First Century(Farrar, Straus and Giroux, 2005).

⑧ 同一方面的作品还有 The World is Flat,见 Richard O'Brien, Global Financial Integration: The End of Geography(Council on Foreign Relations Press, 1992).

便为未来更深度的融合和经济增长做准备,或至少正确看待对全球化的恐惧,并且停止夸大或高估一个甚至不存在的陈述。

在这一方面,一位著名经济学家潘卡基·格玛沃特①已经付出了非凡的努力来回答上述基本问题,并且他采用科学的研究方法得出了非常有趣的结论,其研究方法是反复分析139个国家或地区近期的数据。这一数据接近全球GDP的99%,人口接近全球的95%。他构建并命名了"全球化深度指数",然后发布了相关年度报告。

潘卡基·格玛沃特撰写了"为什么世界不是平的",以对托马斯·弗里德曼的著作作出回应。在此文中,他揭示了实证研究证据证明跨境活动与全部活动的实际比例,这一比例并不支持世界是平的这一说法,甚至也不支持全球经济已经达到了一个可观的阶段这一说法;相反,数据表明世界仍然处在初始阶段,并且实际上世界不过处在半全球化的状态。② 例如,2013年全球化深度指数显示现金流(证券、外国直接投资、证券组合投资)占资本投资总额的35%③,而所有其他跨境活动,如移民(旅游、工作)、交流(电话通信和网站流量)以及慈善,占国家层面活动总量的约10%。此外,贸易活动占比将近30%。④

他最终总结道:

> 世界处在"半全球化"阶段。并且至今,全球化推进到新兴经济体快速增长的程度,即这些国家在全球经济活动中的占比飞速增长,有可能引发一场大洗牌。这就是半全球化的本质:要对世界有一个准确的认识,就需要认识到国界和跨国界距离的巨大影响,以及它们之间的重大互动。疲软的宏观经济环境会导致全球化减慢,而新兴经济体发展放缓也加剧了这种悲观情绪。然而,从一个更广阔的视角来看,情绪往往会击败现实。甚至在几次下行修正预测之后,世界经济预计2012—2018年的复合年增长率为3.8%(按实际值计算)。这一水平也比20世纪80年代期间的增长率高。这一差异是由新兴经济体推动的。这些新兴经济体当前预计会以5.2%的复合增长率增长,而发达经济体预计会以2.2%的复合增长率增长。⑤

---

① 潘卡基·格玛沃特(Pankaj Ghemawat)生于1959年9月30日,是一位经济学家、战略学家,对全球化研究深感兴趣;欲了解更多关于他的思想、作品以及自传的信息,请参阅官网 https://www.ghemawat.com/about (最近一次访问于2017年12月1日)。

② Pankaj Ghemawat, Why the World isn't Flat, Foreign Policy 54, at 59(2007).

③ Ghemawat & Altman, Depth Index of Globalization 2013 and the Big Shift to Emerging Economies, *supra* note 784, at 13.

④ Ghemawat, Foreign Policy, *supra* note 785, at 54—57.

⑤ Ghemawat & Altman, Depth Index of Globalization 2013 and the Big Shift to Emerging Economies, *supra* note 784, at 25.

在同一背景下,甚至还有人称尽管事实上公司这一理念起源与如今相隔了两千年,带来了巨大的技术进步,工业进步也已经实现,但是公司仍然沿袭罗马帝国时期所采用的模式和组织。[1]

现在,全球经济尚有更大的成长空间,这一点显然正确,并且这也无疑会对下一个更加关键问题进行讨论,即全球经济为何有成长空间,换言之,为何如今的世界还没有达到全球化的顶峰或者末尾?有人可能会说这个问题的答案是各个组织赞助下举办的论坛中各国的主要关注点。赞助论坛的组织主要有关贸总协定、世界贸易组织、欧盟以及许多其他与全球经济和国际贸易相关的组织。这一辩论揭示了一般意义上的贸易障碍,特别是关税,正在抑制全球经济增长,而其他所有经济因素,即4C[2]——公司(corporations)、资本(capital)、交流(communications)和消费者(consumers),在全球的状况都是相似的,除了劳动力自由流动之外。[3]

实际上,这是一种错误的说法,并且没有坚实的证据或者实际数据做支撑。例如,根据最近世界经济论坛(World Economic Forum)的报告估算,如果全球所有关税都被取消,贸易活动则仅会增长10%,这给全球经济带来的增长微乎其微,约为世界GDP总增量的0.7%,而便利并改善纯国内贸易活动会带来更大的收益。[4] 另外,各种各样的阻碍仍然抑制着全球经济的增长,特别是跨境并购领域。[5]

有人称这些阻碍对全球经济的增长主要与"政策失误而非宏观经济基本状况"有关,如果政策积极改进,则未来有望见证更好的进步。[6] 在这一方面,不幸的是被报道的实情与此相反:跨境并购交易在过去十年中一直在与保护主义政策作斗争。这一斗争甚至比20世纪90年代所见的还激烈[7],这显然意味着,至少从跨境并购的角度来看,国家政策并没有助力世界经济取得更大进步或者正确发展。

在此,我们有一个深思熟虑的恳求即号召更多研究者辨识并解决更多跨境并购领

---

[1] Henry Hansmann & Reinier Kraakman, Reflections on the End of History for Corporate Law, No. 449 Yale Law & Economics Research Papers 1, at 13(2011).

[2] Kenichi Omae 在他的著作中首先构建了4C这一概念,Kenichi Omae, The End of The Nation State: The Rise of Regional Economies(Free Press, 1995).

[3] Kenichi Omae, The Next Global Stage: Challenges and Opportunities in Our Borderless World at 20 (Wharton School Pub., 2005).

[4] Ghemawat & Altman, Depth Index of Globalization 2013 and the Big Shift to Emerging Economies, *supra* note 784, at 36, citing Bain World Economic Forum & World Bank Company, Enabling Trade: Valuing Growth Opportunities(2013).

[5] 欲了解跨境并购阻碍的更多细节,见 Pankaj Ghemawat, Borders, Differences, and the Law of Distance, in World 3.0: Global Prosperity and How to Achieve it(Harvard Business Review Press, 2011).

[6] Ghemawat & Altman, Depth Index of Globalization 2013 and the Big Shift to Emerging Economies, *supra* note 784, at 4, 25.

[7] Ghemawat, Foreign Policy, *supra* note 785, at 60.

域的严重阻碍,如保护主义政策、文化差异、税收问题、交易中的管理问题、与市场相关的问题如反托拉斯问题等。[①] 在此,我们要注意,下文所有讨论都会关注识别这些跨境并购的障碍,以及如何破解它们,以实现全球经济的预期增长并且达到实际全球化的顶峰,而非滞留于半全球化世界。

第三节 跨境并购执行概况

开展跨境并购本身并非目标。作为促进全球经济增长的方式之一,跨境并购的最终目标是促进全球经济增长,或者更确切地说,是促进全球福利最大化。在这一部分,我们将会辨析跨境并购各方面对的藩篱或者障碍。下文将简述这些障碍的概况,接着将会直接聚焦于主要障碍之一,即"并购管制",因为并购管制是最复杂且最具影响力的跨境并购障碍。

实际上,如果我们给跨境并购各方会遇到的障碍列一个清单,那么这个清单会很长,但是这些障碍可以根据不同的方面进行区分或者归类,比如,根据并购时间线进行分类。有些障碍出现于并购收官前,比如所有的并购前监管事项,如并购前控制、国家安全许可、证券交易许可和境外投资授权。其他障碍出现在并购交易收官后,如所有与整合相关的问题,如会计标准、文化、运营和语言问题。还有许多障碍是与第三方相关的,如与知识产权相关的协议分配问题、贸易特许权、其他许可和税收问题。

另外,障碍还可以按其来源分类。一些障碍可以归因于并购各方本身,如所有与整合相关的问题,而另一些障碍则源于监管机构,比如,监管政策之间的差异,例如,并购管制、特定行业许可、境外投资授权、国家安全许可以及证券交易许可。其余障碍则来自利益相关者,如与消费者保护相关的问题、员工权益以及并购后存续公司的分配协议。

不仅如此,障碍可以按其对交易的权重进行分类,如根据其对交易的影响大小进行分类。一些障碍带来的影响可能无足轻重,而另一些障碍可能给交易带来显著影响,从而导致失败、交易流产甚至有时破产。然而,根据前文提过的帕累托法则,小问题占比可能不到20%,但是它们可能引发80%的问题,因此根据这一标准对障碍进行分类并不难,但是这样做没有意义。

显然,跨境并购面对障碍的共同点是它们要么导致交易失败或者流产,要么带来

[①] Godden, et al., Pli's Annual Institute on Securities Regulation in Europe, *supra* note 431, at 1125-1126.

损失,其中主要是直接财物损失或者间接损失,这主要是因为所有的障碍都有以下这些共同特点:(1)都会带来不确定性,(2)都会耗费时间,(3)都要以某种方式进行偿付。在此,我们还要指出,其中一部分障碍并非仅限于影响跨境并购,它们在纯国内并购中也适用。

然而,从跨境并购的视角出发,我们可以说其中一部分障碍与纯国内交易所面临的障碍相比可能更难,因为并购各方不会总遇上同一种障碍,这些障碍会千变万化地阻挡并购各方的前路。当交易在不同法律制度下所有相关司法管辖区内执行时,不确定性定会加大,成本和时间消耗也更多,这又会使得并购后存留下来的公司经营失败的可能性提高,甚至导致并购收官失败的可能性也会提高。

值得注意的是,当与交易直接相关的司法管辖区之一的法律和监管条例执行存在政治上的不稳定性时,交易的不确定性就会提高甚至达到顶峰,例如,中东地区的大部分司法管辖区长期在政治不确定性中挣扎[①],特别是最近发生了"阿拉伯之春"的绝大多数中东国家。

一般来讲,至少就本文的目的而言,所有分类都不会给现状带来任何改变。分类只是为了更好地整理,并非其他,而且其实所有分类都是围绕着同一个障碍。因此,下文将介绍其中一些障碍,并且,如果可能的话,将会从跨境并购视角出发,而非简单记录任何一种本文所述的分类。在此,我们还要指出,下文中即将介绍的障碍的次序并不意味着或者暗示它们的重要性或权重次序,这些障碍只是按字母排序。

一、雇佣问题

尽管事实上跨境并购或者一般意义上的并购,可能对并购各方的员工有负面影响,例如,削减员工数量,从而提高失业率[②],并且这是国际劳工自由化失败的必然结果。这种失败会被视为一个既定事实,不在本书讨论范围内。然而,我们还要指出,在所有成功的交易中,员工以及其他利益相关者,应该在该交易收官前得到就其在预期收益中的份额进行协商谈判的机会。[③]

在这一方面,在并购交易中,保护员工权益的相关尝试已有很多,特别是欧盟尝试

---

① Reed, et al., The Art of M&A, *supra* note 359, at 101.
② Neary, The Review of Economic Studies, *supra* note 3, at 1247.
③ Antony Page, Has Corporate Law Failed? Addressing Proposals/or Reform, 107 Michigan Law Review 979, at 979(2009), Citing Frank H. Fischel and Daniel R. Easterbrook, The Economic Structure of Corporate Law at 15—17(Harvard University Press, 1991).

通过一些官方指示和法律法规保护员工权益,这种做法受到了高度重视。① 比如,欧盟的员工有权参与并购前的谈判过程。② 此外,欧盟委员会发布了一项特别指示③以保护并购交易收官后的员工权益。

另外,雇佣问题也被视为跨境并购走向成功的障碍之一。这些问题从交易不确定性导致的心理压力给并购运作带来负面影响,到对职业规划和整个公司的未来心生恐惧,最终到出现更严重问题的程度——可能以损失惨重告终。甚至在某些司法管辖区内,员工参与并购前谈判的权利都被视为一种并购障碍,因为在实务中,如果员工和其他决策制定者对交易及其相关事项所持意见不同,可能很耗时间。④

当并购后存续公司受主权财富基金控制时,一个严重的问题就会浮现,这可能使得公司某些员工被视为1977年颁布的美国《反海外腐败法》(以下简称FCPA)⑤规定下的外国政府官员。根据FCPA,贿赂国外官员是被禁止的,并且这可能引发与存续公司负债相关的严重问题。⑥ 尽管事实上该员工是为存续公司工作,而非国外政府,他们也有可能被视为FCPA规定的国外官员,而存续公司可能会因为这个问题而背负沉重的债务,这只是由于该公司受控于主权财富基金,换言之,只是由于参与了这种跨境并购交易。

另外,收购方应该仔细调查目标公司与员工相关的所有实践行为,否则未来可能会因此背上债务或者需要支付额外的合规成本,比如,美国一些法案规定的债务,包括1988年颁布的《劳工调整与再培训通知法》(Worker Adjustment and Retraining Notification Act)⑦、1990年颁布的《美国残疾人法案》(Americans with Disabilities Act)⑧、1993年颁布的《家庭和医疗休假法》(Family and Medical Leave Act)⑨以及数

---

① 欲了解更多欧盟在跨境并购交易中保护员工权益的历史细节,见 Felicia Bejan, The European Law Regarding the Impact of Merger on Employees' Rights, 13 Romanian Journal of European Affairs 28(2013); and for more details about the situation in the Netherlands see D. -Jan Smit, et al. , The Cross-Border Mergers Directive Implementation in the Netherlands at 2(Freshfields Bruckhaus Deringer, 2008); and on the situation in Romania see Cătălin Micu &. Nicolae Hariuc, Legal Issues in Romanian M&A at 301(Financier Worldwide Booz &. Company ed. , 2008).

② Andenas &. Frank, European Comparative Company Law, *supra* note 597, at 501; Article 16(3)(b)of Directive 2005/56/EC of the European Parliament and of the Council of 26 October 2005 on cross-border mergers of limited liability companies, O. J. L. 310, 25. 11. 2005.

③ 2001年3月12日理事会第2001/23/EC号指示,该指示的内容是关于企事业单位在被全部或部分转让的情况下保护员工权益。

④ Lukanec, et al. , Employment &. Industrial Relations Law, *supra* note 587, at 14—15.

⑤ Foreign Corrupt Practices Act of 1977, 15 U. S. C. § § 78dd−1, et seq.

⑥ Aruna Viswanatha, U. S. Corporations Beg Clarity on Anti-Bribery Law(Thomson Reuters, 2012).

⑦ The Worker Adjustment and Retraining Notification Act of 1988, 29 U. S. C. § § 2101, et seq.

⑧ The Americans with Disabilities Act of 1990, 42 U. S. C. § 12101.

⑨ The Family and Medical Leave Act of 1993, 29 U. S. C. § § 2601, et seq.

量空前的联邦与州的法律法规。这些法律法规主要涉及禁止职场歧视、保障健康和安全、补偿金和退休计划等。[1]

另一个并购交易中与雇佣相关的问题是"黄金降落伞"和"黄金握手"[2]，即一些员工的雇佣合同在并购收官后一段时间内会终止。这些员工可能会与公司老板签订协议以获取一大笔解雇金。[3] 与此相似，还有另一个被称作"黄金手铐"的问题，即在某些交易中，员工会收到一笔金额，以确保他或她在公司并购收官后一段时间内会继续留在公司。据报道，这些协议都会带来整体上的"支付上涨"，即全体员工工资范围的过度增长，并且存续公司会因此遭受损失，加上为履行这些协议要支付的其他款项，这一损失甚至可达数百万美元。[4]

讽刺的是，当美国政府决定根据以上法规严厉征税，以终结这一浪潮时，这一举措却引发了这些法规中规定的数值大幅增长。实际上，这一浪潮早已开始且从未结束，因为美国政府决定严厉征收超过一定数额的税收，所以大部分并购交易金额都提到了稍低于征税数额门槛的水平，而之前的标准却远远低于这一数额门槛。[5]

二、环境问题

在20世纪60年代末之前，并购各方和其他公司一般都要获得环境许可，甚至要披露一些有关该公司的有害垃圾的信息；但是在20世纪70年代初，许多国家要求披露绝大部分有关环境的信息。大多数情况下，这是一项需要遵守某种界定标准并且甚至在释放废物之前获取某种执照的要求。例如，在美国某些联邦和州的法律规定下，公司要披露有害材料存在与使用的所有相关信息，制订并向政府有关机构报告"紧急状况与倾倒计划"。[6]

有人可能会认为环境许可问题仅限于那些在特定行业运营的公司。此处特定行业公司是指涉及气体排放甚至倾倒有害垃圾的公司，但实际上，环境许可可能涉及在各行各业运营的所有并购方。例如，在新泽西州法律下，收购方要获得州政府对清理计划或者清理流程的认可，而这一清理计划或流程包括所有工业与商业运营中会产生的垃圾。[7]

进一步来讲，我们只需要想想一个司法管辖区的法律体系是怎样形成的，如美国。

---

[1] Sherman, Mergers & Acquisitions from A to Z, *supra* note 384, at 100—102.
[2] "黄金降落伞"和"黄金握手"两者之间非常相似，但是"黄金握手"协议上开出的解雇金更大方。
[3] Miller, Mergers and Acquisitions: A Step-by-Step Legal and Practical Guide, *supra* note 407, at 47.
[4] Reed, et al., The Art of M&A, *supra* note 359, at 720—721.
[5] Reed, et al., The Art of M&A, *supra* note 359, at 720—721.
[6] Sherman, Mergers & Acquisitions from A to Z, *supra* note 384, at 88—90.
[7] Reed, et al., The Art of M&A, *supra* note 359, at 408.

以下所有法律都可能引发并购重大问题:(1)1970年职业安全与健康法[1],(2)1972年清洁水法[2],(3)1976年资源保存与回收法[3],(4)1976年有毒物质控制法[4],(5)1980年综合环境反应、赔偿与责任法[5],(6)1986年应急计划和社区知情权法。[6] 除此之外还有很多其他法律。[7]

因此,这只是有关美国联邦层面法律的几个例子。实际上,美国很多州拥有它们州立的法律,这就使得情况更为复杂。此外,其他一些司法管辖区甚至还要求不仅在典型的并购交易情况下获取环境许可,而且若公司经历重组,如出售资产、控制权变更以及其他类似情况,则也要获取环境许可。[8]

因此,各个相关司法管辖区下的不同环境法交织可能导致复杂的法律问题。对此类问题进行识别与责任分配也无疑会被视为跨境并购的障碍之一,因为这预计会是一个非常困难的任务,并且需要特定的专业团队在尽职调查环节完成。不仅如此,完成这些任务必定会花费很多时间并且占用很多财务资源,但忽视此会导致损失甚至交易失败,特别是当收购方未能获得所需的环境许可、执照、同意书,甚至没有向相关部门报告信息和规划时。

三、外汇相关问题

我们在前文中曾提过,外汇作为并购动因之一,可能会在诱导各方参与并购交易中起到重要作用,并且也明确提到过汇率之间的微小差异并非货币购买力的实际指标。货币购买力才是各方参与跨境并购的实际动因。当公司持有购买力强的货币,并用另一种购买力弱的货币来为并购交易融资时,该公司可能会由于实际支付少而实现协同效应。

此外,我们还明确提过任何货币购买力都没有可被视为各方参与跨境并购交易的动因的明确效果,因为并购各方的货币购买力差异带来的预期收益可能会被按被收购公司收益汇来的款项所抵消。被收购公司即目标公司,对于收购方所在国而言,被收购公司收益的货币同样购买力较低。

在此背景下,我们要注意,将被收购方收益汇款至收购方所在国也不简单。在大

---

[1] The Occupational Safety and Health Act of 1970, U. S. C. §§ 651 et seq.
[2] The Clean Water Act of 1972, 33 U. S. C. §§ 1251 et seq.
[3] The Resource Conservation and Recovery Act of 1976, 42 U. S. C. 6901.
[4] The Toxic Substances Control Act of 1976, 15 U. S. C. §§ 2601—2692.
[5] The Comprehensive Environmental Response, Compensation, and Liability Act of 1980, 42 U. S. C. §§ 9601—9675.
[6] The Emergency Planning and Community Right-to-Know Act of 1986, 40 CFR Parts 355, 370, and 372.
[7] Sherman, Mergers & Acquisitions from A to Z, *supra* note 384, at 88—90.
[8] Micu & Hariuc, Legal Issues in Romanian M&A, *supra* note 800, at 301—302.

多数司法管辖区下,这一行为受政府当局控制,其中一些司法管辖区,每年汇款量有一定的额度限制。据报道,大部分发达国家的目标都是支持一个只投资创收于本国而不将收益汇回母国的外国收购者。[①]

进一步来讲,在外汇相关问题上,各国有时都有很大可能会面临货币危机。1994年12月,墨西哥就发生了货币危机,当时墨西哥比索贬值了将近50%,接着便完全崩溃。[②] 因此,跨境并购各方的净值可能会受其所用货币购买力波动的显著影响,墨西哥比索崩溃就有很大可能会导致损失甚至交易完全失败。

此外,对于购买受某些司法管辖区内由政府代理人管控的外汇,这些政府代理人最有可能是中央银行,并且有时每年只能购入少量外汇,即使存续公司会使用外汇支付其负债。在此方面,我们还要注意公司可能会与其子公司或者海外母公司签订内部贷款协议,以为其购入外汇的请求提供合理性,即用外汇还债,但是这样一来就会无心插柳,即产生超过规定限额汇出的收入。然而,通常大多数政府会监控并回击这一行为。

例如,在许多司法管辖区下,如法国、日本和中国台湾,存续公司应该向政府代理人申请同意书以获取所需数额的外汇,特别是当子公司及其母公司之间存在贷款协议的情况下。[③] 同时,有人称取消这一购入外汇或者汇款的管控不会对汇率管理造成损害,甚至要解除这方面的管制,这也是协调财政政策和货币政策所必需的。[④]

总之,所有与外汇相关的问题都有可能被视为可能抑制跨境并购的障碍之一,这一点已经十分明确。与外汇相关的问题可能会导致损失:(1)由于汇率和货币价值波动造成的损失,(2)由于获取所需外汇以偿付债务或者其他财务义务而造成的损失,(3)从收购方母国或者其他司法管辖区汇出收益失败所造成的损失。以上这些问题也有可能导致并购交易失败。

四、海外腐败问题

反海外腐败法被视为跨境并购交易的阻碍之一。[⑤] 在美国法律制度下,根据反海外腐败法,所有美国公司都不可以采取任何手段向国外政府官员付款以获取他对本公

---

① Reed, et al., The Art of M&A, *supra* note 359, at 923—924.
② 欲了解更多关于墨西哥比索崩溃的细节,请参阅 Jeffrey Sachs, Aaron Tornell, & andrès Velasco, The Collapse of The Mexican Peso: What Have We Learned? (National Bureau of Economic Research, 1995).
③ Reed, et al., The Art of M&A, *supra* note 359, at 921.
④ See generally Michael C. Webb, International Economic Structures, Government Interests, and International Coordination of Macroeconomic Adjustment Policies, 45 International Organization 309(1991); Michael C. Webb, The Political Economy of Policy Coordination: International Adjustment Since 1945(Cornell University Press, 1995).
⑤ Reed, et al., The Art of M&A, *supra* note 359, at 918.

司维持或获取商业机会的影响力,并且美国母公司也将为其子公司的违规行为承担责任。"商业机会"一词当然包括参与跨境并购交易的机会。

实际上,不仅美国,全球大部分司法管辖区都会禁止贿赂政府官员,特别是经济发展与合作组织(以下简称 OECD)成员方的官员,但在实务中美国是执行之一规定最严格的司法管辖区。此外,反海外腐败法带来了另一个跨境层面的问题,因为这一法案可能适用于一家离岸或非美国公司,但为一家美国子公司工作的非美国公民。[1]

值得注意的是,司法部开始签订不起诉协议,以解决与反海外腐败法相关的违规行为,来换取一些报酬。例如,据报道,美国司法部与拉夫罗兰公司签订了协议,不追究其子公司向阿根廷政府官员在通关问题上行贿和赠送礼物的违规行为。[2] 在此,最重要的是这类不起诉协议的条款没有披露要求。此外,实际上,清晰或者可传达的这类政策并不存在。因此,法律适用的不确定且无法预测性,无疑会对跨境并购交易构成实际障碍。

在谁会被视为国外官员这一点上,尚无明确定义,这使得反海外腐败法的执行更加扑朔迷离。如前文在对员工问题的相关讨论中所述,若一家美国存续公司受主权财富基金控制,则可能会使得该公司员工被视为国外官员,引发违反《反海外腐败法》规定的问题。实际上,这些员工身处美国并且为美国公司工作,而主权财富基金所属国家的政府官员也不为该政府效力。

相反,在其他一些司法管辖区下,出于收购新公司(即并购交易)的目的,请官员吃饭或者娱乐不仅合法且可行,而且 50% 的此类花费都可以从税务收入中扣除,在奥地利的税法下就是如此。[3] 因此,各个司法管辖区之间的差异会加大公司受到反海外腐败法或者其他类似法律指控的可能性,并且这也可能导致交易失败,或者甚至由于需要支付罚款而导致巨额损失。

进一步来讲,假设驻地在奥地利的美国子公司计划收购另一家在奥地利设立的非美国公司,该公司受到挪威政府的主权财富基金控制,在交易的准备期间,这一驻地在奥地利的美国子公司员工花钱为目标公司(该公司在奥地利设立)员工购买娱乐服务。这种情况下,美国司法部官员就有很大的可能性认为这一行为违反《反海外腐败法》,并且可能会影响并购各方的声誉及其在证券交易所交易的股票价格,甚至还会终结本次并购交易。在奥地利这一方看来,若该美国子公司员工的行为不仅合法,则还可以

---

[1] John Brantley & Martin Hunt, The M&A World Comes to the United States, in 2008 International Mergers & Acquisitions: Creating Value in an Increasingly Complex Corporate Environment at 200 (Financier Worldwide Booz & Company ed., 2008).

[2] Pamela Park, Regulation 2013: Enforcement Focuses on Overseas Activities While New Regulations Discourage Risk-Taking (Thomson Reuters, 2013).

[3] PricewaterhouseCoopers International, Worldwide Tax Summaries Corporate Taxes 2011/12, 2012.

将此项花费的 50% 在应纳税额中扣除。

五、境外投资许可

在全世界几乎所有司法管辖区内,国家法律或者管理条例都有对外国公司参与未获取事前政府授权的投资活动的限制[①],显然跨境并购交易也是如此,下文将介绍此内容。我们要注意这些限制可能有很多形式,从完全禁止外国公司参与某种投资活动或者进入某种行业,到要求事前核准,再到只要求在并购交易收官后披露某些信息。

以下是一则限制性最强的法律和管理条例案例。海湾阿拉伯国家合作委员会(the Cooperation Council for the Arab States of the Gulf, GCC)的成员国[②]禁止外国公司运营或者承接几乎所有国家层面的商业活动,除非它们有国家层面的合伙人参与其中,并且该合伙人应持有 51% 以上的份额。[③] 由此可见,外国公司完全被禁止参与收购任何国家公司 49% 以上股份的跨境并购交易。因此,所有 GCC 成员国国家层面的法律都被视为外国投资授权障碍的典型案例。

全球其他司法管辖区内也可以找到类似的例子。比如,埃及法律规定外国公司不可以参与埃及的进口活动,还规定埃及公司 51% 以上的股份应由埃及人持有。[④] 不仅如此,埃及法律还规定了外国人对房地产和未被租用的土地的所有权,即外国人不可以拥有某些地理区域内的房地产,并且在其他地理区域内外国人持有房地产也受到限制。[⑤] 因此,在埃及,外国公司被完全禁止参与违反以上法规的跨境并购交易,显然这些法规也可以被视为某些行业的境外投资授权障碍。

在其他许多发达的司法管辖区,如日本,外国公司与日本公司之间的并购交易是完全被禁止的。长期以来,外国公司都被禁止与日本公司开展三角并购。2007 年 5 月 1 日,在一场大辩论之后,外国公司与日本公司之间的三角并购才得以解禁。外国公司也被禁止通过发行股票的方式收购日本公司。除此之外,可以开展的跨境三角并购还有一些税收问题。[⑥]

同样,美国也存在几乎相同的问题。根据 1976 年的《国际投资和服务贸易调查

---

① Godden, et al., Pli's Annual Institute on Securities Regulation in Europe *Supra* note 431, at 1126.
② GCC 成员国有巴林、科威特、阿曼、卡塔尔、沙特阿拉伯和阿拉伯联合酋长国。欲了解更多关于 GCC 的信息,请参阅其官网,链接如下:http://www.gcc-sg.org/en-us(最近一次访问于 2017 年 12 月 1 日)。
③ 例如,Article No.2 of the Law No.13 of 2000(The Law Regulating the Investment of Non-Qatari Capital in Economic Activities);欲了解更多关于 UAE 现状的信息,请参阅 Richardson, et al., Asian-Mena Counsel Special Report, *supra* note 778, at 30—31; Boryana Damyanova & Thomas Singer, The Role of Multinational Companies in Dubai: Balancing Tradition and Modernization, 2 Nimep Insights-Tufts University 100, at 102(2006).
④ Article No.2 of the Law No.121 of 1982(Concerning the Importing Registry).
⑤ Law No.230 of 1996(Law Regulating Owning a Real Estate or Unoccupied Lands by Foreigners).
⑥ Gerstman, et al., International Lawyer, *supra* note 429, at 768—770.

法》(International Investment and Trade in Services Survey Act)[1],当目标公司为总市值在100万美元及以上的公司,或者年销售收入、资产或者净收入在1亿美元以上,外国投资者收购这类公司的10%及以上股份的所有交易都要报告。此外,美国的许多州都颁布了显著影响外国投资活动的法律,并且这也在州和联邦层面增加了新一维度的问题。[2]

如前所述,全球各个司法管辖区内都存在这一情况。例如,加拿大,根据1985年的《加拿大投资法》(Investment Canada Act)[3],有一个专门针对超过一定额度的外国投资进行事前审查和授权的制度。[4] 此外,根据1975年的澳大利亚《外国收购与接管法》[5],所有对澳大利亚市值达到一定水平的公司的收购达到"实质利益"水平(15%及以上)的交易都要首先得到澳大利亚财政部授权。[6]

除这些法律和管理条例之外,据报道,在许多司法管辖区内,特别是发达国家,政府当局可能会武断地执行各项规定,甚至采取一些毫无法律依据的措施。例如,据报道,在某些国家,即使外国公司遵守了所有规定,跨境并购交易也不一定能够按期完成。[7] 这种行为可以被视为障碍之一,并被归入官僚政治障碍这一类。这令并购各方进退两难:他们应该效仿他人,不惜违反《海外反腐败法》或者其他类似法律去贿赂甚至取悦政府官员吗?还是应该照章行事,导致交易失败甚至无法成功完成交易?[8]

在此背景下,我们应该注意到,在大多数发达国家中无疑"法律结束的地方……就是独裁开始的地方"[9],但在发展中国家情况却并非如此。在这些国家中,无论法律如何,独裁一直存在。例如,据报道,在大部分GCC成员国内,所有外国投资活动获得政

---

[1] The International Investment and Trade in Services Survey Act, 22 USC Ch. 46.

[2] Report to the Committee on Banking, Housing, and Urban Affairs, U. S. Senate: Sovereign Wealth Funds: Laws Limiting Foreign Investment Affect Certain U. S. Assets and Agencies Have Various Enforcement Processes. pt. 1—63(2009).

[3] Investment Canada Act, R. S. C. 1985, I—21. 8.

[4] Subrata Bhattacharjee, Canada's Foreign Investment Review Process, in 2008 International Mergers & Acquisitions: Creating Value in an Increasingly Complex Corporate Environment at 219(Financier Worldwide Booz & Company ed. ,2008).

[5] Act No. 92 of 1975(The Foreign Acquisitions and Takeovers Act).

[6] Matthew Latham & Weyinrni Popo, Australia's Foreign Investment Framework: a More Challenging Landscape Emerging for M&A, in 2008 International Mergers & Acquisitions: Creating Value in an Increasingly Complex Corporate Environment at 318(Financier Worldwide Booz & Company ed. ,2008).

[7] Guoping, How to Speed Up M&A Deals in China, supra note 464, at 333.

[8] Renato Mazzolini, Creating Europe's Multinationals: the International Merger Route, 48 the Journal of Business 39, at 43—45(1975).

[9] 这是威廉·皮特(William Pitt)在1770年1月9日的演讲中所说的话,这段话被刻在了华盛顿特区司法部大楼的一块石头上。

府官员个人同意都比遵守相关规定更重要。① 比如,我们很容易发现在 GCC 区域一些蓝筹公司会违反法律并且在毫无法律依据的情况下依然经营国家层面的公司,而政府当局对此视而不见。

不论是法律、管理条例还是武断的管理决定,这些措施都出于很多原因,如任意延伸国家安全概念的行为可以在任何时间通过任何行动完成,这一点将在下文关于国家安全这一跨境并购所面对的障碍之一的内容中进行详细讨论。② 与此同时,一些专业人士试图为这类障碍辩解,但并未成功,他们称这只是互惠条款的一种应用形式。③ 这种说法很容易被驳倒,因为这种说法只能证明当局要求这类授权是对其他司法管辖区下要求这类授权的行为作出回应,但并不能证明这两个司法管辖区或至少是最初设立这一要求的司法管辖区的行动合理。

有人坚持称公共政策可以证明这类措施合理,例如,由于主权财富基金追逐国家公司的大规模活动,而这些国家公司是为服务国民的基本需求而运营的。在一些司法管辖区内,特别是欧盟,正在采取措施反击这些活动。例如,德国的贸易与支付法案(Außenwirtschaftsgesetz)规定:若收购方不是欧盟公司,则该收购方收购任何德国公司 25% 以上的股份前都要获得联邦经济事务和能源部的事前授权,而联邦经济事务和能源部完全有权阻止这场交易。④

大多数司法管辖区对这类授权的要求无疑只是一种保护主义,即只是为了保护国民公司以对抗外国公司的竞争,即使这一竞争是公平的。现实中有许多能表明这一趋势的案例⑤,这一趋势被称为"投资保护主义"。⑥ 总之,不管有何正当理由,所有理由都无法否认这类授权要求被视为跨境并购障碍之一的事实。

我们要注意有时这类障碍可以通过很多方式规避,其中包括通过公司架构解决,如设立一家国民公司,将其作为克服其中一些障碍的工具,或者收购仅低于门槛的控

---

① Eleanor Kwak et al., The Middle East as an Emerging Market, in 2008 International Mergers & Acquisitions: Creating Value in an Increasingly Complex Corporate Environment at 361(Financier Worldwide Booz & Company ed., 2008).

② 见第 126—127 页。

③ Report to the Committee on Banking, Housing, and Urban Affairs, U. S. Senate: Sovereign Wealth Funds: Laws Limiting Foreign Investment Affect Certain U. S. Assets and Agencies Have Various Enforcement Processes at 19.

④ Gasperis, et al., International Lawyer, *supra* note 454, at 392.

⑤ 例如,欧盟成员国内行业的跨境并购中的保护主义行为,尽管事实上欧洲委员会发布了这方面的指令,但是具体情况主要取决于实际运用而非一纸规定,见 Mimi Hu, European Bank Mergers & Acquisitions, Annual Review of Banking and Financial Law, Development in Banking and Financial Law: 2006—2007, 126, at 131—132(2007); Cecilio Madero Villarejo, Recent Trends in EU Merger Control at 12(2011).

⑥ Ghemawat & Altman, Depth Index of Globalization 2013 and the Big Shift to Emerging Economies, *supra* note 784, at 56.

制性股份，游说或者安排以获取政府当局事前授权的活动。[①] 在此方面，最有名的规避方案之一是在某一司法管辖区内设立一家外国投资工具机构。这一司法管辖区与其他司法管辖区相比要拥有一定的优先权，这一情况在欧盟很常见。在某种合作协议下，非欧盟公司可以在欧盟中对外国公司友好的司法管辖区内开设一家公司，然后借助这家公司，作为投资工具，以完成另一个欧盟司法管辖区下的跨境并购交易，并利用授予欧盟成员国公司的所有特权，与所有其他欧盟司法管辖区开展公司的相关活动。

六、行业特定限制

在特定行业中，跨境并购在某种程度上是受到限制的，这些行业在全球几乎所有司法管辖区内都相同。一般来讲，以下这些行业对跨境并购有限制：(1)国内交通运输，特别是船舶业、航空业和机场运营业，(2)电信业，(3)能源产业，特别是发电厂，(4)农业，(5)银行业，(6)传媒业。在此，我们还要注意，虽然乍看之下行业特定的问题与外国投资授权相关的问题相似，但事实上两者都是并购障碍，不可混为一谈。比如，跨境并购交易可能不会触及外国投资事前授权要求的门槛，但同时却有可能触发行业的特定限制，反之亦然。

以下是一则行业特定限制的案例。在澳大利亚，根据《船舶登记法》(Shipping Registration Act)[②]，在澳大利亚注册的船舶，该国应该拥有多数股份，即总股份的51%。此外，根据1975年澳大利亚《外国收购与接管法》(Foreign Acquisitions and Takeovers Act)[③]，所有收购传媒业公司5%或者以上股份的外国投资都应该向政府监管机构报告，并且这一法规也适用于能源产业。参与跨境并购交易也要获得事前授权，实施这一法规主要是确认交易不违背国家利益。[④]

美国的相关法规也是如此。根据1920年《琼斯法案》(Jones Act)，若外国公司持有某一船舶股份的25%，则该船舶会被认定为外国船舶，并且不被允许在美国两地之间运载货物。[⑤] 在农业领域，根据1978年《农业外国投资披露法》(Agricultural

---

[①] Godden, el al., Pli's Annual Institute on Securities Regulation in Europe, *supra* note 431, at 1122; the SWF owned by the State of Qatar is an example of the SWFs that are using the pattern of acquiring controlling shares that do not trigger the threshold; for more details about this see Nair, Qatar Builds up Xstrata Stake Ahead of Glencore Deal, *supra* note 446; Riseborough, et al., Qatar Holds Out on Glencore as Davis Heads for Exit, *supra* note 446.

[②] Act No. 8 of 1981(The Shipping Registration Act).

[③] Act No. 92 of 1975(The Foreign Acquisitions and Takeovers Act).

[④] Rod Halstead et al., Control of Foreign Investment in Australia, in 2008 International Mergers & Acquisitions: Creating Value in an Increasingly Complex Corporate Environment at 324−325 (Financier Worldwide Booz & Company ed., 2008).

[⑤] The Merchant Marine Act of 1920, P. L. 66−261.

Foreign Investment Disclosure Act)[①]，所有跨境并购都应该在交易收官后被披露。此外，许多其他行业还有很多类似例子，如能源产业、汽车制造业以及矿地租赁业。[②]

在这一方面，根据埃及电力管理局设立的法案[③]，过去只有政府可以建设、运营并维护发电厂，但是在1996年该法案被修订，代之以1996年第100号法案。根据新法案，政府可以授予私营公司执照以建设、运营并维护发电厂，私营公司可以是国内公司，也可以是外国公司。此外，2015年发布的第87号电力法案规定埃及电力监管当局同样有授予该执照的权力。与此同时，只有少数执照被颁给了私人持有的公司以在特定项目中分权，但是这些执照几乎都被同一家公司持有，这意味着政府以武断的方式实施法律，可能会被视为某些行业内跨境并购交易的障碍。

同一背景下，在美国俄勒冈州，公共事业中的跨境并购，其中特别是发电厂，也经历着从当地有关部门获取事先授权的事件。大多数情况下，公司要做出附加保证才能获得授权。相关授权通常包含特定的条件，例如，未来某些资产不可出售，或者其他关于提供服务的可靠性或者不提高费率的保证。[④]

最后，我们还要注意行业特定限制通常与外国投资批准授权的原因相同，尽管事实上这类限制的部分或全部原因有其事实合理性，但一般来讲，这些限制都只是基于保护主义背景。最重要的是，这都证明并且无法否认行业特定限制可以被视为跨境并购交易的障碍这一事实。

七、整合问题

毫无疑问，并购各方之间的整合是存续公司要面对的关键问题之一。成功的整合确实会给跨境并购带来成功；反之，则可能会导致跨境并购失败。整合事关实现预期协同效应或者出现预期损失，因此，有人说"整合是重中之重"。[⑤] 由此而论，我们还注意到关于并购各方如何整合成功这一问题，目前尚无简单的回答，即任何一场交易都

[①] The Agricultural Foreign Investment Disclosure Act of 1978, 7 U.S.C. 3501.

[②] Reed, et al., The Art of M&A, *supra* note 359, at 907—911; Ghemawat & Altman, Depth Index of Globalization 2013 and the Big Shift to Emerging Economies, *supra* note 784, at 56.

[③] Law No. 12 of 1976 (Establishing the Egyptian Electricity Authority).

[④] Thomas C. Havens, Foreign Takeovers of U.S. Utilities-The British are Coming Again, The Metropolitan Corporate Counsel (1999).

[⑤] Hopkins, Journal of International Management, *supra* note 2, at 226; David Eaton, Cross-border M&A: Downstream Implications, in 2008 International Mergers & Acquisitions: Creating Value in an Increasingly Complex Corporate Environment at 154 (Financier Worldwide Booz & Company ed., 2008); Reed, et al., The Art of M&A, *supra* note 359, at 61.

是独特的个体,适用于此未必适用于彼。[①]

与此同时,将整合流程化繁为简,关注其中各个微小因素,可能会有助于识别出导致整合成为跨境并购的障碍之一的问题或者因素。由此而论,这些因素大体可以被识别并归类为以下三种:第一种是人力资源的整合,这可能包含以下待完成的任务:(1)为员工构建整合战略与规划,(2)整合不同文化背景下的人员,(3)整合语言不同的员工,(4)雇用有经验、有能力领导整合流程的管理者,(5)整合不同的员工评估方案,(6)整合不同的员工福利与激励方案,(7)做好员工对整合流程的心理准备,并使其摆脱"民族主义倒退",即固守旧的国家环境,并融入新的跨境多国家环境。[②]

虽然有人称人力资源的整合对跨境并购的影响并不关键,特别是当员工来自不同文化背景时,但也有人称它是跨境并购可能会面对的最重要的整合问题。[③] 据报道,在失败的跨境并购中,几乎33%的并购失败的背后原因是人力资源整合失败。[④] 人力资源整合的确非常重要,例如,康柏和惠普之间的并购在整合过程中所做的努力,并购各方组建了144个焦点小组[⑤],这些小组花了两年时间对22个不同司法管辖区下存续公司的员工进行了相关调查。[⑥]

影响跨境并购整合的第二种因素是那些与公司架构相关的问题。公司架构各不相同,即使架构相同,也可能采取不同的命名方式。例如,荷兰的"Commanditaire Vennootschap"架构与比利时的"Association en Participation"架构,等同于英国的"有限责任合伙"架构。[⑦] 然而,不同架构的典型差异主要在于注册、控制、管理、运营、许可、税务等方面要求的不同。税务将作为跨境并购的障碍之一在下文中详述。[⑧]

值得注意的是,尽管有些学者称跨境差异完全不存在,但这只是一个谬论。这个

[①] Bijesh Thakker, Necessities in a Cross-border Indian Deal, in 2008 International Mergers & Acquisitions: Creating Value in an Increasingly Complex Corporate Environment at 346(Financier Worldwide Booz & Company ed., 2008).

[②] Mazzolini, The Journal of Business, *supra* note 845, at 45−48; Madura & Vasconcellos, Bebr, *supra* note 627, at 7−8; Eaton, Cross-border M&A: Downstream Implications, *supra* note 862, at 154; Godden, et al., Pli's Annual Institute on Securities Regulation in Europe, *supra* note 431, at 1127.

[③] Reed, et al., The Art of M&A, *supra* note 359, at 661.

[④] Hopkins, Journal of International Management, *supra* note 2, at 226; Robin Johnson, Managing Pan-European Transactions for US Buyers, in 2008 International Mergers & Acquisitions: Creating Value in an Increasingly Complex Corporate Environment at 229−230(Financier Worldwide Booz & Company ed., 2008); Weston & Weaver, Mergers and Acquisitions, *supra* note 239, at 91−92; Sherman, Mergers & Acquisitions from A to Z, *supra* note 384, at 242.

[⑤] 焦点小组是一种定性调查的方法,用于调查某个群体中人们对某事的信念、期望、态度等,例如,创意、产品、服务或者其他。

[⑥] Reed, et al., The Art of M&A, *supra* note 359 at 661−662.

[⑦] Godden, et al., Pli's Annual Institute on Securities Regulation in Europe, *supra* note 431, at 1122.

[⑧] 见第133页。

学者也明确承认了不同法律制度下的公司架构问题，特别是在民法和普通法制度下，公司架构可能会成为并购各方在整合过程中要面对的重大问题之一，比如不同的业务和财务文化。他甚至还举了欧盟成员国之间架构差异的例子。例如，在法国民法制度下，若交易是以股换股交易，待交换的股票价值可以由"Commissaire aux Apports"[①]负责估量，而在欧盟其他普通法司法管辖区下则无此要求。[②]

第三种整合因素是与运营整合相关的因素，特别是在并购各方无法自动进行运营整合的情况下。与运营整合相关的因素通常包括：(1)构建运营整合战略与规划，(2)整合制造工厂，(3)整合分销渠道，(4)整合职能部门，如营销、销售、信息技术、财务、人力资源管理、会计部门等，(5)确定整合的地理范围，(6)各个司法管辖区下普遍实行的整合业务实践和标准，(7)整合消费者，这里是指有时某个司法管辖区内的消费者过去在某种制度下接受某种特定方式的服务。[③]

以下是一则并购各方商业实践整合的范例。在此案例中，并购各方要整合不同的会计准则。该案例显示了运营整合是如何构成跨境并购障碍的。在此方面，我们要注意几乎所有司法管辖区都建立了自己的会计准则。然而，随着时间的流逝和国际会计准则委员会对这些准则的协调工作，在国际财务报告准则(以下简称IFRS)框架下，只有两种准则在所有司法管辖区中占主导地位：IFRS以及一般公认会计准则(以下简称GAAP)。[④]

IFRS和GAAP之间的差异有时会导致跨境并购失败。在此背景下，据报道，在德国公司戴姆勒－奔驰和美国公司克莱斯勒之间的并购，由于两家公司的会计准则不同，1993年，根据德国会计准则得出的6 800美元的利润，在美国证券交易委员会(以下简称SEC)挂牌披露要求下为5.56亿美元的损失。这显著影响了该公司在证券交易所交易的股票价格。因此，戴姆勒决定退市，因为他们认为退市比经受整合流程带来的损失要好。[⑤]

最后，我们还要注意整合并不仅仅需关注总体流程，还需关注构成总体流程的基

[①] "Commissaire aux Apports"就是注册审计师，通常会负责资产独立估值。

[②] Godden, et al., Pli's Annual Institute on Securities Regulation in Europe, *supra* note 431, at 1122－1123,1127.

[③] Eaton, Cross-border M&A: Downstream Implications, *supra* note 862, at 154; Madura & Vasconcellos, BEBR, *supra* note 627, at 8.

[④] Henry Hansmann & Reinier Kraakman, The End of History of Corporate Law, Yale Law School Working Paper No. 235; Nyu Working Paper No. 013; Harvard Law School Discussion Paper No. 280; Yale Som Working Paper No. ICF-00-09, at 19－20(2000); Huw Jones, Global Regulators to Tighten up Bank Disclosures(Helen Massy-Beresford ed., Thomson Reuters, 2011).

[⑤] See Andreas Wöller, How the Globalization of Capital Markets Has Affected the Listing Behavior of Foreign Issuers: The Case of Daimler's Listing on the NYSE(Part Ⅰ),38 Dajv Newsletter 14, at 14－18(2013).

本组件,即以上这些问题,其中每个整合组件都可能是给跨境并购带来促进作用的成功因素。与此同时,每个组件也都可能成为给总体整合流程的开展和并购交易本身带来负面影响的严重问题。整合业绩不佳可能会导致损失,甚至使跨境并购交易一败涂地。①

八、国家安全许可

如前所述,跨境交易中境外投资最先获取的授权要通过国家安全这一宽泛概念的检验。在这一概念下,国家机关在任何时间都可以轻易阻拦跨境并购,甚至国家可能单纯地出于保护主义就可以截停跨境并购。在此,我们要指出,国家安全许可是一项施加于跨境并购各方的额外先决条件。在以下两种情况下,跨境并购才可能需要国家安全许可:第一,当跨境并购交易涉及国防或国家安全行业时;第二,外国直接投资计划收购一家国家公司,而这家公司对该国经济有特别重大的影响,有时可能只是一家国家公司。实际上,第二种情况可以被归类为经济安全事件而非国家安全事件。在此背景下,有人称国家安全这一术语在美国被用于指代经济安全②,甚至有时还被用于指代未经公布的政治目标。

例如,在美国的法律制度中,1950 年的《国防生产法》(Defense Production Act)③,以及 2007 年进一步推出的《外国投资与国家安全法案》④规定,外国在美投资委员会(以下简称 CFIUS)负责审查目标公司为美国公司的由外国直接投资的跨境并购。CFIUS 负责开展的审查活动主要关注交易的国家安全层面,但是这种审查不单是一种审查形式,即这不仅仅是国家安全问题,也可能包含政治问题和经济问题。2007 年的《国防生产法》修正案中的历史简介正揭示了这一事实。

确切而言,《国防生产法》修正案颁布的诱因就是有些跨国并购交易对国家安全不构成任何威胁,但是确实会引发经济安全或保护主义抬头。例如,一家外国公司,名叫迪拜港口世界(Dubai Ports World)。该公司属于阿拉伯联合酋长国,该国计划收购半岛和东方轮船公司(Peninsular and Oriental Steam Navigation Company)。该公司有权运营美国的 6 个港口。这一交易通过了修正案颁布之前的国家安全审查。事实上,这一事件激怒了美国立法者并且促进了修正案通过,以加强对一般意义上的外国直接投资的审查,因此也加强了对所有跨境并购的审查。⑤

---

① Reed, et al., The Art of M&A, *supra* note 359, at 661.
② Deborah M. Mostaghel, Dubai Ports World Under Exon-Florio: a Threat to National Security or a Tempest in a Seaport, 70 Albany Law Review 583, at 585(2007).
③ The Defense Production Act of 1950, 50 U.S.C. App. §§ 2061 et seq.
④ The Foreign Investment and National Security Act of 2007, Pub. L. 110—49.
⑤ 欲了解更多关于迪拜港口世界公司的细节,请参阅 Mostaghel, Albany Law Review, *supra* note 877.

在此，我们要指出，虽然CFIUS对跨境并购的事前审查仍基于自愿，这意味着并购各方可以选择按照原并购时间表，不参与国家安全审查，不披露太多信息，审查前完成交易，但是交易各方应该注意这一选择背后的风险，这主要是因为CFIUS有权按自己的意愿审查交易，即使在未收到通知的情况下也是如此，并且若CFIUS发现了任何对国家安全构成威胁的内容，则它都可能建议美国总统使用美国宪法授予的权力去禁止已经完成的交易。在这种情况下，存续公司可能会被解散。①

与此同时，我们还应该指出国家安全许可要求并非适用于所有交易，例如，对外交易和目标公司属于被动投资行业的交易就不适用于这项要求。② 若交易与特定行业相关，如国防、安全以及电信行业，则等待并购各方的就是另一种形式的国家安全许可障碍。在大多数司法管辖区，如果交易与其中一个行业直接相关，则需要事先获得授权。例如，根据美国法律制度，美国国防部有权审查与国防行业相关的并购交易。③

最后，限制国家安全概念的自由裁量和任意延伸大有益处，其中特别是要限制国家机关随意实施法律。在这方面，加拿大有望推行意在服务于各方利益的指导方针，即交易各方甚至包括政府官员在内，根据即将推行的指导方针，交易各方有望获取更坚实的决策基础来参与并购交易。④ 不幸的是，目前尚无这方面的指导方针发布。在此还要指出，无论何种形式的国家安全审查要求背后的原因可能是什么，这都不能否认一个事实，即国家安全审查可能被视为跨境并购面临的一个障碍。

九、专业服务

尽管事实上由专业人员提供的服务，如法律咨询、财务咨询、审计、会计、管理咨询等，可能是促成跨境并购成功的因素之一，但是这些服务的提供商也可能会成为交易的实际障碍，导致业绩表现低下、损失甚至交易失败。此外，由于跨境并购本身的复杂性，获取这类服务可能要付出高额的费用，因此这类费用是否会被视为加诸跨境并购的额外财务负担，而且如果服务提供商不够专业，它们将会成为跨境并购要面临的障碍之一。

比如，要参与交易成交的法律顾问必须全面了解适用于本次交易的不同司法管辖区内不同法律制度下的所有法律条文。不仅如此，若想避开未来可能导致交易失败或者并购各方债务增加的所有致命错误，还要知悉在真实案例中政府官员和法院法官对

---

① Brantley & Hunt, The M&A World Comes to the United States, *supra* note 829, at 199—200.
② Miller, Mergers and Acquisitions: A Step-by-Step Legal and Practical Guide, *supra* note 407, at 167.
③ Jonathan M. Epstein & David B. Dempsey, National Security Issues in Cross-Border Mergers, Acquisitions, and Joint Ventures, Northeast Edition the Metropolitan Corporate Counsel(2004).
④ Bhattacharjee, Canada's Foreign Investment Review Process, *supra* note 841, at 220.

这些法律条文是如何解释并适用的。例如，交易收官可能尚未获取所需的相关机构的事先认可，在某些情况下，可能会导致交易合同解除，这将在下文并购管制这一障碍的相关内容中加以讨论。

此外，缺乏对不同法律制度的全面认识而惹祸上身的案例很多。因此，处理或者参与并购交易的法律顾问以及参与这类交易的其他专业服务提供者都应该具备善于比较的思维模式，首先，要能够接受各个司法管辖区内所采用的不同制度这一事实；其次，还要理解这些制度之间的不同之处；最后，要制定出能够使交易同时符合各个制度要求的解决方案。

从实务角度看，一些专业服务提供商甚至并未接受除它们本国制度之外的其他不同制度，这一点或许有种种原因。原因之一就是国际视野有限，另一个原因就是在大多数司法管辖区内，司法以及其他专业实践都仅限于本区域内[1]，最重要的是缺乏可比的受教育水平。所有相关法律服务提供商都应该全面而深入地认识到这一事实："法律再也不能从国家的角度来看待"，甚至还有人声称大部分法学院都严格地"与其国家视角捆绑"。[2]

在这一背景下，有人称法律顾问，作为一个法学生，应该以开放的心态去学习比较法律体系。[3] 此外，并购各方的专业顾问以及所有国家官员都应该如此，或者至少提升自身的技能，以理解跨境并购交易这一全新维度的经济活动。这是因为他们在很大程度上参与跨境并购交易，在准备阶段甚至交易收官阶段都是如此，并且他们还直接参与此类交易的争议裁决。例如，有人称法官一般都是他们本国法学院的产物，这些人大部分时间都只关注本国的法律制度[4]，因此法官应该接受一些培训或者至少要以开放的心态学习比较司法实践和其他司法管辖区下的司法案例。[5]

值得注意的是，为了解决这一问题而不成为问题的一部分，许多法学院都已经开设比较法学系。这一科系从比较法视角出发专为法学生学习全球不同的法律体系而定制学习项目。其中，印第安纳大学罗伯特·麦金尼法学院（the Robert H. McKinney School of Law of Indiana University）是最早响应这一倡议的法学院之一。此外，我们还要指出法律专业的全球化问题是一个有待争议的问题，特别是在 2006 年 4 月

---

[1] Adam Palin, International Law: Legal Studies in a Globalised Era, Financial Times, November 19, 2012.
[2] Adam Palin, International Law: Legal Studies in a Globalised Era, Financial Times, November 19, 2012.
[3] Pierrick Le Goff, Global Law: a Legal Phenomenon Emerging from the Process of Globalization, 14 Indiana Journal of Global Legal Studies 119, at 123(2007).
[4] Crane, Chicago Journal of International Law, *supra* note 390, at 157.
[5] Matthias Lehmann, From Conflict of Laws to Global Justice(Columbia University, 2011); Dabbah, The Internationalisation of Antitrust Policy, *supra* note 9, at 203.

印第安纳大学法学院举办的"法律专业的全球化"专题研讨会期间。①

毫无疑问,专业服务提供商如果未受过良好教育或者没有处理全球不同制度下交易的经验,或者不了解各个制度之间的"关联与差异",那么这些服务提供商就会被视为跨境并购的一大障碍。不仅如此,他们还会错失在全球化进程中自我成长的机会。②

十、股票交易问题

当并购各方中有上市公司在内时,即该公司股票可以在证券交易所公开交易,相关证券交易的规则可能会被视为跨境并购交易面对的障碍之一。通常来讲,证券交易规则可以以下两种情况中对跨境并购造成阻碍:第一,并购各方在不同司法管辖区内要同时遵守这些规则,而这些规则之间可能互相矛盾,由此引发严重的问题,甚至将交易引入复杂的情况中,导致资源消耗;第二,这些规则可能与其他不同体系下的规则互相矛盾,而其他不同体系下的规则甚至与证券交易毫无关系,这一点我们在下文中将加以解释。

由此而论,有些人声称,大多数与证券交易规则差异相关的问题都已经在国际证监会组织(以下简称 IOSCO)③的协调工作下得以解决。全球有超过 127 家证券委员会是 IOSCO 组织的成员,其中几乎所有委员会都采纳了这些统一的规则。④ 但是,这一说法有误,因为不同司法管辖区内不同的证券委员会对该规则的实行情况才是关键,而非规则本身。比如,在某些司法管辖区,政策和总体环境都更重视资本,而其他司法管辖区可能更加关注保护少数股东权益,问题便在于此。

前文提及的戴姆勒－奔驰和克莱斯勒之间的并购就是一个范例。该例子表明,证券交易规则是跨境并购面对的障碍之一。根据美国证券交易委员会的披露规则,戴姆勒－克莱斯勒作为境外发行人,需要披露其财务信息,如净收益和利润等,并且所披露的内容要符合美国一般公认会计准则的标准。戴姆勒－克莱斯勒在德国需要披露同样的信息,但是所披露的内容要符合国际财务报告准则的标准。⑤ 在此情况下,戴姆勒－克莱斯勒在两个司法管辖区下需要披露同样的财务信息,即按美国证券交易委员

---

① 欲了解更多此专题研讨会期间发表的思想和学说的相关细节,见 Le Goff, Indiana Journal of Global Legal Studies, *supra* note 887。
② Palin, Financial Times, *supra* note 885, 2012.
③ 欲了解更多关于国际证监会组织发展历史的相关细节,请参阅 Pettet, Company Law, *supra* note 125, at 329—330; Reed, et al., The Art of M&A, *supra* note 359, at 919—920; Braithwaite & Drahos, Globalisation of Corporate Regulation and Corporate Citizenship, *supra* note 43, at 20—21.
④ IOSCO 组织的成员名单见 https://www.iosco.org/about/?subsection=membership&memid=1(最近一次访问于 2017 年 12 月 1 日)。
⑤ See Wöller, Dajv Newsletter, *supra* note 875, at 14—18.

会的 20-F 表格披露一次,再按德国的规定披露一次。①

但是,问题不在于要求披露的规则,而在于根据两套标准披露信息会耗费很多资源,因为信息披露要做两次,还要符合两套不同的标准。此外,这两套标准之间的差异很大。在国际财务报告准则下 6 800 万美元的利润在美国一般公认会计准则下就成了 5.56 亿美元的损失,这显著影响了股票交易价格,并且最终使得戴姆勒-克莱斯勒决定退市,以免遭受遵守不同披露规则所带来的损失。②

值得注意的是,在某些司法管辖区内的证券委员会能严格遵守这一套规则,而另一些司法管辖区内的证券委员会则可能对此规则视若无睹。不仅如此,甚至在一个司法管辖区内同一机构的官员对一些交易不合规的容忍度高,而对其他交易的要求却分外严格。在此情况下,根据记录,自 1990 年以来,美国证券交易委员会就对跨境发行人比国内发行人更友好。③ 例如,证券交易委员会曾参与戴姆勒-克莱斯勒就会计标准的协商,结果是证券交易委员会允许戴姆勒-克莱斯勒每 6 个月而非每季度提交一次财务报告,甚至可以提交最近两年而非准则上所要求的最近 5 年的财务报表。④

如前所述,股票交易规则不仅可能互相矛盾,还可能与其他不同体系下的规则互相矛盾,而这些不同体系的规则甚至都与股票交易无关,这必然会消耗资源,并且有时可能会导致交易失败。比如,根据大部分股票交易规则,从市场上收购股票的要约公布要适时。在大多数情况下,跨境并购的交易一旦公布,就要被相关反垄断机构审查,并且不是在一个司法管辖区内被审查,而是多个司法管辖区都会对其加以审查,而这通常耗时很久。在此情况下,并购要约就会暂停,并且发起新要约也不容易,这是由于诸多复杂问题,如价格变化甚至有时要遵从反垄断审查期间的一套新准则,通常会耗费 6 个月的时间。⑤

最后,有人称在更复杂的挂牌和一般市场规定下,更加成功的公司通常会努力遵守这些规则并上市,因为复杂的规则必然会提高存续公司的风险管理能力并完善公司治理架构。⑥ 另外,证券交易规则无一不是存续公司面前的唯一障碍,当并购各方计

---

① 所有要在美国挂牌出售其股票的"外国私人发行人"都要填写并提交美国证券交易委员会发布的 20-F 表格。

② Wöller,Dajv Newsletter,*supra* note 875,at 14—18.

③ Charles M. Nathan,et al.,Commission Adopts Regulations Regarding Takeovers and Shareholder Communications: Cross-Border Tender and Exchange Offers,Business Combinations and Rights Offerings at http://www.friedfrank.com/siteFiles/Publications/259B10FB1E8B80C04E04B9ACE93ABE60.pdf(最近一次访问于 2017 年 12 月 1 日)。

④ Wöller,Dajv Newsletter,*supra* note 875,at 16.

⑤ 例如,见英国并购委员会法典(UK takeover panel code)第 12.1 号文件,该法典规定如果交易被提交给反垄断机构,则要约自动失效。

⑥ Wöller,Dajv Newsletter,*supra* note 875,at 17.

划通过发行证券(股票、债券或者其他证券)为交易融资时,交易融资本身就是该公司要面对的困难之一。

十一、税收问题

在国家层面(即纯国内交易中),税收问题已经是一个非常复杂的问题。并购交易的税务影响重大,从参与并购的动因到影响并购交易的结构,最终甚至成为成败的关键因素。但是,作为跨境并购的产物,国际交易和跨国公司的税收问题更是极其复杂,有人称为了建设全球化的世界,几种国际化制度已经被构建并且实施,尽管在此情况下相互协调的或者国际化的税收制度并没有得到适当的关注。①

在这一方面,从经验上看,税务考量会给公司重组决策带来重大影响②,并且这对并购各方的利益有着至关重要的影响,因此他们在最终决定前应该全面了解纳税后果和所有交易结构可选方案。他们不仅要了解相关司法管辖区的不同税收制度,还要了解这些司法管辖区之间的税收协议。③ 因此,在任何情况下,税收问题都至少会消耗并购各方的资源,更有甚者,导致损失惨重甚至交易失败。

在这种情况下,据经验显示,税收政策会给美国的一般经济活动带来显著影响。④ 关于美国外商投资活动的特别实证研究也表明数据分析的结果揭示了税收政策会显著影响外商对美国的直接投资。⑤ 实际上,税收对外商直接投资活动的影响不仅出现于美国,也出现在几乎其他所有司法管辖区内。税收问题极其复杂,并且作为外商直接投资活动之一,跨境并购也深受其害,甚至在欧盟成员国之间也是如此。⑥

不仅如此,在某些司法管辖区内,税收政策的影响不仅限于一般经济活动和该区的跨境并购活动,而且也会影响其他区域的税收政策。比如,据报道,美国 1986 年的税收政策改革直接引发了加拿大政府开展对其税收政策同方向的改革,以作回应。⑦

---

① Razin & Slemrod,Taxation in the Global Economy,*supra* note 657,at 11.
② Taxation of Cross-Border Mergers and Acquisitions:Philippines,*supra* note 658,at 5; Myron & Wolfson,The Journal of Business,*supra* note 678,at S141—S16.
③ Egypt Tax Guide 2012,*supra* note 657,at 1; Driscoll,Taxable Acquisitions and Their Effect on Seller and Purchaser,*supra* note 426,at 81; and for more details about the tax effect on the parties of the transaction see *id*. at 81—103.
④ 欲了解更多税收对并购活动的影响,请参阅 Myron & Wolfson,The Journal of Business,*supra* note 678,at S141—S164.
⑤ Razin & Slemrod,Taxation in the Global Economy,*supra* note 657,at 71; and for more details on the effect of tax on FDI see generally Julian Alworth,The Finance,Investment and Taxation Decisions of Multinationals(Basil Blackwell,1988). Mark Gersovitz,The Effects of Domestic Taxes on Foreign Private Investment,in the Theory of Taxation for Developing Countries(David Newbery & Nicholas Stern eds.,1984).
⑥ 欲了解关于官方合并指示、税收制度和欧洲公司的更多细节,请参阅 Luca Cerioni,Eu Corporate Law and Eu Company Tax Law(Janet Dine ed.,2007)。
⑦ Razin & Slemrod,Taxation in the Global Economy,*supra* note 657,at 1.

在国际层面，类似的模拟回应不止这一个例子，通常来讲，这是因为事实上大部分国家之间都在互相竞争以吸引外商直接投资，有人称这一竞赛总是朝着同一方向，即简化税收，确切而言，即竞次。①

进一步来讲，实证研究发现税收政策也会影响公司的研发战略。技术引进是公司研发活动的替代品，因此所有国内税率提高都会促进技术引进量增长，这必然意味着对外投资量增加和损害国内总体经济②，这一点正表明研发战略直接对应国内税率的变化。

如前所述，在某些采用了国际税收政策的司法管辖区内，如美国和其他国家，本国公司的收益即使是在国外实现的也要纳税。③ 在实务中，全球税收政策在另一层面上引发了税收问题，即很多情况下，司法管辖权的重叠会导致重复征税的问题，加之事实上司法管辖权重叠会消耗存续公司的资源，因为存续公司要遵守多个税收制度并且要在所有相关司法管辖区内管理好本公司的税收问题。④

此外，据报道称，大部分公司已经开发了自己的一些规避部分税务问题的方法，特别是应对重复征税和税收政策不友好的司法管辖区的方法。这些公司主要采取在关联公司之间进行利润分割和转让定价的方法。然而，政府通常会利用双边条约来反击这些做法⑤，同时通过参与新一轮避免重复征税的条约制订继续竞次，这使得跨境并购各方试图通过"滥用税收协定"（treaty shopping）来决定在哪成立公司以及采用何种结构。另外，政府再次反击，一如既往，政府还是通过参与特定的条约来阻止滥用税收协定的实行。⑥

跨国公司与政府在税收问题上的斗争案例数不胜数，然而，有时二者之间出现的极端斗争行为，就不在常规案例之内。比如，沃达丰国际控股公司 BV（一家荷兰公司）和开曼群岛控股公司（一家开曼群岛公司）之间的离岸跨境并购在征税问题上出现了分歧。本次交易被指控与沃达丰爱莎有限公司（一家印度公司）存在非直接的联系。

---

① Cerioni, EU Corporate Law and EU Company Tax Law, *supra* note 906, at 176.

② Martin S. Feldstein, et al., Taxes, Technology Transfer, and R&D By Multinational Firm at 246 (University of Chicago Press, 1995).

③ 欲了解更多例子，如菲律宾也实行全球税收管理体系，见 Taxation of Cross-Border Mergers and Acquisitions: Philippines, *supra* note 658, at 8; Razin & Slemrod, Taxation in the Global Economy, *supra* note 657, at 2.

④ Razin & Slemrod, Taxation in the Global Economy, *supra* note 657, at 2—3.

⑤ 大部分国家税收管理体系都会管控转让定价；欲了解更多经济发展与合作组织成员方的转让定价概况，见 http://www.oecd.org/ctp/transfer-pricing/transfer-pricing-country-profiles.htm（最近一次访问于 2017 年 12 月 1 日）。此外，2005 年《埃及所得税法》第 91 号（Egyptian Income Tax Law No. 91 of 2005）对转让定价行为加以管控，欲了解更多关于埃及制度的信息，请参阅 Egypt Tax Guide 2012, *supra* note 657, at 4. 同时，值得注意的是，识别出转让定价管控的效益并不容易，这一说法援引自 Razin & Slemrod, Taxation in the Global Economy, *supra* note 657, at 150—151.

⑥ Razin & Slemrod, Taxation in the Global Economy, *supra* note 657, at 26—27.

因此,在孟买高级法院介入之前,印度官方介入本案。① 另外,星巴克公司向英国当局支付了数百万英镑,这才平息了社会公众对其纳税行为问题的指责。②

最后,尽管事实上解决诸多司法管辖区的税收政策可能引发的问题及其对跨境并购的影响,或者至少解决其对交易规划和构建的影响,并非易事。显然,在大多数情况下,税收问题都被视为跨境并购面对的障碍。③ 在此背景下,有些学者积极地呼吁国际税收政策的协调工作,以避免政策相悖给跨境并购带来负面影响,或者至少减轻这些负面影响。④

十二、继承问题

在跨境并购中,任何一方控制权的变动大多会导致许多问题恶化。例如,有关转让第三方协议的问题;有关某些制度(如投资激励和行业特定许可)下授予任何一方的权利或特权的分配问题;有关房地产和知识产权转让的问题;以及边界厘定问题,即界定存续公司和目标公司对其他利益相关者的责任,如客户、员工和无数的第三方,视情况而定。

例如,在几乎所有司法管辖区的法律制度下,根据"控制权变更"条款,这一条款通常在大多数协议中都有规定,由于控制权变更,向第三方分配权利与义务若未经双方同意,授权则被禁止,并且若该行为被视为违约行为,则可能导致协议终止,其中第三方可能是存续公司。⑤ 因此,存续公司可能会失去协议规定授予的权利,除非该公司取得了各相关方的同意。不仅如此,存续公司还可能平白无故地背负意料之外的负债,比如,在这种情况下,转让会被视作违约。

另一个案例来自美国,出现在目标方或者收购方与美国政府机构签订机密合同的情况下。机密合同是指要求获取机密信息访问权限的合同。这类合同转让给收购方或者并购中的任何一方,都要向美国外资投资委员会汇报。并购各方应根据相关政府机构的标准,采取可接受的措施,以确保这些合同在并购交易收官之后仍然保密,这一规定被称作一项"外国所有权、控制权或影响力防范计划"。⑥

---

① Gasperis, et al., International Lawyer, *supra* note 454, at 394—395.
② Pamela Park, Corporate Governance Watch: Public Opinion Influences Corporate Decision Making (Thomson Reuters, 2013).
③ Godden, et al., Pli's Annual Institute on Securities Regulation in Europe, *supra* note 431, at 1127—1228; Robert J. Peroni, A Response to Dean Thompson's Paper on the Impact of Code Section 367 and the European Union's 1990 Council Directive on Tax-Free Cross-Border Mergers and Acquisitions, 66 University of Cincinnati Law Review 1271, at 1275(1998).
④ Peroni, University of Cincinnati Law Review, *supra* note 916, at 1281.
⑤ Miller, Mergers and Acquisitions: A Step-by-Step Legal and Practical Guide, *supra* note 407, at 20.
⑥ Epstein & Dempsey, The Metropolitan Corporate Counsel, *supra* note 883.

此外,根据1994年《执法通讯协助法》①,美国联邦调查局(以下简称FBI)有权访问互联网服务提供商以及电信业公司的运营系统。因此,所有与收购在以上这些行业运营的美国公司相关的并购交易,FBI都有权同预期收购方商定,确保存续公司会继续将同样的访问权限授权给FBI,否则FBI可能不会批准本次交易。②

最后,我们要指出这类继承问题极其多样化,在任何单一的司法管辖区内都不受相同的规则或一般原则的管辖。因此,解决这类问题将需要前所未有的研究努力,而这超出了本书范围。然而,毋庸置疑的是,安排处理这类继承问题会消耗资源,并且可能会导致亏损甚至并购失败,因此这些继承问题也被视作跨境并购所面临的障碍。

第四节 并购管制:跨境并购的障碍

本节将阐述并证明并购管制是并购交易尤其是跨境并购普遍面临的一大障碍,之后将证明并购管制直接影响跨境并购的成功与否。本章内容分为两大部分:

第一部分,并购管制概览,将分别讨论多个司法管辖区的并购管制系统。首先对比各司法管辖区并购管制系统的不同,然后指出这些系统在实际运作时其实是相互矛盾的。

第二部分主要从跨境并购的角度指出并购管制系统可能存在的弊端。这一部分将列举并购管制系统的各种缺陷:从系统可能存在的固有缺陷到跨境并购会面临的障碍,最后揭示司法管辖区管制系统差异对相关交易造成的负面影响。基于域外司法管辖范围的规定,这些司法管辖区事实上可能与该交易并没有直接的关系或关联。详情参见下文关于美国、欧盟和埃及体系的讨论。

一、并购管制概览

并购管制是指司法管辖区的执法部门对并购交易进行审查,以查明存续公司是否存在违反反垄断法的过程。根据该审查流程的结果,执法部门可能会阻止交易,或者要求采取补救措施从而判断是否给予授权或批准,甚至可以禁止已完成的并购交易。需要注意的是,如果审查是在交易结束之前进行的,则称为并购前管制;而如果审查是在交易结束后进行的,则称为并购后管制。

并购后管制的审查程序很大程度上类似于普通的反垄断案件的审查,即审查那个

---

① The Communications Assistance to Law Enforcement Act of 1994,47 USE 1001—1010.
② Epstein & Dempsey,The Metropolitan Corporate Counsel,*supra* note 883.

并未从事并购交易的新公司的行为。因此,相比并购后管制,并购前管制主要是与并购交易本身有关。由于并购前审查可能对跨境并购产生更大的影响,下面将会对这两种管制类型进行详细的讨论。

即将讨论的并购管制系统是指美国、欧盟和埃及的并购管制系统。正如本书简介中所提到的,选择这三个系统的主要原因是,美国的系统是世界上第一个被实际采用的并购管制系统。而且,美国和欧盟的司法管辖区都是该领域最多样和最活跃的司法管辖区。[1] 另一大重要原因是,美国和欧盟管制体系拥有独特的并购管制所适用的域外管辖权,更重要的是这两个系统被全球其他许多司法管辖区大量模仿。而之所以选择埃及体系,是因为埃及是中东和北非地区的领先国家,埃及制度通常是大多数发展中国家并购管制制度的模板。更重要的是,埃及的法律法规几乎被所有的阿拉伯国家广泛复制。另外,美国和欧盟的制度都是并购前审查制度,而埃及的制度是并购后审查制度,正好代表了并购管制的两种类型。

此外,埃及法被归为大陆法系,而美国法是普通法系,将普通法模式的美国法与大陆法系的埃及法进行比较会更有建设性。最后需要指出的是,此处的讨论仅针对现有系统,不会讨论它们背后的任何价值观或者目标或者审查过程。所有相关内容将在稍后讨论并购管制系统的缺陷时详细介绍。

(一)美国并购前管制制度

要想充分了解美国的并购前管制制度,就需要回顾一个多世纪以来其制度的发展过程。前文提到的美国反垄断法,即1890年的《谢尔曼法》,可以被称之为"现代反垄断法之父"。颁布该法案是为了保护小企业免受大企业的垄断支配。《谢尔曼法》第一条禁止任何限制贸易活动的并购,第二条禁止垄断或企图垄断贸易或商业的并购。基于这两条法案的颁布,可以说美国的并购管制制度是世界上第一个被采用的并购管制制度。

然而,《谢尔曼法》事实上无法完成其使命,尤其是在并购交易方面。因为美国法院发现,并非所有限制贸易活动的并购都会受到法律禁止。该法案只是一次有限范围内的尝试,其采用的"合理原则"[2](rule of reason)仅禁止那些不合理的限制贸易活动的并购。[3] 在这种情况下,可以说,《谢尔曼法》不是并购前管制,它只是审查了存续公司的行为规范,这与审查那些未从事任何并购活动的公司没有什么区别。由此可见,20世纪初以前并购前管制在美国还未得以发展。

随着1914年《克莱顿法案》(the Clayton Act)的颁布,美国的并购管制系统又向

---

[1] Dabbah,The Internationalisation of Antitrust Policy,*supra* note 9,at 278—279.
[2] 有关"合理原则"的更多信息,请参阅 Pertiz,Hastings Law Journal,*supra* note 203。
[3] Koutsoudakis,Dayton Law Review,*supra* note 198,at 245—246.

前迈进了一步。《克莱顿法案》第 7 条明确规定,在反竞争行为实际发生之前,并购交易也可能被禁止,但这仍被视为并购后管制制度。另外,《克莱顿法案》的法规存在明显漏洞,即仅限于购买股份的并购,而并购方可以通过购买彼此的资产而不是购买股份轻松地规避这一点。美国又于 1950 年颁布了《塞勒—凯弗维尔法案》(the Celler-Kafeuver Act)[1],对《克莱顿法案》第 7 条加以修正,以堵住上述漏洞,因此它也被称为"反兼并法案"。[2]

自 1976 年《哈特—斯科特—罗迪诺反托拉斯改进法》(简称 HSR 法案)颁布以后,美国的并购管制系统就渐渐转化为真正的并购前管制系统,即从之前的对已经完成的并购项目的审查转变为管理性的并购前审查。[3] 而根据 HSR 法案新增的《克莱顿法案》第 7A 条规定,如果并购方之一的价值或者拟议的交易价值达到一定的申报门槛,各方则应提交申报,并在执行交易之前等待指定的天数以接收审查。此外,根据《克莱顿法案》第 7 A(a)(2)条,联邦贸易委员会应当每年对申报门槛数据酌情修改。[4]

根据 HSR 法案,如果审查部门发出"进一步信息请求",要求交易各方提交补充资料,那么交易执行前的等待期可能会延长。[5] 应当注意的是,根据 HSR 的规定,实际上并购各方并没有被强制要求遵守"进一步信息请求"。然而,在最终获准之前不遵守规定或私自执行交易都可能会导致未来合并交易被禁止,这无疑将会导致各方付出更大的代价。

值得注意的是,由 HSR 发起的并购前申报机制背后的主要动因是"建立一种机制,此机制能督促大型并购交易在执行前向反垄断机构提交申报,促进管理程序的改进,使非法并购交易在执行之前得以禁止"[6]。换言之,"在并购公司无可救药地不可逆转地合并在一起……之前……发布并购前禁令……"[7]。可以说,这样的意图并不新鲜。早在 1962 年,法院在美国布朗鞋业公司(Brown Shoe)并购案[8]中的裁决就昭示了《克莱顿法案》的立法意图是"将垄断阻止在竞争开始减弱的……萌芽阶段"。[9]

---

[1] The Celler-Kafeuver Act of 1950, 64 stat. 1125 15 U. S. C. § 18.
[2] Koutsoudakis, Dayton Law Review, *supra* note 198, at 246.
[3] 有关美国并购管制系统向并购前管制系统转变的更多信息,参见 Spencer Weber Waller, *Prosecution by Regulation: The Changing Nature of Antitrust Enforcement*, 77 Oregon Law Review 1383(1998).
[4] 最新申报门槛于 2017 年 1 月 26 日公布;有关最初和最新申报门槛的详细信息,请访问联邦贸易委员官方网站 https://www.ftc.gov/enforcement/premerger-notification-program/ current-thresholds(最近一次访问时间为 2017 年 12 月 1 日)。
[5] 有关"进一步信息请求"的官方信息,可登录司法部官方网站 http://www.justice.gov/atr/public/ 242694.htm(最近一次访问时间为 2017 年 12 月 1 日)。
[6] S. Rep. No. 803, at 61(1976)discussing the reasons for the enactment of HSR.
[7] H. R. Rep. No. 94-1373, at 2637(1976).
[8] Clarke, The International Regulation of Transnational Mergers, *supra* note 8, at 145.
[9] Brown Shoe Co v. United States, 370 US 294(1962), 317.

除此之外，管控体系还有另一个进展：法案第 7 条不仅适用于"公司"，还适用于合伙企业和合资企业。这是由 1980 年的《反托拉斯程序修订法》①修订完成的。根据该修正案，《克莱顿法案》的适用范围被扩大到影响洲际贸易的并购交易，即使这项交易中的当事人不从事任何商业活动，因为修订案在"从事商业活动"之后添加了"或从事影响商业活动"的修饰语。②

谈到系统的执法管理，需要注意的是美国的并购前管制系统是由多个政府机构参与的。首先，在联邦管理机构之外，在州一级，它还由州政府机构管制。这就意味着如果一项交易中参与运营的并购方涉及多个州，则除联邦一级的审查之外，所有相关州还将在州一级对交易进行调查。

在州一级，美国州检察官在州司法部长的指示下有权执行《谢尔曼法》第 4 条的规定，通过向联邦和州法院提起诉讼，以限制甚至禁止任何违反法规的交易行为。另外，在联邦层面，司法部反垄断局被授予执行《谢尔曼法》第 4 条规定的相同权利，可通过向法院提起诉讼，以防止甚至限制任何违反该法案的行为。

另外，根据 1914 年《联邦贸易委员会法》第 5 条和第 45 条③，联邦贸易委员会还通过民事诉讼参与了《谢尔曼法》的执行。④ 因此，司法部反垄断局和联邦贸易委员会都是负责在联邦层面执行《克莱顿法案》和并购前申报的执法机构。⑤ 但更准确地说，司法部反垄断局可以向联邦初级法院提起诉讼赔偿以弥补损失⑥，或从法院获得交易禁令，禁止违反《谢尔曼法》和《克莱顿法案》的交易。⑦ 联邦贸易委员会只能向联邦初级法院提起诉讼以获得交易禁令，诉讼时期所有正在进行的执法程序将处于待定状态。⑧

为了减少州和联邦机构之间，或者联邦与联邦机构之间的职能重合，政府采取了两项举措：第一个举措是司法部和联邦贸易委员会与州司法部长签订合作协议，以提高机构之间的沟通和协调水平。该协议被称为联邦执法机构和州司法部长之间的并购调查协调协议，简称为"契约"。⑨ 第二个举措是司法部反垄断局和联邦贸易委员会

---

① The Antitrust Procedural Improvements Act of 1980, 94 STAT. 1154 Pub. L. 96-349.
② Robert S. Schlossberg & American Bar Association Section of Antitrust Law, Mergers and Acquisitions: Understanding the Antitrust Issues at 2-6 (ABA, Section of Antitrust Law 3rd ed., 2008).
③ The Federal Trade Commission Act of 1914, 15 U. S. C §§ 41-58.
④ FTC v. Motion Picture Adver. Co, 344 US 392(1952); FTC v. Cement Inst., 333 US 683, 691(1947).
⑤ 15 U. S. C. § 21 授予联邦贸易委员会执法权, 15 U. S. C. § 25 授予司法部执法权。
⑥ 15 U. S. C. § 15a.
⑦ 15 U. S. C. § 25.
⑧ § 13(b)of the Federal Trade Commission Act, 15 U. S. C. § 45.
⑨ 联邦执法机构与州司法部长之间的合并调查协调协议的官方文件请参见美国司法部网站 http://www.justice.gov/atr/public/ guidelines/1773.htm(上次访问时间为 2017 年 12 月 1 日)。

达成了一项关于调查认可程序的协议备忘录,用于减少两者工作范围之间的重合。[①]

从机构组成看,联邦贸易委员会主要由局和司组成。其中,竞争局下设 4 个并购司,每个司管理某些指定行业,并且还设有一个接收 HSR 申报的并购前申报办公室(PNO)。[②] 而司法部主要由局和办公室组成。其中,一个部门是反垄断局,下设办公室和科室;一个是运营办公室,下设并购前申报科。[③] 图 2—2 有助于了解美国并购前管制系统中各执法机构的组成和合作关系。

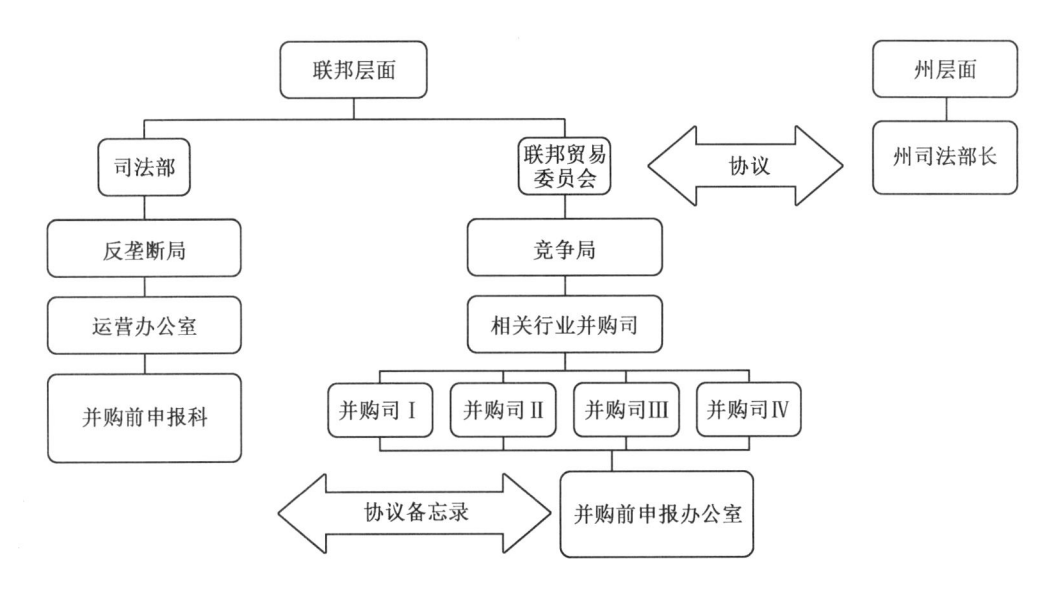

资料来源:Data derived from the previous discussion。

图 2—2 美国反垄断执法体系

下面列出的 HSR 并购前管制步骤有助于我们了解美国并购前管制的流程。如果并购交易金额达到申报要求:(1)向联邦贸易委员会、美国司法部反垄断局及所有相关的州司法部长提交所需的申报资料并缴纳申请费;(2)联邦执法机构将协商决定由哪家机构对交易进行审查,这就是"认可程序"(clearance process),该机构可能会与交易相关的州司法部长签订契约;(3)当事各方进入等待期,在此期间负责调查的执法机

---

① 联邦贸易委员会与美国司法部反垄断局之间关于调查认可程序的协议备忘录的官方文件请参见美国司法部网站 https://www.justice.gov/sites/default/files/atr/legacy/2007/07/17/10170.pdf(上次访问时间为 2017 年 12 月 1 日)。
② 有关联邦贸易委员会竞争局并购司的更多详细信息,请参阅官方网站 https://www.ftc.gov/about-ftc/bureausoffices/bureau-competition/inside-bureau-competition(上次访问时间为 2017 年 12 月 1 日)。
③ 有关反垄断司下属办公室和部门的更多详细信息,请参阅司法部官方网站:https://www.justice.gov/atr/sections-and-offices(上次访问时间为 2017 年 12 月 1 日)。

构开始开展调查并且向并购方和第三方收集信息[1];(4)调查机关可能会做出如下回应:在等待期结束之前禁止交易,或不做任何决定,直到等待期结束,或发出"进一步信息要求"(second request)以收集补充资料;(5)收到"进一步信息要求"的交易,等待期延长,而且等待期有可能比并购各方协商同意的时间还要长;(6)在等待期满前,执法机构可以与并购方达成一项恢复竞争的协议,即"协议裁决"(consent decrees)或"补充协议"(remedies);(7)如果等待期已过而没有收到任何质疑或补救措施要求,当事人则可以继续推进并购交易;(8)如果并购各方未就补充协议达成一致,或者执法机构发现了不可恢复的违规行为,则管理机构可以启动申请法院禁令的程序,甚至可视情况禁止已经完成的并购交易。[2]

综上所述,并购前管制流程从并购方的申报开始,以执法机构的裁决结束。该裁决有以下四种可能:(1)如果没有发现任何违规行为,则在等待期结束前提前终止流程。(2)直到等待期结束,执法机构若都未采取任何行动,则视为申报方已自动通过并购审查。[3] (3)如果存在可恢复的违规行为,则协商达成和解协议。(4)向法院提交诉讼。这里需要注意的一个重要问题就是政府机构不能自行执行并购管制,而应请求法院执行。

因此,有观点认为法院主要依据政府机构发布的指南来确定并购交易的合法性,而不是依据判例法。法院和司法审查的作用仅仅是"象征性的"。法院不仅遵循职能机构的调查结果,而且其审查程序实际上也并不存在。[4] 但也有人认为司法审查程序是实际存在的,甚至这些程序很大程度上依赖于"经济推理"(economic reasoning)。[5]

有人坚持认为,联邦机构对《克莱顿法案》的执行导致并购前管制系统的复杂性高度发展。有报道称,联邦贸易委员会主席承认并购前管制系统的复杂性,堪与税收和证券系统相提并论。[6] 这种复杂性促使司法部于1968年发布了第一版并购管理指

---

[1] 有关联邦贸易委员会和美国司法部反垄断局如何审查并购交易及各项评估标准的更多信息,请参阅 Clarke,the International Regulation of Transnational Mergers,*supra* note 8,at 107—112。

[2] 有关联邦并购前控制流程的更多详细信息,请参阅 Ilene K. Gotts & American Bar Association Section of Antitrust Law,the Merger Review Process: a Step-By-Step Guide to Federal Merger Review(Section of Antitrust Law,American Bar Association 3rd ed. ,2006); Anthony W. Imus & Neil W. Swisher,American Bar(ABA Section of Antitrust Law 4th ed. ,2007).

[3] Clarke,The International Regulation of Transnational Mergers,*supra* note 8,at 147—148.

[4] Waller,Oregon Law Review,*supra* note 927,at 1394—1395.

[5] Dennis W. Carlton,*Does Antitrust Need to be Modernized*?,21 The Journal of Economic Perspectives 155,at 155(2007),作者是负责经济分析的助理部长、现代化反垄断委员会委员。该委员会于2002年由国会成立,旨在调查反垄断法及其管理是否需要现代化方案。

[6] Hugh Latimer,*A Case of Runaway Notification Premerger Notification*,3 Aei Journal On Government and Society 46,at 46(1979).

南。① 该指南于 1982 年修订。1984 年非横向并购指南又发布。② 1992 年,贸易委员会和司法部联合发布新指南,新指南于 1997 年修订。③ 两方又于 2010 年联合发布了新的横向并购指南。④

如果执法机构就一项并购交易向法院提出诉讼,则该指南对任何一方,即执法机构、并购方和法院均不具备法律约束力。⑤ 如前所述,也有说法认为,法院主要依靠发布的指南来裁决并购交易的合法性,法院和司法审查的作用只是"象征性的",也就是说,指南实际上具有约束力。

毫无疑问,并购各方和执法机构都乐于在诉诸任何司法程序之前能友好地解决问题。基于此,执法机构提供了一条特殊的解决途径,即采取避免预期纷争的补救措施。补救措施可分为两类:第一类是行为性补救措施,即双方可继续执行交易,但承诺不从事那些可能违反反垄断法的经营行为,在美国体系内被正式称为"行为补救"⑥。第二类是结构性补救措施,即并购各方同意剥离某些资产或业务部门,甚至知识产权等权利。资产剥离被认为是最流行的结构性补救措施。⑦ 此外,由于补救措施可以在执法部门和并购方之间协商,因此也可以采取包含以上两个类别的混合补救措施。⑧ 一般来说,执法部门可能首先向法院提起诉讼以获得更大的谈判权或话语权。把交易提交法院将给予并购各方一定的谈判压力,从而促使他们接受执法部门的提议。

事实上,补救协议并没有取代司法的地位。根据 1974 的《反托拉斯程序和处罚法》(Antitrust Procedures and Penalties Act,通称为《滕尼法》⑨),这些协议在生效之前也需要经过司法审查。应该注意的是第三方以及所有执法机构可能会对已完成的

---

① U. S. Department of Justice Merger Guidelines of 1968,原文见司法部官方网站 http://www. justice. gov/atr/hmerger/1 1247. pdf(上次访问时间为 2017 年 12 月 1 日)。

② U. S. Department of Justice Non-horizontal Mergers Guidelines(June 14,1984),可访问司法部官方网站 http://www. justice. gov/atr/public/guidelines/2614. html(上次访问时间为 2017 年 12 月 1 日)。

③ U. S. Department of Justice and Federal Trade Commission, Horizontal Merger Guidelines(April 2,1992)(1997 年 4 月 8 日修订),可访问司法部官方网站,https://www. justice. gov/atr/horizontal-merger-guidelines-0(上次访问时间为 2017 年 12 月 1 日)。

④ U. S. Department of Justice and Federal Trade Commission, Horizontal Merger Guidelines(August 19, 2010),可访问司法部官方网站,https://www . justice. gov/atr/horizontal-merger-guidelines-08192010(上次访问时间为 2017 年 12 月 1 日)。

⑤ Shenefield & Stelzer, The Antitrust Laws: A Primer, *supra* note 178, at 65.

⑥ 有关行为补救措施的更多详细信息,参见 Department of Justice Antitrust Division United States, Antitrust Division Policy Guide to Merger Remedies at 12—18(U. S. Dept. of Justice, Antitrust Division, 2011)。

⑦ Jo Seldeslachts, et al. ,*Settle for Now but Block for Tomorrow: The Deterrence Effects of Merger Policy Tools*, 52 Journal of Law and Economics 607, at 631(2009); Richard G. Balto & David A. Parker, United States Federal Trade Commission, the Evolving Approach to Merger Remedies (Federal Trade Commission, 2000)。

⑧ 关于混合补救措施的更多细节,参见 United States, Antitrust Division Policy Guide to Merger Remedies, *supra* note 957, at 18—19。

⑨ The Antitrust Procedures and Penalties Act of 1974,15 U. S. C. § 16.

并购交易提出疑问。例如,尽管交易并未受到贸易委员会或司法部反垄断局的质疑,或者并购方已获得了贸易委员会或司法部获得的许可,州司法部长或符合法院诉讼资格的第三方仍然可能对并购提出疑问。[1] 甚至有报道称,州司法部长越来越热衷于质疑那些已经获得联邦机构批准的并购交易。[2]

美国的并购前管制制度直接影响跨境并购。其最重要的特点是美国的并购前管制制度具有域外管辖权。美国法院可以将美国反垄断法适用于任何其他司法管辖区内进行的任何交易,甚至适用于非美国公司之间。这种域外管辖权最早是在美国铝公司案(Aloca)中引入的。该案提出了"效果原则"(effects doctrine)。根据该原则,美国法院可以将美国反垄断法适用于任何预期会影响美国贸易或商业的域外交易。[3]

在之后的廷布莱因木材公司(Timberlane)案中,效果原则被弱化。法院决定采用"礼让原则"[4](reason comity),即法院决定衡量对域外被告的合理管辖度。[5] 随着1982年《对外贸易反垄断改进法》[6]的出台,该原则得到进一步发展。法律规定当交易对美国贸易或商业产生"直接、实质性和合理可预见的影响"时,才可以适用美国法律。但有说法认为该法律并没有引入新的明确的规则来结束关于效果原则和礼让原则孰轻孰重的辩论。[7]

法院对哈特福德火险公司诉加州政府案(Hartford Fire Case)的判决证明了上述看法。在这个美国和外国法律之间存在"真正冲突"的案件中,法院判决弱化了礼让原则。[8] 此外,美国诉日本立邦纸业案(Nippon Paper Case)的判决再次证明了Hartford Fire案中美国法院的立场以及礼让原则被弱化的观点。法院在该案中强调礼让原则"更倾向于是一种意愿"而非强制准则。[9]

美国的并购管制制度不仅是并购前制度,也是并购后制度。在交易没有达到申报门槛,或者并购前审查没有发现违规行为,但存续公司从事反竞争行为,或者存续公司违反了与执法部门签订的补救协议等情况下,联邦和州执法部门有权对任何已完成的

---

[1] Nathan R. Viavant, *Agreeing To Disagree?: Continuing Uncertainties in Transatlantic Merger Clearance Post-EC Merger Regulation*, 17 Tulane Journal of International and Comparative Law 177, at 194−195 (2008).

[2] Gotts, The Merger Review Process: A Step-by-Step Guide to Federal Merger Review, *supra* note 947, at 283.

[3] United States v. Aluminum Co. of America, 148 F. 2d 416(2d Cir. , 1945).

[4] 有关礼让原则的更多详细信息,请参见 Hessel E. Yntema, The Comity Doctrine, 65 Michigan Law Review 9(1966).

[5] Timberlane Lumber Co. v, Bank of America, 549 F. 2d 597(9th Cir. , 1976).

[6] Foreign Trade Antitrust Improvements Act of 1982, 15 U. S. C. § 6a.

[7] Papadopoulos, The International Dimension of EU Competition Law and Policy, *supra* note 181, at 67.

[8] Hartford Fire Ins. Co. v. California, 509 U. S. 764(1993).

[9] United States v. Nippon Paper Industries Co. Ltd et al. , 109 F. 3d 9(1st Cir. 1997).

并购提出诉讼。

最后举一个美国并购后管制的例子：在线评论和评级行业的两家公司——Bazaarvoice 和 PowerReviews 的并购，其交易未达到法定申报要求，双方于 2012 年 6 月 12 日完成并购。但 6 个月后，司法部反垄断局向法院提起诉讼，指控该并购交易违反了《克莱顿法案》第 7 条。法院于 2014 年 1 月 8 日裁定该交易违反了反垄断法。讽刺的是，该裁决的证据不是来自消费者的信息，而是来自交易一方的首席执行官电子邮件里的一段话。在这段话中，他表示此并购交易将促使双方在并购后可以淘汰市场上唯一的竞争对手。[1]

（二）欧盟并购前管制制度

之前在"垄断与反垄断法"的讨论中提到，欧盟的并购前管制体系不像美国体系那样经历了长期发展。1957 年 3 月 25 日，欧盟在欧洲经济共同体框架下迈开了反垄断管制的第一步。从那时起，欧盟反垄断体系或规则通常被认为是"用以完成委托给欧盟的任务，特别是对于内部市场的运作至关重要的一项基本条款[2]"。

欧盟的反垄断规则在《欧洲经济共同体条约》（EEC）第 85 条和第 86 条中被明确规定，后来成为《欧洲共同体条约》（TEC）的第 81 条和第 82 条，目前是《欧盟运作条约》（TFEU）[3]的第 101 条和第 102 条。有人认为欧盟采用反垄断规则是经济和政治发展的必然结果[4]，也有人认为此举旨在为共同市场目标而服务。[5] 但是，一些学者认为欧盟及其条约背后的理念是建立一个"使欧洲人民更加紧密的联盟[6]"，而不仅是建立一个单一市场。[7]

需要注意的是，《欧盟运作条约》（TFEU）中所述的反垄断规则并不意味着欧盟存在并购前管制制度；相反，这些规则应用于并购后管制系统。根据此规则，如果存续公司从事了反竞争行为，则与其他未从事并购交易的公司一样，其行为依然可能会受到质疑。1990 年 9 月 21 日，第一个欧盟并购前管制委员会条例生效。从这一天开始[8]，欧盟正式建立了并购前管制体系。该体系要求某些并购交易在执行前须提前申报和

---

[1] United States v. Bazaarvoice, Inc. 13-cv-00133-WHO, slip op. (N. D. Cal., Jan. 8, 2014).

[2] Eco Swiss China Time Ltd v. Benetton International NV case C-126/97 [2000] 5 CMLR 816, para. 36.

[3] Treaty on the Functioning of the European Union, O. J. C 326, 26. 10. 2012, pp. 47—390.

[4] Dabbah, The Internationalisation of Antitrust Policy, *supra* note 9, at 30.

[5] Kathryn Fugina, *Merger Control Review in the United States and the European Union*: *Working Towards Conflict Resolution*, 26 Northwestern Journal of International Law & Business 471, at 476(2006).

[6] The Preamble to the Treaty Establishing the European Economic Community, Rome Treaty, 25 March, 1957.

[7] Christopher Bellamy, *Some Reflections on Competition Law in the Global Market*, 34 New England Law Review 15, at 18—19(1999).

[8] Council Regulation (EEC) No 4064/89 of 21 December 1989 on the control of concentrations between undertakings, O. J. L 257/90, 21. 12. 1989, pp. 1—12.

接收审查,这意味着欧盟从此加入了并购前管制大营。

在 1957—1990 年期间,欧盟委员会(以下简称"欧委会")试图大范围应用反垄断条约调查任何可能影响欧盟市场的并购交易。1963 年,欧委会邀请了一组专家专门研究因并购引起的市场份额集中问题所带来的负面影响。专家组之后发布了研究报告,称为"关于共同市场企业集中的备忘录"①。他们建议欧盟采用并购前管制制度,以便更有效地保护共同市场。因此,欧委会于 1973 年提议采用并购前管制系统。这一提议直到 1989 年才被理事会第 4064 号条例正式通过。②

在此期间,即从 1973—1989 年理事会第 4064 号条例颁布期间,欧盟内部就扩大欧委会控制欧盟并购交易的权力进行了激烈的辩论。该辩论主要是由于欧盟成员国对扩大欧委会权力犹豫不决引起的,特别是在并购管制领域。③ 与此同时,欧洲法院在 1973 年的一项裁决中指出,《欧洲经济共同体条约》第 86 条可以适用于并购交易④,而第 85 条直到 14 年后的 1987 年才得以适用。⑤

最终,欧盟以正式采用并购前管制制度的行动结束了争论。欧盟委员会成为唯一一个负责管理和执行欧盟并购前管制制度的机构。任何达到申报门槛并在欧盟层面进行的并购交易都必须在执行前申报并获取批准。此外,在 1989 年第 4064 号理事会条例起草近 14 年以后⑥,理事会 2004 年第 139 号条例⑦对 1989 年理事会条例进行了重大修订。许多学者认为该修订案是一项根本性转变,是欧盟向美式并购前管制系统转变的转折点。⑧ 相关内容将在之后讨论并购管制的缺陷时阐述。⑨

---

① Communaute Europeenne Commission, Leprobleme de la Concentration Dans Le Marche Commun(Services des Publications des Communauté Européenne Commission, 1966).

② Francesco Russo, et al., European Commission Decisions on Competition: Economic Perspectives on Landmark Antitrust and Merger Cases at 312—313(Cambridge University Press, 2010); Mario Siragusa, *Merger Control and State Aids Panel: Merger Control in the European Community*, 9 Connecticut Journal of International Law 535, at 535—536(1994).

③ Papadopoulos, The International Dimension of EU Competition Law and Policy, *supra* note 181, at 163—164.

④ Case 6/72, Europemballage Corporation and Continental Can Company Inc. v. Commission of the European Communities, (1973) E. C. R. 215.

⑤ Joined Cases 142/84 and 156/84 British-American Tobacco e. a. and Reynolds v. Commission ("Philip Morris"), [1987] E. C. R. 4487.

⑥ 有关 1990—2003 年期间欧盟并购管制系统发展的详细信息,请参阅 Nicholas Levy, *EU Merger Control: From Birth to Adolescence*, 26 World Competition Law and Economics Review 195(2003).

⑦ Council Regulation(EC)No 139/2004 of 20 January, 2004 on the control of concentrations between undertakings(the EC Merger Regulation), O. J. L 24, 29.01.2004, pp. 1—22.

⑧ Ghosal & Stennek, The Political Economy of Antitrust, *supra* note 703, at 262.

⑨ 有关 2004 年第 139 号理事会条例的详细分析,请参阅 Nicholas Levy, *Mario Monti's Legacy in EC Merger Control*, 1 Competition Policy International 99(2005); Werner Berg, *The New EC Merger Regulation: A First Assessment of its Practical Impact*, 24 Northwestern Journal of International Law and Business 683(2004).

此外，负责 2004—2009 年竞争政策研究的专员尼莉·克罗斯(Neelie Kroes)[①]指出，在 2004 年之后，由于并购交易数量的增加，特别是在电信、运输和能源等更加"自由化"的行业，欧委会在执行并购前管制方面的作用也显著增加。[②] 最近，在 2014 年 11 月之前负责竞争政策的专员华金·阿尔穆尼亚也在多种场合指出，欧委会非常认真地考虑采取更多措施来扩大其对交易预审或管控的权力，甚至对非控制性少数股权收购的监管权力。[③]

正如美国各州和联邦机构之间存在管辖权重叠的问题，欧盟的并购前管制制度也引发了成员国国家与欧委会之间管辖权重叠的问题。根据 2004 年第 139 号理事会条例，达到申报门槛并且在欧盟层面的并购交易将专门由欧委会审查。但此准则又有许多例外情况，例如，根据理事会 2004 年第 139 号条例，在 3 个及以上成员国对同一交易拥有管辖权的情况下，尽管交易有可能没有达到欧委会管辖区的最低门槛要求，但交易方仍可以向欧委会提出"合理提交意见书"，请求欧委会审查该并购交易。[④]

再举一个不遵循欧委会并购交易管辖权准则的例子。同样是依据理事会 2004 年第 139 号条例。在这个案例里，欧委会事实上对交易具有管辖权，但仍然将并购交易提交给成员国的主管部门，主要是因为交易各方向欧委会提交了"合理提交意见书"，声明成员国有明确、合理的理由审查该交易。[⑤] 此外，根据理事会 2004 年第 139 号条例的序言，无论是欧委会将属于其管辖的并购交易下派给成员国主管部门审查，还是成员国将并购交易提交给欧委会审查，都应该"适当考虑法律的确定性和'一站式'原则"，以避免管辖权重叠。[⑥]

在这样的背景下，一个名为"欧盟并购工作组"的小组于 2010 年 1 月在布鲁塞尔成立。该工作组由来自欧盟委员会和欧盟成员国反垄断执法部门的代表们组成。2011 年 11 月 8 日，该工作组通过了一套关于欧委会与成员国反垄断部门之间在多司法管辖区或跨境并购管制方面合作的最佳实践指南，其中包括从并购方获得信息共享豁免，以便欧委会和成员国反垄断主管部门相互开放和共享机密信息。[⑦]

[①] 尼莉·克罗斯(Neelie Kroes)在 2004—2009 年期间担任欧盟委员会副总裁，是负责竞争政策的专员，并在 2014 年 11 月之前担任欧洲数字议程专员。

[②] Kroes, Challenges to the Integration of the European Market: Protectionism and Effective Competition Policy, *supra* note 763, at 4.

[③] Almunia, EU Merger Control has Come of Age, *supra* note 691, at 6; Joaquin Almunia, Merger Review: Past Evolution and Future Prospects at 5(Law and Economics Conference on Competition Policy ed., 2012).

[④] Article 4(5)of Council Regulation No. 139 of 2004.

[⑤] Article 4(4)of Council Regulation No. 139 of 2004.

[⑥] Para. 11 of the Preamble of Council Regulation No. 139 of 2004.

[⑦] EU Merger Working Group, Best Practices on Cooperation between EU National Competition Authorities in Merger Review, adopted 8 November, 2011; 原文链接 http://ec.europa.eu/competition/ecn/nca_best_practices_merger_review en.pdf(上次访问时间为 2017 年 12 月 1 日)。

还需要指出的是,欧委会与美国司法部和联邦贸易委员会一样,都在非常积极地发布并购审查使用相关评估标准的指南。欧委会于 2004 年发布了横向并购指南[1],2008 年[2]发布了非横向并购指南,前后还发布了关于为适用欧盟反垄断规则而定义"相关市场"的通知[3],关于欧盟委员会和成员国执法部门交易转介的通知[4],以及关于不引起反垄断问题的并购交易处理程序的通知。[5]

除此之外,欧委会还出版了两本手册,可以适用于并购管制系统的所有规则:第一本于 2010 年 4 月出版[6],第二本于 2013 年 7 月出版。[7] 两本手册都全面介绍了并购管制过程中适用的所有规则,包括行为指南、最佳实践以及其他一些实用信息。此外,欧委会从 1972 年 4 月的第一份报告起,每年都发布有关欧盟"竞争政策"的特别年度报告[8],最近一次是于 2017 年 5 月 31 日发布的。2002 年 7 月,欧共体甚至发布了一份在欧盟反垄断和并购管制中使用的术语表,以便在欧盟内部统一协调这些术语的使用。[9]

在阐述欧盟并购前管制流程的步骤之前,首先要了解一个前提,即哪些交易应提交给欧盟委员会审查。有两种情况需要提交给欧委会,每种情况还都必须满足一定的条件:第一种情况是:(1)并购各方在全球范围内的营业总额超过 50 亿欧元;(2)并购方中至少两方在欧盟范围内的单方营业额超过 2.5 亿欧元;(3)并购各方在一个欧盟成员国内单方营业额不超过其欧盟内总营业额的 2/3。第二种情况是:(1)并购各方在全球范围内的总营业额超过 25 亿欧元;(2)并购各方在至少 3 个成员国司法管辖区内总营业额超过 1 亿欧元;(3)在第(2)项下的 3 个成员国司法管辖区内,至少有两个当事方的单方营业额超过 2 500 万欧元;(4)至少有两个当事方在欧盟范围内的单方

---

[1] Guidelines on the assessment of horizontal mergers under Council Regulation on the control of concentrations between undertakings, O. J. C 31, 05. 02. 2004, at 5—18.

[2] Guidelines on the assessment of non-horizontal mergers under Council Regulation on the control of concentrations between undertakings, O. J. C 265, 18. 10. 2008, at 6—25.

[3] Commission Notice on the definition of relevant market for the purposes of Community competition law, O. J. C 372, 09. 12. 1997, at 5—13.

[4] Commission Notice on case referral in respect of concentrations, O. J. C 56, 05. 03. 2005, pp. 2—23.

[5] Commission Notice on a simplified procedure for treatment of certain concentrations under Council Regulation(EC)No 139/2004, O. J. C 366, 14. 12. 2013, pp. 5—9.

[6] European Commission, Directorate-General for Competition, EU Competition Law: Rules Applicable To Merger Control: Situation As At 1st April 2010(Publications Office, 2010).

[7] European Commission, Directorate-General For Competition, EU Competition Law: Rules Applicable To Merger Control: Situation As At 1st July 2013(Publications Office, 2013).

[8] 所有年度"竞争政策报告"参见欧委会官方网站 http://ec. europa. eu/competition/publications/annual_report(上次访问时间为 2017 年 12 月 1 日)。

[9] European Commission, Directorate-General for Competition European Commission, Glossary of Terms Used in EU Competition Policy: Antitrust and Control of Concentrations(Office for Official Publications of the European Communities, 2002).

营业额超过1亿欧元;(5)并购各方在一个欧盟成员国内单方营业额不超过其欧盟总营业额的2/3。

以下几个典型的并购前管理步骤,有助于我们了解欧盟并购前管制的流程:(1)向欧委会提交所需的申报表,无需缴纳费用;(2)欧委会将在25天的等待期内对并购交易进行调查,在此期间,欧委会从并购方和其他第三方收集信息,该阶段称为"第一阶段调查";(3)欧委会可能会做出如下回应:在等待期结束之前或在等待期结束时无条件或有条件地批准交易,或阻止交易,或决定进一步深入调查,即被称为"第二阶段调查";(4)欧委会将在90个工作日内进行第二阶段调查并做出最终裁决,最终裁决可能的结果与第一阶段相同。①

需要指出的是,并购交易的有条件批准意味着欧委会发现了交易存在可纠正的违反反垄断规则的行为,并且并购各方提供了可接受的补救措施用于避免可能的违规行为。这些补救措施与之前在美国并购前管制系统中提到的补救措施相同,可以有两种形式,即行为性补救措施和结构性补救措施。② 有一点值得注意,第二阶段的调查期限在两种情况下可以延长至90个工作日以上:(1)并购方在原定90个工作日的等待期内的第55个工作日后提交补救措施的,可再延长15个工作日;(2)应并购各方请求或经各方同意,可延长20个工作日。③ 如前所述,各方极有可能会同意延长等待期,以减少未来交易被禁止的风险。

本章除从政策角度以及其最终目标分析欧盟和美国的并购前管制之间的差异之外,稍后还会在讨论并购管制的弊端④时从程序的角度来看两个系统流程之间的明显差异:(1)与美国的申报要求不同,欧盟没有申报费,(2)与美国执法机构的决策权不同,欧委会对并购交易可以自主做出最终裁决,无需诉诸其他司法机构⑤,(3)与美国

---

① 有关欧盟并购前管制流程的更多详细信息,请参阅 European Union, Antitrust Manual of Procedures: Internal DG Competition Working Documents on Procedures for the Application of Articles 101 and 102 TFEU (2012).

② Articles 6(2)and 8(2)of Council Regulation No. 139 of 2004,有关欧盟补救措施的更详细分析和讨论,参见 Robert A. Lipstein & Werner Berg, Merger Remedies In The US and Europe(Global Legal Group,2009);有关并购补救措施分类的更多详细信息,参见 Stephen Davies & Bruce Lyons, Mergers and Merger Remedies in the EU: Assessing the Consequences for Competition(Edward Elgar Publishing,2007);有关结构性补救协议的模板,参见 European Commission,EU Competition Law: Rules Applicable to Merger Control: Situation as at 1st July 2013,*supra* note 1000,at 321—333.

③ Article 10 of Council Regulation No. 139 of 2004.

④ 见第151页。

⑤ 有关1957—2008年期间欧委会的裁决,参见 Russo, et al., European Commission Decisions on Competition: Economic Perspectives on Landmark Antitrust and Merger Cases,*supra* note 979,at 10—16。2010年,有关欧委会并购管制决策的更多细节和分析,同上,见第312—384页。

体系非常复杂不同,欧盟体系的复杂性不高[1]。(4)与美国制度不同,欧盟并购前管制的执行不以诉讼为导向,而欧委会有权直接对并购方处以罚款并要求定期支付罚款。[2]

尽管欧盟反垄断规则的执行和并购前管制制度并不像美国那样以诉讼为导向,但值得注意的是,欧盟在审查过程中做出的所有裁决甚至这些裁决的执行过程还是要接受欧洲法院的司法审查的。因此,并购各方可以质疑欧委会在并购前管制过程中做出的任何决定,或任何有关罚款或定期处罚的决定,或其禁止交易的最终决定。另外,任何第三方都可以对欧委会批准交易的最终裁决提出疑问,甚至与当事人一方一起对委员会禁止交易的决定提出疑问。[3] 不过,关于因补救措施而拥有谈判权方面,欧委会拥有的事后司法审查权使其比美国执法部门在谈判中更具优势。[4]

此外,欧盟并购前管制系统中也出现了域外效力的问题。根据报告,欧盟在1964年的Grosfillex-Fillistorf案[5]的裁决中首次提出了域外管辖权。其中,欧委会是第一个对非欧盟方适用反垄断规则的欧盟机构。尽管交易甚至在欧盟领土之外进行,但欧委会声称该交易影响了欧盟的内部市场。[6]

但有人认为,域外效力首先出现在欧盟初审法院[7](简称CFI)对纸浆案(Wood Pulp case)[8]的裁决中。此案中,欧盟对非欧盟公司执行反垄断裁决。当该裁决在法院受到质疑时,法院最终裁定,其限制竞争协议的实施对欧盟内部市场消费者造成了影响,因此其违规行为可以适用反垄断规则。[9] 如前所述,目前欧盟委员会的域外管辖已成事实。无论并购方所属地在哪里,只要是达到最低门槛且已构成欧盟层面的交易,欧委会就有权对此并购交易适用欧盟反垄断规则。

在此情况下,欧委会于1991年与美国签订了一项合作协议,以"促进合作与协调,

---

[1] Eleanor M. Fox, *US and EU Competition Law: A Comparison*, in Global Competition Policy at 340—341(Edward M. Graham & J. David Richardson eds, 1997).

[2] Articles 14 and 15 of Council Regulation No. 139 of 2004.

[3] Para 17 of the Preamble and Article 16 of Council Regulation No. 139 of 2004.

[4] Keith R. Fisher, *Transparency in Global Merger Review: A Limited Role for the WTO?*, 11 Stanford Journal of Law, Business, and Finance 327, at 333 (2009).

[5] Commission Decision of 11 March, 1964 *Grosfillex-Fillistorf*; O. J. No. 58 of 9 April 1964, at 915.

[6] Commission of the European Communities, Eleventh Report on Competition Policy, Brussels, 1982, at 36.

[7] 2007年《里斯本条约》将法院名称改为普通法院。

[8] Judgment of the Court(Fifth Chamber) of 31 March, 1993. A. Ahlström Osakeyhtiö and others v. Commission of the European Communities. Joined Cases C-89/85, C-104/85, C-114/85, C-116/85, C-117/85 and C-125/85 to C-129/85.

[9] Joseph P. Griffin, *EC and U. S. Extraterritoriality: Activism and Cooperation*, 17 Fordham International Law Journal 353, at 378—379(1993); Dabbah, The Internationalisation of Antitrust Policy, *supra* note 9, at 176.

并减少因反垄断法规差异而引起的潜在问题与影响"。[①] 可惜的是,该协议是由欧委会和美国签署的,然而法国向欧洲法院对协议提出疑问,欧洲法院以欧委会缺乏与外国缔结协议的权利为由废除了该协议。不过随后协议于1995年4月10日在欧盟理事会和欧委会通过联合决定后生效[②],下面将在阐述双边合作改革提案时详细讨论。[③]

需要注意的是,欧委会对并购交易的批准意味着并购交易本身被宣布为不违反反垄断规则,但并不意味着它被授予未来任何反垄断审查的豁免权,因为欧委会将始终有权审查任何可能引发反垄断问题的可疑行为。换句话说,或更准确地说,欧委会对交易的批准仅仅意味着为双方并购交易的执行发放了通行证,同时存续公司的结构没有违反反垄断规则。因此,未来的审查将只关注存续公司的行为,而不再关注其结构。

(三)埃及并购后管制制度

事实上,埃及反垄断制度的基础构建比欧盟反垄断制度早,而反竞争行为早在1937年就根据埃及《刑法》第345条和第346条被定为刑事犯罪。[④] 但是,这并不意味着从那时起埃及就实施了稳固的反垄断制度。事实上,与中东和北非地区的许多其他司法管辖区一样,埃及虽然没有完全无视反垄断行为,但也没有认真执行反垄断法规,它可以被视为"反托拉斯天堂"之一。[⑤]

如前所述,先知穆罕默德禁止任何可能导致价格上涨的垄断行为。一些学者认为,反垄断起源及其早期发展与伊斯兰教和整个伊斯兰世界有关,甚至伊斯兰教中反垄断规则的根源可以追溯到7世纪。[⑥] 但令人惊讶的是,作为伊斯兰人口占多数的国家之一,这些早期的基础发展并未反映在目前的埃及体系中,甚至也没有反映在任何其他伊斯兰占多数的国家的法制体系中。作为阿拉伯伊斯兰国家中唯一类似欧盟的联盟——海合会,它的规则中"竞争"一词仅出现了3次,而且讽刺的是,其中一次还指的是体育竞赛。[⑦]

2005年2月,埃及通过了一项新的特别法,专门保护竞争并禁止垄断行为。[⑧] 随

[①] Article I(1)of the Agreement between the Government of the United States and the Commission of the European Communities Regarding the Application of Their Competition Laws, 23 September, 1991, O. J. Eur. Comm. L 95/47; 30 I. L. M. 1487(1991).

[②] Case C-327/92, France v. Commission, 09.08.1994 [ECR] 3641.

[③] 参见第190页。

[④] The Penal Code Promulgated by Law No. 58 of 1937, Issue 71 August 5, 1937.

[⑤] David J. Gerber, *Afterword: Antitrust and American Business Abroad Revisited*, 20 Northwestern Journal of International Law and Business 307, at 312(2000); Dabbah, The Internationalisation of Antitrust Policy, *supra* note 9, at 3.

[⑥] Dabbah, Competition Law and Policy in the Middle East, *supra* note 346, at 19.

[⑦] 同上, at 196.

[⑧] The Law of Protection of Competition and Prevention of Monopolistic Practices, Promulgated by Law No. 3 of 2005.

后埃及总理于 2005 年颁布了相关行政法规。① 但实际上两者都没有规定任何涉及并购交易或并购管制系统的规则。因此，可以认为同一时期的许多国家采用反垄断法只是为了履行其在 WTO 框架下的义务而已。②

2008 年 8 月 22 日，上述法律进行了修订，在第 19 条中增加了第二节。根据该节，如果并购交易中的任何一方的最新财务报表显示营业额已达到申报门槛，即 1 亿埃及镑，必须向埃及竞争管理局提交并购后申报，且应按照法律执行条例所规定的规则和程序进行。③ 令人惊讶的是，该法规只规定了自交易完成之日起 30 天内提交，并没有规定有关提交并购后申报的任何规则或程序。直到两年多后的 2010 年 11 月 13 日，行政法规才解决这个问题。④

因此，埃及现行的并购管制制度被归类为并购后管制制度，这显然意味着政府缺乏专门的规则来提前审查并购交易。换言之，反垄断审查并不关心交易的结构性问题，而是与对待任何其他未参与并购交易的公司一样，更感兴趣的是审查存续公司的行为。埃及竞争管理局甚至提到"本法律并非为并购管制而定。但是，竞争管理局有责任接收任何已完成的兼并或收购的申报"。⑤

基于埃及并购管制制度是并购后管制制度这一事实，埃及制度具有以下特点：(1)无需执行并购管制审查程序，(2)当事人无需等待就可以执行交易，(3)当局没有发布任何关于并购管制审查的指导方针，(4)不可能阻止交易，(5)不可能在结构性补救措施下批准交易，(6)反垄断机构和第三方都没有权利对并购交易向法庭提出诉讼，(7)并购交易完成后不可能禁止，最后(8)无需向埃及竞争管理局缴纳申报费。

值得注意的是，埃及反垄断法授予埃及竞争管理局专门执行反垄断规则的权力。基于该法案，该机构被授予审查和调查所有涉嫌反竞争行为的权利。如果违反，则可以责令当事人恢复造成的任何损害或停止反竞争行为。除此之外，该机构可能会在获得总理授权后启动刑事诉讼程序。如果刑事法院发现违规行为，则可能会处以 10 万至 30 万埃及镑的罚款。⑥

然而，由于法官，尤其是刑事法院的法官们缺乏对反垄断领域的深入了解，因此刑

---

① The Egyptian Prime Minister's Decree No. 1316 of 2005, August 16, 2006.
② Dabbah, Competition Law and Policy in the Middle East, *supra* note 346, at 209.
③ Article 19(2) of the Law of Protection of Competition and Prevention of Monopolistic Practices, as amended by Law No. 190 of 2008.
④ Article 44*bis* of the Prime Minister's Decree No. 1316 of 2005 as amended by the Decree No. 2975 of 2010.
⑤ 这回答了一个常见问题：法律是否能规范并购交易？详情可访问埃及竞争管理局官方网站 http://www.eca.org.eg(上次访问时间为 2017 年 12 月 1 日)。
⑥ Articles 20—26 of the Law of Protection of Competition and Prevention of Monopolistic Practices.

事裁决在很大程度上依赖于反垄断部门的审查和调查。[1] 埃及某刑事法院一名高级法官在采访时透露,为了能在案件裁决之前全面了解所有的专业事实,法院会将案件提交给专业技术专家评估。这种做法不仅已经被广泛使用,还可能成为埃及司法系统的一种趋势。

他还补充说,根据《刑事诉讼法》第 292 条,明确授予法院将案件提交给独立专家的权利。[2] 该权利在涉及反垄断的专业问题的案件中被大量使用。[3] 还有一个事情符合以上论点,不仅是将案件提交给技术专家评估,埃及还于 2008 年根据《经济法院法》设立了专门的经济法院[4],主要目的是判断案件属于经济问题还是反垄断问题,这在《经济法院法》第 4 条第 14 款中有明确规定。

一般原则是,有关方面可以就埃及竞争管理局做出的所有裁决,向埃及国务委员会提出疑问。[5] 需注意的是,不采取任何行动的决定也被视为一种裁决,例如,不对反竞争行为进行调查或采取行动的隐性决定。埃及国务委员会法院可以判定全部或部分撤销竞争管理局的决定。如果存在违反程序的情况,法院则将完全撤销其决定。这意味着竞争局必须重新启动审查程序,并必须考虑法院在裁决中提出的相关规定。而如果存在实质性违法行为,法院则将部分撤销其决定,这意味着竞争局将根据法院在最终裁决中作出的解释重新审核并做出新的决定。[6]

关于埃及反垄断法是否具有域外效力的问题,可以说埃及的制度在一定程度上具有类似于美国和欧盟的域外效力。如果执法部门发现存在削弱、限制或伤害埃及市场竞争的反竞争行为,即使该行为是在域外进行的,埃及依然具有管辖权。[7] 不过,目前没有报道显示埃及竞争管理局已针对任何外国反竞争行为适用埃及反垄断法。

同样,也没有记录显示埃及竞争管理局对国内或国外的并购交易采取了任何行动。分析埃及竞争管理局宣布的所有裁决就会发现,如果投诉是由第三方提交的,则超过 95% 的调查以驳回投诉而告终;如果投诉是由管理局发起的,则终止程序。[8] 甚至有报道称,已提交的有关并购交易的申报只是保存在档案中,仅此而已。[9]

---

[1] Firas El Samad, *Egypt*, *in* The Merger Control Review at 156(Iene Knable Gotts ed., 2012).
[2] The Criminal Procedures Law Promulgated by Law No. 150 of 1950.
[3] 完整的原始手稿已被作者存档。
[4] The Law of Economic Courts Promulgated by Law No. 120 of 2008.
[5] 埃及国务委员会是一个独立的司法机构,负责解决政府以公共身份参与诉讼的争议。
[6] The Supreme Administrative Court, Case No. 8409/56, June 22, 2013.
[7] Article 5 of the Law of Protection of Competition and Prevention of Monopolistic Practices
[8] 所有裁决文档可以访问埃及竞争管理局的官方网站,http://www.eca.org.eg/ECA/Resolution/List.aspx? CategoryID=1(上次访问时间为 2017 年 12 月 1 日)。
[9] Cross-Border Merger Control: Challenges for Developing and Emerging Economies: Roundtable on Cross-Border Merger Control Held at the Global Forum on Competition in February 2011(2011).

综上所述,可以很容易地看出埃及以及其他许多司法管辖区都是并购管制的天堂。这些司法管辖区不仅限于发展中国家,也有一些发达国家被视为并购管制天堂,例如,澳大利亚、卢森堡、新西兰和英国等。这些国家至少在国家层面没有采用并购前管制系统。而且,发展中国家采用并购后管制系统不会影响市场竞争。正如一项实证研究报告指出的那样,发展中国家和发达国家的竞争程度几乎是相同的。[①]

二、并购管制的缺陷

有观点认为美国在并购管制系统方面不再具有垄断地位。[②] 事实上,20 世纪,在并购管制的发展过程中,只有屈指可数的司法管辖区采用了并购管制制度。然而,截至 2010 年,已有 110 多个司法管辖区采用了并购管制制度。[③] 中国香港特别行政区是目前最后采用并购管制制度的司法管辖区,2013 年它采用了仅限于电信行业并购交易的并购管制系统。[④]

一般来说,每个全球范围内广泛使用的并购管制系统都被视为并购交易的障碍。事实上,交易是不是在已采用管控系统的司法管辖区内完成并不重要,因为前面提到,几乎所有类型的并购管制系统,无论是并购前系统还是并购后系统,都存在域外效力。除此之外,反垄断法规存在根本性缺陷,并购管制制度是基于反垄断的空论,因此这些缺陷必然地反映到并购管制制度中。

此外,如果并购交易受到一种以上的并购管制制度的监管,则案件会变得更加复杂,并购管制制度的弊端所带来的影响也会更加严重。实际上这是跨境并购交易所面临的普遍问题。毫无疑问,多个并购管制系统的组合造成了额外的障碍,这更支持并购管制被视为并购交易的障碍的观点。下文将从跨境并购的角度,指出并讨论并购管制系统存在的一些缺陷。

并购管制的缺陷可以分为许多类别,例如,基础性缺陷和次要缺陷;也可以根据其权重进行分类,即按照它们对交易的影响大小以及预期损失的多少分类;甚至根据它的起源分类,分为形式和程序导致的结果与实质性问题。但是,下文在讨论这些固有或基础缺陷和弊端时,不按照重要性或权重排列,而是按照英文字母顺序一一阐述。

(一)费用成本

乍一看,人们可能会认为提交并购申报只需支付相关部门要求的申报费,甚至在

---

① UNCTAD, The Role of Competition Policy in Promoting Economic Development: The Appropriate Design and Effectiveness of Competition Law and Policy at 14(2010).
② Amanda P. Reeves & Maurice E. Stucke, Behavioral Antitrust, 86 Indiana Law Journal 1527, at 1585 (2011).
③ Clarke, The International Regulation of Transnational Mergers, *supra* note 8, at 142.
④ PaRR 2013 Global Antitrust Trends(2013).

那些无需申报费的区域,例如欧盟①,并购审查过程不需花费任何费用。但事实并非如此,因为并购管制的成本不仅限于申报费,事实上所需成本的清单会很长,在很多情况下申报成本是非常可观的。② 因此,跨境并购中的并购管制成本非常重要,以至于成本可以被视为对跨境并购的一项征税。③

国际竞争政策咨询委员会(简称 ICPAC)最先提交了一份关于并购管制成本的报告。该报告于 2000 年提交给美国司法部长和反垄断助理司法部长。④ 同时,普华永道⑤ 2003 年进行了一项重要的调查研究(以下简称普华永道调查)。⑥ 该调查受国际律师协会和美国律师协会(简称 ABA)的委托,详细研究了跨境交易的并购管制成本。自那以后,许多其他的报告和研究接踵而至。例如,国际竞争网络(简称 ICN)⑦于 2005 年发布了一份由其工作小组调查的关于并购申报费的报告。⑧

第一项成本是聘请不同行业的专业人士的费用,例如,聘请法律和财务顾问等。这些专业顾问不仅帮助各方完成交易,还为通过并购管制程序提供专业服务。根据普华永道调查的结果,跨境并购交易的平均价值为 39 亿欧元,平均每方在 8 个司法管辖区提出申报,并购前管制的平均成本为 330 万欧元。如果执法部门怀疑交易存在违规行为,尤其是在要求进行深入调查分析的情况下⑨,比如,欧盟体系中的"第二阶段调查"或美国系统中的"进一步信息要求",专业服务成本则会"急剧上升"。

从确定当事人需要申报的司法管辖区开始,聘请专业人员的成本就产生了。⑩ 实际上确定申报区可不是一件容易的事。因为之前说过,交易可能与某司法管辖区没有任何直接关系,但域外适用范围可能导致意想不到的复杂性。因此,当事方应谨慎地

---

① 其他不征收申报费的司法管辖区是比利时、丹麦、埃及、芬兰、法国、冰岛、日本、挪威、瑞典和土耳其。
② Cross-Border Merger Control, Roundtable on Cross-Border Merger Control, *supra* note 1039, at 12.
③ Report on the Costs and Burdens of Multijurisdictional Merger Review(2004).
④ 国际竞争政策咨询委员会于 1997 年 11 月由司法部成立,旨在解决 21 世纪的国际反垄断问题。它于 2000 年 2 月 28 日向司法部长和反垄断助理司法部长提交了最终报告,并于 2000 年 6 月正式解散。
⑤ 普华永道是著名的专业服务公司,在全球 157 个国家或地区设有办事处。有关该公司的更多信息,请访问其网站 https://www.pwc.com(上次访问时间为 2017 年 12 月 1 日)。
⑥ PWC, et al., *A Tax on Mergers? Surveying the Time and Costs to Business of Multi-jurisdictional Merger Reviews*(Pricewaterhouse Coopers, 2003).
⑦ 国际竞争网络是一个专门的竞争执法网络。其成员是世界各地的国家竞争主管机构,其目标、作用和成就将在讨论超国家机构改革提案时详细阐述,见第 204 页;有关它的更多详细信息,请访问官方网站 http://www.internationalcompetitionnetwork.org(上次访问时间为 2017 年 12 月 1 日)。
⑧ ICN Merger Notification Filing Fees: a Report of the International Competition Network(2005).
⑨ PWC, et al., *A Tax on Mergers? Surveying the Time and Costs to Business of Multi-jurisdictional Merger Reviews*, *supra* note 1049, at 5.
⑩ Andre Fiebig, *A Role for the WTO in International Merger Control*, 20 Northwestern Journal of International Law & Business 233, at 241—242(2000); Dane Holbrook, *International Merger Control Convergence: Resolving Multijurisdictional Review Problems*, 7 UCLA Journal of International Law and Foreign Affairs 345, at 349(2002); Hunt, Northwestern Journal of International Law & Business, *supra* note 702, at 154.

选择那些几乎对全球所有并购管制系统都了如指掌的专业人员。计算申报门槛也是如此,因为这是一项非常复杂的任务,稍后将详细介绍。在这种情况下,如图 2—3 所示,法律服务是最昂贵的服务项目。

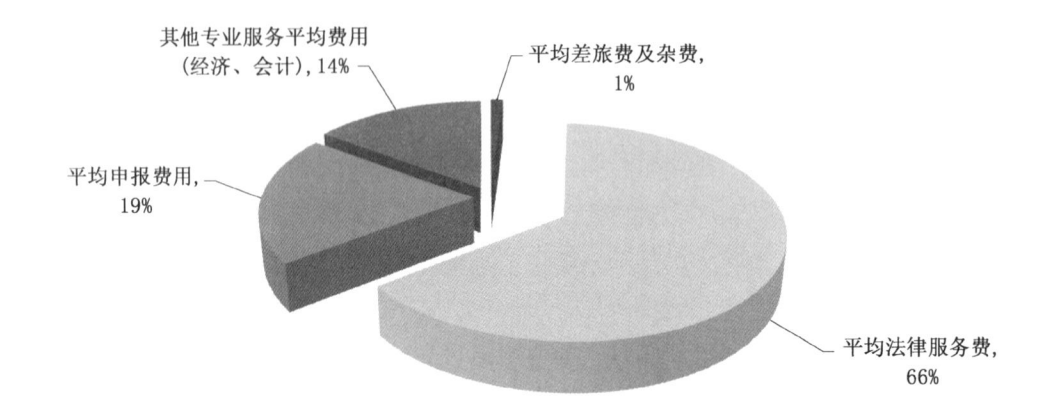

其他专业服务平均费用(经济、会计),14%
平均差旅费及杂费,1%
平均申报费用,19%
平均法律服务费,66%

数据来源:Data retrieved from PwC,et al.,A Tax on Mergers? Surveying the Time and Costs to Business of Multi-jurisdictional Merger Reviews at 21(PricewaterhouseCoopers,2003)。

图 2—3 并购管制平均成本分类表

另一项要考虑的成本是合规成本,即因遵守不同程序要求和规则而产生的成本,例如,以不同语言提交文件。曾经有一项跨境并购交易要求各方使用以下语言提交文件:捷克语、英语、德语、波兰语、葡萄牙语、俄语、西班牙语和土耳其语。[①] 此外,此类合规成本的范围从简单地翻译文件成本、处理法院要求而重新安排交易的时间成本,到处理可能结束交易的复杂问题的成本。例如,不同投标有不同的时间要求或者不同的会计要求。除此之外,还有内部成本,包括员工时间成本、管理人员差旅费和各类杂费。普华永道调查中显示这些内部成本的平均值为每笔交易 326 000 欧元。[②]

关于申报费的成本,需要注意的不仅仅是费用的单笔金额。比如,申报费在美国这单个司法管辖区就可能高达 2.8 亿美元。还要注意的是,并购方事实上需要向多个司法管辖区支付费用,有时可能覆盖 6 大洲的 30 多个司法管辖区[③],例如,埃克森美孚(ExxonMobil)的交易。[④] 计算费用也不是那么容易,因为费用并不总是固定的。之前有案例证明最终费用可能突然上升到各方预估的 14 倍以上。[⑤]

[①] Clarke,The International Regulation of Transnational Mergers,*supra* note 8,at 385.
[②] PwC,et al.,A Tax on Mergers? Surveying the Time and Costs to Business of Multi-jurisdictional Merger Reviews,*supra* note 1049,at 18,22.
[③] Shenefield & Stelzer,The Antitrust Laws:A Primer,*supra* note 178,at 131.
[④] Adam Frederickson,A Strategic Approach to Multi-Jurisdictional Filings,4 European Counsel 23(1999).
[⑤] Holbrook,UCLA Journal of International Law and Foreign Affairs,*supra* note 1053,at 353.

例如,在瑞士,初始申请费是一笔固定金额。但如果交易需要深入调查,则审查过程中各方将根据所提供的服务和相关执法人员的经验水平按小时支付费用。在德国就更复杂,费用是按照实际费用和交易的"经济意义"来计算的。[1] 提及审查过程的费用还需注意另一个新的成本因素,即相关机构的运行成本,尤其是直接用于执行并购管制程序或落实并购管制任务的成本。

据报道,一些执法部门将申报费视为"重要的收入来源"。[2] 在某些情况下,执法部门的费用将由并购方全额支付,例如,在瑞士。但实际情况并非一直如此,有时并购方无需缴纳申请费,有时申请费低于实际成本。例如,在向欧委会提交申报的情况下,费用将由纳税人承担。事实证明,并购管制的执行成本是相当昂贵的。例如,在英国,审查每笔并购交易的成本在 262 000—524 000 英镑之间。[3] 然而,在大多数司法管辖区,反垄断部门甚至无法准确计算运行并购管制流程的成本[4]究竟是多少。

另一项需要添加到成本清单中的因素是第三方为响应执法部门的要求提交有关并购交易信息时产生的成本。这些第三方很可能是存续公司的竞争对手,甚至可能是公司或个人层面的消费者,他们不能从配合执法中获得任何直接利益。[5] 可以说,这些第三方承担的成本可能是最小的,但事实上,在不同的司法管辖区,对多个反垄断机构以不同的语言在特定期限内做出回应,有时还需要提供机密信息,这意味着将消耗大量的资源,那就不可能是一项小的成本了。

成本清单还包括反垄断机构因交易违反了某国的规则而阻止跨境并购所产生的经济成本。如果该交易在全球范围内有利于竞争,即有全球效益,但交易被各司法管辖区禁止后总体福利将减少,则可能对全球经济造成重大损失。[6] 显然,在存在这种"错杀"的情况下,因错误的评估导致有利于竞争的并购交易受阻、总体福利减少、成本增高,这就是我们所说的"第一类错误"。[7]

---

[1] Merger Notification Filing Fees: A Report of the International Competition Network at 8(2005).

[2] The International Competition Policy Advisory Committee, U. S. Department of Justice, final report to the Attorney General and the Assistant Attorney General for Antitrust, on February 28, 2000, p. 106.

[3] Merger Notification Filing Fees: A Report of the International Competition Network at 5(2005).

[4] J. Willam Rowley QC & A. Neil Campbell, Multi-jurisdictional Merger Review: Is it Time for a Common form Filing Teaty? (Macmillan Binch, 1999).

[5] PwC, et al., A Tax on Mergers? Surveying the Time and Costs to Business of Multi-jurisdictional Merger Reviews, *supra* note 1049, at 18—19.

[6] Andrew T. Guzman, Is International Antitrust Possible, 73 New York University Law Review 1501, at 1517(1998); Hunt, Northwestern Journal of International Law & Business, *supra* note 702, at 156; Clarke, The International Regulation of Transnational Mergers, *supra* note 8, at 410.

[7] Mark Anderson & Max Huffman, Iqbal, Twombly, and the Expected Cost of False Positive Error 20 Cornell Journal of Law and Public Policy 1, at 24 (2010); Clarke, The International Regulation of Transnational Mergers, *supra* note 8, at 413—414.

如果没有发现违规行为并且交易是有竞争力的,该交易被批准后,那么上面列出的所有成本实际上将由消费者承担。如果交易立即被批准,推迟收益的预期成本则将增加。显然,在出现"错放"的情况下,即因错误评估而批准了反竞争的并购交易,这些类型的成本将会增加,这就是我们所说的"第二类错误"。

另外,阻止一项有全球效益的并购交易可能会产生额外的成本,例如,失去预期福利增加的成本,这是因为阻止一项能成为第三方行为典范的交易,会对第三方产生威慑效应。[1] 除此之外,阻止此类交易可能会产生政治成本[2],例如,麦克唐纳－道格拉斯/波音(McDonnell Douglas/Boeing)和通用电气/霍尼韦尔(GE/Honeywell)的并购交易。这两个交易均被欧委会禁止却被美国批准,美国政府官员严厉抨击"欧委会的能力和公信力"。[3] 可以说,这两项巨额交易的阻断可能是将反垄断问题列入WTO多哈回合议程的主要原因之一。[4]

最后,向法庭质疑并购交易,在以司法为导向的系统中,例如,在美国,将会增加成本。而这些成本实际上是相当高的,因为在不明确的反垄断规则的管理下为赢得这场"斗争",各方可能会尽其所能去花费。[5] 即使在非诉讼导向的体系中,例如,欧盟体系,情况也几乎一样。并购方甚至第三方都有可能向主管法院对管理部门的裁决提出疑问。综上所述,在所有情况下,并购管制的成本无疑是由社会各方承担的,即司法机构、执法机关、纳税人、消费者、并购方甚至是其竞争对手。

(二)政策差异与执法差异

政策差异和执法差异产生的问题通常始于并购交易的早期阶段,即在计算并购管制最低门槛时,不同的司法管辖区采用了不同的确定最小值的方法。例如,尽管一直认为反垄断政策更多的是关注交易结构对市场的集中度,即市场份额的影响,但很少有并购管制系统将市场份额作为审核并购管制的门槛。[6]

需要指出的是,一些司法管辖区主要考虑两个因素:一是营业额,二是市场份额。而另一些司法管辖区采用非常复杂的申报门槛,例如,有的申报门槛是根据各方在全球范围内的资产价值确定的。如果总价值超过其国内每月可确定最低工资的10万倍,则交易须经过并购管制审查。[7] 而大多数司法管辖区只使用营业额作为申报

---

[1] Hunt, Northwestern Journal of International Law & Business, *supra* note 702, at 156.
[2] Fiebig, Northwestern Journal of International Law & Business, *supra* note 1053, at 244.
[3] Cento Veljanovski, EC Merger Policy After GE/Honeywell and Airtours, 49 Antitrust Bulletin 153, at 153(2004).
[4] Fisher, Stanford Journal of Law, Business, and Finance, *supra* note 1011, at 331－332.
[5] Easterbrook, Texas Law Review, *supra* note 735, at 4, 12－13.
[6] Fiebig, Northwestern Journal of International Law & Business, *supra* note 1053, at 239.
[7] Holbrook, UCLA Journal of International Law and Foreign Affairs, *supra* note 1053, at 353.

门槛。[1]

几乎每个司法管辖区都制定了为其特定利益服务的并购管制制度。这一事实导致一个必然的结果,那就是每个地区政策都是不同的。即使采取相同的政策,也会在不同的背景下得出不同的解释,并且用不同的方式执行。因此,由于规则的复杂性和几乎所有情况下执行标准的模糊性,如何定义并购管制政策存在很大的问题。[2] 如前所述,一般来说,"法律结束的地方……就是独裁开始的地方"[3]。跨境并购交易不仅受到单个管辖区独裁政策的影响,而且还受到多管辖区政策和执行相互矛盾的影响,下文会详细讨论。

首先也是最重要的,在制定反垄断政策时,尤其是在并购管制执行方面,有一系列不同的目标或目的。这些目标主要旨在保护和促进以下因素:(1)消费者福利,(2)小企业,(3)共同市场或单一市场一体化,(4)经济自由意识形态,(5)市场公平,(6)社会福利,(7)环境保护,(8)政党,(9)战略规划,(10)贸易政策,(11)国际关系[4]。这些因素可以是单独的,也可以是相互结合的。

为了说明政策是如何基于不同目标制定的,学者们总是将美国和欧盟政策的目标进行比较。有人认为欧盟制度更倾向于保护竞争对手,以促进市场一体化[5],这在《欧盟运行条约》中有明确表示。甚至有观点指出,让·莫内(Jean Monnet)[6]认为,提高欧盟内部的竞争力可以建立一个可以与大西洋彼岸的同行竞争的共同市场,并使它们有机会消弭战争和剔除"国家认同政治"[7]。

同时,也有人认为,欧盟体系正在向与美国体系相同的目标转变和发展,即保护消费者的福利。随着2004年《并购条例》和《横向并购指南》的发布,这一目标得到明确承认[8],尽管过去促进竞争才是欧盟并购条例的主要目标。通读2004年的《并购条例》就会发现,条例本身的措辞也证明了上述说法,"共同市场"一词被提及59次,而"消费者"一词出现了不到5次。[9]

此外,关于美国制度更倾向于保护和促进消费者福利的说法,之前在讲述反垄断

---

[1] Fiebig, Northwestern Journal of International Law & Business, supra note 1053, at 239.
[2] Massimo Motta, Competition Policy: Theory and Practice at 1(Cambridge University Press, 2004).
[3] 威廉·皮特 在1770年1月9日演讲中的一段话,刻在华盛顿特区司法部大楼的一块石头上。
[4] Motta, Competition Policy: Theory and Practice, supra note 1074, at 17—28.
[5] Dabbah, The Internationalisation of Antitrust Policy, supra note 9, at 50; Lee McGowan, Theorising European Integration: Revisiting Neofunctionalism and Testing Its Suitability for Explaining the Development of EC Competition Policy? 欧洲一体化在线论文 http://eiop.or.at/eiop/pdf/2007-003.pdf.
[6] 让·奥马尔·玛丽·加布里埃尔·莫内(Jean Omer Marie Gabriel Monnet, 1888年11月9日—1979年3月16日),法国政治经济学家和外交官,被广泛认为是欧洲统一的总设计师和欧盟的开国元勋。
[7] Tony A. Freyer, Antitrust and Global Capitalism, 1930—2004 at 397(Christopher Tomlins ed., 2006).
[8] Hunt, Northwestern Journal of International Law & Business, supra note 702, at 152.
[9] Council Regulation No. 139 of 2004.

历史的讨论中已经表明,美国采用反垄断法的主要目的是保护小企业,反对垄断。[1]不过罗伯特·博克法官(Robert Bork)反驳说,80多年来,美国法院甚至还没有对美国反垄断政策的目标形成一个全面的概念。[2]

因此,为了弥补政策与目标和执行之间的差距,美国出现了很多学派,而最受欢迎的学派是由罗伯特·博克法官建立的芝加哥学派。该学派的理念主要基于法律的"经济效率"的思想。[3] 事实上,它不是唯一的学派,还有很多其他学派,例如,哈佛学派、后芝加哥学派等。[4]

与欧盟体系的发展变化类似,美国的反垄断规则不仅随着时间的推移而变化或发展,而且在一个多世纪的发展过程中还受到不同时期制定的法律的极大影响。每一个反垄断规则都是在不同的情况下制定的,并为其特殊目标服务。[5] 例如,如前所述,HSR制度不像《谢尔曼法》那样保护小企业免受垄断的影响。HSR被认为是"建立一种机制,此机制能督促大型并购交易在执行前向反垄断机构提交申报,促进管理程序的改进,使非法并购交易在执行之前得以禁止"[6],换言之,"在并购公司无可救药地不可逆转地合并在一起……之前……发布并购前禁令……"[7]。

对政策文献措辞的研究是为了试图确定制定不同政策的目标和目的。分析不同司法管辖区的政策,而且分析不同机构和司法机构对政策的执行情况,就会发现,政策法规总是试图证明其所观察到的东西的合法性。然而事实上它总是矛盾的。甚至有报道称,法规有时使用"消费者福利"等技术术语来指代"经济福利",有时也会反过来。[8]

---

[1] 见第21页。

[2] Bork, The Antitrust Paradox: A Policy at War with Itself, *supra* note 735, at 50—51; in the same vein of criticizing antitrust and merger control *see generally* Armentano, Antitrust: The Case for Repeal, *supra* note 735, 1999; Bittlingmayer & Brozen, Concentration, Mergers, and Public Policy, *supra* note 735; Smith, Regulation: Aei Journal on Government and Society, *supra* note 735; Easterbrook, Texas Law Review, *supra* note 735, at 1—40; McChesney, The Antitrust Bulletin, *supra* note 735, at 359—382; McChesney & Shughart II, The Causes and Consequences of Antitrust: The Public-Choice Perspective, *supra* note 735; and Shughart, The Organization of Industry, *supra* note 735.

[3] 有关芝加哥学派领导人提出的想法和更多详细信息,参见 Posner, University of Pennsylvania Law Review, *supra* note 701。

[4] 有关主要思想流派(即芝加哥学派和哈佛学派)之间差异的更多详细信息,请参阅 Kovacic, Columbia Business Law Review, *supra* note 703; Huffman, Antitrust Law Journal, *supra* note 703, at 111—115; Ghosal & Stennek, The Political Economy of Antitrust, *supra* note 703, at 27, 32—34, 37—38, 44; Posner, University of Pennsylvania Law Review, *supra* note 701.

[5] Fox, US and EU Competition Law: a Comparison, *supra* note 1008, at 340.

[6] S. Rep. No. 803, at 61(1976) discussing the reasons for the enactment of HSR.

[7] H. R. Rep. No, 94—1373, at 2637(1976).

[8] Piero Morosini, et al., National Cultural Distance and Cross-Border Acquisition Performance, 29 Journal of International Business Studies 137, at 157(1998).

同时,将每项政策分为好政策或坏政策,甚至将学者归类为某个反垄断政策或执行方式的支持者或批评者,都不是本书的目标。本书的目的是揭示因为并购管制政策的不同,哪怕在相似的情况下,其执行方式也不同。这一事实必然导致并购管制成为跨国并购的一大障碍。

当相互矛盾的并购管制政策和执法等问题与这些制度的域外效力相结合时,一个不可避免的结果就是大多数跨境交易会以某种方式被禁止。这一点在联邦贸易委员会主席的一次演讲中被明确提到。他认为并购管制系统之间的差异将直接导致公司将其并购活动限制在全球所有系统同时可接受的行为范围内。[①] 毫无疑问,在许多情况下,这些政策和执行差异对各方造成的影响可能非常昂贵,因为调和差异需要时间,甚至在某些情况下,交易还可能会被完全禁止。

有观点认为不同司法管辖区的主管部门之间的合作可能会缓解这个问题。而且现在许多司法管辖区已经是双边合作协议的缔约方,例如,欧盟和美国之间就签订了协议。然而,这种说法很容易被驳斥。实际上,这些合作协议并不意味着问题能得到缓解甚至解决,例如,尽管欧盟和美国之间有合作协议,但该协议无法阻止各自执法部门对跨境并购做出相互矛盾的裁决。

讽刺的是,欧盟和美国签订这样的合作协议只是表达了各自的"同意与不同意"。[②] 有个很好的案例证明了这种矛盾。当欧委会宣布麦克唐纳－道格拉斯公司和波音公司之间的拟议并购违反了反垄断规则时,美国联邦贸易委员会已于1997年7月1日批准了这一交易。直到波音公司同意与其欧洲竞争对手空中客车公司(Airbus)签订有关商用飞机行业的补救协议,欧委会才进一步批准了这一交易。[③] 还有很多类似的例子,例如,2001年通用电气和霍尼韦尔的并购案。

欧委会于2001年7月3日禁止通用电气和霍尼韦尔的并购交易,而美国联邦贸易委员会当时已经批准了该交易。当时的欧委会委员马里奥·蒙蒂(Mario Monti)[④]声称,欧共体和美国当局正在密切合作调查此并购交易,因为这符合它们的共同利益。出现不同的结果是非常罕见的,这样的结果只是对事实的不同解释,而不是一种规律,

---

① Timothy J. Muris,"Merger Enforcement in a World of Multiple Arbiters",在布鲁金斯学会贸易与投资政策圆桌会议上的演讲(2001年12月21日)。副本参见联邦贸易委员会官方网站 http://www.ftc.gov/sites/default/files/documents/public_statements/mergerenforcement-world-multiple-arbiters/brookings.pdf(上次访问时间为2017年12月1日)。

② Viavant, Tulane Journal of International and Comparative Law, *supra* note 961, at 201.

③ 有关此案的更多详细信息,请参阅 Jeffrey A. Miller, The Boeing/ McDonnell Douglas Merger: The European Commission's Costly Failure to Properly Enforce the Merger Regulation, 22 Maryland Journal of International Law 359(1998)。

④ 马里奥·蒙蒂(Mario Monti)从1999—2004年担任欧盟委员会负责竞争政策的专员,随后被任命为意大利总理。

也不是由于政治原因或其他不同的政策问题造成的。[①] 再看一个最新的案例,欧委会阻止了纽约泛欧交易所(NYSE Euronext)和德意志交易所(Deutsche Borse AG)之间的并购交易,同样,当时美国联邦贸易委员会已经批准了该交易。[②]

需要指出的是,即使在执法部门批准交易的情况下,执行上的差异依然会导致问题出现。例如,在日本索尼(Sony)公司美国子公司与贝塔斯曼音乐集团(BMG)的并购交易中[③],美国和欧盟的审查机构都批准了该交易,但第三方向欧盟初审法院对欧委会的裁决提出了诉讼,法院最终撤销了欧委会的批准决定。[④] 显然质疑该裁决并重组交易会消耗大量的资源,在某些情况下,可能需要与执法部门达成补救协议,这也会产生额外费用。

(三)交易前管制是额外步骤

前文提过,一些司法管辖区如美国和欧盟,采取了并购前管制制度;而另一些司法管辖区如埃及,则采用了并购后管制制度。在采用并购前管制制度的司法管辖区,并不意味着执法部门除了可以在交易前审查外,就无权在交易后审查。因此,并购前控制制度与典型的反垄断审查或并购后控制制度的区别不仅在于前者是交易前,后者是交易后,而是交易前的审查是交易后审查或典型的反垄断审查的额外一步。

前文还提到,采用 HSR 作为并购前控制制度的原因,是为了"建立一种机制,此机制能督促大型并购交易在执行前向反垄断机构提交申报,促进管理程序的改进,使非法并购交易在执行之前得以禁止"[⑤],换言之,"在并购公司无可救药地不可逆转地合并在一起……之前……获得并购前禁令……"。[⑥] 其实,这并不是采用 HSR 的全部原因,但它的确证明了在其他系统中采用交易前并购管控是合法的。例如,欧盟普通法院的裁决提到上述原因,指出:

> 如本判决第 22 段所述,考虑到反垄断规则的目标,法律适用性不能取决于相关市场是否已经达到一定的成熟度,尤其在一个快速增长的市场中。《欧盟运行条约》第 102 条要求相关机构能尽快地采取行动,以防止在某一市场或相关市场占有主导地位的公司滥用政策,造成市场竞争扭曲,并在该市场上形成和巩固这种扭曲的竞争结构。换

---

① Commission Decision of 3 July, 2001, Case COMP/M. 2220, General Electric and Honeywell, 2001 O. J. C 1746.
② Commission Decision of 1 February, 2012, Case No COMP/M. 6166, Deutsche Börse AG and NYSE Euronext, 2012 O. J. C 440.
③ 欧共体于 2004 年 7 月 19 日批准了该交易,Case COMP/M. 3333-Sony/BMG, Commission Decision.
④ Case T-464/04, Impala v. Commission, Judgment of the Court of First Instance, 13. 07. 2006.
⑤ S. Rep. No. 803, at 61(1976) discussing the reasons for the enactment of HSR.
⑥ H. R. Rep. No. 94—1373, at 2637(1976).

句话说，执法部门需要在这种公司战略的反竞争效果实现之前采取行动。[1]

尽管欧盟和美国都提出了有力的理由来证明采用并购前控制制度的合理性，这些理由表面上是相同的，但合理的并不意味着是合法的。具体一点说，即使并购交易获得批准甚至并购方已经"拼凑"在一起，则该交易还是可能会被法律禁止。比如，第三方可以向法院对欧委会已批准的交易提出诉讼，正如索尼和贝塔斯曼音乐集团并购交易中实际发生的那样。甚至在大西洋另一边的美国，州司法部长也可以对联邦贸易委员会已经批准的并购交易提出诉讼。

除此之外，交易前审查结果无法百分百地预测交易完成后存续公司或市场的行为。联邦贸易委员会曾披露，在20世纪90年代，在向法院提出诉讼的医疗保健行业（即医院）相关的并购案中，联邦贸易委员会、司法部和加利福尼亚州司法部长就一共败诉了6起。因此，联邦贸易委员会决定启动"医院并购回顾项目"。该项目对加利福尼亚州一些已完成的并购交易进行了研究，用于更新和评估现有的交易前审查系统的优劣，并评估这些交易对医疗保健行业竞争的影响。

联邦贸易委员会研究得出的结论是，"有证据表明，并购后的价格大幅上涨，无法合理地归因于其他非并购引起的原因"[2]。除此之外，它还引用了之前的研究结论来支持这一论断。研究证明联邦贸易委员会的评估标准有可能是正确的，但在上面这些败诉案例里并不是。这些败诉案例是交易前并购管制系统作为一个整体、一个概念的失败，因为在这些案例里，司法机构是交易前执行系统的决定因素。即使在主管当局提供了分析和审查报告之后，法院仍可以因为证据不充分而支持并购的完成。

此外，与联邦贸易委员会的研究结果一致，其他实证研究也表明，交易前审查制度不仅可以清除反竞争并购交易中的"第二类错误"，而且还具有高度的可预测性，可以防止错误地禁止有利于竞争的并购交易，即"第一类错误"的产生。[3] 这里最重要的问题是这些错误产生的成本以及其他前文提及的成本谁来承担。不管是牺牲消费者福利还是生产者福利，无疑都是以牺牲总福利为代价的。

在这种情况下，可以说，理性地选择交易前制度还是交易后制度，都应该基于过往案例中计算交易前执行的成本，其中包括所有本章罗列的成本、预估的机会成本或者因为"第二类错误"而失去的预期收益的损失，以及因为"第一类错误"导致的可能发生的反竞争影响的损失。有报道称，反垄断机构在阻止并购交易方面的成功给它"增添

---

[1] Case C-52/09, Konkurrensverket v. TeliaSonera Sverige AB, 17.02.2011 at 108.

[2] Joseph Farrell, et al., Economics at the FTC: Retrospective Merger Analysis with a Focus on Hospitals, 35 Rev. Ind. Organ. Review of Industrial Organization 369, at 369—385(2009).

[3] Ghosal & Stennek, The Political Economy of Antitrust, *supra* note 703, at 344.

了信心",有时候执法部门没有提供根据准确数据得出的确凿证据,而是仅仅依据类似的案例就做出最终裁决。①

过往的成功案例不仅引发了"成功带来的自信",甚至因为审查时假设申报方没有造成任何损失,并且整个审查过程没有成本,执法机构不考虑这些因素就做出了裁决,这对其他准备并购的公司起了威慑作用。这些被禁止的交易会给其他公司带来错误的判断,它们意识到并购交易是有成本的,而且有可能会有损失。这样的错误判断最终是以总福利为代价的。在这种情况下,乔治·斯蒂格勒(George Stigler)认为,20世纪 50 年代并购交易数量的减少归因于该时期强有力的反垄断执法的威慑作用。②过往经验也证明反垄断执法行动对一些并购的确具有威慑作用。③

执法部门的官员也指出,他们显然威胁到一些潜在受害者,即计划并购的各方。华金·阿尔穆尼亚在纽约反垄断会议前的讲话中说:"我想提醒这个大厅里的律师和他们在其他地方的同事,让一个权威对抗另一个权威是没有回报的……反而,它只会使审查变得更复杂。"④令人惊讶的是,一些学者支持前文提及的做法,甚至声称反垄断政策不仅应该消除交易的有害影响,还应该以威慑效果为目的。⑤

但一项实证发现可能会结束这场到底要不要进行交易前审查的辩论。澳大利亚的"自愿和非感性"并购管制系统发现"提交申报的交易带来的回报低于选择不申报的交易⑥"。往深里讲就是,假设交易前审查是百分百准确的,甚至假设交易前审查过程没有成本,并且排除了所有类型的错误,消除了任何威慑效应,当并购方向有关部门自愿提交了申报,甚至预计审查过程将导致损失,如果事前审查是自愿的,审查后也被批准,则比直接强制交易进行交易前审查带来的损失小。

唯一需要讨论的是,有观点认为如果采用交易后管制制度,所有这些损失和成本可能小于并购交易因为未经审查带来的反竞争影响的损失。实际上,该论点很容易被驳倒,因为采用交易后制度并不意味着允许反竞争行为,而只是对待它与其他未参加并购交易的公司一样,如发现反竞争行为仍然将受到起诉。

有人可能会争辩说,如果交易被批准完成,则意味着交易的反竞争行为被推后,将导致比在"合并"之前更多的损失。该主张在前文已被驳斥,理由是该观点忽略了交易

---

① Melissa Maleske, How Antitrust Authorities View Mergers and Acquisitions at 2(Inside Counsel, 2013).
② George J. Stigler, The Economic Effects of the Antitrust Laws, 9 Journal of Law and Economics 225 (1966).
③ Seldeslachts, et al., Journal of Law and Economics, *supra* note 958, at 630—631.
④ Joaquin Almunia, Policy Objectives in Merger Control at 5(IBA Antitrust Committee and the European Commission ed., 2011).
⑤ Seldeslachts, et al., Journal of Law and Economics, *supra* note 958, at 607.
⑥ Chongwoo Choe & Chander Shekhar, Compulsory or Voluntary PreMerger Notification? Theory and Some Evidence, 28 International Journal of Industrial Organization 1, at 4(2010).

前制度并不授予存续公司反垄断审查豁免权。如前所述，在美国的交易前制度下，并购交易是透明的，即使在执法机构批准后还是可能受到质疑。因此这个说法仅仅是依据并购批准后被再质疑的数量的减少。这也将在稍后讨论反垄断制度作为一种意识形态的基本错误时被详细驳斥。[①]

（四）行为性反垄断的排除

传统或新古典经济学假设所有人都是理性的，并且所有决策都是理性的。它假设人类只对利润最大化感兴趣，所有决定都追求利润最大化，并且只为其自身利益服务。[②] 同时，一些对研究人类行为和人类如何做出决定有广泛兴趣的著名心理学家，专注于研究实际行为与理性选择标准模型之间的系统性偏差，该研究领域现在被称为行为经济学。

对法律的经济分析被认为是"自汉谟拉比法典－自有法律的想法以来"法律知识史上最受赞赏的改进之一。[③] 除此之外，一些学者把他们在行为经济学的研究成果应用于法律的经济分析领域；更有一些学者开始将那些行为经济学的发现用于反垄断和并购管制领域，即现在的行为性反垄断。[④]

阿维沙莱姆·托（Avishalom Tor）教授早在 2002 年就首次将行为经济学的研究结果应用到反垄断领域。当时他首次揭示因为排除了行为经济学的影响，某些反垄断规则并不准确。这些反垄断规则是：（1）进入壁垒，以及（2）掠夺性定价[⑤]，稍后将详细讨论。这一研究为其他学者继续朝同一方向努力打开了一扇大门。这些著名学者是奥伦·巴尔吉尔（Oren Bar Gill）[⑥]、莫里斯·E. 斯塔克（Maurice E. Stucke）[⑦]、阿曼达·P. 里维斯（Amanda P. Reeves）[⑧]、马克斯·霍夫曼（Max Huffman）[⑨]和威廉·J.

---

① 见第 167 页。

② Reeves & Stucke, Indiana Law Journal, *supra* note 1041, at 1532.

③ Nicholas Leonidas Georgakopoulos, Principles and Methods of Law and Economics: Basic Tools for Normative Reasoning at 3(Cambridge University Press, 2005).

④ Gregory J. Werden, et al., Behavioral Antitrust and Merger Control, 167 Journal of Institutional and Theoretical Economics(Jite)/ Zeitschrift Für Die Gesamte Staatswissenschaft 126, at 127－128(2011).

⑤ Tor, Michigan Law Review, *supra* note 617.

⑥ Oren Bar-Gill, Bundling and Consumer Misperception, 73 University of Chicago Law Review 33, at 53 (2006).

⑦ Dabbah, Competition Law and Policy in the Middle East, *supra* note 346. Maurice E. Stucke, Morality and Antitrust, 20th Anniversary Volume Columbia Business Law Review 443(2006).

⑧ Amanda P. Reeves, Behavioral Antitrust: Unanswered Questions on the Horizon, 9 Antitrust Source 1 (2010).

⑨ Max Huffman, Neo-Behavioralism? (available at SSRN: http://ssrn.com/abstract=1730365 2010); Huffman, Antitrust Law Journal, *supra* note 703, at 120－121.

林纳(William J. Rinner)[①]。

将行为经济学的研究结果应用到反垄断规则,特别是并购管制体系,这不仅引起了学者们的关注,也引起了一些政府机构对研究人类决策合理性的兴趣。例如,英国竞争和市场管理局[②]、欧盟贸易委员会[③]以及美国的联邦贸易委员和司法部反垄断局对并购管制过程中的行为经济学都非常感兴趣,或者至少有迹象表明他们正在考虑行为经济学的研究结果。[④] 例如,美国司法部在 2011 年的并购补救指南中有一个专门章节讨论行为性补救措施。[⑤]

不考虑行为经济学的影响会导致并购管控的结果不准确。为了说明这个问题,首先要明白当前的反垄断执法和对并购交易的评估主要是基于新古典经济学的方法。事实上,新古典经济学方法在反垄断规则制定的早期历史中并没有任何根源可循。例如,美国国会从未支持过新古典经济学方法,也没有在任何一项反垄断法案颁布期间的并购审查中使用经济分析。[⑥] 与此相反,欧盟和美国的大多数执法机构在反垄断过程中严重依赖新古典经济学方法,特别是在并购管制过程中。[⑦]

举个例子,联邦贸易委员会和司法部的横向并购指南都假设并购各方是理性的,在并购管制过程中也是基于这一假设,即"当执法人员评估并购将给公司带来什么改变时,他们主要关注的是并购中最有利可图的行为[⑧]"。此外,在欧盟,自 2004 年以来,其贸易委员会就采取一种更加趋向经济学的分析方法,这种方法在某种程度上类似于美国的方法。[⑨] 正如前面提到的,欧盟体系一直以转向美国反垄断政策为目标。除此之外,作为执法系统一部分的司法部门也开始采用新古典经济学方法。

比如美国就是这种情况。法院过去常常驳回那些看似不合理的诉讼,即使该诉讼

[①] Avishalom Tor & William J. Rinner,Behavioral Antitrust:A New Approach to the Rule of Reason after Leegin,University of Illinois Law Review 805(2011).

[②] 前身是英国公平交易和竞争委员会办公室。该办公室于 2014 年 4 月 1 日关闭,其职能转移到竞争和市场管理局。

[③] Reeves & Stucke,Indiana Law Journal,*supra* note 1041,at 1530—1531.

[④] Matt Tate,Behavioral Economics:An Insight into Antitrust,37 Law & Psychology Review 249,at 268—269(2013).

[⑤] Antitrust Division,Policy Guide to Merger Remedies,June 2011,pp.12—18.

[⑥] Reeves & Stucke,Indiana Law Journal,*supra* note 1041,at 1545—1547.

[⑦] Werden,et al.,Journal of Institutional and Theoretical Economics(Jite)/ Zeitschrift Für Die Gesamte Staatswissenschaft,*supra* note 1112,at 126—127;Fox,US and EU Competition Law:A Comparison,*supra* note 1008,at 340.

[⑧] U.S. Department of Justice and Federal Trade Commission,Horizontal Merger Guidelines(August 19,2010),at 2.

[⑨] Fox,US and EU Competition Law:A Comparison,*supra* note 1008,at 340.

是现实发生的，或者更准确地说，没有"经济意义"的诉讼是不被法院接受的。[1] 在较早的案例中，在采用芝加哥学派的经济分析之前，美国法院习惯于适用本身的违法原则，即不问缘由，某些事实自动被认为违反了反垄断规则。这种情况渐渐发生了变化，法院开始转向理性经济分析，主要是因为法院采用本身的违法规则有时会导致错误判断，并且它们认为采用经济分析的危害较小，即"错放"比"错杀"危害小一些。[2]

在这种情况下，美国法院通过采用新古典经济学方法或芝加哥学派的思想，从原来的采用本身违法原则，即认定某些结构或行为是违反反垄断法转变为从另一个角度采用本身违法原则，即某些结构或行为被视为合法或符合反垄断法。例如，各方的纵向合并交易从本身违法转变为本身合法。[3]

当司法机构作为并购管制政策的一部分时，问题会变得更加复杂。法官认为，并购各方的管理层总是理性选择以实现利润最大化。即使这个假设是正确的，但事实上因为某些原因，大多数法官没有方法从商业角度全面理解什么是理性的选择。[4] 这种说法是有迹可循的，不仅因为法官可能缺乏商业经验或者没有企业心态，而且因为他们没有考虑到公司管理层的非理性行为，例如，狂妄自大，很有可能是并购交易的诱因。

这里的重要问题应该是为什么新古典经济学方法不准确，或者更准确地说，不考虑行为经济学是否会导致不准确或假性错误。法律传统经济学分析的奠基人科斯教授[5]，反对人理性地追求利润最大化的传统思维模式。[6] 波斯纳法官[7]在反驳一些学者关于法律的经济分析与行为经济学之间有直接关系的观点时[8]也坚持认为，行为性反垄断不是一种理论。他明确指出，"他毫不怀疑行为经济学里有一些东西可以让法律从中受益"。[9]

有学者发表了论文反驳波斯纳法官，文章称波斯纳法官声称非理性行为只是因为

---

[1] Christopher R. Leslie, *Rationality Analysis in Antitrust*, 158 University of Pennsylvania Law Review 261, at 316(2010).

[2] Reeves & Stucke, Indiana Law Journal, *supra* note 1041, at 1549—1550.

[3] Leslie, University of Pennsylvania Law Review, *supra* note 1127, at 342.

[4] Leslie, University of Pennsylvania Law Review, *supra* note 1127, at 285—286.

[5] 罗纳德·哈里·科斯(Ronald Harry Coase, 1910年12月29日—2013年9月2日)是一位杰出的经济学家和作家。

[6] 有关他的更多详细信息，请参阅 Ronald H. Coase, The Firm, The Market, and The Law(University of Chicago Press, 1988)。

[7] 理查德·艾伦·波斯纳法官(1939年1月11日)是一位法律理论家和经济学家。直到2017年9月2日，他一直担任美国第七巡回上诉法院法官，并且是芝加哥大学法学院的高级讲师。

[8] Christine Jolls, et al., A Behavioral Approach to Law and Economics, 50 Stanford Law Review 1471 (1998).

[9] Richard A. Posner, Rational Choice, Behavioral Economics, and the Law, see id. at 1551, at 1551—1552, 1560.

缺乏预测数据导致的结果是完全错误的。因为如果这样,那么非理性行为就不应该是系统性的,而现实是人类非理性行为是系统性的。[1] 这里值得注意的是,行为经济学最重要的发现之一就是人类的非理性行为是系统性的,人类行为有时是可以预见的、非理性的。例如,当产品价格利润最大化时,消费者不一定会购买;相反,他们可能盲目地遵循以前的经验,这实际上解释了一部分消费者对某些品牌的忠诚性[2]从何而来。

美国有机商品超市 Whole Foods 的案例[3]就是一个很好的例子,它证明了排除行为经济学因素会导致不准确的结果,无论是第一类假阳性错误还是第二类假阴性错误。在该案中,提交给法院的证据主要基于新古典经济学方法,其测试是如果兼并导致价格上涨 5%,消费者是否会转向替代品,答案是肯定的。这意味着兼并不会引发反垄断问题,因此法院拒绝阻止交易。然而,在上诉后,上级法院推翻了之前的裁决。因为根据行为经济学的调查结果,需求曲线实际上并不具有弹性,这意味着一些消费者不会对价格上涨做出理性反应,他们会继续购买产品,因为他们把购买有机食品当作一种基本的生活方式。[4]

另一个案例是关于第一类错误"假阳性"错误的,即由于排除行为经济学的调查结果,而禁止具有促进竞争影响的并购交易。在该案例中,法院裁定并购交易造成了进入壁垒。在这种情况下,如果预期该并购交易将赋予存续公司一定的市场权力,而新进入者将面临一些可能阻碍他们进入市场的困难,则法院将阻止该交易。例如,投资所需的资本被视为进入壁垒。[5] 一些学者支持这一原则[6],而另一些学者,比如斯蒂格勒(Stigler)则认为根本不能将资本视为进入壁垒。[7]

还有一个案例是关于新古典经济学方法的第二类"假阴性"错误的。美国法院认为预期的掠夺性定价行为不是存续公司所期望的理性决定,因为一旦采取该决定,将大力促使其他竞争对手进入市场并分享高额利润。因此,它不认为这是进入壁垒。而当裁决被提出疑问时它差一点被批准。然而,根据行为经济学的研究结果,预期的掠

---

[1] Jolls, et al., Stanford Law Review, *supra* note 1134, at 1593.
[2] 有关偏见和非理性人类行为及其系统性和可预测性的更多示例和分析,请参见 Dan Ariely, Predictably Irrational: The Hidden Forces That Shape Our Decisions(HarperCollins Publishers, 2008)。
[3] FTC v. Whole Foods Mkt., Inc., 548 F. 3d 1028, 1032(D. C. Cir. 2008).
[4] Tate, Law & Psychology Review, *supra* note 1121, at 264—265.
[5] 有关进入壁垒的更多详细信息,详见 George J. Stigler, The Organization of Industry at 67(R. D. Irwin, 1968); and more recently R. Preston McAfee, et al., What is a Barrier to Entry?, 94 The American Economic Review.
[6] Armentano, Antitrust: The Case for Repeal, *supra* note 735, at 63; Stigler, The American Economic Review, *supra* note 258, at 27; Gregory J. Werden & Luke M. Froeb, The Entry-Inducing Effects of Horizontal Mergers: An Exploratory Analysis, 46 The Journal of Industrial Economics 525, at 525(1998).
[7] Stigler, The Organization of Industry, *supra* note 1140, at 70.

夺性定价行为可能表明市场力量巨大,这可能导致新进入者的现状偏差最大化,并使他们在进入市场前犹豫不决,因此它在某些情况下应该被视为进入壁垒。①

有些人可能会争辩说,行为经济学与放松管制的偏好几乎相同,这意味着更喜欢消极的"错放"而不是积极的"错杀"。事实上,这种说法是不正确的。这里的案例是关于排除行为经济学结果将如何导致对并购管制规则的不知情执行。换句话说,在没有正确数据的情况下,执法和评估应该基于实证的发现而不是基于新古典经济学方法下的经济理性假设。②

此外,该讨论表明,由于将行为经济学的研究结果排除在外,并购管制系统中会产生第一类错误和第二类错误。毫无疑问,行为经济学的心理学发现在并购管制领域是非常有用的。它们将有助于在并购管制审查评估时得出准确的结果,或者至少可以更清楚地了解存续公司的预期行为以及市场对该行为的反应,或者换句话说,了解整个交易的结构构成。③

然而,行为经济学不能在并购管制过程中扮演经济分析的全部角色。④ 在这方面,马克斯·霍夫曼(Max Huffman)的建议很好:他建议将新古典经济学方法与行为经济学结合起来。这种结合不会导致相互矛盾的结果或规则。反而理性的结果应该带来更多的"经济上知情的反垄断",从而最大限度地提高并购交易的收益,并最大限度地减少由于两种类型的错误产生而造成的损失。⑤

(五)域外效力

前文的讨论表明,几乎所有的并购管制系统都存在域外效力,无论是并购前控制系统还是并购后控制系统。这一节将阐述这种域外效力的影响。首先,每个司法管辖区都无疑正确地设计甚至复制了符合自身利益的并购管制政策。但实际上"人人为自己"的做法与域外效力相结合,导致每个司法管辖区的决策不仅是为自己做决定,还为他人做了决定,比如,阻止某些行业的跨境并购,甚至会影响该行业在全球的发展。这肯定意味着重叠的域外管辖制度将导致企业成为满足于多个司法管辖区的不同并购管制系统之间的"最小公分母"。不幸的是,这不是最佳的全球化的想达到的预期结果。⑥

---

① Leslie, University of Pennsylvania Law Review, *supra* note 1127, at 301—303(2010).

② Almunia, EU Merger Control has Come of Age, *supra* note 691, at 4; Huffman, Antitrust Law Journal, *supra* note 703, at 106—108.

③ Reeves & Stucke, Indiana Law Journal, *supra* note 1041, at 1545; Reeves, Antitrust Source, *supra* note 1116, at 5—7.

④ Werden, et al., Journal of Institutional and Theoretical Economics(Jite)/ Zeitschrift Für Die Gesamte Staatswissenschaft, *supra* note 1112, at 139.

⑤ Huffman, Antitrust Law Journal, *supra* note 703, at 108.

⑥ Crane, Chicago Journal of International Law, *supra* note 390, at 148.

真实情况其实更糟,它不会仅仅满足于做最小公分母。因为现代世界不同并购管制系统之间的相互作用是基于帝国主义的概念,即最强大的司法管辖区域会使用一切手段,不惜从外交甚至到武力执行其政策,并将其执行范围扩大到其他司法管辖区。现实情况是,强大的司法管辖区总是对其他司法管辖区执行其政策,这可以从以下两个事实中轻易地识别:(1)没有一个发展中国家曾经阻止过其他发展中国家的交易,(2)大多数矛盾的冲突只发生在最强大的司法管辖区之间,比如美国和欧盟。

然而,域外效力触及的其他司法管辖区并不总是无为的,在许多情况下,域外效力会受到这些司法管辖区的反击。例如,有以下三种类型的反击:第一种是"外交抗议",在反对美国利用其域外效力的案件中已超过 20 次;第二类是立法阻挠,制定法规立法对抗域外效力;第三类是司法阻挠,法院阻挠外国管辖规则对国内交易的适用。①

在这种情况下,有人认为域外效力引起问题的原因是不同司法管辖区之间缺乏合作协议,而缺乏这种协议会导致跨境交易的不确定性,有时甚至出现"政治摩擦"。②然而,这种说法很容易被驳倒。如前所述,美国和欧盟之间签订了合作协议,但在许多情况下并不能解决问题,双方做出的决定还是相互矛盾的。同样,其他司法管辖区之间也有许多双边合作协议,但都不能解决问题。

比如,南非 Gencor Ltd. 的并购案就是一石激起三层浪:(1)合作协议并没有解决问题;(2)域外效力可用于相反的情况,即最后缔结了双边协议;(3)对域外效力的反应。该并购交易中,南非的 Gencor 公司与在英国注册成立的 Lonrho 公司联合提议收购南非的 Implats 公司。这些公司的大部分业务都在采矿业。双方向南非执法部门和欧委会提交了申请,该交易得到了南非当局的批准,却被欧委会禁止。③

据报道,为说服欧委会批准此交易,来自南非的高级政府官员进行了政治干预。④但正如预期的那样,由于欧委会比南非更强大,根本不会偏向南非一方。因此,Gencor 公司向欧洲法院就欧委会的裁决提出诉讼,并声明欧委会无权决定该交易,因为它涉及一家南非公司收购另一家南非公司,并且所有公司仅在南非运营,交易也在南非完成。然而,法院驳回了上述所有主张,维持欧委会的裁决。⑤

仅仅几个月后,也就是欧洲法院对 Gencor 案作出裁决的同年 6 月,南非与欧盟签

---

① Dabbah,The Internationalisation of Antitrust Policy,*supra* note 9,at 187—190.
② Massimiliano Montini,Globalization and International Antitrust Cooperation at 4(1999).
③ EC Decision 97/26/EC of 24 April 1996 Case No IV/M. 619-Gencor/ Lonrho,O. J. 1997 L 11,p. 30.
④ Dabbah,The Internationalisation of Antitrust Policy,*supra* note 9,at 177—179.
⑤ Case T-102/96,Gencor Ltd v. Commission,March 25,1999.

订了双边条约。这些条约包含管理反垄断问题的规则,虽然不是专门针对该问题的。[1] 乍一看,欧盟与南非之间的协议第 35—44 条给人的印象是该协议是为了避免未来的任何矛盾或域外效力影响。然而对这些条款进行深刻分析后就会发现,欧盟只是再次确认其域外效力并且强制南非在 3 年内通过反垄断规则。这些预期的规则显然应该与此协议相类似,实际上就是采用类似于欧盟法规中使用的措辞。甚至有人认为,这种协议被称为"潜移默化,被动趋同"。[2]

在这种情况下,几乎所有司法管辖区都认为域外效力具有不利影响。大家认为这是没有动力签订合作协议或反垄断法协调的原因。[3] 但这种说法并不准确,因为事实上合作协议的数量在过去十年中显著增加,例如,尽管欧盟大量行使域外效力,但它也签订了很多合作协议,包括与至少近 90 个司法管辖区签订了与反垄断规则有关的协议。最近的协议是在 2013 年与印度和瑞士达成的。[4] 在这里可以坚持认为,欧盟利用其域外效力对这些司法管辖区施加压力,这样欧盟更容易重塑其他各方的反垄断规则,使其最终类似于欧盟模式或至少利于欧盟模式。

如前所述,有些司法管辖区并不是对域外效力无动于衷,而是通过立法封锁来反击。例如,1980 年,英国颁布了《贸易利益保护法》作为"封锁法规"。[5] 根据该法案,英国限制了外国执法部门的裁决对英国贸易的影响,限制了交易各方对外国请求披露信息或处理文件的义务,甚至限制了外国判决的执行,从而限制了外国法律的域外效力。[6]

此外,英国也利用司法作为阻击工具来反击美国的域外效力。例如,早在 1952 年,上诉法院就在某裁决[7]中命令当事方可以不遵守美国法院颁布的裁决。[8] 命令主要基于美国过去借着域外效力将其国家法律的执行范围扩大到其他司法管辖区的事

---

[1] Agreement on Trade, Development and Co-operation between the European Community and its Member States, of the one part, and the Republic of South Africa, of the other part, Council Decision of 29 July, 1999(99/753/EC).

[2] Eleanor M. Fox, Toward World Antitrust and Market Access, 91 The American Journal of International Law 1, at 13(1997).

[3] Dabbah, The Internationalisation of Antitrust Policy, *supra* note 9, at 165.

[4] 欧委会与其他国家合作协议的完整列表见欧盟委员会官方网站: http://ec.europa.eu/competition/international/bilateral/index.html(上次访问时间为 2017 年 12 月 1 日)。

[5] Razeen Sappideen, Harmonizing International Commercial Law through Codification, 40 Journal of World Trade 425, at 444(2006).

[6] 详情见 A. V. Lowe, *Blocking Extraterritorial Jurisdiction: The British Protection of Trading Interests Act*, 1980, 75 The American Journal of International Law 257(1981); A. Kapranos Huntley, *The Protection of Trading Interests Act 1980: Some Jurisdictional Aspects of Enforcement of Antitrust Laws*, 30 The International And Comparative Law Quarterly 213(1981).

[7] British Nylon Spinners Ltd. v. ICI [1953] I Ch. 19.

[8] United States v. ICI, 100 F. Supp. 504, at 592(SDNY 1951).

实,而英国司法系统不认同这一点。①

令人惊讶的是,域外效力不仅涉及对反竞争行为的并购执行控制,而且还涉及为继续违反反垄断规则的出口协会提供保护。这通常发生在美国。1918年的韦伯－波梅伦法案(Webb-Pomerene Act)旨在为出口协会提供此类保护。②

欧洲法院拒绝了韦伯－波梅伦法案的适用。③ 这实际上引发了一次非常强烈的冲突,即每个司法管辖区都只是在照顾自己的利益,甚至正在保护其国家公司在其他司法管辖区的反竞争行为。所以那个未解的问题仍然存在:为什么不阻止那些在全球范围内产生反竞争影响的跨境并购?④

最后应该指出的是,域外效力不仅存在明显的民族主义,还没有任何合法性。值得注意的是,美国为其治外法权辩护的理由也是为了应对公共和国际关系而发展起来的。例如,最初的理由是保护美国的出口公司,后来是保护美国的消费者。⑤ 讽刺的是,可以预见,保护消费者是一个非常有说服力的理由,而且它总是比任何其他可能的理由都更有效。

(六)基本错误

并购管制制度主要建立在反垄断意识形态的基础上。而关于反垄断意识形态的争论很大,甚至很多学者都对反垄断进行了全面的反驳,呼吁废除反垄断,而这些呼吁实际上大多基于逻辑和经验上的理由。⑥ 本书的讨论将不会涉及这些废除反垄断的呼吁及理由,而仅限于与并购管制制度直接相关的一些想法。

更准确地说,讨论将仅限于执法部门在并购管制过程中所做的评估和审查。为了评估并购交易是否会影响某个特定市场的竞争,审查首先要定义存续公司产品的所属市场。定义市场的步骤实际上是至关重要的,而且问题很大。之所以重要,是因为根据该定义,整个过程要么顺利完成,要么因为没有明确的系统标准或方法而无法准确

---

① Dabbah,The Internationalisation of Antitrust Policy,*supra* note 9,at 189－190.
② Webb-Pomerene Act of 1918,15 U. S. Code§§ 61－66.
③ Joseph P. Griffin,Extraterritoriality in U. S. and E. U. Antitrust Enforcement,67 Antitrust Law Journal 159,at 179(1999).
④ Horst Siebert,The World Economy a Global Analysis at 400(3rd ed. ,Routledge,2007).
⑤ Dabbah,The Internationalisation of Antitrust Policy,*supra* note 9,at 169－170.
⑥ Bork,The Antitrust Paradox: A Policy at War with Itself,*supra* note 735,at 50－51;批评反垄断和并购管制参见 Armentano,Antitrust: The Case for Repeal,*supra* note 735; Bittlingmayer & Brozen,Concentration,Mergers,and Public Policy,*supra* note 735; Smith,Regulation: Aei Journal on Government and Society,*supra* note 735; Easterbrook,Texas Law Review,*supra* note 735,at 1－40; McChesney,The Antitrust Bulletin,*supra* note 735,at 359－382; McChesney & Shughart Ⅱ,The Causes and Consequences of Antitrust: The Public-Choice Perspective,*supra* note 735; and Shughart,The Organization of Industry,*supra* note 735。

地完成。① 尽管这个问题很重要,但在这里不做讨论,因为基本错误与执法程序中的错误更相关。

确定了市场定义之后,在横向并购的情况下,下一步将是计算已识别的市场集中度以及拟议的并购将在多大程度上改变该集中度。在几乎所有司法管辖区,这一步都是通过使用赫芬达尔－赫希曼(Herfindahl-Hirschman)指数(以下简称 HHI)来完成的。② 根据 HHI,市场集中度的计算方法是,将某确定市场中竞争的各个公司的市场占有率平方,然后将所有结果相加。例如,市场 X 由 5 家公司组成,其份额分别为 10%、15%、20%、25% 和 30%,该市场的 HHI 为 2 250($10^2+15^2+20^2+25^2+30^2=2\ 250$)。

几乎所有的并购监管部门在计算市场集中度时都使用相同的 HHI 方法,而且都对结果进行了几乎相同的解释。例如,根据联邦贸易委员会和司法部反垄断局的横向并购指南,HHI 低于 1 500 的市场是非集中市场,HHI 在 1 500－2 500 之间的市场是中度集中市场,而 HHI 大于 2 500 是一个高度集中的市场。③ 同时,根据欧委会评估横向并购的指南,欧委会的裁决更多地依赖于并购对市场 HHI 的影响或影响类别。④

并购管制过程的下一步是计算拟议的并购交易会导致 HHI 增加多少,即重新计算市场的 HHI,并找出并购前后的差异。差异结果被称为"Δ",或者以另一种方式计算,将并购公司的市场占有率相乘并加倍。例如,如果拥有 25% 市场份额的公司 X 提议收购拥有 15% 市场份额的公司 Y,则该市场的 HHI 的预期增长额将是 750(25×15×2)。⑤

根据这些计算结果,执法部门将决定该交易是否会引发反垄断问题从而做出是否给予批准的裁决,或者就是否可能引发反垄断问题进行进一步调查。例如,在美国,如果市场预期的 HHI 仍在非集中市场范围内,则无需进一步调查,可以批准交易。如果差异值 Δ 小于 100 HHI,则并购不太可能引发反垄断问题;如果差异值 Δ 在 100

---

① 有关市场定义问题的更多详细信息,参见 Jonathan B. Baker, *Market Definition: An Analytical Overview*, 74 Antitrust Law Journal 129(2007).

② 赫芬达尔－赫希曼指数是一个被广泛接受的经济概念,用于衡量市场内的某公司规模,并作为行业内竞争程度的指标。它以两位经济学家奥里斯·C. 赫芬达尔(Orris C. Herfindahl)和阿尔伯特·O. 赫希曼(Albert O. Hirschman)的名字命名。

③ U. S. Department of Justice and Federal Trade Commission, Horizontal Merger Guidelines(August 19, 2010)at 18－19.

④ Guidelines on the assessment of horizontal mergers under Council Regulation on the control of concentrations between undertakings, O. J. C 31, 05.02.2004, p. 7.

⑤ for example the EC explanations of the calculation method in Guidelines on the assessment of horizontal mergers under Council Regulation on the control of concentrations between undertakings, O. J. C 31, 05.02.2004, at p. 15.

HHI— 200 HHI 之间，则可能需要进行进一步调查；而如果差异值 Δ 在高度集中的市场中超过 200 HHI，则被作为拟议交易将增强并购各方市场寡占的主要证据。①

在进一步推进横向并购的评估过程之前，应该指出的是，从非集中市场到高度集中市场的这些市场分类，以及分类带来的结果和影响，即差异值 Δ，并不基于任何科学方法或实证结果，尽管 HHI 的计算本身是个数学概念。联邦贸易委员会和司法部反垄断局横向并购指南中明确提到了这一点：所有这些分类和影响都是基于执法部门的"经验"。② 毫无疑问，仅靠执法部门的"经验"并不能作为准确甚至可靠的信息来源，而且肯定不可能客观，没有偏见，因此不足以作为市场集中度的制定标准。

简单地说，问题如下：如果差异值 Δ 是 201HHI，则执法部门使用什么工具来决定，哪些类型或类别的产品或服务在哪些行业在什么时候会被认为是增强市场集中度？如果差异值 Δ 是 200HHI，情况就不一样了，人们需要询问该裁决是否基于任何经过验证的理论、经验证据，甚至是经济原理。答案显然是否定的，已经证明了该指标纯粹是"经验"。讽刺的是，执法部门的经验从未将高差异 HHI 视为两家成功公司并购的预期效率指标。

除此之外，无论集中市场的标签或分类如何，或者并购是不是横向的，HHI 方法并不适用于所有情况。基本错误的问题要深得多，其根源在于几乎每一次执法部门都在并购交易中努力寻找违规行为。换句话说，基本错误是执法部门在并购管制过程中努力寻找的。反垄断部门主要是寻找交易对市场的某些影响。这些影响主要分为三类影响：(1)单边或非协同效应，(2)协同效应，(3)联合效应。

非协同效应可以简单地分为两种形式：一是增强单一企业的市场力量以取得市场支配地位，二是并购方和其他参与者之间并没有任何协调行为的情况下③减少寡头垄断市场④的竞争约束；相反，协同效应意味着市场中各公司之间的协调能够增加其进行反竞争行为的可能性，这个协调可以是并购方之间，也可以是并购方与市场其他

---

① U. S. Department of Justice and Federal Trade Commission, Horizontal Merger Guidelines(August 19, 2010)at 19；类似规则的相关变化，参见 the Guidelines on the assessment of horizontal mergers under Council Regulation on the control of concentrations between undertakings, O. J. C 31, 05. 02. 2004, p. 7。

② U. S. Department of Justice and Federal Trade Commission, Horizontal Merger Guidelines(August 19, 2010), at 18—19。

③ 寡头垄断市场是指由少数公司主导的市场。

④ 有关欧盟并购管制系统中寡头垄断市场非协调效应历史的更多信息，请参阅 Ioannis Kokkoris, Merger Control in Europe: The Gap in The ECMR and National Merger Legislations at 2—3(Routledge, 2011)。

参与者之间,甚至各方不用签订任何协议。①

为了实现或增加持续的协同效果,三个先决条件必须具备:(1)被协调的公司应该能够监控各方对协调条款的忠诚度;(2)在违反这些条款的情况下应该有具有"可信的威慑力"的机构介入;(3)协同不应受到任何第三方的干扰。② 非协同效应至少需要第三个前提条件,即除寡头公司以外的任何一方均不受干扰。

因此,任何这些效应的持续发生,无论是协调的还是非协调的,都是基于进入市场存在障碍的假设,否则协同效应和非协同效应都不会持续,它最终会给并购方带来损失。在这种情况下,反垄断部门过去常常评估进入市场是否能够"及时、可能和充分",以判断并购交易的影响。③

如前所述,美国反垄断机构和法院适用的进入壁垒规则并非基于市场现状。在这一问题上,反垄断支持者认为的唯一实际进入障碍是进入市场所需的资本。但是,所需资本并不是障碍,在某些情况下,可能会被考虑的唯一障碍是吸引所需资本的成本。④ 但在高利润市场中,该成本预计很快就会被并购公司赚回。

不过,为什么执法部门不能认为进入壁垒跟政府颁布的其他法规一样,是法律障碍导致的呢?例如,进入市场之前被要求获得政府颁发的许可证,反垄断支持者从未认为许可证是进入壁垒之一,即使是在许可证数量有限的情况下。例如,在电信行业,只有拥有许可证才能成为手机市场运营商或互联网服务提供商。

埃克森美孚案(ExxonMobil)就是一个很好的例子,它证明了协调效应可能只是一个童话。埃克森美孚在全球几乎每个国家的分支机构甚至子公司之间的日常协调无疑超过了平均并购交易的预期协调效应,甚至超过了预期的非法卡特尔的协调效应。⑤ 因此,该案例是关于行为及该行为对市场的影响,而不是结构和结构对市场的影响。反垄断部门的观点与此相同,例如,华金·阿尔穆尼亚提到"市场现状,而且唯有市场现状,才是我们进行并购分析的核心"。⑥

然而,实际情况却大为不同。这个不同不是指并购交易成功率的预期不同,而是

---

① Guidelines on the assessment of horizontal mergers under Council Regulation on the control of concentrations between undertakings, O. J. C 31, 05. 02. 2004, at 9; U. S. Department of Justice and Federal Trade Commission, Horizontal Merger Guidelines (August 19, 2010) at 24—27; 有关协调效果的更多详细信息,参见 Janusz A. Ordover, *Coordinated Effects*, in Issues in Competition Law(ABA Book Publishing, 2009); William E. Kovacic, et al., *Quantitative Analysis of Coordinated Effects*, 76 Antitrust Law Journal 397 (2009)。

② Clarke, The International Regulation of Transnational Mergers, *supra* note 8, at 119.

③ U. S. Department of Justice and Federal Trade Commission, Horizontal Merger Guidelines (August 19, 2010) at 27—29.

④ 有关进入美国法院关于进入壁垒的更多信息,请参阅 Werden & Froeb, The Journal of Industrial Economics, *supra* note 1141, at 525—526。

⑤ Easterbrook, Texas Law Review, *supra* note 735, at 1—2.

⑥ Almunia, EU Merger Control has Come of Age, *supra* note 691, at 4.

指与政府官员所声明的不同。执法部门实际上一直在寻找任何可能支持违反反垄断法的证据,即使这个证据是凭空而来。例如,博克法官本人曾指出部门内部存在"扩大"反垄断法的适用范围的"压力"。[1] 甚至有人认为,每当执法部门的裁决并无令人信服的证据支持时,就会通过阻止交易来施加压力。由此执法部门每次都在不断地增加可阻止交易的理由。[2]

为了详细说明这个问题,可参考禁止吉百利和卡夫并购交易的案例。欧委会宣布双方在爱尔兰、波兰、罗马尼亚和英国拥有较高的市场份额,两家公司都在波兰和罗马尼亚市场竞争,拟议的并购将减少它们在英国和爱尔兰市场的竞争。[3] 在这种情况下,很明显,欧盟只是试图证明剥离波兰和罗马尼亚业务的补救措施是批准交易的先决条件。案件的发展可以证明这一说法。因为有消息称双方计划将所有制造设施从英国和爱尔兰转移到波兰和罗马尼亚,目的是通过使用更便宜的劳动力来降低成本。[4]

另一个例子是在同质产品行业,例如,水泥或任何其他建筑材料。在品牌之间除了价格差异而其他方面都没有明显差异的情况下,很容易做出协调的效果。甚至有一种非常有名的做法,叫做硬核卡特尔。[5] 在这些行业中,尽管可能受到反垄断法的控制或监管,但现实情况是监管当局本身对这种协调做法视而不见,有时当局甚至可能促进生产商或服务提供商相互之间的协调。这通常发生在不同行业之间,如电信行业,当局要求其与服务提供商之间进行协调。

还有一个关于跨行业效应的例子,例如,英特尔(Intel)[6]和迈克菲(MacAfee)[7]之间的并购交易。欧委会在确定这两家公司在两个不同的市场上运营之后,仍决定这两个市场是不相互竞争的"相邻"和"互补"市场,换句话说,它是一个跨行业企业兼并。但它提出了有关跨行业效应的反垄断问题,例如,英特尔可能会将 McAfee 产品限制

---

[1] Robert H. Bork, The Antitrust Paradox: A Policy At War With Itself at 415 (2nd ed., Basic Books, 1993).

[2] Donald G. J. R. Kempf, Merger Litigation from the Birth of General Dynamics to the Death of Section 7, 65 Antitrust Law Journal 653, at 653—654(1997).

[3] Villarejo, Recent Trends in EU Merger Control, *supra* note 851, at 5—6.

[4] 有关将吉百利的制造设施从英国布里斯托尔迁至波兰的新闻,参见 http://news.bbc.co.uk/2/hi/8507066.stm(最近一次访问为 2017 年 12 月 1 日)。

[5] UNCTAD, The Role of Competition Policy in Promoting Economic Development: The Appropriate Design and Effectiveness of Competition Law and Policy, *supra* note 1040, at 15.

[6] 英特尔是一家专门从事半导体芯片行业的知名美国公司;有关公司的更多信息,请访问其官方网站:http://www.intel.com/content/www/us/en/company-overview/company-overview.html(最近一次访问于 2017 年 12 月 1 日)。

[7] 迈克菲(McAfee)是美国知名的科技安全软件公司,现为英特尔全资子公司;有关公司的更多信息,请访问其官方网站:https://www.mcafee.com/us/about-us.aspx(最近一次访问于 2017 年 12 月 1 日)。

在英特尔生产的芯片上,甚至在运行任何其他非英特尔生产的芯片时阻碍其产品运行。因此,直到某些补救措施获得认可后,该交易才得以批准。[①]

在这种情况下,直到英特尔承诺其他安全软件行业内的公司都可以同样访问其支持的迈克菲的信息,并且迈克菲产品能够在未使用英特尔处理器的设备上有效运行,欧委会才批准该兼并交易。[②] 很简单,这些前置补救措施意味着英特尔和迈克菲未来都不能违反反垄断法。但问题是反垄断部门到底是迫使并购方做出遵守法律的承诺呢,还是只是证明他们推迟履行交易的权力呢,因为实际上它们正在保护英特尔的主要竞争对手,即 AMD,它几乎是全球半导体行业的唯一竞争对手。

另一个值得注意的基本错误是,人们认为反垄断法背后的动因是为了增加消费者的福利。然而之前的讨论多次表明,反垄断历史上几乎没有司法管辖区的立法意图是旨在增加消费者的福利。此外,其实反垄断规则的执行并不一定促使价格下降或者阻止价格上涨,但人们却认为反垄断执法可能带来这样的结果。但即使价格不上涨是否就意味着消费者福利增加呢?不,不是的。幸福经济学[③]文献强烈表示消费者福利基于许多因素,其中一些是物质的,如收入、住房、财富,而其他因素与生活质量有关,如健康、社会地位、技能、教育、安全和环境。[④]

基于反垄断执法将成功地维持或降低价格的假设,在以反垄断法意识形态领导的司法管辖区,即发达国家,这种成功只会对消费者福利的物质因素做出贡献;相反,在大多数迫切需要实质性改进的发展中国家,法律实际上没有任何执行力,这些司法管辖区被视为反垄断避风港。[⑤]

此外,消费者剩余最大化的想法非常重要。有时以较低的价格提供商品或服务并不是为了消费者的利益,比如,香烟甚至快餐的案例以及许多其他例子。这些例子表明反垄断法背后的基本原理可能是消费者剩余,而并不是消费者福利。[⑥] 此外,在某些情况下,消费者福利是一个相对概念,它是根据类似的同行来衡量的,有时甚至可以通过购买其他人难以负担的非常昂贵的商品来实现。[⑦] 因此,反垄断法背后最具争议的目标似乎无法通过执行反垄断政策来实现。

---

① Almunia, Policy Objectives in Merger Control, *supra* note 1106, at 3.
② Villarejo, Recent Trends in EU Merger Control, *supra* note 851, at 8—9.
③ 幸福经济学是经济学研究领域之一,主要侧重于对幸福、生活质量、生活满意度及相关概念的数据和理论研究,通常需要将经济学与其他研究领域相结合,例如,心理学和社会学。
④ 更多信息参见 Organisation for Economic Cooperation and Development, Better Life Initiative: Compendium of OECD Well-Being Indicators(2011)。
⑤ Stucke, Fordham Law Review, *supra* note 738, at 2625—2626.
⑥ Carol Graham, The Pursuit of Happiness: An Economy of Well-Being at 11(Brookings Institution Press, 2011); Stucke, Fordham Law Review, *supra* note 738, at 2637.
⑦ 有关反垄断政策对消费者福利影响的综合分析,参见 Stucke, Fordham Law Review, *supra* note 738。

同时，还有其他一些不可忽视的社会影响，比如，并购交易对就业的影响。[1] 前面提到，并购各方可能会通过共享团队获得收益，从高级管理层到各级工人，这可能会导致失业率上升。然而，可以模糊地认为，从总剩余的角度来看，失业者可能在挣扎一段时间之后会享受其他一些收益。

反垄断执法部门和反垄断法的支持者认为，垄断行为对经济存在有害影响，即单边效应。它们总是引用实证研究来支持它们的主张。事实上，实证研究并不准确，已受到学者们的严厉批评。[2] 相反，也有其他实证研究表明，反垄断法本身对经济有负面影响。[3] 至少这种相互矛盾的实证结果提出了一个观点，即对经济的有害影响的基本假设不是一个常数，并且有可能只是一个虚设。例如，美国一些行业不受反垄断法的约束，但做得很好，比如，保险公司和棒球行业。[4]

此外，执法部门正在凭空调查一些事情，比如，某项交易是否会引发某种违规行为，交易各方是否为了这个意图而构建交易？不幸的是，交易各方无法很轻易地弄清楚执法部门正在为他们准备什么障碍。例如，华金·阿尔穆尼亚承认，反垄断当局有一个规则"工具箱"，因此，每次当事人可能会对当局决定使用哪种工具来破坏交易感到惊讶。[5]

根据帕克原则[6]和美国1984年的地方政府反垄断法[7]，由于在并购管制过程和审查期间政府官员有可能会出错，因此他们在做出交易决策时可能对当事方造成损害，执法部门的官员被授予对这些损害索赔的豁免权。[8]

除此之外，21世纪是工业经济向科技经济的最大转变，智力资本正在取代物质资本，这显然意味着知识产权是一个非常重要的问题。更准确地说，保护这些权利是关键问题。[9] 保护知识产权意味着授予所有者某些专有权，这与反垄断意识形态高度矛盾。反垄断意识形态主要被认为是关于使用某类专有权的反竞争效果。这可能就是

---

[1] Clarke, The International Regulation of Transnational Mergers, *supra* note 8, at 41—42.

[2] Armentano, Antitrust: The Case for Repeal, *supra* note 735, at 44—45, citing Stephen C. Littlechild, Misleading Calculations of the Social Costs of Monopoly Power, 91 The Economic Journal 348(1981). For a statistical criticism of concentration-profit studies *see* Eugene M. Singer, Antitrust Economics and Legal Analysis at 31—33(Grid Pub., 1981).

[3] DiLorenzo, International Review of Law and Economics, *supra* note 180, at 73.

[4] 有关棒球行业免于反垄断法的更多详细信息，请参阅 J. Gordon Hylton, Why Baseball's Antitrust Exemption Still Survives, 9 Marquette Sports Law Review 391(1999).

[5] Almunia, Policy Objectives in Merger Control, *supra* note 1106, at 5.

[6] Parker v. Brown, 317 U.S. 341 [1943].

[7] Local Government Antitrust Act of 1984, H. R. 6027(98th).

[8] Armentano, Antitrust: The Case for Repeal, *supra* note 735, at 46.

[9] Siebert, The World Economy a Global Analysis, *supra* note 1165, at 402; Shenefield & Stelzer, The Antitrust Laws: A Primer, *supra* note 178, at 85.

反垄断在技术经济时代无法生存的根本缺陷之一。

然而,有人认为知识产权与并购管制制度的根本性错误之间没有关系。但实际上它们是直接相关的。来看一下谷歌 Google[①] 以 125 亿美元收购摩托罗拉[②]的案例。交易的主要动机是通过并购交易收集 17 500 件专利和 7 500 件待决专利申请的知识产权。在谷歌承诺不滥用这些知识产权后,欧盟批准了该交易。[③]

实际上,这个例子提出了一个大问题:如果交易因其预期的反垄断违规行为而被阻止,反垄断当局是否真的可以通过购买所有知识产权或获得使用许可的方式阻止谷歌获取这些知识产权?如果答案是肯定的,那么知识产权不影响并购管制的基础;如果答案是否定的,那么必然的结果应该是保护知识产权与反垄断规则的基本原理相矛盾,进而与并购的执行相矛盾。从并购管制系统的执法过程来看,答案是否定的。

上述结论并不意味着反垄断当局无权攻击或挑战并购方未来的任何反竞争行为,例如,存续公司滥用知识产权的权利。但为了确保一切看上去都合理、正确,执法部门只会挑战存续公司的行为,而不是存续公司的结构。换句话说,这将是一个交易后而不是交易前的控制行为。[④]

也有人认为,知识产权与反垄断规则之间并不存在一眼可见的矛盾。反而从整体情况来看,两者是互补的。[⑤] 两条法律及其意识形态是互补的,即它们都在保护某方在市场中生存的权利,这在某种程度上可能是正确的主张。但实际上它们是矛盾的,至少在执行方法上是矛盾的。

例如,主张知识产权与反垄断法并不矛盾的支持者们,没有对知识产权所有者垄断使用专利的权利这一事实做出任何解释。而专利本身可能被视为一个市场,例如,如果只有一种药物可以治愈一种流行病,那么该药物可以被视为一个市场。独家授予的权利将赋予其所有者在市场上的支配地位。该市场和专利本身可能被视为进入壁垒。在同样的背景下,值得注意的是,有人甚至提议不仅应该废除反垄断法,还应该废除知识产权法。[⑥]

[①] 谷歌是美国著名的互联网相关产品和服务公司,包括在线广告、搜索引擎、云计算和软件。有关公司的更多信息,请访问其官方网站:https://www.google.com/intl/en/about(最近一次访问于 2017 年 12 月 1 日)。

[②] 摩托罗拉是一家专门从事移动通信行业的知名美国公司。有关公司的更多信息,请访问其官方网站:https://www.motorola.com/us/about(最近一次访问于 2017 年 12 月 1 日)。

[③] Diane Bartz & Foo Yun Chee, Google Wins US, EU Approval for Motorola Mobility Buy(Alexei Oreskovic ed. , Thomson Reuters, 2012).

[④] 有关如何解决这个问题,并且在知识产权法和反垄断法之间划清界限的相关信息,参阅 Wolfgang Fikentscher, The Draft International Antitrust Code(DIAC)in the Context of International Technological Integration-The Institutional and Jurisdictional Architecture, 72 Chicago-Kent Law Review 533, at 540—541(1996).

[⑤] Shenefield & Stelzer, The Antitrust Laws: A Primer, *supra* note 178, at 88, citing Atari Games Corp. V. Nintendo of America, Inc. , 897 F. 2d 1572, 1576(Fed. Cir. 1990).

[⑥] Carlton, The Journal of Economic Perspectives, *supra* note 950, at 165—166.

(七)政治影响

毫无疑问,政治权力可以被视为一种商品。为了服务于自己的利益,各方都希望拥有部分权力,这样可以从市场上购买,并可以与权力所有者谈判和交易,这个权利所有者就是政党。一个政党会通过对其政治权利的买卖来换取金钱,因为它的运作、竞选和选举都需要金钱,而这种被称为资助选举的说法有误导之嫌。[①] 如果权力所有者是政府行政部门,比如,掌权的政党利用其权力为私人企业或个人服务,则称为"寻租"。

如果权力的所有者是监管机构,并且该机构不顾公共利益,为某行业某个参与者的私人利益服务,这就是所谓的"监管捕获"。有人认为,反垄断执法通常成本高昂,而并购管制过程是一个昂贵的过程,这增加了当局被监管捕获的可能性。由此可以预计,政治权利有可能被当作一种服务于立法意图以外的工具,例如,服务于私人利益的政治目的。[②]

这是反垄断领域特别是并购管制领域的典型问题。几乎所有学者都认为政治目的是制定反垄断政策的目标。[③]然而,政治目的并不总是为政策设计者或决策者的利益服务。有人认为,反垄断政策的政治目的可能是防止任何预期的"经济权力过度集中从而滋生反民主的政治压力"[④],换句话说,以防止可能因其经济实力而获得政治权力。[⑤]

在这种情况下,芝加哥学派第一个提出了反垄断制度的条约看上去"表面上中立",是为增加消费者的福利或实现其他合法目标而服务,但实际上它是为政治目标服务。[⑥] 这种说法的确是正确的,它也简单地解释了为什么规则相同但执行方法不同的问题。执行方法的差异是由于不同主管部门做出了不同的解释,它们总是隶属于某个政党,追求不同的政治目标。

政治目标对并购管制执行的影响在跨境并购案件中具有特殊意义。而政治目标不仅在同一辖区内随时间变化,而且在不同辖区之间同时变化。显然,对跨境并购的

[①] George J. Stigler, The Theory of Economic Regulation, 2 The Bell Journal of Economics and Management Science 3, at 12(1971).

[②] Ghosal & Stennek, The Political Economy of Antitrust, supra note 703, at 344.

[③] Dabbah, The Internationalisation of Antitrust Policy, supra note 9, at 3, 50, 52—54; Stucke, Fordham Law Review, supra note 738, at 2603, 2637.

[④] Robert Pitofsky, he Political Content of Antitrust, 127 University of Pennsylvania Law Review 1051, at 1051(1979).

[⑤] Alan A. Fisher & Robert H. Lande, Efficiency Considerations in Merger Enforcement, 71 California Law Review 1580, at 1582—1588(1983).

[⑥] Huffman, Neo-Behavioralism?, supra note 1117, at 1; Colino, Competition Law of the EU and UK, supra note 185, at 11.

影响概率远高于对境内交易的影响。[1] 欧共体多次因政治目的阻止跨境并购,例如,麦克唐纳－道格拉斯与波音的并购,以及通用电气与霍尼韦尔的并购。[2]

有人可能会说,在大多数情况下,欧委会阻止跨境并购的决定仅仅是一种保护主义。换句话说,阻止跨境交易是为了保护欧洲公司免受外国竞争对手的侵害,例如,麦克唐纳－道格拉斯和波音公司案。但是,这个观点很容易被驳倒。因为该决定不仅基于保护主义,而且实际上欧盟范围内的保护主义也具有政治目的,即成员国的一体化。在这种情况下,准确地说,欧盟反垄断制度建立背后的原因主要是政治和经济一体化。[3] 这一点在反垄断政策及其执行中都可以清楚地发现,至少它没有在美国制度里隐藏得那么深。[4]

华金·阿尔穆尼亚成为欧共体委员时讲道,他对自己使命的理解是在欧盟的政治愿景背景下。他说"我对欧洲竞争政策的愿景与我的政治愿景一致,就是将欧洲建成一个和平与稳定、自由与民主的地区"。[5] 因此,很明显,欧盟在并购审查中做出决定时考虑的是整个欧洲共同体的一体化。它可能为保护欧洲公司的利益而禁止某项跨境并购交易,无论该交易将来是否能产生促进竞争的效果。

需要指出的是,虽然欧委会成功阻止了不符合欧盟政治目标的跨境并购,但它并未能成功地在成员国层面实现同样的目标。例如,在许多情况下,欧盟已经批准的跨境交易,成员国执法部门却禁止或至少有条件地批准;Autostrade[6] 和 Abertis[7] 之间的合并交易,欧委会已经无条件地批准了该交易,但意大利当局却是有条件地批准。[8]

在美国,情况稍简单,即不同的政府部门隶属于不同的政党。部门主要是为这些政党的政治目标服务,导致在同一套规则下执法方式不同。例如,据报道,反垄断法的

---

[1] Dabbah, The Internationalisation of Antitrust Policy, *supra* note 9, at 61.
[2] Hunt, Northwestern Journal of International Law & Business, *supra* note 702, at 15; Ghosal & Stennek, The Political Economy of Antitrust, *supra* note 703, at 241.
[3] Dabbah, The Internationalisation of Antitrust Policy, *supra* note 9, at 30.
[4] Fox, US and EU Competition Law: A Comparison, *supra* note 1008, at 350.
[5] Joaquin Almunia 的就职书可在欧盟的官方网站上查阅:http://ec.europa.eu/commission_2010－2014/almunia/about/mandate/index_en.him(最近一次访问于 2017 年 12 月 1 日)。
[6] Autostrade 是一家意大利收费公路运营公司。有关公司的更多详细信息,请访问其官方网站:http://www.autostrade.it/en/chisiamo(最近一次访问为 2017 年 12 月 1 日)。
[7] Abertis 是一家西班牙收费公路运营公司。有关公司的更多详细信息,请访问其官方网站:http://www.abertis.com/what-is-abertis/var/lang/en/idm/327(最近一次访问为 2017 年 12 月 1 日)。
[8] 有关更多示例,尤其是能源行业的案例,请参阅 Green & Staffiero, The Handbook of Competition Economics, *supra* note 698, at 10－12.

执行力度在乔治 H. W. 布什①担任总统期间比克林顿总统执政期间要弱得多。②

另外,2012 年相对较新的实证研究表明,美国政府在奥巴马③任总统期间加强了并购管制执法。④ 可以确定地说,布什政府的相对较弱执行可以归因于总统所属的共和党的亲资本主义意识形态,而克林顿政府的强力度执法也可以归因于克林顿总统和奥巴马总统所属的民主党的现代自由主义思想。

但与上述发现相反,实证研究得出了与其相互矛盾的结果。有研究表明,反垄断规则的执行在布什总统和克林顿总统任期内并没有差别⑤,甚至同在奥巴马总统担任总统期间也是一样。⑥

一位前联邦贸易委员会主席解释,不同政府之间的执法的确存在差异。这一结果看似矛盾,但其实是合理的。他指出,不同的政府下申报的交易数量有所不同。因此,他得出结论认为,较高的申报率就意味着有更多的执行和质疑交易的机会。他还提到克林顿政府期间出现了并购高潮。⑦ 但这个理由很牵强,因为结论并不是基于交易的绝对数量,跟其他实证研究方法一样,实际上结论是通过统计计算得来的,是基于百分比,而不是交易数量。

对跨境并购的政治影响不仅来自执法部门,还可能来自外部。比如,为了交易能获准,来自外国的政治干预会影响当地执法部门。外部政治影响的一个例子是前面提到的为获得 Gencor 交易许可而进行的政治干预事件。此外,政治影响力不仅会影响并购各方,还可能导致各方所属不同司法管辖区之间的政治摩擦,例如,前面提及的美国和欧盟之间的冲突。

因此,政治干预在跨境并购中具有一定的影响,尤其是当案件伴随着域外效力的

---

① 乔治·赫伯特·沃克·布什(George Herbert Walker Bush,1924 年 6 月 12 日—),美国政治家(共和党人),1989—1993 年任美国第 41 任总统。

② John D. Harkrider, Antitrust Enforcement During the Bush Administration—An Economic Estimation, 22 Antitrust 43, at 43,46(2008). 威廉·杰斐逊·克林顿(William Jefferson Clinton,1946 年 8 月 19 日),美国政治家(民主党),1993—2001 年任美国第 42 任总统。

③ 巴拉克·侯赛因·奥巴马(Barack Hussein Obama,1961 年 8 月 4 日)是美国政治家(民主党),美国第 44 任总统。

④ Daniel A. Crane, Has the Obama Justice Department Reinvigorated Antitrust Enforcement? 65 Stanford Law Review 13, at 16(2012); William F. Shughart & Diana W. Thomas, Antitrust Enforcement in the Obama Administration's First Term A Regulatory Approach, No. 739 Cato Institute Policy Analysis 1, at 1 (2013).

⑤ Malcolm B. Coate & Shawn W. Ulrick, Transparency at the Federal Trade Commission: The Horizontal Merger Review Process, 73 Antitrust Law Journal 531, at 564(2006).

⑥ Jonathan B. Baker & Carl Shapiro, Evaluating Merger Enforcement During The Obama Administration, 65 Stanford Law Review 28, at 31(2012). Crane, Stanford Law Review, supra note 1229.

⑦ Timothy J. Muris, Facts Trump Politics: The Complexities of Comparing Merger Enforcement over Time and Between Agencies, 22 Antitrust 37, at 37—38 (2008).

适用时。[1] 然而,可以很明显地认识到,无论是对跨国并购的政治影响还是域外影响,都仅限于强大的职能政府。这就可以解释为什么问题多是在美国和欧盟管辖的交易中出现。并且它还解释了为什么大多数发展中国家被视为并购管制的避风港。更准确地说,行使政治权力的程度完全取决于干预党派本身的权力,这是帝国主义的结果。

最后,有学者认为,要更好地理解反垄断政策及其执行过程,特别是并购管制,需要对政治学以及该领域的法律和经济学都有很好的理解。[2] 这个观点引发了一些建立独立机构的呼声。这个机构可以在不太主观和无政治导向的环境中执行政策。[3] 但讽刺的是,制定政策或促成制定反垄断法的政治权力可能被滥用甚至垄断。[4] 尽管可能存在制衡和审查机制来制止这种违法行为,但目前没有一个政府部门有权在交易前程序中检查和控制执法部门是否滥用了政治权力。

(八)隐私与数据相关问题

隐私与数据相关问题也被认为是并购管制系统缺陷的最重要类别之一。除了数据准确性的问题之外,还有如下一些问题:(1)并购方甚至消费者或竞争对手等第三方收集或处理所需数据或信息的成本;(2)侵犯并购各方隐私的问题;(3)向公众或竞争对手披露数据或信息,甚至与其他政府部门共享问题。无论是否从法律角度看,无论这些行为是否被认为是违法的,甚至也许是合法的,但至少从并购各方的角度来看,所有这些问题都是缺陷。

许多司法管辖区的法律甚至没有关注隐私问题。这主要发生在发展中国家,例如,埃及与中东和北非地区的大多数国家都没有制定法律来保护数据隐私,甚至是规定访问公共信息的权利。在大多数发达的司法管辖区,披露机密数据或信息,或侵犯当事人的隐私,可能会导致严重的法律问题。基于这一事实,一些发达司法管辖区已经制定了专门的法律,授予其反垄断机构与其他反垄断机构共享某些数据和信息的权力。[5]

例如,根据保密条款,即美国和欧盟之间的合作协议第八条,如果信息披露不合法或信息披露不符合拥有该信息一方的利益,只要信息不涉及并购方或任何其他第三方的利益,则任何一方都没有义务披露有关反垄断问题的任何信息。同时,为了规避禁止向国外执法部门披露有关反垄断或并购调查信息的法律,美国颁布了《1994 年国

---

[1] Hamner,The Journal of Transnational Law & Policy,*supra* note 665,at 394.

[2] Dabbah,The Internationalisation of Antitrust Policy,*supra* note 9,at 57.

[3] Anne O. Krueger,The Political Economy of the Rent-Seeking Society,64 The American Economic Review 291(1974).

[4] Stigler,The Bell Journal of Economics and Management Science,*supra* note 1212,at 12.

[5] 有关全球信息隐私和自由的法律与规定的详细列表,参见 http://www. right2info. org/laws/constitutional-provisions-laws-and-regulations#section-36(最近一次访问为 2017 年 12 月 1 日)。

际反垄断执法援助法》①,以便其能够与其他有合作协议的国外反垄断机构共享信息与数据。②

Bazaarvoice 和 PowerReviews 之间的并购交易就是美国侵犯并购方员工隐私的一个例子。如前所述,法院认为该交易违反了反垄断法,但并没有考虑来自消费者的数据,而是特别考虑了其中一方首席执行官的电子邮件。此邮件由该首席执行官在内部发送,他表示该交易将允许他们淘汰他们唯一的竞争对手。③

在这一背景下,美国印第安纳州大型公司之一的一名高级管理人员在采访时透露,为回应当局此类做法,公司发布了一个内部指示——所有员工的电子邮件仅限于正式的沟通使用,并且还设计并制定了一项关于定期清理员工的电子邮件的内部政策。④

另一个问题是,很多并购管制执法部门目前使用社交媒体发布公告。例如,联邦贸易委员会、司法部反垄断局和欧委会都在推特(Twitter)上设有账户。这种趋势可能对某些人来说是有利的,比如,记者或研究人员更容易关注到最新消息,消费者不时可以获得一些提示或指南。但是,并购方可能无法接受执法部门在社交媒体上宣布禁止其并购交易的消息,或者要求它们进行进一步信息要求或补救谈判的消息,尤其是在其中一个或多个并购方是上市公司的情况下。这可能会立即带来损失,甚至迫使交易各方不得不接受当局提出的补救措施。

一些执法部门可能会解释说,使用社交媒体是根据透明度原则或按照法律授予的信息访问权而履行其义务。但交易细节的机密性呢?执法部门有权透露所有细节还是只是透露部分细节?在这方面还有许多其他问题。以加拿大为例,加拿大竞争局于2011年底开始发布月度并购审查清单。加拿大律师协会坚持认为竞争局无权这样做。不仅如此,这种做法还是违法的。⑤

毫无疑问,在某些阶段公布交易信息可能会对并购双方造成伤害,或使他们不得不面临以某些承诺来完成交易的压力,或导致他们结束交易。这绝对是并购管制系统的缺点,特别是在交易双方未从事任何实际反竞争行为的情况下交易被禁止。讽刺的

---

① The International Antitrust Enforcement Assistance Act of 1994, 15 U. S. C. Chapter 88, §§ 6201—6212.
② Diane P. Wood, The Internationalization of Antitrust Law: Options for the Future, 44 Depaul Law Review 1289(1995); Dabbah, The Internationalisation of Antitrust Policy, *supra* note 9, at 222—223; Sharon E. Foster, While America Slept: The Harmonization of Competition Laws Based Upon the European Union Model, 15 Emory International Law Review 467, at 493(2001).
③ United States v. Bazaarvoice, Inc. 13-cv-00133-WHO, slip op. (N. D. Cal. , Jan. 8, 2014).
④ 完整的原始手稿已被存档。
⑤ John Mackie, Canada's Competition Bureau Provides a Peek at Merger Reviews(Thomson Reuters, 2012).

是,可以说,不管是在社交媒体上还是在月度报告中,或者是通过任何可能接触到并购方竞争对手的方式,披露有关交易及其各方的信息,反而会损害市场竞争。这可以被认为是反垄断当局的反竞争行为。

(九)补救措施

如前所述,在大多数情况下,执法部门使用签订补救措施作为批准交易的先决条件。在欧盟,欧委会有权直接签订此类协议。美国的情况则不一样,因为它是一个更加具有司法导向的制度。这主要取决于主管的反垄断机构本身的权力有多大。例如,根据《联邦贸易委员会法案》[①],相比司法部反垄断局,联邦贸易委员会更容易获得并购交易的初步禁令。[②] 因此,可以说,联邦贸易委员会正在利用这一敞开的法庭之门向并购方施加压力,迫使对方接受某些补救措施,甚至在补救措施的谈判中获得更强大的地位。

前面也提到过,有两种类型的补救措施,即行为性补救措施和结构性补救措施。据称,在决定应该选择结构性补救措施还是行为性补救措施时,反垄断当局倾向于采取结构性补救措施。可以说,这样的选择是因为行为性补救措施不容易受到执法部门的监控。[③] 但值得注意的是,如果有强有力的证据表明并购问题是由结构而非并购方的行为引起的,则通常首选结构性补救措施。[④]

关于行为性补救措施,可以这样认为,正如当局现在或将来所看到或解释的那样,这种补救措施仅仅是承诺遵守法律并不违反反垄断规则。因此,我们可以得出一个结论,相比每天持续地监控公司在市场上的行为,并购前控制能帮助执法机构更容易地控制存续公司在未来市场的行为。换言之,除了第一类和第二类错误的成本之外,整个经济体可能会为并购管制过程付出代价,而这些不过是为了减少反垄断当局的工作而已。

更准确地说,行为性补救无疑是并购前控制制度的一个缺陷。它们可能对并购各方的业绩或市场产生负面影响。一般来说,它们不会给反垄断法的执行带来任何额外的好处。除此之外,执法部门一般不会选择行为性补救措施,除非双方无法接受结构性补救措施,并且该交易对市场竞争没有实际威胁。

---

① The Federal Trade Commission Act of 1914, 15 U.S.C §13(b).
② 有关美国法院授予联邦贸易委员会并购交易初步禁令的更多详细信息,请参阅 D. Daniel Sokol, Antitrust, Institutions, and Merger Control, 17 George Mason Law Review 1055, at 1076—1077(2010).
③ Fisher, Stanford Journal of Law, Business, and Finance, *supra* note 1011, at 334; 2008/C 267/01 Commission Notice on Remedies Acceptable under Council Regulation(EC)No 139/2004 and under Commission Regulation(EC)No 802/2004, 51 O. J. European Union Information and Notices C1, at 16(2008).
④ Donald F. Turner, The Definition of Agreement under the Sherman Act: Conscious Parallelism and Refusals to Deal, 75 Harvard Law Review 655, at 671 (1962).

在某些情况下，如果行为性补救措施有利于国有企业的业绩，当局则更倾向于采取这种补救措施。为了改进行为性补救，一些著名学者提出，并购方可与当局签订"激励合同"。如果出现价格上涨或产量减少的情况，并购方则应向监督其行为的第三方支付罚款；反之，也应因守法而获得奖励。[①] 该建议表面上似乎是有效的，但毫无疑问，是给予并购方激励性奖励，以鼓励其遵守反垄断法或履行"激励合同"。除此之外，它并没有如提案里说的那样，为行为补救的概念增加任何新内容。

另外，结构性补救措施也被认为是并购管制制度的一个缺点。因为从实践的角度来看，它们已被证明是无效的。该主张主要基于联邦贸易委员会于1995年进行的一项评估结构性补救措施的研究结果。当执法部门要求交易方剥离某些资产或业务部门以获准交易时，调查结果发现：(1)并购方倾向于寻找执法部门认可的弱势买方，由此在未来与该买方竞争时并购方能轻易占据优势，甚至预期买方一定会在竞争中失败。(2)大多数买方无法获得足够的信息来做出正确的购买决策甚至是未来的运营决策，以运行被剥离的资产或单位。[②]

因此，在典型的结构性补救措施中，并购各方要么未来与买方共谋，这肯定是一种会被反垄断法质疑的交易后行为；要么他们可能会利用这样一个事实，即达成补救协议的时间相当长，在这个相当长的时间里，将重点放在如何在一方成功之前设置障碍或者确保一方及时失败。在这两个假设中，结构性补救措施既无效果也无效率。为了证明这种结构性补救措施的失败是合理的，欧委会不得已只能尝试修改买方标准，即能接受资产或业务单位剥离的买方标准。[③]

毫无疑问，欧委会根据这些改进，希望能做到一石二鸟。除了实现反垄断目标，还能实现选择一个能更好地服务于一体化社区的欧洲买家的政治目标，例如，英国EMI音乐公司[④]和美国环球音乐集团[⑤](Universal)并购案例。该交易获得了加拿大、日本、新西兰和美国当局的批准，但欧委会要求一系列的结构性补救措施，主要是剥离EMI

---

① Gregory J. Werden, et al., Incentive Contracts as Merger Remedies, Paper No. 05-27. Vanderbilt Law and Economics Research Papers 1, at 2 (2005).

② Federal Trade Commission, Staff of the Bureau of Competition, A Study of the Commission's Divestiture Process, August 6, 1999, p. 8 可在联邦贸易委员会的官方网站上获取，http://www.ftc.gov/sites/default/files/documents/reports/study-commissions-divestiture-process/divestiture_0.pdf(最近一次访问为2017年12月1日)。

③ Fisher, Stanford Journal of Law, Business, and Finance, *supra* note 1011, at 349.

④ EMI是一家英国音乐出版公司。有关EMI的更多详细信息，请访问其官方网站：https://www.emipm.com/en(最近一次访问为2017年12月1日)。

⑤ 环球音乐集团是一家美国音乐出版公司。有关环球音乐集团的更多详细信息，请访问其官方网站：https://www.universalmusic.com/company(最近一次访问为2017年12月1日)。

在10个欧盟成员国的实体公司和其拥有的大部分音乐标签。① 欧委会认为该交易除了影响26个欧盟成员国的国家市场外,还影响整个欧盟市场。②

如果欧委会只关心存续公司预期的结构上的反竞争行为,那么它将就剥离欧盟内所有业务部门或业务进行谈判,哪怕这些部门和业务在欧盟之外。但事实上,欧委会做出裁决的原因显然是基于剥离是否足以使市场竞争恢复到合并前的竞争水平。③ 从表面上看,这一理由似乎是有效的。但不幸的是,事实并非如此,因为欧委会并没有办法得出准确的评估,例如,为什么剥离10个而非11个欧盟成员国的资产。而经济学家认为,目前没有"能够衡量补救措施是否达到目标的系统计量经济学证据……④"。

美国的情况几乎相同。联邦贸易委员会在2003年4月和2012年1月发表了关于谈判合并补救措施的声明,试图通过此举挽回自己的面子。在这两个声明中,联邦贸易委员会都试图清楚地确定并购补救措施方面的谈判政策和最佳执行措施。为了显得更有效率,它们试图要求可接受的买家是"具有竞争力和财务可行性"的,买家是谁将由委员会决定。⑤ 在这种情况下,据报道,自2007年以来,在所有通过补救措施批准的制药行业并购交易中,联邦贸易委员会要求剥离行为应由其指定的买方进行。⑥

然而,这些最佳执行措施的陈述和其中的主张并不能解决结构性补救措施的失败。因为买方接受时的谨慎态度不会否定上述关于未来共谋或计划失败的假设,以及当事方可能除补救措施谈判外还会出售相关资产或业务单位。此外,结构性补救措施不仅不会阻止预期共谋的反竞争行为,甚至在某些情况下,它实际上会引起并购交易的预期收益的流失,从而导致经济总盈余的损失。

因此,结构性补救措施和行为性补救措施既无效果也无效率,因为它们都缺少一个良好的补救措施的四大要素中的三个,即(1)在并购之前有效地保持相同的竞争水平,(2)最大限度地减少并购交易的预期收益损失,以及(3)资产的有效重新分配。⑦

---

① Commission clears proposed merger between Universal and EMI Music subject to conditions-frequently asked questions, European Commission—MEMO/12/696 21/09/2012.

② Joaquin Almunia, Universal Music Group/EMI Music, at 3(2012).

③ Commission clears proposed merger between Universal and EMI Music subject to conditions-frequently asked questions, European Commission—MEMO/12/696 21/09/2012.

④ Ghosal & Stennek, The Political Economy of Antitrust, *supra* note 703, at 304.

⑤ Statement of the Federal Trade Commission's Bureau of Competition on Negotiating Merger Remedies, January 2012, p.10,可在联邦贸易委员会的官方网站上获取,https://www.ftc.gov/system/files/attachments/negotiating-mergerremedies/merger-remediesstmt.pdf(最近一次访问为2017年12月1日)。

⑥ Lipstein & Berg, Merger Remedies in the US and Europe, *supra* note 1004, at 13.

⑦ Davies & Lyons, Mergers and Merger Remedies in the EU: Assessing the Consequences for Competition, *supra* note 1004, at 9—10;有关合并补救措施的更多详细信息和综合研究请参阅 *id*. at 9—37。

而唯一可能成功确保的要素是第四个要素,即反垄断执法成本的最小化。

(十) 耗时性

应该注意的是,这里讨论的作为缺点的耗时将仅限于并购前控制机制,而非关于并购后控制机制。正如前面在讨论并购管制制度时提到的,在几乎所有制度中,反垄断法律法规都规定了执法部门在并购前控制过程中做出最终决定的等待时间。①

从实践的角度来看,在大多数情况下,并购方可能在反垄断法规定的等待期内接到最终裁定。大多数情况下,为了完成交易,并购方也不需要等待更多时间,他们可以直接进行下一步。但是,在获得最终批准之前完成并购交易,很可能会在未来导致交易被禁止,这可能会使各方产生巨大的成本。在大多数情况下,这个成本超过额外等待时间的成本。

除了反垄断法规定的时间外,一些执法部门还公布了并购各方预计等待的时间标准。根据这些标准,处理时间会根据并购交易的复杂程度而波动。例如,加拿大竞争局于 2010 年发布了《费用和服务标准》,并不时对其进行更新。根据该标准,在"非复杂"交易的情况下,备案程序最快可在 14 个日历日内完成。"复杂"交易则在 45 个日历日内。除了申报期限的标准外,还有交易书面意见书的标准。②

同样,这些标准可能会被延长。交易各方应理性地等待,直到获得最终批准。但如果执法部门非常被动,没有在适当的时间响应并购申报甚至根本不响应,则会引起大问题。如前所述,在埃及,这种情况下,当事方可以诉诸国务院法院,对执法部门的被动决定提出疑问。在此类案件中,法院可以为交易方做出裁决,并要求执法部门承担继续进行审查的义务,还可能要求执法部门承担交易的损害赔偿。

根据普华永道调查,审查过程的实际平均持续时间从两个月到 17 个月不等。③此外,普华永道发现了一个有趣的现象,审查并购交易的司法管辖区的数量与并购管制过程的总持续时间之间既没有相关性也没有因果关系④,但这并不意味着跨境交易不会花费更长的时间。

这个问题在跨境并购中也更加复杂。因为几乎在所有情况下都需要不止一个机构的批准,有的是给予获准,有的是有条件的批准,有的是不同条件下的批准,还有的

---

① 见第 134 页。

② Competition Bureau Fees and Service Standards Handbook for Mergers and Merger-Related Matters at 11,可在加拿大竞争局的官方网站上获得,http://www.competitionbureau.gc.ca/eic/site/cb-bc.nsf/vwapj/cb-fees-service-handbook-merger-2017-e.pdf/$file/cb-fees-service-handbook-merger-2017-e.pdf(最近一次访问为 2017 年 12 月 1 日)。

③ PwC,et al.,A Tax on Mergers? Surveying the Time and Costs to Business of Multi-jurisdictional Merger Reviews,*supra* note 1049,at 19.

④ PwC,et al.,A Tax on Mergers? Surveying the Time and Costs to Business of Multi-jurisdictional Merger Reviews,*supra* note 1049,at 23.

可能彻底禁止交易。这些决定不仅相互矛盾,而且很可能在不同的时间公布。实际上各决定公布的时间是在一段期间内。此期间会有很多不确定性,大多数情况下无疑会给交易方带来损失。①

尽管并购管制部门有不同的审查时间,而且法律也确定了不同的等待时间。但一项有趣的实证研究表明,所有司法管辖区对跨境并购交易的审查时间几乎相同。但是是什么导致最终决定在不同时间公布?这与其他一些与审查过程本身无关的外部因素有关。② 例如,并购过程本身在相关司法管辖区可能有不同的时间框架。获得外国投资批准或国家安全授权可能需要一些时间并导致最终决定延迟,而该延迟与并购管制程序下的审查时间无关。

无论如何,耗时是至关重要的,也是非常重要的。无论交易是否获准,等待时间无疑都会产生不确定性,这可能会严重影响交易各方的日常运作。③ 例如,如果交易被许可,但如果等待时间超过预期时间,并购交易的整体进展则将被延迟。这将导致不确定性,为竞争对手提供一个很好的机会去吸引一些客户甚至交易方的员工。④

除此之外,并购管制过程还消耗了交易各方员工的时间。根据普华永道调查,参与并购管制的员工所花费的时间在整个并购管制期间从每周3小时到每周75小时不等。⑤ 其实,员工在并购管制过程中可能消耗的时间早在申报之前就开始了。通过帮助专业顾问确定应申报的司法管辖区,到准备和归档文件;从开不完的跟进会议,到与当局协商补救措施,再到法院的诉讼程序,直到并购管制过程的结束,这些过程都需要员工的时间投入。

第五节 结 论

根据先前的讨论,可以得出多个结论。

第一个结论是有许多诱因促使公司进行并购交易。有些诱因是虚幻的,甚至有些诱因是个人的,这些都可能被认为是某些并购交易失败的原因。在衡量交易的成功或

---

① David Harrison & Rachel Cuff, Developments in Merger Control in the EU and Worldwide, in 2008 International Mergers & Acquisitions: Creating Value in an Increasingly Complex Corporate Environment at 53 (Financier Worldwide Booz & Company ed., 2008).

② Moschier & Campa, International Center for Financial Research-Iese Business School, *supra* note 770, at 33.

③ Sokol, George Mason Law Review, *supra* note 1244, at 1078.

④ Rowley QC & Campbell, Multi-jurisdictional Merger Review: Is it Time for a Common Form Filing Teaty?, *supra* note 1062, at 11–12.

⑤ PwC, et al., A Tax on Mergers? Surveying the Time and Costs to Business of Multi-jurisdictional Merger Reviews, *supra* note 1049, at 27.

失败到底取决于何种诱因时,每种情况都会各有不同。

第二个结论是大多数实证研究结果不够准确,无法将其适用于所有情况。而交易方在进行计划和指导并购时,如果能将研究的成功因素得以发挥、失败因素得以淘汰,那么总体福利就能有效增加。

第三个结论是并购的成功因素和失败因素是多方面的,这些因素不应被错误地加权。因为有些情况下,被归类为影响较小的因素却可能导致交易完全失败;反之亦然。这可以根据 80/20 帕累托原则来解释。

第四个结论是一个非常令人惊讶的结论。那就是世界并不是一片通途。旧的陈词滥调以及对全球化的担忧和恐惧似乎都是飘渺的。事实是,全球化进程尚未得到正确衡量。人们无法了解世界被全球化的实际程度,以及人类如何从这一进程中受益,以提高地球上的生活质量和总体福利。毫无疑问,外商直接投资越多,利益就会最大化,而这可以通过促进跨境并购来实现。

第五个结论是,除了第一部分讨论的并购交易的复杂性之外,并购交易可能会面临前所未有的障碍。因此,任何计划进行并购交易的公司都应该做好准备并配备所需的所有工具和资源,这不仅会促使交易成功完成,还会以最有效的方式实现预期收益。

第六个结论是,不仅公司在意并购的成功与否,所有社会成员都应该对收获普遍福利的成果感兴趣。他们应该参与到为这一目标服务的一系列行动中。例如,法学院应该准备好让他们的毕业生具备现代法律思维,以便在跨境交易中发挥作用。这并不是说社会应该消耗员工的劳作,事实上这些消耗几乎是成功的并购交易的唯一缺点。为了增长社会总福利,国家应该参与,其在并购交易中的作用也应被重新塑造。

第七个结论是并购前控制制度是纯国内并购和跨国并购面临的现实障碍,而后者的情况要严重得多。而且该制度充满了发展历史所固有的缺陷和弊端。控制系统的这些缺陷和弊端会抵消交易的一部分预期收益,即使不是全部收益,那也肯定是以社会和公共福利为代价的。

第八个结论其实并不新奇。需指出,并购监管部门主要关注的不是消费者保护问题,甚至没有确定准确的审查标准,这可能会影响消费者福利甚至社会公共福利。例如,执法部门忽视了行为性反垄断的调查结果。相反,这是一个很有前途的研究领域,可能有助于监管机构更好地了解经济现状及发展,并最大限度地提高社会公共福利。

第九个结论是,就并购而言,每个司法管辖区只关心自己的内部市场,不关心全球市场。一些国家正在全球范围内鼓励其国家的出口卡特尔和反竞争行为,只要这些行为不扭曲国内市场。此外,欧盟非常积极地把其境内的并购管制体系政策和观点努力在全球范围内渗透。欧盟和美国都利用自己的权力在跨境并购交易中扩展或强加自己的偏好。

第三章 改革建议

前文讨论了公司的起源、历史发展以及公司与国家的关系,也证明了跨境并购是帮助所有社会成员收获经济成果的工具之一。但是,并购交易普遍存在障碍,特别是跨境并购。并购管制就是障碍之一,尤其是并购前控制体系。接下来要讨论的是,如果前文提及的并购管制系统缺陷不可避免,则通过改革减小这些阻碍的可能性。

需要注意的是,本书所提及的文献以及已经提出的并购管制领域的改革建议,大多数在很大程度上都局限于反垄断规则的改革,而不是并购管制本身的改革。但也有少数学者尝试提出了一些关于并购管制改革的建议,而这些建议主要是为了克服跨境并购领域的障碍。因此,下文将从跨境并购的角度讨论这两种类型的提案,看哪一种更可行。这些提案可以根据多种标准进行分类,例如,可以根据采用提案的参与方的数量分为双边、区域和多边。

本书讨论的解决方案将根据两个主要类别进行分类和证明:第一类是可作为适度解决方案的程序性建议,包括:(1)管辖规则,(2)通用在线申报系统,以及(3)认可协议。第二类是针对现有系统程序和实质方面提出的激进性的建议,即(1)双边合作协议,(2)国际并购管制规则,(3)超国家并购前管制机构,(4)并购管制解除。这些程序性提案和激进性提案将在下文逐一阐述。

每个提案将从两个方面进行阐述:第一个方面是对提案本身以及之前进行的任何尝试的介绍;第二个方面指出每个提案中需要解决的问题,即对该提案的评估,以了解这些提案对当前并购管制系统的改革有多大程度上的帮助。因此,在进行深入讨论之前,我们需要解决一个初步问题,即制定一套评估标准,用于对每一项提案的正确评估。

一方面,评估标准将来自提案所面临的问题,比如,并购管制制度自身的缺陷。因此,评估的因素主要基于前文已讨论过的那些缺陷。我们将对每个提案逐一评估,以确定其在解决每一项缺陷中的影响力,就是说提案的有效性将通过确定提案对每个缺陷的影响来衡量。该影响可能是消极的,这意味着该提案无助于克服这项缺点,或者它反而会扩大弊端;也可能是积极的,这意味着该提案将有助于克服此项缺点或改进现有系统。

另一方面,每个提案不仅会根据其有效性进行评估,还会根据以下五个标准进行评估:(1)充分性——如果提案产生积极影响,是否有望完全解决问题;(2)时效性——实现效果的预期时间,无论是即时的还是需要一些时间;(3)效率——是否需要额外的资源才能实现预期效果;(4)公平性——预期的利益是否对各方都平等,例如,发展中国家和发达国家;(5)灵活性——该提案是否可以灵活地克服缺点,如果将来有需要,则是否可以轻松地更新或修改?

总而言之,对每项提案的评估将根据六个标准——以上 5 个标准加 1 个主要标准,即其有效性——评估将针对上一章提出的十个缺点中的每一个逐一对比。这意味着每个提案都将在 60 个不同的问题下进行测试。这里还应该注意的是,这 60 个问题将使用"是"或"否"的标准答案,这样可以使评估更准确、更浅显易懂。

为了更准确地评估提案,我们将采用以下方法:若提案产生积极影响,则回答"是",得 1 分;如果提案产生消极影响,则回答"否",得 0 分。60 个问题的分值总和就是评估的最后结果。然后这些提案将根据总分进行排名,以确定哪个提案最能改善当前的并购管制系统,从而促进跨境并购。

第一节　双边合作协议

一、提案说明

双边合作协议是解决跨境并购面临的多辖区管制问题时被引用最多的解决方案之一。它可以简单地归类为"用于促进合作与协调,减少各方并购管制系统差异及其影响"的协议[①]。这种双边协议也可以专门用于程序事项上的合作以及加强双方并购审查流程之间的合作,更准确地说是在流程的技术问题方面进行合作。

因此,有人认为双边合作协议只是软法文书。它主要被视为协调国际上法律差异的最佳替代方案之一,尤其是在反垄断法执行领域。[②] 此外,有人坚持认为,欧盟已经大量使用这种形式的协议,试图根据欧盟的标准协调全球的反垄断法。[③] 这一点稍后将加以阐述。可以断言,这些协议如果仅限于程序问题,通常可以被视为众所周知的

[①] Article I(1) of the Agreement between the Government of the United States and the Commission of the European Communities Regarding the Application of Their Competition Laws, 23 September, 1991, O. J. Eur. Comm. L 95/47; 30 I. L. M. 1487(1991).

[②] Papadopoulos, The International Dimension of EU Competition Law and Policy, *supra* note 181, at 52, 58—59.

[③] Foster, Emory International Law Review, *supra* note 1239, at 515.

"司法互助协议",但仅限于互助而已。①

提案所说的双边合作协议应该从多个层面涵盖并解决并购管制问题。第一,它应该明确执法部门之间使用的申报机制;第二,它应该解决礼让问题;第三,它还应解决执法部门之间的信息交流问题;第四是建立并购交易调查合作机制;第五,它应该解决程序决策及其执行的互认问题,例如,要求当事人提交某些文件或信息等。所有这些问题跟官员与主交易方执法人员之间的例行会议一样,都属于一般性问题。

此类协议中最重要的问题之一是礼让问题,首先要明确两种礼让:第一,消极礼让,当一方发现并购调查符合另一方的利益时,前者不再调查,而留给后者调查;第二,积极礼让,当一方认为另一方管辖范围内的并购交易会影响其利益时,前者可能会要求后者执法机关对该交易进行调查。②

应该注意的是,在同样的情况下,由于礼让问题的重要性,当事方可能会签订特别协议来管理和制定礼让问题的规则。例如,为加强双方之间的合作,欧盟和美国于1998年为此签署了一项补充协议。根据该协议,双边合作协议中增加了积极礼让的定义范围,例如,允许要求实施补救措施以恢复交易的预期结果,即使在补救措施不符合另一方国家法律规定的情况下。③ 该补充协议希望双边合作协议或积极礼让协议中的积极礼让条款可以结束反垄断的域外效力④,但前文已证明事实并非如此。

另一个关键问题是信息交换。之前在讨论隐私和数据问题时提到过,这是并购管制系统的一大缺陷。⑤ 在双边合作协议的背景下,可以说隐私和数据问题在大多数合作协议中都得到了解决,例如,在欧盟和美国之间的协议中。但实际上这不仅仅是一方在其国家法律允许的情况下向另一方提供信息,而且如前所述,该行为不应与披露方的利益相抵触。

双边合作协议的另一个层面是技术援助问题,即双方不时地交换技术经验以相互支持。然而,即使没有双边协议也可以实现这一目标。例如,据报道,即使一方没有与欧委会达成合作协议,欧委会还是会非常积极地安排和资助一些提高其他司法管辖区政府官员专业知识的项目。⑥ 但可以说组织和资助这类项目不是无偿的,欧共体正试图通过这些项目向外国司法管辖区渗透自己的执行规则或标准。

---

① Foster, Emory International Law Review, *supra* note 1239, at 489.

② As an example of positive comity see Article V of the Agreement between the Government of the United States and the Commission of the European Communities Regarding the Application of Their Competition Laws, 23 September, 1991, O. J. Eur. Comm. L 95/47; 30 I. L. M. 1487(1991).

③ Montini, Globalization and International Antitrust Cooperation, *supra* note 1150, at 8—9.

④ Brendan Sweeney, Globalisation of Competition Law and Policy: Some Aspects of the Interface Between Trade and Competition, 5 Melbourne Journal of International Law 375, at 397(2004).

⑤ 见第180—181页。

⑥ Dabbah, The Internationalisation of Antitrust Policy, *supra* note 9, at 131—132.

举个例子,在苏联解体后,欧盟根据法尔计划①,在反垄断法领域向中欧和东欧国家提供了技术和财政援助,这无疑导致这样一个事实——这些国家随后通过了与欧盟类似的反垄断法。② 这种尝试从表面看是合乎逻辑的,因为欧盟提供的援助是为了支持这些国家作为成员国加入欧盟,但这并不排除它们即使没有采用反垄断法依然有机会加入欧盟的事实。例如,英国和卢森堡都是欧盟成员国,但它们都没有采用并购前控制制度。

有人认为,及时制定程序性双边合作协议有助于建立更全面的解决方案。它应该从并购管制当局签订双边协议以提高合作开始。但这将不可避免地导致诸边协议,即多方的协议。每一个协议都是在有限数量的当事方之间达成的,而这些协议将在某种程度上涵盖一套类似的规则。如果能制定一套最低标准或并购管制规则并将其纳入这些协议中,再加上争议解决方案,这将被视为问题的完整解决方案。③

使用双边合作协议作为解决方案的早期尝试可以追溯到 1959 年。当时美国调查了加拿大广播电视行业的"专利池",旨在将该行业的美国公司从加拿大市场中剔除。加拿大政府对美国的调查反应强烈。该问题最终必须通过加强两个司法管辖区之间的合作来解决,而不是以一纸协议的形式。这种双边合作当时被称为 1959 年富尔顿－罗杰斯谅解书(Fulton-Rodgers Understanding)。④

需要注意的是,目前许多司法管辖区都采用双边合作协议作为解决方案。双边合作协议数量庞大。例如,如前所述,欧盟与其他国家之间有 90 多项合作协议,而且这些协议并没有完全致力于并购管制领域的合作。与此同时,在大西洋彼岸,美国在这方面也进行了适度的尝试。它与 15 个司法管辖区签订了协议,从 1982 年 6 月与澳大利亚开始,然后是 1991 年 9 月与欧盟,最后是 2016 年 3 月与秘鲁。⑤

可以说,美国在签订此类双边合作协议时能稳坐钓鱼台,是因为美国有足够的实力强制执行其决定,或者说是美国利用了它的域外影响力。此外,这也解释了美国为何将双边合作协议限制在加拿大、欧盟、德国和俄罗斯等一些强大的司法管辖区,以及亚洲的日本和中国,南美洲的巴西、智利、哥伦比亚和秘鲁等其他亲密贸易伙伴。

---

① 《波兰和匈牙利:援助改革其经济(PHARE)》计划——译者注。
② Foster,Emory International Law Review,supra note 1239,at 475.
③ Fox,The American Journal of International Law,supra note 1155,at 13.
④ Improving Bilateral Antitrust Cooperation: Remarks by Charles S. Stark Chief,Foreign Commerce Section Antitrust Division U. S. Department of Justice,At a Conference on Competition Policy in the Global Trading System: Perspectives from Japan,the United States,and the European Union,June 23,2000,at 2;副本可在司法部官方网站上获取 http://www. justice. gov/atr/ public/speeches/5075. pdf(上次访问时间为 2017 年 12 月 1 日); Papadopoulos,The International Dimension of EU Competition Law and Policy,supra note 181,at 52－53.
⑤ 有关美国与其他国家合作协议的完整列表,请参阅美国司法部官方网站:https://www. justice. gov/atr/antitrust-cooperation-agreements(上次访问时间为 2017 年 12 月 1 日)。

欧盟的情况几乎与之相同。它们对签订合作协议的司法管辖区非常有选择性。欧共体竞争事务副总干事让-弗朗索瓦·庞斯(Jean-Francois Pons)明确表示:"虽然我们考虑过缔结进一步的双边协议,但我们不倾向于这样做,因为这样会浪费稀缺资源,尤其是跟那些一年只有一两个合作项目的国家。"① 然而,这种意识形态慢慢发生了变化。为了达成渗透其并购管制理念的目标,欧盟最近变得非常活跃。

其他司法管辖区在这方面不像欧盟甚至美国那样活跃。例如,在中东和北非地区,任何司法管辖区之间都没有达成合作协议。有人认为这主要归因于采用反垄断制度的新鲜度。② 但是,这种说法并不准确,例如,埃及早在欧盟之前就采用了反垄断制度。其实事实是中东和北非地区的国家执行法律的目的不是避免问题的发生,特别是在并购管制领域,正如之前多次提到的那样,这些司法管辖区被视为反垄断或并购管制的避风港。

最后,应该指出的是,双边合作协议的执行导致当事人之间的一些实际冲突,特别是在调查并购交易时。其必然结果就是另一种解决这些冲突的方法出现了,或者更准确地说,明确协议各方如何更好地实践协议的规则出现了。例如,2002 年欧盟和美国之间的合作协议发布了调查并购交易的最佳实践规则③,以及最近在 2014 年 3 月加拿大和美国之间的合作协议发布了类似的规则。④

二、提案评估

基于以上描述,以及以往试图通过双边合作协议来改进多管辖区并购管制系统的各种尝试,同时为了克服当前管制系统的缺陷并改进现有提案,下面将对该提案进行评估。我们将使用表格来列出所有待评估问题,并简单地回答"是"或"否"。表格后面的图表显示最终评估结果以及该提案预期的积极影响与消极影响的百分比。

第一,关于成本问题。双边合作协议是有效的,因为它有望降低反垄断机构的运行成本,特别是在共享信息方面以及交易在单一司法管辖区内审查的情况下。然而,在积极礼让方面,它是不充分的,因为它不能影响并购管制成本的其他因素。另外,一

---

① Jean-Francois Pons,International Cooperation in Competition Matters—Where are We Four Years after the Van Miert Report? 1999 年 7 月 9 日在欧盟委员会上的演讲;副本可在欧委会官方网站上获得,网址为 http://ec.europa.eu/competition/speeches/text/sp1999 015_en.html(上次访问时间为 2017 年 12 月 1 日)。

② Dabbah,Competition Law and Policy in the Middle East,*supra* note 346,at 316.

③ US-EU Merger Working Group,Best Practices on Cooperation in Merger Investigations,2002;副本可在欧委会官方网站上获取,网址为 http://ec.europa.eu/competition/international/bilateral/eu_us.pdf(上次访问时间为 2017 年 12 月 1 日)。

④ Canada-U. S. Merger Working Group,Best Practices on Cooperation in Merger Investigations,March 25,2014;副本可在美国司法部官方网站上获取,网址为 https://www.justice.gov/sites/default/files/atr/legacy/2014/03/25/304654.pdf(上次访问时间为 2017 年 12 月 1 日)。

旦双方签订双边协议，成本降低的效果能立即得以实现。同时，该提案将有效地降低成本，因为它不会消耗额外的资源来产生额外成本从而影响整体效果。

不过，并非所有参与方都能从上述成本降低中受益。例如，一些国家可能会因协议义务的成本而遭受损失。某司法管辖区可能为遵守协议不得不采用并购管制系统或修改自己的系统，甚至在积极礼让的情况下，不得不审查一项并不能从中受益的交易。此外，该提案不灵活，在未来需要的时候不能轻易地更改，因为重新谈判和修改双边协议需要时间，如果更改多个双边协议，情况则会更糟。

第二，关于执法差异的问题。不同司法管辖区的目标差异产生的执法差异不会因为该提案而产生任何变化。因为协议的每一方最终可能会做出不同的决定。正如之前案例展示的那样，尽管欧盟和美国之间有合作协议，但执法机构仍然做出了相互矛盾的裁定。不仅如此，它们还曾就并购管制过程中最佳合作方式达成一致，并达成一份专门用于管理积极礼让请求的详细协议。

第三，关于交易前审查问题。该提案也不会对并购前审查的弊端产生任何影响。并购前控制仍然是一般反垄断调查的额外步骤。除此之外，交易也将保持不公开状态，并且可能随时被禁止，即使在并购之后也依然如此。

第四，该提案在排除行为性反垄断调查结果方面也不会产生任何影响，并购管制系统将继续排除这些有价值的调查结果。

第五，关于域外效力问题。该建议可能在一般情况下有效，特别是将积极礼让条款纳入其中的时候，可能有助于减少各方的域外影响范围。但此提案并不充分有效，因为它不会解决域外效力这个问题。由于并非所有司法管辖区都受同一套规则的约束，它们可能会规避礼让规则，以利用权力和帝国主义手段为自己的利益服务，因此，该提议对所有各方利益的分配是不公平的，因为较强大的司法管辖区会比较弱的司法管辖区获得的利益多。提案在域外效力问题上的效果可以立即实现，但没有灵活性，不能根据未来的变化而轻易改变，因为重新谈判和修改双边协议需要一些时间，在多边协议的情况下会更费时费力。

第六，关于基本错误问题。该提案中的任何内容都不会影响这些错误，因为并购管制规则仍将基于错误的反垄断意识形态。

第七，关于政治影响问题。该提案可能有效，能减少域外效力产生的政治摩擦，但还是不够充分，因为它不会对并购管制系统的政治影响产生任何作用力。签订双边合作协议后这些政治影响依然存在。

第八，关于隐私和数据问题。该提案在这方面将是有效的。例如，收集数据将更容易，执法部门之间交换信息也得以允许。但该提案不足以解决这个问题，因为允许交换信息并不能避免这种做法产生的损害和损失。另外，各方希望提案的预期效果立竿见影,但事实上需要一些额外的资源,例如,制定国内法规,才能实现这些效果。

第九,关于补救措施问题。行为性补救和结构性补救都缺乏良好、有效和高效补救所需的主要先决条件,这一事实不会因为该提案而改变。

第十,关于耗时问题。该提案可能有效并减少完成并购管制所需的时间,但由于其减少时间的影响很小,因此不足以克服耗时问题。时间缩短的效果可能立即实现,并且是公平的,因为所有各方都将从耗时缩短中受益。然而,提案并不灵活,它不能根据未来的变化而轻易改变,因为重新谈判和修改双边协议需要一些时间,而且在修订多边协议的情况下会更糟。

基于以上对双边协议的各项评估,从表3-1中可以清楚地看出,双边合作协议提案仅对10个弊端中的4个产生了积极影响,但在任何情况下影响都不够充分。提案在几乎所有情况下都不公平,这意味着最强大的司法管辖区将从中受益最多,其他司法管辖区预计将遭受损失或增加成本。而预期的合作协议网络的管理可能会消耗其资源。除此之外,可以预见,这些双边合作协议起草时是为发达国家或最强大的司法管辖区而服务,这是帝国主义的必然结果。此外,该提议并不灵活,因为未来改进双边合作协议并不那么容易。

最后,根据表3-1显示的结果,双边合作协议提案对现行并购管制制度的弊端产生积极影响的回答有13个,而产生消极影响的回答为47个。这意味着该提案仅能改善当前情况的21%(如图3-1所示)。

表3-1　　　　　　　　　　双边合作协议——评估

标准 问题	有效性	充分性	时效	效率	公平性	灵活性
成本	是	否	是	是	否	否
执行差异	否	否	否	否	否	否
交易前审查	否	否	否	否	否	否
行为性反垄断	否	否	否	否	否	否
域外效力	是	否	是	是	否	否
基本错误	否	否	否	否	否	否
政治影响	否	否	否	否	否	否
隐私与数据问题	是	否	否	否	是	否
补救措施	否	否	否	否	否	否
耗时	是	否	是	是	是	否

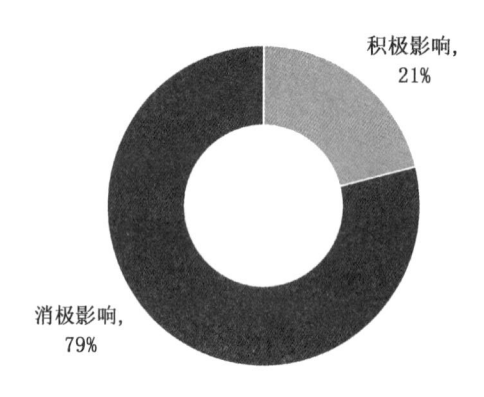

图 3—1 双边合作协议——评估

第二节 国际并购管制规则

一、提案说明

国际并购管制规则的提议可以简单地描述为采用一套具有约束力的规则来管理并购管制过程,而这些规则是在国际层面上通过的,要么是在国际机构的支持下操作,要么只是作为一个国际条约。需要注意的是,反垄断领域有一套具有约束力的国际规则,但在并购管制领域却没有。这种克服多管辖区制度相互矛盾的建议或方法通常被称为法律的协调甚至全球化。

令人惊讶的是,尽管全球几乎所有国家都同意总体上监督公司并控制它们,但这些国家并未就如何限制这些公司的反竞争行为达成一套共同的规则。[1] 如前所述,每个司法管辖区都有其不同的目标和服务于这些目标的不同政策、不同的反垄断规则、不同的并购管制,以及对这些规则和政策不同的执行和实施方式。

在这种情况下,有人认为,为了在反垄断领域采用一套协调一致的国际规则,应满足以下三个先决条件[2]:(1)确定跨境并购的合法性与并购管制执法部门权利的政治意见一致;(2)统一复杂问题的答案,例如,选择交易前还是交易后制度,申报门槛应该是多少,审查中使用什么技术标准等;(3)设立独立机构,在不同司法管辖区出现矛盾结果时可对案件做出裁决。这些先决条件可以在并购管制领域通过类比的方式确定。

---

[1] Karl M. Meessen, *Competition of Competition Laws*, 10 Northwestern Journal of International Law & Business 17, at 22(1989).

[2] Crane, Chicago Journal of International Law, *supra* note 390, at 151—154.

除这些前提条件之外,这里还可以加上一个更重要的前提条件,那就是政治意愿。例如,美国一直反对尝试在国际层面协调反垄断法,这是因为美国发现利用自己强有力的政治和经济实力强加自己的规则给对方比做出国际承诺更有利。[1] 此外,其他一些国家也发现没有国际承诺更容易生存。例如,俄罗斯就是这样一个国家,甚至它已经退出了多项国际条约。例如,它在2009年7月退出了《能源宪章条约》。[2]

除此之外,大多数发展中国家对通过统一法律的任何尝试持怀疑态度,因为它们认为这种做法是试图控制其国家体系。[3] 此外,有人认为,规则的统一可能会减少从不同的司法管辖区获得学习经验的不同益处。[4] 另外,有些国家非常欢迎尝试这种协调方式,特别是在反垄断领域,有些国家在这方面很活跃,比如欧盟。[5] 如前所述,欧盟签订了大量的双边合作协议,以便在该领域制定自己的标准,并使之成为全球最可接受的标准。

也有人认为,政治认可应该伴随着社会认可,甚至该规则应该在通过之前进行广泛讨论。[6] 讨论应该灵活,并对所有利益相关者的建议持开放态度。在这样的背景下,有9个利益相关群体可能有助于通过一项新法律或一套规则。这些群体是:(1)官僚和公务员,(2)公司,(3)民选代表和政府官员,(4)政策专家,(5)政党,(6)利益集团,(7)专业咨询机构,(8)智库,(9)超国家和地区机构。[7] 很明显,应该邀请所有这些团体参与讨论和拟议规则的全过程。[8]

这套规则可能仅涵盖并购管制程序,也可能扩大到程序规则和实体规则。在这种情况下,有人认为如果将规则限制在程序处理的问题上可能更容易在国际层面被采用,因为这将减少审查过程的成本和时间,并且不会因主权主张而遭到反对。[9] 除此之外,它不会深入各国目标差异之间的辩论中。不过,如果将提案的范围限制在程序性规则内,那么因实体规则即审查标准的差异而导致相互矛盾的裁决问题依然得不到

---

[1] Foster,Emory International Law Review,*supra* note 1239,at 498.

[2] Rafael Leal-Arcas,International Trade and Investment Law:Multilateral,Regional,and Bilateral Governance at 6(Edward Elgar Publishing,2011).

[3] Sweeney,Melbourne Journal of International Law,*supra* note 1274,at 385.

[4] Henrik Horn & James Levinsohn,Merger Policies and Trade Liberalisation,111 The Economic Journal 244,at 270(2001).

[5] Foster,Emory International Law Review,*supra* note 1239,at 471.

[6] Kathryn Gordon,Rules for the Global Economy:Synergies Between Voluntary and Binding Approaches,No. 1999/3 OECD Working Papers on International Investment,at 14(2000).

[7] David P. Dolowitz & David Marsh,Learning from Abroad:The Role of Policy Transfer in Contemporary Policy-Making,13 Governance 5,at 10—11(2000).

[8] Boaventura De Sousa Santos,The Rise of the Global Left:the World Social Forum and Beyond at 183—184(Zed Books,2006).

[9] Holbrook,UCLA Journal of International Law and Foreign Affairs,*supra* note 1053,at 370—375;Ginsburg & Angstreich,Antitrust Law Journal,*supra* note 769,at 230—231.

解决。

因此,该规则应该包含程序规则和实体规则。但实体规则应该"与宪法普遍规则相联系,并建立在根基趋同的坚实基础之上"。[1] 这意味着该规则将制定更普遍的原则和审查标准,以确定国家法律和执法部门应遵守的框架。因此,国家法律将继续适用,但这套国际规则将类似于至高无上的宪法,国家法律也需在它的规则内执行。[2]

这种方法在很大程度上类似于许多其他领域正在使用的方法。例如,国际劳工组织(简称 ILO)下的劳工权利领域的成功协调规则[3],以及与贸易有关的知识产权协议(简称 TRIPS)下的知识产权的协调规则。[4] 此外,国际并购管制规则更类似于欧盟指令中使用的方法,指令将要求规则由国家执法部门实施,但更专注于跨境维度的问题。[5] 在这种情况下,欧盟几乎成功地实施了一套协调规则的指令,这是规则协调领域值得效仿的一个很好的例子。[6] 但是,有人认为,随着规则越发深入地确定执法细节,它的实施将变得非常困难[7],它们将失去跟上经济发展步伐的灵活性。[8]

值得注意的是,提议的统一规则将导致从上到下而不是从下到上的变化[9],并且可能类似于其他政策转移机制,例如,强加和渗透。它与强加和渗透一样,都不是可以商榷的机制,都是在由更强大的一方支配或强加给弱的一方,或弱的一方无意识地模仿强大的一方。[10] 在这方面,前面提到的技术援助是渗透机制的一个很好的例子,可以通过组织和资助研讨会来实现政策渗透。[11]

有人认为提议的这套规则可能不具有约束力。例如,英国的《城市收购和合并

---

[1] Fox, The American Journal of International Law, *supra* note 1155, at 13—15.

[2] Holbrook, UCLA Journal of International Law and Foreign Affairs, *supra* note 1053, at 366—367.

[3] Garavito & De Sousa, Law and Globalization From Below: Towards a Cosmopolitan Legality, *supra* note 756, at 84.

[4] Sweeney, Melbourne Journal of International Law, *supra* note 1274, at 418.

[5] Hunt, Northwestern Journal of International Law & Business, *supra* note 702, at 168.

[6] Sappideen, Journal of World Trade, *supra* note 1158, at 451; Almunia, EU Merger Control has Come of Age, *supra* note 691, at 3.

[7] Sweeney, Melbourne Journal of International Law, *supra* note 1274, at 418.

[8] Meessen, Northwestern Journal of International Law & Business, *supra* note 1285, at 21.

[9] Joseph Lookofsky, The Harmonization of Private and Commercial Law: "Towards a European Civil Code", 39 Scandianvian Studies in Law 111, at 116 (2000).

[10] Helge Jörgens, Governance by Diffusion: Implementing Global Norms through Cross-National Imitation and Learning, in Governance for Sustainable Development: The Challenge of Adapting Form to Function (William M. Lafferty ed., 2004); Busch Per-Olof, et al., The Global Diffusion of Regulatory Instruments: The Making of a New International Environmental Regime, 598 Annals of the American Academy of Political and Social Science 146, at 149(2005).

[11] John J. Parisi, Cooperation Among Competition Authorities in Merger Regulation, 43 Cornell International Law Journal 55, at 61(2010),

法》,它虽具有一定的约束力,但却没有法律效力。[1] 但事实上,该观点不正确,因为为了避免任何独断执行,它应该具有约束力。[2] 同时,为了便于实施,引入一项合作义务是更合适的做法。该义务将强制国家在一定时期内逐步改变国家法律以与国际规则相一致,例如,俄罗斯采用了与欧盟法律相兼容的法规。[3]

因此,当前的提案应该以渐进的方式逐步实施[4],首先,鼓励不同的司法管辖区采用和执行其国家的并购管制规则;其次,确定大多数国家之间共享的共同规则,作为协商起草统一约束规则的依据;再次,扩大统一规则的范围以涵盖先前辩论的问题;最后,采用争议解决机制或超国家监督机构。[5] 事实上,虽然美国和欧盟这两个主要的并购管制之间存在明显的差异,但它们之间也有足够的共同规则,可以促成制定一套统一的国际规则。[6]

应该注意的是,采用哪些规则,或者换句话说,如何选择最适合所有国家的规则是一项非常困难的任务,需要以一种受帝国主义影响较小的民主方式[7],确定执行该任务的执法部门。如果由一个已经建立的国际组织发起规则的谈判和达成,则将会更容易。在这方面,有人认为 WTO 可能起到在国际层面引入这样一套规则的作用。[8] 也有人认为,执法部门可以是任何其他超国家小组,无论是国际的还是跨国的,甚至是区域机构,如北美自由贸易协定(以下简称 NAFTA)或经合组织。[9]

一般而言,统一或全球化法律的早期尝试可以追溯到中世纪发展起来的墨卡托利亚法(Lex Mercatoria),该法被用作国际商业法。[10] 另外,关于反托拉斯法,有人认为

---

[1] 有关城市收购和合并法的更多详细信息,请参阅 Jeffery Roberts, et al., The City Code on Takeovers and Mergers—An Introduction; Pettet, Company Law, *supra* note 125, at 393-395.

[2] Jacqui Hatfield, Global Harmonised Standards-Are they Achievable? (Thomson Reuters, 2012).

[3] Council and Commission Decision of 30 October, 1997 on the Conclusion of the Partnership and Cooperation Agreement between the European Communities and their Member States, of the one part, and the Russian Federation, of the other part, O. J. L 327, 28. 11. 1997, pp. 1-2.

[4] Montini, Globalization and International Antitrust Cooperation, *supra* note 1150, at 16.

[5] Foster, Emory International Law Review, *supra* note 1239, at 495.

[6] Fox, US and EU Competition Law: A Comparison, *supra* note 1008, at 354.

[7] Loukas Mistelis, Is Harmonisation a Necessary Evil? -The Future of Harmonisation and New Sources of International Trade Law', in Foundations and Perspectives of International Trade Law at 7 (Ian Fletcher, Loukas Mistelis, & Marise Cremona eds., 2001).

[8] Sokol, George Mason Law Review, *supra* note 1244, at 1098-1099; Fox, The American Journal of International Law, *supra* note 1155, at 13; Fisher, Stanford Journal of Law, Business, and Finance, *supra* note 1011, at 375.

[9] Michael J. Trebilcock, Competition Policy and Trade Policy-Mediating the Interface, 30 Journal of World Trade 71, at 105(1996).

[10] Mistelis, Is Harmonisation a Necessary Evil? —The Future of Harmonisation and New Sources of International Trade Law, *supra* note 1313, at 7.

引入国际反托拉斯的第一次尝试是在联合国的支持下进行的。[①] 但是,该主张不准确,第一次尝试实际上是在1883年《保护工业产权巴黎公约》第10条保护专利和其他工业产权的框架内实施的[②],1900年在布鲁塞尔对《巴黎公约》进行了修订。[③]

第二次尝试是由美国在1945年发起的,当时呼吁成立国际贸易组织(简称ITO),并得到联合国经济及社会理事会(简称ECOSOC)的支持。经社理事会于1946年2月通过决议起草ITO宪章,当时称为《哈瓦那宪章》。[④] 该宪章第五章主要致力于制定一套统一的具有约束力的反垄断规则,但美国国会因主权问题而未能通过。1953年,美国和加拿大等国试图建立一个国际机构作为国际统一规则的替代方案。于是1958年挪威建议由关税与贸易总协定(简称GATT)扮演该角色,但所有这些努力都无济于事。[⑤]

第三次尝试是在1980年联合国限制性商业惯例会议结束时。该会议是在贸发会议的支持下举行的。经过30年的不断努力,《联合国关于控制限制性商业惯例的公平原则和规则的多边协议》[⑥]首次获得通过。[⑦] 这些规则是一套统一的具有约束力的反垄断规则,但由于采取了建议的形式,从而缺乏具有约束力的法律基础而失败。[⑧] 值得一提的是,联合国限制性商业惯例会议的努力直到现在还没有停止。它每5年举行1次,以审查上述那套规则。最近一次会议是在2015年7月6日至10日举行的第七次会议。[⑨]

---

① Hamner, The Journal of Transnational Law & Policy, *supra* note 665, at 403.
② 《保护工业产权巴黎公约》,1883年3月20日。1967年,在斯德哥尔摩修订的最新版本的副本可在世界知识产权组织的官方网站上获得,http://www.wipo.int/treaties/en/text.jsp?file_id=288514(上次访问时间为2017年12月1日)。
③ Fikentscher, Chicago-Kent Law Review, *supra* note 1209, at 534.
④ 《哈瓦那国际贸易组织宪章》,1948年4月。该章程的副本可在WTO的官方网站上查阅,http://www.wto.org/english/docs_e/legal_e/havana_e.pdf(上次访问时间为2017年12月1日)。
⑤ Trebilcock, Journal of World Trade, *supra* note 1315, at 88; Dabbah, The Internationalisation of Antitrust Policy, *supra* note 9, at 247—250; Foster, Emory International Law Review, *supra* note 1239, at 498, 505, 505—506; Levi Faur, Annals of the American Academy of Political and Social Science, *supra* note 363, at 18.
⑥ The Set of Multilaterally Agreed Principles and Rules for the Control of Restrictive Business Practices, 5 December, 1980, UNCTAD Doc. TD/RBP/Conf. 10/Rev. 1; 2000年最新版本的副本可在贸发会议的官方网站上获得,http://unctad.org/en/docs/tdrbpconf10r2.en.pdf(上次访问时间为2017年12月1日)。
⑦ Stuart E. Benson, The U.N. Code on Restrictive Business Practices: An International Antitrust Code is Born, 30 The American University Law Review 1031, at 1031(1981).
⑧ Trebilcock, Journal of World Trade, *supra* note 1315, at 89; Benson, The American University Law Review, *supra* note 1323, at 1033—1034.
⑨ 有关第七届会议及其议程的更多详细信息,请访问贸发会议官方网站:http://unctad.org/en/pages/MeetingDetails.aspx?meetingid=609(上次访问时间为2017年12月1日)。

第四次尝试也是最近一次的尝试是由慕尼黑集团①的一群学者起草的国际反垄断规则草案。该草案被称为《国际反垄断法草案》(简称 DIAC)。慕尼黑集团向 GATT 总干事提交了他们的提案,即《国际反垄断法草案》。从字面上看,《国际反垄断法草案》被认为是由自治机构管理的最全面、统一的反垄断规则。②

以前为了协调反垄断法也有过其他尝试,但都是在区域层面。在这方面,欧盟跨境并购法规是最值得一提的尝试。③ 在北美自由贸易协定的贸易伙伴内部也有一些适度的尝试④,而北美自由贸易协定第 15 章下只有五个条款对缔约方施加了采用国家反垄断规则的最低义务。⑤

关于阿拉伯国家,几乎所有的阿盟成员国都被视为反垄断和并购管制的避风港。它们没有认真执行其反垄断法,但在联盟经济和社会理事会的支持下⑥准备了统一的反垄断规则草案,不过在海湾合作委员会层面没有类似的尝试。

二、提案评估

基于以上描述以及以往试图通过国际并购管制规则来改进多司法管辖区并购管制系统的各种尝试,同时为了克服当前管制系统的缺陷并改进现有提案,下面将对该提案进行评估。我们将使用表 3-2 来列出所有待评估问题,并简单回答"是"或"否"。

第一,关于成本问题,国际并购管制规则在这方面预计是有效的。它有望降低监管机构的运行成本,尤其是在共享信息的情况下,以及因积极礼让原则交易仅在一个司法管辖区内审查的情况下。但是,国际并购管制规则的影响并不充分,因为它不会影响并购管制成本的所有因素。此外,降低成本需要时间才能实现,而要实现此效果,每个司法管辖区都需要时间来改变其国家法律,使其与国际规则相兼容。

除此之外,并非所有各方都能从上述成本降低中受益。例如,一些国家可能会因新制度下的义务成本而遭受损失,首先是为遵守协议不得不采用并购管制系统或修改自己的系统,甚至在积极礼让的情况下,某司法管辖区不得不审查一项并不能从中受

---

① 慕尼黑小组的成员按字母顺序排列分别是 Akira Shoda, andreas Fuchs, Andreas Heinemann, Eleanor M. Fox, Ernst-Ulrich Petersmann, Hans Peter Kunz-Hallstein, Josef Drexl, Lawrence A. Sullivan, Stanislaw J. Soltysinski, Ulrich Lmmenga, Walter R. Schluep, and Wolfgang Fikentscher。

② 有关 DIAC 的全面详细信息以及它是如何起草的,参见由慕尼黑集团的一位学者撰写的 Fikentscher, Chicagokent Law Review, *supra* note 1209。

③ Directive of the European Parliament and of the Council on Cross-border Mergers of Limited Liability Companies, 27.07.2005, PE-CONS 3632/05。

④ Wood, Depaul Law Review, *supra* note 1239, at 1294。

⑤ 有关北美自由贸易协定反垄断规则的更多概念,请参阅 Trebilcock, Journal of World Trade, *supra* note 1315, at 92。

⑥ Dabbah, Competition Law and Policy in the Middle East, *supra* note 346, at 13。

益的交易。

表 3—2　　　　　　　　　　国际并购管制规则——评估

问题\标准	有效性	充分性	时效	效率	公平性	灵活性
成本	是	否	否	否	否	否
执行差异	是	是	否	否	否	否
交易前审查	否	否	否	否	否	否
行为性反垄断	是	是	否	否	是	否
域外效力	是	是	否	否	否	否
基本错误	否	否	否	否	否	否
政治影响	是	否	是	否	否	否
隐私与数据问题	是	否	否	否	是	否
补救措施	是	是	是	是	是	是
耗时	是	否	是	否	是	否

第二,关于执法差异的问题,该提案可能是有效的。它可以帮助克服执行差异的问题,因为这套国际规则可能会采用一种争端解决机制,从而结束相互矛盾的裁决。这足以解决执法差异的问题,但可能需要时间协调主管机构或执法部门。此外,可以预测此提案是不公平的,因为不强大的发展中国家在决定与强大的国家发生争端之前可能需要考虑政治和经济后果。同样,交易各方在面对争端解决机构时也有同样的顾虑。

第三,关于交易前审查问题,目前的提案不会对交易前审查被视为并购管制制度的额外步骤这一事实产生任何影响。

第四,关于排除行为性反垄断调查结果,该提案的有效之处在于,在新规则起草过程中考虑到这些调查结果,可能有助于克服排除行为性反垄断调查结果的弊端,无疑将充分地克服这个缺陷。不过,这种效果需要一些时间才能实现,至少需要时间来改变国家法律以适应新的国际规则。除此之外,预计所有各方都能从克服这一缺陷中受益。

第五,关于域外效力问题,该提案可以充分地解决此问题,但效果可能需要时间才能实现,特别是更改国家法律并避免任何相反的司法决定,甚至花费时间解决这方面的任何争议。不过,提议的利益分配是不公平的,因为公司和权力最小的司法管辖区都会考虑与更强大的司法管辖区发生纠纷的任何后果,特别是当强大的司法管辖区试图扩展其在跨境并购交易方面的能力时。

第六,关于基本错误问题,该提案中的任何内容都不会影响或克服这些错误,因为并购管制规则仍将基于错误的反垄断意识形态。

第七,在政治影响问题上,由于新规则具有约束力,因此提案可能有效,可以减少域外效力的政治摩擦和寻租问题,但仍不够充分,政治影响力仍然存在,没有完全消除,规则的实施可能会受到监管捕获。该提案对政治影响问题的效果可能会立即实现,但是它并不公平,因为公司和不强大的司法管辖区都会考虑与强大的司法管辖区发生争端的后果。

第八,关于隐私和数据问题,该提案可能是有效的。例如,收集数据可能更容易,并且可能允许执法部门之间交换信息,但该提案不足以克服整个缺陷,因为允许信息交流并不能否定这种做法可能有害并导致损失的事实。除此之外,看到这种适度影响的效果需要一些时间,至少为了允许与其他部门交流信息而改变国家法律需要时间。另外,各方将通过相同的方式实现提案的预期效果,这意味着提案在这方面是公平的。

第九,关于补救措施问题,该提案将有效,因为它可以通过完全避免产生补救措施来帮助克服这个问题。例如,如果新制度采取明确或封闭的方式,则不需要补救措施,因此也是充分的。一旦新规则禁止使用补救措施,效果就可以立即实现。此外,所有各方都将平等地从中获得收益,这意味着该提案将是公平的。

第十,关于耗时问题,该提案可能有效,因为它可能会减少完成多辖区并购管制程序所需的时间,但它不足以充分克服该弊端,因为减少的时间可能是很少的。不过,时间减少的效果可能会立即显现,并且不需要长时间证明。除此之外,该提案是公平的,因为所有各方都将平等地从耗时减少中受益。

最后,该提案在所有问题上都被认为不够有效率,因为它总是需要额外的资源达到最佳效果,即要么改变国家法律和执法系统,要么需要其他规则的辅助,例如,通过使用争端解决机制来克服执法差异的缺陷。除此之外,该提案在所有问题上都不灵活,因为它不能轻易地随着未来的发展而改变,重新谈判和修改拟议的一套国际规则和国家法律将面临困难并需要时间。

基于以上对国际并购管制规则的各项评估,从表3—2可以清楚地看出,国际并购管制规则的提案对除了交易前审查相关问题和反垄断意识形态的基本错误之外的几乎所有缺陷都有积极影响。不过,在大多数情况下效果并不充分,而且大多数效果需要时间来实现,在某些情况下是公平的,但在另一些情况下是不公平的。此外,该提案不灵活,因为它不容易改变或改进,而且效率不高,它采用新的并购管制甚至修改现有的制度都需要额外的资源。

根据表3—2显示的结果,国际并购管制规则的提案对现行并购管制的弊端产生积极影响的回答是19个,产生消极影响的回答是41个,这意味着如图3—2所示,该提案可能会改善 32% 的现状。

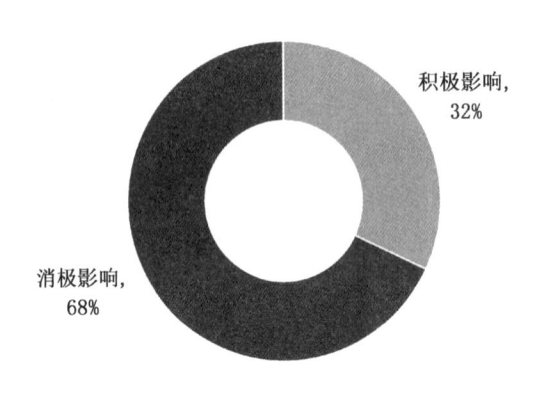

图 3—2　国际并购管制规则——评估

第三节　超国家并购前管制机构

一、提案说明

超国家并购前管制机构的提议可以简单地描述为采用一套统一的并购前管制规则,并创建一个独立的超国家并购前管制机构来执行和管理这些关于跨境并购交易的规则。该提案的实施可以通过一项国际协议或通过利用现有的国际机构,例如,世贸组织或某联合国机构,如联合国贸易和发展会议(UNCTAD)、经合组织(OECD)或国际竞争网络(ICN)。根据该提议,国家执法部门的作用将仅限于作为超国家并购前管制机构的国家执法机构。

该提议基于这样一个事实,即通过一套统一的国际规则而统一法律并不足以克服并购管制系统的所有缺陷,因为不同执法部门执行这些统一的规则仍会导致矛盾或不同的结果。它不能克服这些缺点,被认为只是"趋同"而不是真正的协调。因此,为了实现真正的统一利益,该套统一规则的执行应由国际层面的独立机构执行,换句话说,提案应明确统一的三个组成部分:程序问题、实质问题和制度问题。[①]

超国家并购前管制机构将更有效地执行并购管制任务,而且创建该机构将带来无数好处,例如,(1)审查过程中的规模经济[②],(2)消除域外效力,(3)消除任何民族主义

---

① Crane, Chicago Journal of International Law, *supra* note 390, at 151, 156.
② Holbrook, UCLA Journal of International Law and Foreign Affairs, *supra* note 1 053, at 361.

抬头的机会,以及(4)统一规则的统一应用可以降低不确定性。① 但不幸的是,可以预见超国家机构的创建可能会面临非常激烈的反对。

反对的第一个也是最重要的理由是,建立超国家机构将扰乱基于旧主权概念建立的国际政治秩序②,该秩序是根据1648年《威斯特伐利亚和约》建立的。③ 有人认为当事方甚至在没有得到任何实际收益的情况下,将在国家层面失去对并购交易的控制。④ 然而,该论断很容易被驳斥,因为即使保留当前主要以域外效力为特征的并购管制制度,同样与主权主张相矛盾。

此外,各方在任何时候都不会失去主权,因为他们可以随时退出超国家机构。简而言之,主权是一个相对概念,有其局限性。超国家机构应该在国际公法规则范围内运行,并在完全尊重他国主权的情况下。综上所述,任何对主权的损害"应该是横向的,而不是纵向的"。这无疑意味着当国家给予超国家机构委托或权力时这些国家不会放弃横向主权。⑤

在这种情况下,各国对超国家机构三个组成部分中的每一个都做出不同的反应。程序问题是最容易统一的问题,因为它们似乎存在适度的主权问题;而实质问题可能会引发大多数司法管辖区更严重的主权问题;最后是制度问题,这似乎对主权构成重大威胁。⑥ 值得注意的是,如国际竞争政策咨询委员会(ICPAC)在其报告中所建议的那样,超国家机构的提议可能仅限于争议解决机构。⑦ 这个限制性的建议可能会减少反对建立超国家机构的幅度,但也会限制它能解决的问题的数量,甚至会忽略大多数剩余的问题。

---

① Ginsburg & Angstreich, Antitrust Law Journal, *supra* note 769, at 223.

② 有关主权和国际反垄断政策的详细讨论,请参阅 Dabbah, The Internationalisation of Antitrust Policy, *supra* note 9, at 139—158, citing all the previous literature on the same topic, most notably: Neil W. Averitt & Robert H. Lande, Consumer Sovereignty: A United Theory of Antitrust and Consumer Protection Law, 65 Antitrust Law Journal 713(1997); Susan Beth Farmer, Altering the Balance Between State Sovereignty and Competition: The Impact of Seminole Tribe on the Antitrust State Action Immunity Doctrine, 23 Ohio Northern University Law Review 1043(1997); Susan Beth Farmer, Balancing State Sovereignty and Competition: An Analysis of the Impact of Seminole Tribe on the Antitrust State Action Immunity Doctrine, 42 Villanova Law Review 111 (1997); Joseph P. Griffin, When Sovereignties May Collide: In the Antitrust Area, 20 Canada-United States Law Journal 91(1994); Steven L. Snell, Controlling Restrictive Business Practices in Global Markets: Reflections On the Concepts of Sovereignty, Fairness, and Comity, 33 Stanford Journal of International Law 215(1997).

③ Papadopoulos, The International Dimension of EU Competition Law and Policy, *supra* note 181, at 47.

④ Ginsburg & Angstreich, Antitrust Law Journal, *supra* note 769, at 225.

⑤ Dabbah, The Internationalisation of Antitrust Policy, *supra* note 9, at 146—147.

⑥ Crane, Chicago Journal of International Law, *supra* note 390, at 157.

⑦ The International Competition Policy Advisory Committee, U. S. Department of Justice, final report to the Attorney General and the Assistant Attorney General for Antitrust, on February 28, 2000, at 57.

据称采用此类建议的最佳方法是外溢方法,如新功能主义理论①中所解释的,该理论主要借用欧盟的成功创建作为示例来设计适用于其他地区或超国家的机构。根据溢出效应,最初的任务被授予一个超国家机构,然后机构各方的经济利益将驱动机构扩大其任务。机构各方的代表将更多地参与和出力,直到他们"创造自己的逻辑"来支持他们的存在与权力。②

第二个可能的反对理由是,虽然交易可能在一个司法管辖区产生竞争前效应,但同时它可能在另一个司法管辖区产生反竞争效应。在这种情况下,采纳该提议可能会导致两种可能性:第一种是批准交易,从因交易而预期受损的司法管辖区的角度来看,这是不公平的;第二种是禁止交易,从期望从交易中获益的司法管辖区的立场看这也是不公平的。③

换言之,可以预料,拟议中的超国家并购前管制机构很可能会选择第二种决定,即最终会根据所有相关的司法管辖区各方利益的"最小公分母"来解决跨境并购问题。然而,这个提议可能没有那么糟糕,因为超国家机构可能会利用一些经济原则来减少预计给各方带来的损害。

例如,根据帕累托效率原则(Pareto Efficiency Principle)④,如果交易未造成任何损害,超国家机构则可能因此批准交易,同时其他司法管辖区仍将通过使用两种补救措施获得收益。例如,如果两种补救措施都不足以避免伤害或不足以确保获得收益,超国家机构则可能会使用卡尔多—希克斯效率(Kaldor-Hicks Efficiency)原则。⑤ 根据该原则,获得收益的各方愿意给予遭受损失的各方赔偿,这可能类似于"激励合同"的概念⑥,之前讨论补救措施是并购管制系统的缺陷时已讲过。⑦

---

① 新功能主义建立在德国政治学家恩斯特·伯纳德·哈斯(Ernst Bernard Haas,1924年至2003年3月6日)的文章之上;有关新功能主义和溢出理论的更多详细信息,参见 Ernst B. Haas, International Integration: The European and the Universal Process, 15 International Organization 366(1961); Rafael Leal-Arcas, Theories of supra nationalism in the EU, 8 The Journal of Law in Society 88(2007).

② Haas, International Organization, supra note 1341, at 372.

③ Ginsburg & Angstreich, Antitrust Law Journal, supra note 769, at 226.

④ 帕累托效率原则以意大利经济学家维尔弗雷多·帕累托(Vilfredo Pareto)命名。有关帕累托效率原则的更多详细信息,请参阅 Vijay K. Mathur, How Well Do We Know Pareto Optimality?, 22 The Journal of Economic Education 172(1991).

⑤ 卡尔多—希克斯效率原则以经济学家尼古拉斯·卡尔多(Nicholas Kaldor)和约翰·希克斯(John Hicks)的名字命名。有关该效率原则的更多详细信息,请参阅 Peter Newman, The New Palgrave Dictionary of Economics and the Law at 417—421 § 2(Palgrave Macmillan, 2002); Nicholas Kaldor, Welfare Propositions of Economics and Interpersonal Comparisons of Utility, 49 The Economic Journal 549(1939); J. R. Hicks, The Foundations of Welfare Economics, 49 The Economic Journal 196, at 696(1939).

⑥ 激励合同首先由 Gregory J. Werden(司法部反垄断部门高级经济顾问)和其他学者提出,Werden et al., Vanderbilt Law and Economics Research Papers, supra note 1247.

⑦ 参见第182页。

此外，运行超国家机构需要资金，尽管节省了运行国家管理部门的成本，但是节省的成本与运行拟议机构所需的成本相抵消。不过机构的申请费可能会有助于其持续平稳运行。之前已经讲过，申请费是一些国家执法部门的主要收入之一。在这种情况下，有人建议成员国可以通过类似于联合国系统的方式为此类机构提供资金，并且可以根据要审查的交易量按比例收取申请费。①

还有一个更重要的问题是超国家机构是否对所有并购交易有管辖权还是仅对跨境并购具有管辖权？在这个问题上，有人认为，仅就统一合同法而言，将管辖权限制在跨境交易是解决问题争议的重要方法。② 将提案管辖权限制在跨境并购可能会限制其产生效益，而且如果将其管辖权扩展到所有并购交易，则可以规避其他缺陷。例如，单独一个机构审核如此大量的交易即使可能，也很困难，肯定会增加审核处理时间。而且，如果仅对跨境并购拥有管辖权，那么大多数国内交易中本应该由超国家机构审核的国际联系和国际因素都将丢失。

需要注意的是，这里讲的超国家管制机构不是区域机构，因为即使是成功的区域机构也无法克服并购管制系统的缺陷。欧共体的存在就证明了这一点。不过，超国家机构的形成可能会得益于许多地区层面已经做出的努力。在这种情况下，有些人可能认为欧共体是唯一一个努力的机构，而事实上，已经有很多区域做出了类似的努力。③ 但欧共体可能是最成功和最强大的区域并购管制机构。

世贸组织是我们最常提起的执行和管理国际反垄断规则的机构。这样说有许多原因：首先，《哈瓦那宪章》是建立国际贸易组织的首次尝试，因为它试图解决反垄断问题，其次是乌拉圭回合④，最后是多哈回合。⑤ 前文说过，这是对欧盟和美国相互矛盾的并购管制裁决的回应。除此之外，世贸组织的成功带给大家建立超国家机构的信心。例如，《与贸易有关的知识产权协定》(简称 TRIPS)的成功被认为是未来其他相关领域，例如，反垄断和知识产权领域⑥，成功的指标。不过，反对选择 WTO 作为超国家机构论坛的学者认为，人们可以在 WTO 的支持下采用统一的规则，但应由各自

---

① Hunt, Northwestern Journal of International Law & Business, *supra* note 702, at 164.
② European Commission, Green Paper from the Commission on Policy Options for Progress Towards a European Contract Law for Consumers and Businesses (2010).
③ 有关已经采用反垄断条款的超过 15 个区域社区的列表，请参阅 Dabbah, Competition Law and Policy in the Middle East, *supra* note 346, at 325。
④ Daniel Steiner, The International Convergence of Competition Laws, 24 Manitoba Law Journal 577, at 614 (1997).
⑤ Fisher, Stanford Journal of Law, Business, and Finance, *supra* note 1011, at 331—332.
⑥ Steiner, Manitoba Law Journal, *supra* note 1351, at 615.

的国家机构执行这些规则。[1]

世贸组织在审查反垄断政策方面拥有很多良好的经验,因为各成员国在申请加入世贸组织期间提交的所有反垄断政策[2]都经过了它的审查。此外,世贸组织有一个精心设计的争端解决机制[3],即 WTO 争端解决机构(简称 DSU)。它参与反垄断争端解决已经有一段时间。比如,针对美国对墨西哥的投诉,DSU 成立了一个专家组。专家组于 2004 年 4 月 2 日提交了调查报告。[4] 双方随后于 2004 年 6 月 1 日达成协议,同意遵守报告的调查结果。[5]

经合组织(OECD)是建议承担超国家反垄断机构角色的另一个机构。一些人认为,经合组织在工业化程度最高的贸易国家中有限成员资格是一个优势,因为这些国家都已经制定了反垄断规则。[6] 不过,它的议程和资金来源可能会让人们担心它偏向创始该组织的发达国家,至少从发展中国家的立场来看是这样。[7] 因此,美国大力推动选择经合组织作为超国家机构也就不足为奇了。[8] 不过令人惊讶的是,欧盟的立场与美国不同。

据报道,欧盟反对将经合组织作为国际反垄断法的管制机构。原因同上,即担心不公平对待和对发达国家的偏向,尽管欧盟成员国都是发达国家。除此之外,欧盟还以缺乏争端解决机制为由反对经合组织。[9] 欧盟的理由显然并不令人信服。可以说,欧盟刻意夸大经合组织,缺乏争端解决机制和其对发展中国家存在偏见的不合理担忧,显然更加证明了欧盟此举只是因为经合组织是由美国支持的。要知道欧盟在经合组织中的权重没有美国大。

---

[1] 美国司法部国际竞争政策咨询委员会于 2000 年 2 月 28 日向总检察长和反垄断助理总检察长提交的最终报告,见第 278—279 页。

[2] Accession to the World Trade Organization Procedures for Negotiations Under Article XII, Note by the Secretariat, WT/ACC/1(95-0651), Mar. 24, 1995, § II(2)(e),在 WTO 官网可以获得 https://docs.wto.org/do12fe/Pages/FE_Search/ExportFile.aspx? id=25044&filename=Q/WT/A CC/1.pdf(上次访问时间为 2017 年 12 月 1 日)。

[3] Hunt, Northwestern Journal of International Law & Business, supra note 702, at 163; Ernst-Ulrich Petersmann, International Competition Rules for the GATT-MTO World Trade and Legal Systems, 27 Journal of World Trade 35 (1993); Steiner, Manitoba Law Journal, supra note 1351, at 615.

[4] Panel Report, Mexico-Measures Affecting Telecommunications Services, WT/DS204/R(Apr. 2, 2004).

[5] 有关端时间表的摘要,请访问 WTO 官方网站 https://www.wto.org/english/tratop_e/dispu_e/cases_e/ds204_e.htm(上次访问时间为 2017 年 12 月 1 日)。对于案例的分析,请参阅 Eleanor M. Fox, The WTO's First Antitrust Case-Mexican Telecom: A Sleeping Victor for Trade and Competition, 9 Journal of International Economic Law 271(2006).

[6] Steiner, Manitoba Law Journal, supra note 1351, at 604.

[7] Christoph Bail, Coordination and Integration of Competition Policies: A Plea for Multilateral Rules, in Competition Policy In An Interdependent World Economy E. Kantzenbach, et al. eds. 1993.

[8] Foster, Emory International Law Review, supra note 1239, at 500.

[9] Foster, Emory International Law Review, supra note 1239, at 497.

应该指出,事实上,不仅对于经合组织,对于所有其他拟议的超国家控制机构[1]来说,缺乏争端解决机制的缺陷都被夸大了。当然世贸组织除外,因为它有一套争端解决机制。然而,建立一个类似于 WTO 甚至更强大的争端解决机制可能需要付出的努力与采纳超国家并购前管制机构的提议所需的努力是无法相提并论的。因此,可以说争端解决机制不是通过该提案的先决条件,尽管解决争端仍然是超国家机构成功执行任务的先决条件。

尽管之前在讨论国际并购管制规则提案时提过[2],联合国贸易和发展会议(UNCTAD)在国际反垄断规则领域做出了持续的努力,但它并没有被视为一个超国家的并购前管制机构。[3] 除去贸发会议没有约束力的原因,发达国家对这些努力也并不接受,因为将支持发展和维护市场竞争力这两个角色结合起来可能会导致"角色分裂"[4]。换句话说,发达国家也担心贸发会议对发展中国家的偏向待遇。[5]

国际竞争网络(ICN)也是一个可能的超国家控制机构。它主要是作为全球反垄断机构的聚集地而成立的。尽管 ICN 对其成员没有任何约束力,但至少与 WTO 相比,任何人都不能忽视它在全球反垄断规则发展中的作用。[6] 这里应该指出的是,尽管 ICN 不具约束力,但其大多数成员至少表现出准备参与并购审查领域的态度。例如,2002 年负责司法部反垄断部门的助理总检察长查尔斯·A. 詹姆斯(Charles A. James)表示:"如果我们忠于使命,则我们应该寻求新的合作方式以共同提高全球并购审查的效率和有效性。"[7]

据称,欧委会委员马里奥·蒙蒂(Mario Monti)也是创建 ICN 的重要支持者之一。[8] 除了 ICN 的总体框架外,它还有一个专门的并购管制问题工作组。其主要任务是加强并购管制规则,以消除管制过程中的不确定性。并且它已经解决了统一规则时所需的三大条件中的两个,即程序问题和实质问题[9],这意味着 ICN 在某种程度上只是缺少第三个维度问题。ICN 已经建好了架构,且真实地参与到国际事务中。

最后,应该指出的是,超国家并购前管制机构的提议可以在以上现有机构的支持

---

[1] Hunt, Northwestern Journal of International Law & Business, supra note 702, at 160—161; id. at 161.
[2] 见第 196—197 页。
[3] Steiner, Manitoba Law Journal, supra note 1351, at 604.
[4] Mark R. Joelson, Harmonization: A Doctrine for the Next Decade, 10 Northwestern Journal of International Law & Business 133, at 138(1989).
[5] Foster, Emory International Law Review, supra note 1239, at 497—498.
[6] Hunt, Northwestern Journal of International Law & Business, supra note 702, at 160—161.
[7] Charles A. James, Guiding Principles and Recommended Practices for Merger Notification and Review at 8(U. S. Department of Justice, 2002).
[8] Papadopoulos, The International Dimension of EU Competition Law and Policy, supra note 181, at 249.
[9] Dabbah, The Internationalisation of Antitrust Policy, supra note 9, at 256—257.

下实施。拟议机构本身是否履行任务不是先决条件。它可能只是一个论坛,因为讨论本身就是一个至关重要的方法。之前提到,首先各方要有政治意愿,认识到当前的多辖区并购管制系统存在缺陷,任何单方面的解决方案都行不通。另外,各方可以决定最合适的地点完成提案本身的实施。毫无疑问,各方甚至应该代表公司或至少跨国公司参与讨论,因为这些公司也是问题的一方。[1]

二、提案评估

基于以上描述以及以往试图通过超国家管制机构来改进多司法管辖区并购管制系统的各种尝试,同时为了克服当前管制系统的缺陷并改进现有提案,下面将对该提案进行评估。我们将用表格列出所有评估问题,并回答简单的"是"或"否"。表格后面的图表分别显示最终评估结果以及该提案预期的积极影响和消极影响的百分比。

第一,关于成本问题,超国家管制机构的设立有望有效,因为它将承担审查所有跨境交易的角色,而且只在一个司法管辖区内进行审查,从而降低了国家并购管制机构的运营成本。但它是不充分的,因为它不会影响并购管制成本的所有其他因素,甚至它的创建也需要资金。成本的降低不需要时间,一旦方案被采用,机构开始运作,效果就会立即实现。提案将是公平的,因为各方都将从成本降低中平等受益。

第二,关于执行差异问题,超国家管制机构提案在这方面是有效的,因为它有助于完全克服执法差异问题。它将采用一套统一的国际规则和一个可以推动裁决完成的争端解决机制。因此,解决问题也足够充分,预期的效果可以在机构创建后立即实现。不过,如前所述,预期效果对各方并不公平,在一部分交易参与方有预期收益,而其他参与方可能会遭受损失的情况下,超国家控制机构不容易做出裁决。

第三,关于交易前审查问题,超国家管制机构的建立不会对此产生任何影响,因为它本身就是国际层面的并购前管制机构。

第四,关于排除行为性反垄断的调查结果,该提案可能是有效的,因为它可以在起草适用规则时或在并购审查过程中考虑这些调查结果。毫无疑问,这足以克服这个缺点,效果会在机构创建后立即实现。除此之外,预计所有各方都将从克服该缺陷中平等受益,即该提案在这方面是公平的。

第五,关于域外效力问题,该提案有效,因为它拥有一套明确的规则以确定其审查跨境并购的权力,并且还可能包括这方面的争端解决机制,因此,可以足够充分地解决这个问题,效果将在机构创建后立即实现。此外,预计超国家管制机构提案可以公平地给予所有各方克服域外效力的利益。

---

[1] Philip Lowe, Keynote Address, 14 George Mason Law Review 871, at 876(2007).

第六，关于基本错误问题，该提案中的任何内容都不会影响或克服基本错误，因为并购前管制规则仍将基于错误的反垄断意识形态。

第七，在政治影响问题上，由于新的规则将具有约束力并由超国家机构管理，因此该提案将有效消除域外效力的政治摩擦以及寻租问题。效果是充分的。此外，该提案在政治影响问题上的效果可能会立即实现，并且所有各方在克服政治影响问题方面的利益是平等的。

第八，关于隐私与数据问题，该提案是有效的。例如，新规则可以允许和约束当局之间的信息交换。但该提案的效果不足以解决整个问题，因为允许交换信息并不意味着这种做法不会有害并导致损失。除此之外，实现这种影响还需要一些时间。为了允许与拟议的超国家机构交换信息，需要时间来改变国家法律，各方将通过相同的方式实现提案的预期结果，这意味着该提案在这方面是公平的。

第九，关于补救措施问题，该提案不会改变或否定行为性补救和结构性补救都缺乏良好、有效和高效补救所需的主要先决条件的事实。

第十，关于耗时问题，超国家并购前管制机构的提议可能有效，因为它可能会减少执行并购前管制所需的时间，但其效果不足以克服这个缺陷，因为仍然需要时间来执行并做出最终决定。时间缩短的效果可能会立即得到实现，但也有可能需要一定的时间才能看到。此外，由于所有各方都将平等地从时间缩短中受益，因此该提案是公平的。

最后，超国家并购前管制机构的提议几乎在所有问题上都不完全有效率，因为它总是需要额外的资源才能达到最佳效果，这主要是因为创建和运行该机构需要额外的资金。除此之外，该提案在所有问题上也不灵活，因为它不能轻易地随着未来的发展而改进，因为重新谈判与修改国际规则和国家法律将面临困难并需要时间。

基于以上对超国家并购管制机构的各项评估，从表 3—3 可以清楚地看出，该提案对大多数弊端产生了积极影响，但在许多情况下效果并不充分。同时，几乎所有的积极效果都会立即实现，不需要时间来实现，在某些情况下是公平的，在另一些情况下是不公平的。此外，该提案不灵活，因为不容易更改，而且效率不高。如前所述，它总是需要额外的资源来资助机构的创建和成功运行。

表 3—3　　　　　　　　　　超国家管制机构——评估

问题 \ 标准	有效性	充分性	时效	效率	公平性	灵活性
成本	是	否	是	否	否	否
执行差异	是	是	是	否	否	否

续表

标准 问题	有效性	充分性	时效	效率	公平性	灵活性
交易前审查	否	否	否	否	否	否
行为性反垄断	是	是	是	否	是	否
域外效力	是	是	是	否	否	否
基本错误	否	否	否	否	否	否
政治影响	是	是	是	否	是	否
隐私与数据问题	是	否	是	否	是	否
补救措施	否	否	否	否	否	否
耗时	是	否	是	否	是	否

根据表3—3的结果,超国家并购前管制机构的提案对现行并购管制制度的弊端产生积极影响的回答有22个,而产生消极影响的回答有38个。如图3—3所示,这意味着该提案可能会改善37%的现状。

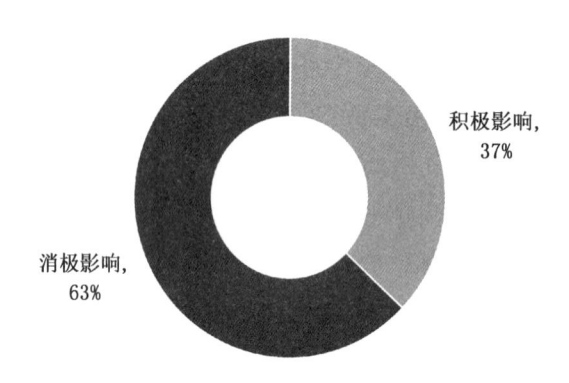

图3—3 超国家管制机构——评估

第四节 程序改进建议

下面将讨论的程序改进建议是涵盖范围最小的提议,它们都从程序角度解决了多辖区并购管制制度的缺陷。从两个方面来看,这些程序改进建议比其他包含实质性问题的建议更容易被各方采纳:第一,不同司法管辖区执法部门之间协商起来更容易;第二,将提案落实到位更可行。同时,"最小"一词并不意味着提案的影响不重要或微不足道,因为这些提案中的每一个都可能有助于克服当前并购管制系统的所有缺陷。

一、管辖权规则

(一)提案说明

管辖权规则的提议从国际私法的角度解决了当前多辖区并购管制制度的弊端。提案采用一系列规则来确定审查及裁决跨境并购交易的司法管辖区,并且可以在某个国际机构的支持下通过一项国际协议来适用这一系列规则。在海牙国际私法会议的支持下通过此类规则的做法目前最为合适。该会议机构是一个专门从事跨境民商事合作的多边组织。更准确地说,它专门负责协调国际私法规则。[1]

需要指出的是,此前没有任何文献提出采用管辖权规则作为克服多辖区并购管制系统缺陷的解决方案。它其实是通过协调国际私法的提案进行类比而发展起来的。该提案主要用来确定外国公司或本国公司的国籍以及并购交易的适用法律。[2] 同时,目前的管辖权规则提案解决了如何确定审查及裁决跨境并购交易的管辖权的问题,认为可以基于与交易关联度最高的管辖区的标准或受影响最大的管辖区的标准,或国际协议各方可能选择的任何其他标准。

毫无疑问,谈判和起草这一系列规则的细节将是一个很大的问题。并且提案的落实可能并不容易获得国际共识。除此之外,为了确保这些管辖权规则的准确和正确实施,需要采用一种争端解决机制,为此可以建立一个新的机构,或者授予一个现有机构对此类争端做出裁决的权利,例如,WTO的争端解决机构DSU。

(二)提案评估

基于以上对管辖权规则的描述,下面将对该提案进行评估。我们将使用表格列出所有评估问题,并回答简单的"是"或"否"。图3-4显示最终评估结果以及该提案预期的积极影响和消极影响的百分比。

第一,关于成本问题,该提案在这方面是有效的。它预计将降低监管机构的运营成本,因为它只会在一个司法管辖区内审查交易。但是,它的影响并不充分,因为它不会影响与并购管制成本相关的所有其他因素。另外,在采用这样的规则后,成本降低可以立即实现,不需要任何额外的资源,各方将平等地从上述成本降低中受益。

第二,关于执行差异问题,该提案是有效的。它可以帮助克服执行差异的问题,因为这套管辖权规则将确定一个单一的机构来审查交易,所以效果足够充分。不过,克服这一缺陷可能效率低下,因为它可能需要额外的资源来运行争议解决机制,以解决

---

[1] 海牙国际私法会议包括140多个国家或地区。有关它的更多信息,请访问官方网站 https://www.hcch.net/en/home(上次访问时间为2017年12月1日)。

[2] Mathias M. Siems, The European Directive on Cross-Border Mergers: an International Model? 11 Columbia Journal of European Law 167, at 167—168, 176(2005).

哪个机构有权审查交易的争议。因此,提案是不公平的,因为较弱的发展中国家在决定与强大的国家发生争端之前可能需要考虑政治和经济后果。同样,交易各方在面对争端解决机构时也有同样的顾虑。

第三,关于交易前审查问题,管辖权规则的提议不会对该问题产生任何影响,因为交易前审查被认为是并购管制或典型的反垄断审查的额外步骤,这套规则可能会导致国家法律的更改。

第四,关于排除行为性反垄断调查结果的问题,该提案不会对排除行为性反垄断调查结果的并购管制制度产生任何影响。

第五,关于域外效力问题,该提案是有效的。因为其主要目的是通过确定审查交易的主管管辖区来彻底克服域外效力问题,所以足以解决该问题。并且这些效果将在通过拟议规则后立即实现。但是,在某些情况下,它可能效率低下,因为它可能需要额外的资源来运行争议解决机制。该机制用以解决执法部门相互矛盾的裁定引起的争议,因此预计它是不公平的,详情在前文讨论执行差异时提到过。①

第六,关于基本错误问题,该提案中的任何内容都不会影响或克服这些错误,因为并购管制规则仍基于错误的反贸易意识形态。

第七,关于政治影响问题,该提案可能有效,可以减少域外影响的政治摩擦,但还不够充分,因为国家并购管制规则和审查标准可能会受到寻租和监管捕获问题的影响。同时,提案对政治影响的作用会在通过拟议规则后立即实现,无需任何额外资源,对各方的影响均等。

第八,关于隐私与数据问题,该提案是有效的。例如,在该提案下,执法部门之间没有理由不交换信息。该提案不足以解决整个问题,因为允许交换信息并不能避免这种做法产生的损害和损失。但是提案的效果会立即实现,不需要任何额外的资源。各方都将以相同的方式实现效果,这意味着提案在隐私与数据问题上是公平的。

第九,关于补救措施问题,该提案在这方面不会产生任何影响,因为补救措施是国家法律的实体问题。

第十,关于耗时问题,该提案可能有效,因为仅在一个司法管辖区审查,并购管制过程所需的时间会减少,但它不足以克服这个问题,因为这个过程仍然需要时间才能完成。同时,时间缩短的效果可能会在规则通过后立即得到确认,不需要任何额外资源即可实现。该提案是公平的,因为所有各方都将从耗时减少中同等受益。

基于以上对管辖权规则提案的评估,从表3—4可以清楚地看出,该提案对许多缺点有积极的影响,尽管在大多数情况下效果并不充分。另外,只要它生效,效果就会立

---

① 见第155—156页。

即实现。不过,在很多情况下,各方得到的效果并不公平。而且该提案根本不灵活,它不容易改变,在某些情况下效率不高,因为可能需要额外的资源来解决有关规则执行的任何争议。

表 3—4　　　　　　　　　　　管辖权规则——评估

标准 问题	有效性	充分性	时效	效率	公平性	灵活性
成本	是	否	是	是	是	否
执行差异	是	是	是	否	否	否
交易前审查	否	否	否	否	否	否
行为性反垄断	否	否	否	否	否	否
域外效力	是	是	是	否	否	否
基本错误	否	否	否	否	否	否
政治影响	是	否	是	是	是	否
隐私与数据问题	是	否	是	是	是	否
补救措施	否	否	否	否	否	否
耗时	是	否	是	是	是	否

根据表 3—4 显示的结果,管辖权规则的提议对现行并购管制制度的弊端产生积极影响的确定回答只有 22 个,而提议产生消极影响的回答有 38 个,如图 3—4 所示。

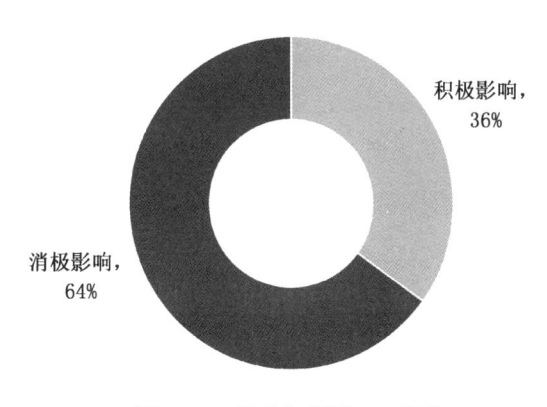

图 3—4　管辖权规则——评估

二、通用在线申报系统

(一)提案说明

通用在线申报系统的提案可以简单地描述为在国际层面,即在全球所有司法管辖区内采用通用的综合统一的申报表、申报程序和申报时间的在线申报系统。该通用在线申报系统可以通过国际协议建立,并由每个司法管辖区自主管理,也可以通过超国家机构进行管理。该超国家机构可以接收所有申报并审查,然后将其转入各国家系统,要求各国审查交易。①

需要注意的是,通用在线申报系统的提案是由一些学者书面提出的。此外,一些机构也提出了制度层面的建议,例如,经合组织发表了一份建议采用通用申报系统的报告。② 美国律师协会于1991年发布了一份关于国际并购管制系统的报告,建议采用统一的申报要求和时间安排,用于克服多辖区并购管制系统的弊端。③

1996年9月,法国、德国和英国尝试采用统一的申报表格和程序。但不幸的是,该尝试没有成功,因为所有这些司法管辖区的国家执法部门在协调提交时间的问题上产生了争议从而导致延误。甚至有报道称,通用表格在德国只使用过一次,这是因为德国的备案要求比通用备案要求容易得多。④

这是史上第一次提出将普通申报系统改为在线系统,主要是为了跟上技术进步的步伐,让流程更加高效,同时节省时间和金钱。更准确地说,通用在线申报系统为一个在线服务器,交易各方可以登录并填写所有必需的表格和信息并提交证明文件,主管该交易的并购管制机构具有访问当事人提交的信息和文件的权限。

在这样的背景下,有人认为应该设计一个通用在线申报系统,包括并购审查的两个阶段所需的所有表格和程序。⑤ 因为大多数司法管辖区的并购管制系统被设计为两个阶段,例如,欧盟体系中的"第一阶段调查"和"第二阶段调查",以及美国体系中的"进一步信息请求"。前文在讨论这两个体系时有提及。⑥

最后,关于申报的语言。拿专利合作条约下的国际专利制度举例。如果受理机构是一个双方共同支持的机构,交易各方则可以选择以联合国使用的任何语言提交申报,否则应使用本国语言。⑦ 有人认为没有必要确定共同的申报语言,因为不同国家很难就选择哪个单一的申报语言达成一致,甚至将申报文件翻译成不同语言的成本是

---

① Clarke, The International Regulation of Transnational Mergers, *supra* note 8, at 463.
② 有关该报告的更多详细信息,请参见 Diane P. Woon & Richard P. Whish, Merger Cases in the Real World: A Study of Merger Control Procedures(Organisation for Economic Co-operation and Development; OECD Publications and Information Centre, 1994).
③ Special Committee on International Antitrust Report Working Draft(1991).
④ Rowley QC & Campbell, Multi-jurisdictional Merger Review: Is it Time for a Common Form Filing Teaty, *supra* note 1062, at 18.
⑤ Clarke, The International Regulation of Transnational Mergers, *supra* note 8, at 479.
⑥ 见第135—136页。
⑦ 联合国使用的官方语言是阿拉伯文、中文、英文、法文、俄文和西班牙文。

"合法的",交易各方理应承担。[①]

(二)提案评估

基于以上对通用在线申报系统的描述,同时为了克服当前管制系统的缺陷,下面将对该提案进行评估。我们使用表 3—5 列出所有评估问题,并回答简单的"是"或"否"。图 3—5 显示最终评估结果以及该提案预期的积极影响和消极影响的百分比。

首先,关于成本问题,该提案在这方面是有效的,因为作为一个共享的在线申报系统,预计向所有主管司法管辖区申报的成本会降低,但它是不够充分的,因为它不会影响并购管制过程中的所有其他成本因素。采用通用在线申报系统后,成本的降低将立即实现,不需要任何额外的资源,预计各方将平等地从上述成本降低中受益,这意味着它是公平的。

同时,该提案不会对第二条至第九条的缺陷产生任何影响,因为该提案实际上仅限于申报形式、程序和时间,所以不会影响多辖区并购管制的其他缺陷的任何方面。关于耗时问题,该提案可能有效,因为按照不同主管司法管辖区的不同系统提交申报所需的时间会减少,但它不足以克服耗时这个问题,因为在所有司法管辖区完成审查过程仍需要时间。缩短时间的效果可能会在采用通用在线申报系统时立即得到认可,且无需任何额外资源。并且该提案是公平的,因为所有各方都将平等地从时间缩短中受益。

根据上文对通用在线申报系统提案的评估,从表 3—5 可以清楚地看出,该提案仅对成本和耗时缺陷产生了积极影响,但对这两个缺陷的影响都不够充分。另外,预期效果不需要时间或额外资源即可实现。除此之外,预期的积极效果对所有各方是平等的。该提案具有灵活性,不同的国家在此问题上可以很容易达成一致,并随着改变而更新系统。

根据表 3—5 评估的结果,对于通用在线申报系统的提议,对当前并购管制系统的缺陷产生积极影响的回答是 10 个,而产生负面影响的回答是 50 个。这意味着该提案只能改善 17% 的现状(见图 3—5)。

三、多级监控系统

(一)提案说明

多级监控系统的提议是一个三级分级系统,最高级别是全球级别。该级别将有一个超国家的全球机构作为争端解决机构,它有权受理下级关于全球层面的交易并购管制裁决的投诉。该机构将有权禁止下级部门的任何限制性或酌情性做法。在第二个

---

① Clarke, The International Regulation of Transnational Mergers, *supra* note 8, at 476.

层面,也就是地区层面,将有许多覆盖多个国家的超国家地区机构。这些机构类似于全球机构,但它们只关注仅具有区域维度的交易。

表 3—5　　　　　　　　　通用在线申报系统——评估

标准 问题	有效性	充分性	时效	效率	公平性	灵活性
成本	是	否	是	是	是	是
执行差异	否	否	否	否	否	否
交易前审查	否	否	否	否	否	否
行为性反垄断	否	否	否	否	否	否
域外效力	否	否	否	否	否	否
基本错误	否	否	否	否	否	否
政治影响	否	否	否	否	否	否
隐私与数据问题	否	否	否	否	否	否
补救措施	否	否	否	否	否	否
耗时	是	否	是	是	是	是

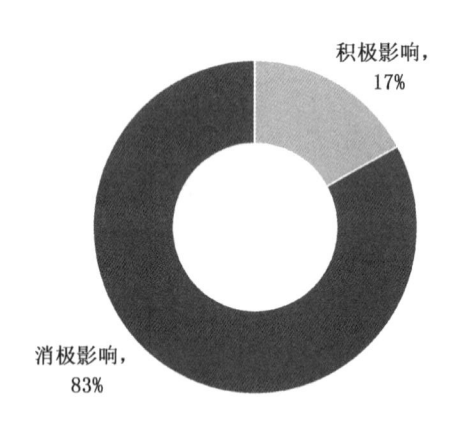

图 3—5　通用在线申报系统——评估（积极影响 17%；消极影响 83%）

第三级是国家级。国家主管部门将根据国家法律进行并购管制审查,但该过程应按照区域和全球机构先前做出的决定进行。多级监控系统可以通过一项国际协议来实施,并且可以在 WTO 等现有机构之一的支持下完成,或者整个系统可以在 WTO 内部创建。需要注意的是,该提议是通过类比的方式创建的,即基于德国教授沃尔夫冈·科伯(Wolfgang Kerber)的提议。他建议创建多层次系统,初衷是这个系统的每一层机构都有能力审查某些交易,而我们所谈的多级监控系统并非如此。①

除此之外,正如国际并购管制规则的提议中所解释的那样,可以通过采用统一的并购管制规则来加强多级监控系统。然而,普遍认为,在统一规则被认为是不现实也无法实现的情况下,作为统一法律的替代方案,《相互承认协议》(简称 MRA)②是统一反垄断执法的不错选择。③

因此,可以将互认协议添加到多级监控系统中。该协议的所有缔约方以及多级监控系统的成员将相互承认彼此的申报系统和审查标准,或者换句话说,承认执法部门对申报手续的裁定以及在并购管制过程中进行的测试结果。但是,出于维护主权的目的,国家当局将保留自行审查的权力甚至达成新裁决的权利。

(二)提案评估

基于以上对多级监控系统的描述,为了克服当前管制系统的缺陷并改进现有提案,下面将对该提案进行评估。我们将使用表 3—6 列出所有评估问题,并回答简单的"是"或"否"。图 3—6 显示最终评估结果以及该提案预期的积极影响和消极影响的百分比。

第一,关于成本问题,多级监控系统能有效地降低管理机构的成本,特别是在充分利用互认协议的情况下。但其效果并不充分,因为它不会影响并购管制过程中的其他成本因素。此外,成本降低无需花费时间来实现,因为所有不同司法管辖区的执法部门将在通过提案和互认协议后立即受到其他司法管辖区部门裁决的约束。

第二,关于执行差异问题,该建议是有效的。它可以帮助克服执行差异问题,因为这套国际规则可能会采用一种争端解决机制,从而结束相互矛盾的裁决,所以这足以解决问题,但可能需要时间协调区域和全球执法部门之间的争端。

第三,关于交易前审查问题,由于交易前审查是典型的反垄断审查的额外步骤,因此预计多级监控的提案不会对该问题产生任何影响。

第四,关于排除行为性反垄断调查结果,该提案也预计不会对排除行为性反垄断调查结果的弊端产生任何影响。

---

① 有关 Wolfgang 教授提出的多级系统的更多详细信息,请参见 Wolfgang Kerber, An International Multi-Level System of Competition Laws: Federalism in Antitrust, in the Future of Transnational Antitrust: From Comparative to Common Competition Law at 269—300(Josef Drexl and Peter Behrens eds., 2003).

② 互认协议是一个众所周知的概念,被用作贸易伙伴之间的协议。它在技术标准方面更加普遍,特别是在 WTO 技术性贸易壁垒协定第 2.7 条下,并且在欧盟也广为人知。欧盟发布了关于专业资格互认的特别指令(Directive 2005/36/EC of the European Parliament and of the Council of 7 September 2005 on the recognition of professional qualifications, O. J. L 255/22, 30.09.2005, pp. 22—142);有关已进行的相互承认协议的评估研究,请参阅 Productivity Commission, January 2009, Review of Mutual Recognition Schemes, Research Report, Canberra.

③ Meessen, Northwestern Journal of International Law & Business, *supra* note 1285, at 21.

第五,关于域外效力问题,该提案可能有效,因为它可以通过将管辖权问题视情况提交区域或全球机构来彻底克服域外效力问题,所以它足以解决该问题,尽管解决这方面的争端效果可能需要时间才能实现。

第六,关于基本错误问题,正如预期的那样,该提案中的任何内容都不会影响或克服这些错误,因为并购管制规则将仍然基于错误的反垄断意识形态。

第七,在政治影响问题上,该提案可能有效。它可以减少域外影响的政治摩擦,但还不够充分,因为其影响仍不会完全消除,规则的实施可能会受到寻租和监管捕获的影响。此外,该提案对政治影响问题的作用可能需要一些时间才能实现,因为无论是彼此相互承认还是发生争议,后期效果都需要时间。

第八,关于隐私与数据问题,该提案不会对此产生任何影响。

第九,关于补救措施问题,该提案也不会产生任何影响。

第十,关于耗时问题,该提案可能有效。因为它可能会减少完成多辖区并购管制过程所需的时间,但它不足以克服该问题,因为它对减少时间的影响是最小的。同时,时间缩短的效果可能需要一些时间才能实现,例如,在区域或全球机构面前解决争端所需的时间。同时,该提案可能是公平的,因为时间减少能使所有各方都平等受益。

最后,该提案在所有问题上都不够有效率,因为它总是需要额外的资源来创建和运行全球和区域机构,甚至将争端提交到争端解决机制下解决也会给当事人增加成本。除此之外,该提案在所有问题上也不灵活,因为重新谈判和修改此类国际协议时会遇到困难,所以不能轻易地更改,以适应未来的发展,至少更改需要一些时间。此外,预计该提案的效果在几乎所有情况下都是不公平的,因为较弱的发展中国家在决定与强大的国家发生争端之前可能需要考虑政治和经济后果。交易各方在面对争端解决机构时也有同样的顾虑。

正如上文对多级监控系统提案的阐述,从表3—6可以清楚地看出,该提案对一些弊端有积极的影响,主要是对程序问题的影响。但在大多数情况下效果并不充分。几乎所有情况下,效果都需要时间来实现,而且积极的效果都不会平等地实现。此外,该提案不灵活,因为不容易引入新的变化,而且效率不高,总是需要额外的资源来创建和运行全球和区域机构,并需要参考和解决以前的争端。

根据表3—6显示的结果,多级监控系统提案对当前并购管制系统的缺陷产生积极影响的回答只有9个,而有51个回答确定其产生了负面影响,这意味着该提案可能会改善15%的现状(见图3—6)。

表 3—6　　　　　　　　　　　多级监控系统——评估

问题＼标准	有效性	充分性	时效	效率	公平性	灵活性
成本	是	否	是	否	否	否
执行差异	是	是	否	否	否	否
交易前审查	否	否	否	否	否	否
行为性反垄断	否	否	否	否	否	否
域外效力	是	是	否	否	否	否
基本错误	否	否	否	否	否	否
政治影响	是	否	否	否	否	否
隐私与数据问题	否	否	否	否	否	否
补救措施	否	否	否	否	否	否
耗时	是	否	否	否	是	否

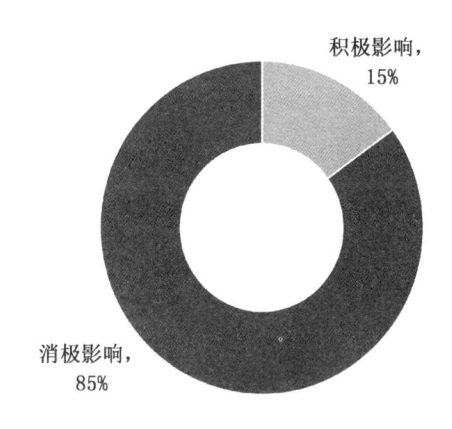

积极影响，15%

消极影响，85%

图 3—6　多级监控系统——评估

第五节　解除并购管制

一、提案说明

解除并购管制的提议可以简单地描述为废除所有现行采用的并购管制系统，因此并购各方将不再需要在完成交易之前或之后向任何司法管辖区提交申报。这个提议可以通过一项国际协定予以通过。但是，并购方并没有获得对其未来违反反垄断法行为的调查豁免权。除此之外,该国际协议将包括一系列规则,要求国家反垄断当局有义务在质疑或调查任何未来违反国家反垄断法的行为时考虑行为性反垄断调查结果。

因此,解除并购管制的提案与传统的理念主要有两个不同:第一个是并购管制系统将被废除,第二个是国家反垄断部门将承诺今后调查时把行为性反垄断调查结果考虑在内。需要注意的是,有学者主张"法规"的含义应仅限于行业特定法规,而在反垄断方面应使用"政策"一词,主要是为了区分这两种不同的规则。他们甚至认为,解除管制意味着从执行行业特定法规转变为仅执行反垄断政策。①

就目前的提案而言,这种说法可能是正确的,解除管制的含义与此相差不远。采用该提案将导致从并购管制系统转向传统的反垄断管制。此外,还应注意的是,废除并购管制制度并不意味着否认并购管制是反垄断政策的一部分,因为这里的反垄断政策就是采用解除管制的方式,而非并购前审查的方式。

需要注意的是,解除管制将在司法部门的监督下进行,这意味着法院将保证执法部门不会干预或阻碍并购交易。不仅如此,司法部门还应该根据反垄断规则严格监督第三方质疑并购交易的权利。因为毫无疑问,每当第三方质疑并购交易时,他们都会试图削弱他们对手的"市场竞争力",换句话说,他们将专注于限制竞争而不是促进竞争。②

确实,没有必要再建立新的争端解决机制,因为它已经存在。在大多数系统中,行政决定可以在法院受到质疑,正如之前埃及和欧盟所展示的那样。而根据《行政程序法》③和"严格检视"(Hard-Look)原则④,美国法院也必须审查行政机关的决定,确保这个决定不是独断的或不合理的。

同时,大多数普通法体系中的司法机构都可以被视为监管机构。基于此,在没有找到可参照的法规或更确切地说没有明确的条例的情况下,法院可能给予专家和政客一定的权利以帮助审查案件。⑤ 大陆法系的司法机构情况几乎相同。解除管制的政策应切实遵守,且仅仅视并购交易为重组公司的方式之一,不应该作出任何干扰并购的决定。

事实上,并购管制是19世纪末开始的国家监管角色的一种实际应用。反垄断法

---

① Christian Kirchner,Competition Policy vs. Regulation: Administration vs. Judiciary,in The International Handbook of Competition at 306,308—309(Manfred Neumann & Jürgen Weigand eds. ,2004).
② Easterbrook,Texas Law Review,supra note 735,at 39.
③ The Administrative Procedure Act of 1946,5 U.S.C. 55—551,et seq.
④ 有关解除管制与严格检视原则之间关系的更多详细信息,请参阅 Cass R. Sunstein,Deregulation and the Hard-Look Doctrine, 1983 The Supreme Court Review 177(1983).
⑤ Cass R. Sunstein,Deregulation and the Courts,5 Journal of Policy Analysis and Management 517(1986).

也在那个时期开始蓬勃发展。正如之前在讨论反垄断法历史时所讨论的那样①,这一角色的诞生是由许多因素引发的。国家的监管作用颇具争议性。从自由主义的角度来看,它被认为是"民主的胜利";相反,从保守主义的角度来看,它被认为是"适得其反"。②

在此背景下,保守派的芝加哥学派的学者认为,并购管制主要是为了控制市场竞争,保持市场参与者的高利润和风险的最小化,同时主要是为寻租者或监管捕获者服务,给予他们等同于市场竞争带来的利益,这些对经济发展而言没有任何好处。③ 监管损害市场竞争的一个例子就是,某些行业需要协调或"串通",或至少需要许可才可以进入④,例如,电信行业。

实际上,解除管制的意识形态或者至少是对管制观念的拒绝可以追溯到亚当·斯密时代。当时,他在1776年出版的书中就揭示了解除管制的本质:

> 同行业的人应该少聚在一起,即使娱乐和消遣。他们的谈话总是以阴谋或者是某种试图抬高价格的诡计结束。当然,任何可执行的法律或与自由、正义相一致的法律都无法阻止此类聚会。但是,虽然法律不能阻止同行业的人聚集在一起,但是它不应该为这种集会提供便利,更不用说使它们变得必要了。⑤

亚当·斯密显然支持市场力量推动市场参与者享受普遍福利的观点。他也很清楚,市场参与者可能会不时地进行"排兵布阵",但他也明白法律无法制止这些行为。但是,使用法律阻碍这种行为的做法,他既不支持也不鼓励,因为这将违背自由市场意识形态。但他也不支持"促进"这种行为,这意味着他不认可国家的监管作用。⑥

此外,并购管制部门通常会根据传统的监管理论来为代价高昂的并购管制制度进行辩护。据称,监管有六个原因,但实际上只有以下五个原因:(1)保护某些群体的合法利益或权利,例如,员工权利或任何先前讨论的并购管制目标的利益;(2)实现再分配目标,可能是财富或权力的再分配;(3)防止当事人对自己造成"家长式"伤害,比如,改变消费者决策使其更加理性;(4)回应利益集团的压力,比如,农民要求制定《谢尔曼

---

① 见第21页。
② Horwitz, Theory and Society, *supra* note 352, at 139—140.
③ Richard A. Posner, Theories of Economic Regulation, 5 The Bell Journal of Economics and Management Science 335(1974); Stigler, The Bell Journal of Economics and Management Science, *supra* note 1212, at 3; Sam Peltzman, Toward a More General Theory of Regulation, 19 Journal of Law and Economics 211(1976).
④ Christopher C. DeMuth, Deregulation Review, 53 Antitrust Law Journal 189, at 189(1984).
⑤ Smith, An Inquiry Into the Nature and Causes of the Wealth of Nations, *supra* note 112, at 183.
⑥ Armentano, Antitrust: The Case for Repeal, *supra* note 735, at 105—106.

法案》的压力;(5)以市场力量替代监管可能对社会造成的危害。[1] 除此之外,它们一直认为并购的主要动机是摆脱竞争对手,所以应该通过并购规则来控制[2],甚至认为开放的政策不会带来经济增长。[3]

回顾之前在自愿并购管制系统中完成的实证研究,这些理由就很容易被驳倒。并购方可以选择在交易完成前请求进行交易前并购管制,该交易可能会被批准也有可能被阻止。第二个选择是并购方直接完成交易。在这种情况下,执法部门可能会调查交易并提出疑问。澳大利亚采用的就是这种自愿系统。

该自愿系统的研究结果揭示了以下内容:第一,在并购自愿管制制度下,观察到以下事实:(1)对并购各方和社会福利均不产生重大收益的交易,当事人选择对交易进行并购前管制并通过补救措施得以批准;(2)对并购各方收益不显著但社会福利收益重大,且经审查无条件批准的交易,各方选择并购后管制;(3)在为并购各方带来重大利益而社会福利收益不大的并购,且一经审查将受到质疑的交易,当事人选择并购后管制。第二,这些结果与强制执行的并购前管制系统下的结果是相同的,但强制执行系统却需要额外的成本。[4]

除此之外,还有一些其他的论点可能支持解除并购管制的提议。其中一些论点是:(1)并购管制制度的缺陷即使是合法的,也缺乏正当理由;(2)并购管制制度阻碍创新并导致生产力下降[5];(3)法规执行总是在不同时期由于不同群体的利益而波动[6],这导致管制的不确定性;(4)执法部门在审查过程中不仅仅采用技术标准判定裁决,其决定总是受到政治力的影响[7];(5)实证研究结果证实,具有较高的市场力甚至主导地位"不再是坏消息",但以违反法律的方式使用该权力才是问题所在,即问题是行为性的而非实质性的。[8]

有人认为,实证结果表明,解除管制将会导致外国人控制某些类型的资产甚至整

---

[1] Kirchner, Competition Policy vs. Regulation: Administration vs. Judiciary, *supra* note 1387, at 313; Sunstein, Journal of Policy Analysis and Management, *supra* note 1391, at 518—520.

[2] George J. Stigler, Mergers and Preventive Antitrust Policy, 104 University of Pennsylvania Law Review 176, at 177.

[3] Manuel Agosin & Diana Tussie, Trade and Growth: New Dilemmas in Trade Policy at 26(St. Martin's Press, 1993); D. Rodrik, The Global Governance of Trade: As If Trade Really Mattered, UNDP Project on Trade and Sustainable Human Development(United Nations Development Programme, 2001).

[4] Choe & Shekhar, International Journal of Industrial Organization, *supra* note 1108, at 27.

[5] Sunstein, Journal of Policy Analysis and Management, *supra* note 1391, at 519.

[6] Peltzman, Journal of Law and Economics, *supra* note 1394, at 227.

[7] Sunstein, Journal of Policy Analysis and Management, *supra* note 1391, at 521.

[8] George F. Kopits, Dividend Remittance Behavior within the International Firm: A Cross-Country Analysis, 54 The Review of Economics and Statistics 339, at 347(1972).

个行业,这种可能性很高。① 这一主张很容易遭到驳斥。因为这类问题,无论其背后目的的合法性如何,都应该通过限制外国人或某些群体购买资产来直接解决,而不是通过实施并购管制来解决。有学者认为,国际贸易与采取国际行动以实现并购管制之间存在联系的观点缺乏实验证据。但最后这位学者还是不情愿地肯定了这一观点。在他的研究中,他"没有考虑跨国公司,只分析了纯粹的国内并购。放宽管制会使分析复杂化,但由于跨境并购是一个越来越重要的问题,因此放宽管制将是一个非常重要的进步"。②

除此之外,有个观点很正确,认为反垄断规则更关注给予新手进入市场的机会,但此新手仅仅指还未参与过竞争的个体。这意味着在默认情况下反垄断规则可以被视为限制了自由贸易政策,因为自由贸易政策有着更广泛的目标,它允许所有参与者在任何时候进入市场。因此,可以说并购管制规则作为反垄断规则的应用阻碍了自由贸易和市场准入。③ 换句话说,国家已经用内部的非边境壁垒取代了守国门的关税。④

更准确地说,在试图或声称消除反竞争壁垒的同时,国家建立了自己的壁垒。甚至有人认为,为了紧跟自由贸易原则,竞争政策和并购管制应该在全球层面实施,例如,出口卡特尔应该被禁止。⑤ 值得注意的是,当必须打开国门才能寻求出路的时候,物理障碍即边界或者糟糕的基础设施,会阻碍自由贸易。⑥

WTO已经证实了并购管制过程本身可以被视为财政和非财政障碍。进一步来说,并购管制审查程序的复杂性、成本和耗时,无疑会使贸易更加困难和昂贵。这显然违反了《关税与贸易总协定》(GATT)第十一条,而且在GATT第二十条下也不被允许。在WTO和其他倡议的推动下,半全球化的世界将每天采取更多措施实现经济进步并收获全球化进程的成果,但是企业却依然会遇到此类阻碍,这是非常不合理的。

解除管制提议背后的理由可以从以下几点来确定:(1)实证结果显示,解除管制的

---

① Stacey Kole & Kenneth Lehn, Deregulation, the Evolution of Corporate Governance Structure, and Survival, 87 The American Economic Review 421, at 424(1997).
② Horn & Levinsohn, The Economic Journal, *supra* note 1290, at 269—270.
③ Sweeney, Melbourne Journal of International Law, *supra* note 1274, at 377, 414.
④ Sweeney, Melbourne Journal of International Law, *supra* note 1274, at 377, 414. 1409 at 380.
⑤ Foster, Emory International Law Review, *supra* note 1239, at 479—484.
⑥ 例如,捷克斯洛伐克分裂为捷克共和国和斯洛伐克后贸易率变化的比较以及东西德合并后的变化,参见 Pankaj Ghemawat, Borders, Differences, and the Law of Distance, *supra* note 793, at 44—45.

行业正在获得收益,总盈余抵消了对社会任何一方造成的任何伤害[1];(2)并购管制法规在经济上不合理,因为它们总是由行政官僚机构执行[2],总是消耗纳税人的资源,甚至是并购方的资源,以维持运行;(3)解除管制可以鼓励创新,从而提高生产效率[3];(4)经验表明,解除管制可以摧毁根据管制规定形成的卡特尔,这必然带来市场竞争的繁荣[4];(5)市场力量可以有效地服务于社会各方的利益。

有人认为解除管制对失业率的影响是显而易见的。失业率的上升归因于工会的削弱,这是解除管制的必然结果。[5] 此外,据称,为了跟上成本降低和市场竞争的步伐,员工的平均薪酬有所下降。[6] 因此,解除对并购的管制可能对雇员甚至低效率公司的股东都有一些不利影响。

但是,应该指出的是,这种失业问题主要是并购本身造成的,而不是由于废除并购管制制度造成的,因为并购管制制度从来就不关心就业问题。在这种情况下,应设计一套解决方案以解决预期的失业问题,并应该仔细调整方案以适应不同的司法管辖区。每个司法管辖区都有自己的特点,适用于某些国家的方法可能不适用于其他国家。例如,考虑到发展中国家的低生活水平,它们应该得到不同的非常规的保护。[7]

最后,有说法认为废除并购管制被视为开启"竞次"现象的里程碑。所谓竞次,就是不同司法管辖区为吸引外国直接投资特别是跨境并购竞相降低门槛,这种竞次的行

---

[1] Kole & Lehn, The American Economic Review, *supra* note 1406, at 422; Randall S. Kroszner & Philip E. Strahan, What Drives Deregulation? Economics and Politics of the Relaxation of Bank Branching Restrictions, 114 The Quarterly Journal of Economics 1437, at 1457(1999); Stigler, The Bell Journal of Economics and Management Science, *supra* note 1212, at 10; Steven A. Morrison & Clifford Winston, Airline Deregulation and Public Policy, 245 Science 707, at 711(1989); Patrick Massey, Competition and Deregulation: A Review of the Irish Experience, 47 Antitrust Bulletin 716, at 744(2002); for detailed information and empirical findings about successful deregulated industries(airlines, trucking, railroads, banking, and telecommunications)in the US see Horwitz, Theory and Society, *supra* note 352, at 149-164; Ernst R. Berndt, et al., Cost Effects of Mergers and Deregulation in the U. S. Rail Industry, 4 The Journal of Productivity Analysis 127(1993); Kenneth D. Boyer, Equalizing Discrimination and Cartel Pricing in Transport Rate Regulation, 89 Journal of Political Economy 270(1981); Henry McFarland, The Effects of United States Railroad Deregulation on Shippers, Labor, and Capital, 1 Journal of Regulatory Economics 259(1989); Wesley W. Wilson, Market-Specific Effects of Rail Deregulation, 42 The Journal of Industrial Economics 1(1994); Barry T. Hirsch, et al., Earnings and Employment in Trucking: Deregulating a Naturally Competitive Industry, in Regulatory Reform and Labor Markets(James Peoples ed. 1998).

[2] Horwitz, Theory and Society, *supra* note 352, at 148, 169.

[3] Elizabeth E. Bailey, Deregulation: Causes and Consequences, 234 Science 1211, at 1211-1212, 1216(1986).

[4] Horwitz, Theory and Society, *supra* note 352, at 167.

[5] Horwitz, Theory and Society, *supra* note 352, at 164-165.

[6] Kevin E. Henrickson & Wesley W. Wilson, Compensation, Unionization, and Deregulation in the Motor Carrier Industry, 51 Journal of Law and Economics 153, at 173(2008).

[7] Rafael Leal-Arcas, A New Era in Global Economic Governance, International Security Forum 1, at 3(2009).

为最终会以"社会的毁灭"而告终。[①] 然而,也有相反的说法,解除并购管制是解除国家监管理论的里程碑,它帮助国家从并购管制缺陷带来的影响中恢复过来,无疑有助于所有司法管辖区收获全球化带来的成果。

二、提案评估

基于以上对解除并购管制系统的描述,同时为了克服当前管制系统的缺陷并改进现有提案,下面将对该提案进行评估。我们将使用表3—7列出所有评估问题,并回答简单的"是"或"否"。图3—7显示最终评估结果以及该提案预期的积极影响和消极影响的百分比。

综上所述,可以说废除并购管制制度显然不会有任何弊端,所以没有必要评估并购管制提案的效果,因为它将获得100%的积极影响或改善目前的情况。但事实是,一些弊端并不是并购管制制度的原始结果,而是来自其前身,即反垄断缺陷。

第一,在成本问题上,解除并购管制提案是有效的,因为它不仅有望降低成本,而且有望完全消除成本,因此是足够充分的。除此之外,通过解除并购的实施,成本消除将立即实现,其效果将在所有司法管辖区得到平等分配,这意味着提案是公平的。

第二,关于执行差异问题,该提案的有效性在于它将完全克服执行差异的问题,因为显然没有任何决定是矛盾的,所以足以立即公平地解决问题。

第三,在交易前审查问题上,该提案将去除并购前管制这一额外步骤,其效果无疑足以完全克服这一缺陷,并在所有司法管辖区也将立即平等地实现。

第四,关于行为性反垄断调查结果的排除,只有通过国际协议要求考虑行为性反垄断的调查结果,该提案才有效。在这种情况下,该提案可以完全克服排除行为性反垄断调查结果的弊端。毫无疑问,它足够充分。但预期效果可能需要一些时间才能实现,至少需要时间来改变国家法律以符合国际协定。预计所有各方都将从克服这种缺陷中平等受益。

第五,关于域外效力问题,该提案将有效,因为它将完全消除域外效力,在任何其他司法管辖区甚至国内都不会就并购交易做出任何审查决定,并且不需要运行这些审查程序。另外有争端解决机制,因此被认为足以解决该问题,其效果将在解除并购管制时实现。

第六,关于基本错误问题,该提案中的任何内容都不会影响或克服这些错误,因为并购后的管制规则,即反垄断规则,将基于错误的意识形态,这一点依然保持不变。

第七,在政治影响问题上,该提案可能会有效。减少域外效力和执法差异问题的

---

① Karl Polanyi, The Great Transformation at 73 (Beacon Press, 1957).

政治摩擦,但寻租和监管捕获问题仍然存在,因此被认为是不充分的。但所有司法管辖区的所有当事方将立即公平地实现其效力。

第八,关于隐私与数据问题,提案有效。解除并购管制后,不会以任何方式向并购方、第三方甚至其他司法管辖区的主管部门收集信息,也不会从并购管制角度就本次交易发布公告。因此,该提议也是充分的,其效果将由所有司法管辖区的所有各方立即平等地实现。

第九,关于补救措施问题,该提案将有效,因为它完全不需要补救措施。因此,提议各方可以完全避免使用补救措施。但这并不否定国家执法部门可能会施加处罚和采取恢复措施以修正未来任何反竞争行为,但这与交易的结构无关。此外,所有司法管辖区的所有各方都将立即公平地实现这一效果。

第十,关于耗时问题,该提案将有效,因为跨辖区并购管制程序不需要时间审核,交易各方将按照他们的时间表立即完成交易,没有任何因为并购管制带来的延迟。因此,它足以解决该问题。同时,缩短时间的效果将在提案通过后立即得到实现,因为该提案还可以适用于执法机关的未决交易。此外,该提案是公平的,因为各方都将从中受益。所有司法管辖区的时间减少均等。

最后,解除管制提案在所有问题上都是有效的,因为它不需要任何额外的资源,甚至不需要监督机构或争端解决机制。该提案在效果方面也被认为是灵活的,在所有情况下都具有积极效果,因为国际协议的任何一方都可能随时退出协议以选择更好的解决方案,甚至回到原来的并购前管制体系。

基于上文的阐述,从表3—7中可以清楚地看出,该提案对除基于反垄断意识形态的基本错误之外的几乎所有缺陷都有积极影响,并且在几乎所有情况下效果都充分。除了政治影响,因为寻租和监管捕获仍然会在社会中发挥作用。几乎所有的效果都会立即实现,而且提案的所有效果都将是公平的,在所有情况下均等地实现。该提案对行为性反垄断问题的影响可能需要一段时间才能实现,因为在国家层面执行行为性反垄断调查结果将需要改变国家法律以反映这种影响。

此外,解除并购管制提案在所有情况下都是灵活的,因为它在未来很容易改变。例如,国际协议的任何一方都可以随时退出并转回旧的并购管制系统。除此之外,该提案在所有情况下都是有效的,因为在任何时候都不需要任何额外的资源,没有并购管制系统需要管理或执行。

表 3—7　　　　　　　　　　　　解除并购管制——评估

标准 问题	有效性	充分性	时效	效率	公平性	灵活性
成本	是	是	是	是	是	是
执行差异	是	是	是	是	是	是
交易前审查	是	是	是	是	是	是
行为性反垄断	是	是	否	是	是	是
域外效力	是	是	是	是	是	是
基本错误	否	否	否	否	否	否
政治影响	是	否	是	是	是	是
隐私与数据问题	是	是	是	是	是	是
补救措施	是	是	是	是	是	是
耗时	是	是	是	是	是	是

根据表 3—7 显示的结果，解除并购管制提案对现行并购管制制度的弊端产生积极影响的回答有 52 个，产生消极影响的回答只有 8 个，而且这些消极影响与反垄断自身缺陷密切相关，而不是与废除并购管制制度相关。如图 3—7 所示，这意味着解除并购的提议可能会改善 87% 的现状。

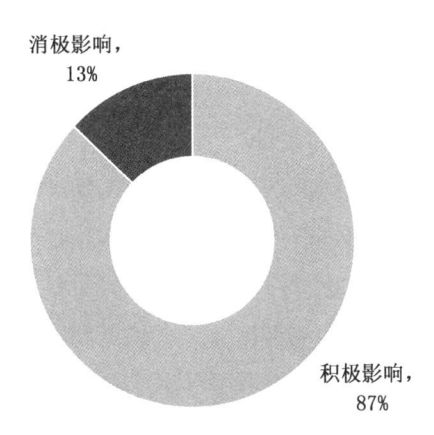

图 3—7　解除并购管制——评估

第六节　结　论

第一个结论是针对改进当前多辖区并购管制系统的提议有些很有用，但其中一些影响甚小，而另一些则影响巨大。甚至其中一些提议以前已经尝试采用过，虽不是专门用于并购管制,但至少用于反垄断层面。但是,以前没有评估过这些提案对现行并购管制制度的影响,并且有关这方面的所有讨论都仅限于叙述性地讨论提案的优、缺点,而没有制定任何评估标准,而根据这些标准进行比较是非常有效的。

第二个结论是改革提案的排名如下:最不成功的提案是多级监控系统提案,得分仅为15%。其次是通用在线申报系统的提案,得分为17%,以及双边合作协议提案,得分为21%。国际并购管制规则提案、管辖权规则提案和超国家机构提案在同一类别内分别获得32%、36%和37%。解除并购管制的提案是最有前途的解决方案,因为它能够使当前并购管制系统得到显著的改进,得分为87%。

第三个结论是所有讨论过的提案都可以改进或增强。这可以通过考虑某些成功因素,例如,采用争端解决机制,甚至可以通过将一个提案与另一个提案相结合来增强效果,即混合解决方案。一般来说,所有提案都需要时间,不仅实现其积极效果需要时间,在国际范围内采用它们也需要时间。然而,在考虑所需时间之前,要解决的初步问题是各方的政治意愿。这似乎是在国际范围内通过任何解决方案的最大障碍,主要归因于每个管辖区更关心自己的利益,而不是全球范围内的普遍福利。

第四个结论是解除对并购的监管与并购前管制制度一样,都会对交易给予保护,且没有成本,但不会令当前的多辖区并购管制制度得到100%的改善。乍一看,解除管制似乎可以克服所有管制系统的弊端,但事实上需要一些时间和精力来考虑行为性反垄断的调查结果,这其实是反垄断的基本错误,因为需要在该领域进行大量的研究工作才能为反垄断建立更坚实的基础。

第五个结论是并购可能对就业率产生负面影响,而特定行业的解除并购管制可能会对雇员的权利也产生负面影响。但这并不意味着解除管制跟就业率和失业率有直接的关系,因为事实上并购前管制制度不关心任何与就业相关的问题,所以废除管制也不会在这方面产生任何影响。换句话说,这些负面影响可能归因于交易的本身,而不是并购管制系统的废除,因为无论是否存在并购管制,这些负面影响都会发生。

此外,无论是否存在并购管制系统,即使需要补救措施,并购交易在所有情况下都预期会完成。这意味着存在并购管制系统的情况下存续公司会通过各种方式来抵消其在该制度下的损失,比如,提高产品价格或减少员工人数。因此,消费者和雇员应该是反垄断机构的主要关注点,社会的所有努力都应该用于采取适当的措施或法律来保护他们的利益。

结论与建议

> 从混乱中发现简洁,从无序中寻找和谐,困难中蕴藏着机会
> ——艾尔伯特·爱因斯坦

首先,这里的最终结论不会再总结和重复前文提到的每一个单独的结论,而是解决"所以呢?"这一问题。这些结论是关于什么的?它们带给我们的思考是什么?换言之,这本书对一般法律文献,特别是对跨境并购领域的文献有什么补充?对全球各级公共政策设计者和决策者提出了哪些建议?

本书探讨了公司作为历史上最成功的机构之一的深度起源,它是如何繁荣和发展的,如何促成经济的成功与失败,又是如何被用作利益与战争的工具,以及它在被大量使用或管制的时候是如何挣扎的。现在它似乎在一个新的起点徘徊,已经为未来的进步做好了准备。与其把公司想象成一个终结人类繁荣梦想的庞大怪物,不如将公司重塑成帮助人类繁荣的工具。

整本书也清楚地证明,公司是为人类的利益而发明和发展的。但它曾经被管理者、股东甚至国家错误地使用。另外,国家与公司之间总是存在紧张关系,这种紧张关系并不总是因为人类的利益,在大多数情况下甚至没有合理的理由。此外,最重要的事实是,全球化进程将给人类带来繁荣。但这一进程的步伐并不像预期得那么快,或者至少不像反全球化支持者一直声称得那么快。

好消息是机会就在眼前,当前的全球经济还远未全球化,但不幸的是,几乎所有国家的注意力并不总是关注这些机会。他们甚至认为世界的全球化是理所当然的结果。因此,在 20 世纪的大部分时间里,他们都在忙于讨论和谈判取消关税壁垒后如何分蛋糕,因为他们认为取消关税壁垒是带动经济增长达到顶峰的最佳解决方案。并且未来经济水平可以通过消除非关税壁垒得到进一步提高。

如前所述,取消关税壁垒的意义并不大,只要改善边境管理和物流基础设施,就会比取消关税壁垒的效果高 1 倍以上。除此之外,为消除非关税壁垒而引入的增强措施经过精心设计,看似消除了所有剩余的壁垒,但实际上引入的增强措施只是禁止以歧视性方式或霸权方式应用非关税壁垒而已,这意味着国家可以合法地阻碍贸易或服

务,只要它对其国民和外国人都采取同等待遇,而不是以独裁方式进行,并且根据《关税与贸易总协定》第二十条的任何一项灵活应用。

另外,机会,或者更准确地说是可能性,正在蛰伏等待,正在经历来自国家的阻碍,比如,外国直接投资,特别是如果它们不是绿色领域的投资的话,跨国并购则是不受欢迎的。尽管外国直接投资总体上更有希望加快经济增长进程,并朝着服务大众福祉的正确方向发展,甚至跨境并购是外国直接投资可以提供的最佳选择之一,但不同司法管辖区的国家并不欢迎这个机会,甚至除国家设计的许多其他障碍之外,还通过并购管制制度对其进行反击。

虽然这些机会是有希望实现的,但没有人可以忽视跨境并购对社会的负面影响,例如,它们对就业率的负面影响以及一些利用消费者偏见的不良做法。同时,另一个不容忽视的事实是监管方法值得商榷,一些人认为监管已失去效用,另一些人则主张直接解除管制。但其实辩论的重点应该转移到何时可以使用法规以及应该在什么方向使用,即应该有哪些利益应该被切断?

所有这一切都意味着国家可以监管公司,但公共政策应该促使国家在频谱两端的许多方向上发挥优越的作用,一方面,应要求国家为促进进入国内市场提供援助和便利,不仅要放松管制,还要提供真正的帮助与支持,应鼓励所有社会成员参与到这个过程中;另一方面,有一个关键的未解决的问题,即在公司对员工或消费者造成伤害时,法律如何有效地赋予国家机构监督和质疑公司的权利。

事实上,这不是一个腾空出世的新发明或解决方案,而是一个已经存在的旧解决方案。至少从伊斯兰的角度来看,国家不应该是干预市场的监督者,除非某些做法会导致市场彻底崩溃;否则,应该像亚当·斯密说的那样,市场应该通过一只看不见的手进行自我纠正[①],这一观点也得到大多数保守派学者的认可。因此,应该重新塑造国家的角色,不仅在国内范围内,还要在全球范围内。市场这块蛋糕本身是可以在分割之前得以扩大的。

鉴于马克斯·霍夫曼对新古典经济学派与行为性反垄断捆绑的担忧,国家应该脱离监管理论的影响,而且应该时刻照顾好雇员和消费者免受公司可能造成的任何伤害。此外,所有社会成员——国家、公司、人,无论他们是员工、研究人员还是消费者,教育和研究机构——都应该被视为一家人生活在同一屋檐下,每个成员都应该确定并执行自己的任务,以便在竞争中分得一杯羹。换句话说,每个家庭成员都应为所有其他家庭成员的成长和福利做出贡献。

另外,还需要再做一个分离,就是国家作为公共政策的设计者和国家作为行政执

---

① Dabbah, Competition Law and Policy in the Middle East, *supra* note 346, at 24.

法机关的分离,以避免寻租和监管捕获问题对其执行决策产生影响。这种国家角色分离或分割可以通过采用两级行政机构方法来实现[①],同时还要始终受到司法审查。

无论是采取解除并购管制政策,还是针对特定行业问题采取解除管制政策,都不要期望能获得各方的一致支持。例如,低收益公司的员工甚至股东总是会面临被并购的局面,尤其是在解除管制的政策下。[②] 但即使在并购管制系统下,员工也一样会遭受同样的问题,因为这个问题根本不是国家监管关心的问题,甚至在某些国家已明确提到没有考虑并购对失业率的影响。[③]

毫无疑问,没有明确的综合证据来理解和理论化正在发生的事情的全貌,或者断言跨境并购有一定的好处或坏处。但凡事总有利有弊,问题的正确答案应该不仅是如何寻找机会,而应该是如何利用全球工具箱中的所有工具来创造机会。否则,比如,国家未能履行其保护雇员的职责,那无疑会"破坏在各个国家内部建立的社会契约"。[④]

很明显,我们现在应该做更多的研究和努力来寻求未解问题的答案,即如何设计和有效地执行法律,赋予国家在法庭上监督和质疑反竞争行为的权力,只要这些反竞争行为切实导致员工或消费者的损失。如果这本书号召大家采取一项行动,那么该行动就是应该进一步研究以解答这个悬而未决的问题。法律作为一种工具,不应做任何妥协,应该旨在涵盖所有社会成员的利益。

最后,要说的是,以前无论是研究人员还是专业人士、贫苦人群还是富有阶级、成人或者儿童,都曾有过梦想,其中一些梦想现已成真。这些成真的梦想不仅仅是想象带来的结果,还是因为想象有时是做梦者的动力,有时是其他人的动力,是付诸行动试图实现它的动力。曾经,有人梦想着欧盟的建立,梦想着美利坚合众国的建立,或者世界贸易组织的成立,这些,现在都梦已成真。

笔者梦想有一天,政治意愿能达成一致,同意在所有司法管辖区内重塑国家的角色,所有其他社会成员将为自己的繁荣和普遍福利而合作,没有人再为了更高品质的生活而苦苦挣扎。阿尔伯特·爱因斯坦说过"想象力远比知识更重要"。[⑤] 同时,如果这本书可以给大家留下一个信息,那就是每个理性的人都应该不断地提问和思考,总有一天会找到解决各领域问题的最佳方案。这些解决方案可能耳目一新,也可能像解除并购管制一样,在历史的长河中早已存在,只待我们去挖掘。

[①] Stephen Weatherill, The Changing Law and Practice of UK and EEC Merger Control, 11 Oxford Journal of Legal Studies 520, at 543(1991).

[②] Massey, Antitrust Bulletin, *supra* note 1412, at 757.

[③] Ilzkovitz & Meiklejohn, European Merger Control: Do We Need an Efficiency Defence?, *supra* note 660, at 58.

[④] Karen E. Bravo, Transborder Labour Liberalization: A Path to Enforcement of the Global Social Contract for Labour, The Foundation For Law, Justice and Society 1, at 2(2009).

[⑤] Alice Calaprice, The Expanded Quotable Einstein at 7(2nd ed., Princeton University Press, 2000).

术语表

原　文	译　文	备　注
antitrust law	反垄断法	反托拉斯法，反垄断法
behavioral remedies	行为性补救措施	
civil law	大陆法	公民法
civil law system	大陆法系	
clearance process	认可程序	参考中国商务部网页 http://us.mofcom.gov.cn/article/ztdy/201710/20171002662087.shtml
common law system	英美法系	
compliance cost	合规成本	
conduct remedies	行为补救	
conglomerate effects	联合效应	
conglomerate merger	跨行业企业合并	
consent decrees	协议裁决	双方同意的判决
coordinated effects	协同效应	
economic reasoning	经济推理	
effects doctrine	效果原则	
EU court of first instance	欧盟一审法院	
extraterritorial effect	域外效力	
general court	（欧盟）普通法院	
horizontal merger	横向并购	水平并购
internal cost	内部成本	
international competition network	国际竞争网络	http://zys.mofcom.gov.cn/article/cp/200602/20060201503075.shtml
jurisdictions	司法管辖区	监管区域，司法管辖区
merger control	并购管制	兼并控制，并购管制，并购控制
non-horizontal mergers	非横向并购	
post-merger control	并购后管制	
premerger control	并购前管制	
procedural rules	程序规则	
reason comity	理性礼让	

续表

原　文	译　文	备　注
regulatory capture	监管俘获	指负责监管特定行业的政府机构发现自己在为该行业的大公司而不是公众利益辩护。人们可以把这些机构称为"被俘机构"。政府和组织可以采取许多措施来限制监管捕获的可能性。
rent seeking	寻租（法）	指在没有从事生产的情况下，为垄断社会资源或维持垄断地位，从而得到垄断利润（亦即经济租）所从事的一种非生产性寻利活动。
rule of reason	（反托拉斯法）合理原则	[美]（反托拉斯法）合理原则是判断一种行为是否违反《谢尔曼法》（Sherman Act）的司法原则，最初由最高法院于1911年在美孚石油公司案中提出。根据该原则，只有一项贸易做法构成对贸易的不合理限制，才被认为违反了《谢尔曼法》。因此法院必须综合衡量案件中的各种因素，如限制行为的过程、被证实的罪行、采取特别救济的理由和寻求达到的结果等。但该原则不适用于[本身违法]的情形。
second request	进一步信息要求	参考中国商务部网页 http://us.mofcom.gov.cn/article/ztdy/201710/20171002662087.shtml
specialized law	专门法律	
state attorney general	州司法部长	
structural remedies	结构性补救措施	
substantive rules	实体规则	
surviving corporation	存续公司	
the antitrust procedural improvements act	反托拉斯程序修订法	参考中国商务部网页 http://us.mofcom.gov.cn/article/ztdy/201710/20171002662087.shtml
the celler-kafeuver act	塞勒—凯弗维尔法案	参考中国商务部网页 http://us.mofcom.gov.cn/article/ztdy/201710/20171002662087.shtml
the clayton act	克莱顿法案	
the federal trade commission act	联邦贸易委员会法	
the foreign trade antitrust improvements act	对外贸易反垄断改进法	
the general rule	一般原则	
the law of economic courts	（埃及）经济法院法	

续表

原　文	译　文	备　注
the per se rule	自身原则	[美]本身违反规则；单独认定规则。在反托拉斯法中，只要某一商业做法是限制贸易的，就无须考虑它实际上是否造成了对他人的损害，即可认定其违反《谢尔曼法》的司法原则。
the Sherman Act	谢尔曼法案	
threshold	（申报）门槛	
type Ⅰ errors	第一类错误	
unilateral or non-coordinated effects	单边或非协同效应	
vertical merger	纵向并购	垂直并购
negative comity	消极礼让	一方在决定是否提起反垄断调查、调查的范围、拟采取的救济或惩罚措施的性质等问题时，应当考虑另一方的重要理由利益。
positive comity	积极礼让	当一方相信发生在另一方境内的限制竞争行为将严重影响其利益时，该方可向另一方发出通知，并要求另一方的执法机关对该行为采取适当的执法行动。
energy charter treaty	（国际）能源宪章条约	
international private law	国际私法	
hard-look doctrine	严格检视原则	
soft law	软法	
spill-over effect	溢出效应	
pareto efficiency principle	帕累托效率原则	
kaldor-hicks efficiency principle	卡尔多－希克斯效率原则	

缩略语

ABA	美国律师协会
ARR	平均收益率
CEO	首席执行官
CFI	欧洲初审法院
CFIUS	美国外国投资委员会
DCF	折现现金流
DIAC	《国际反垄断法草案》
DOJ	美国司法部
EC	欧盟委员会
ECJ	欧盟法院
ECOSOC	联合国经济及社会理事会
ECSC	欧洲煤钢共同体条约
EEC	欧洲经济共同体条约
EPS	每股盈利
ERR	经济收益率
ESOP	员工持股计划
EU	欧盟
FBI	美国联邦调查局
FCPA	1977年海外反腐败法
FDI	外国直接投资
FTC	美国联邦贸易委员会
GAAP	一般公认会计准则
GATT	关税与贸易总协定
GCC	海湾阿拉伯国家合作委员会
HHI	赫芬达尔－赫希曼指数
IISR	《哈特－斯科特－罗迪诺反垄断改进法案》
ICN	国际竞争网络
ICPAC	国际竞争政策咨询委员会

IFRS	国际财务报告准则
ILO	国际劳工组织
IOSCO	国际证监会组织
IPR	知识产权
IRR	内部收益率
ITO	国际贸易组织
JV	合营
LBO	杠杆收购
MBO	管理层收购
MENA	中东与北非
MRA	互认协议
MVM	市场价值法
NAFTA	北美自由贸易协定
OECD	经济发展与合作组织
P/E	市盈率
R&D	研究与开发
RVM	价值重置法
SEC	证券交易委员会
SWF	主权国家基金
TEC	欧洲共同体条约
TFEU	欧洲联盟运作条约
TRIPS	与贸易有关的知识产权协定
UAE	阿拉伯联合酋长国
UK	英国
UNCTAD	联合国贸易和发展会议
US	美国
VDR	虚拟数据空间
WTO	世界贸易组织

案　例

1. 埃及

The Supreme Administrative Court, Case No. 8409/56, June 22, 2013

2. 欧盟

Case 6/72, Europemballage Corporation and Continental Can Company Inc. v. Commission of the European Communities, 1973 E. C. R. 215

Joined Cases 142/84 and 156/84 British-American Tobacco e. a. and Reynolds v. Commission("Philip Morris"), (1987) ECR 4487

Joined Cases C-89/85, C-104/85, C-114/85, C-116/85, C-117/85 and C-125/85 to C-129/85. A. Ahlstrom Osakeyhtio and others v. Commission of the European Communities. 31 March, 1993

Case C-327/92, France v. Commission, 09.08.1994 [ECR] 3641

Case T-102/96, Gencor Ltd v. Commission, March 25, 1999

Eco Swiss China Time Ltd v. Benetton International NV case C-126/97 [2000] 5 CMLR 816

Case T-464/04, Impala v. Commission, Judgment of the Court of First Instance, 13.07.2006

Case C-52/09, Konkurrensverket v. TeliaSonera Sverige AB. , 17.02.2011

3. 英国

Dyer, (1414) 2 Hen. V, fol. 5, pl. 26

Edward Darcy Esquire v. Thomas Allin of London Haberdasher, (1599) 74 ER 1131, (1602) 77 Eng. Rep. 1260 and (1599) Noy 173

Sutton Hospital (1612) 77 Eng. Rep. 960; (1612) 10 Rep. 32; (1612) 10 Co Rep 23a

Mitchel v. Reynolds (1711), IP. Wms. , 181, 24 Eng. Rep. , 347

British Nylon Spinners Ltd. v. ICI [1953] I Ch. 19

4. 美国

Trustees of Dartmouth College v. Woodward, 17 U. S. 634 (1819)

Parker v. Brown, 317 U. S. 341 [1943]

United States v. Aluminum Co. of America,148 F. 2d 416(2d Cir. 1945)

United States v. ICI,100 F. Supp. 504,at 592(SDNY 1951)

Brown Shoe Co. ,Inc. v. United States,370 U. S. 294(1962)

Timberlane Lumber Co. v. Bank of America,549 F. 2d 597(9th Cir. 1976)

Atari Games Corp. v. Nintendo of America,Inc. ,897 F. 2d 1572,1576(Fed. Cir. 1990)

Hartford Fire Ins. Co. v. California,509 U. S. 764(1993)

United States v. Nippon Paper Industries Co. Ltd et al. ,109 F. 3d 9(1st Cir. 1997)

Omnicare,Inc. v. NCS Healthcare,Inc. ,818 A. 2d 914 Del: Supreme Court 2003

FTC v. Whole Foods Mkt. ,Inc. ,548 F. 3d 1028,1032(D. C. Cir. 2008)

United States v. Bazaarvoice,Inc. 13-cv-00133-WHO,slip op. (N. D. Cal. ,Jan. 8, 2014)

法　案

1. 澳大利亚

Act No. 92 of 1975(The Foreign Acquisitions and Takeovers Act)

2. 加拿大

An Act for the Prevention and Suppression of Combinations Formed in Restraint of Trade. S. C. 1889,52 Vic. ,c. 41

Investment Canada Act,R. S. C. 1985,I-21. 8

3. 埃及

The Penal Code,promulgated by Law No. 58 of 1937

The Criminal Procedures Law,promulgated by Law No. 150 of 1950

Law No. 12 of 1976(Establishing the Egyptian Electricity Authority)

Law No. 121 of 1982(Law Concerning the Importing Registry)

Law No. 230 of 1996(Regulating Owning a Real Estate or Unoccupied Lands by Foreigners)

Law No. 91 of 2005(Income Tax Law)

The Law of Protection of Competition and Prevention of Monopolistic Practices, promulgated by Law No. 3 of 2005

The Law of Economic Courts,promulgated by Law No. 120 of 2008

The Electricity Law,promulgated by Law No. 87 of 2015

4. 欧盟

The Treaty Establishing the European Economic Community, Rome Treaty, 25 March,1957,Not Published

Council Regulation(EEC) No. 4064/89 of 21 December,1989 on the control of concentrations between undertakings,O. J. L 257/90,21. 12. 1989,pp. 1—12

The Treaty on European Union,Maastricht Treaty,OJ C 191,29. 7. 1992

Council and Commission Decision of 30 October,1997 on the conclusion of the Partnership and Cooperation Agreement between the European Communities and their Member States,of the one part,and the Russian Federation,of the other part,Official Journal L 327,28. 11. 1997,pp. 1—2

Council Directive 2001/23/EC of 12 March 2001 on the approximation of the laws of the Member States relating to the safeguarding of employees' rights in the event of transfers of undertakings, businesses or parts of undertakings or businesses

Council Regulation(EC) No 139/2004 of 20 January, 2004 on the control of concentrations between undertakings(the EC Merger Regulation), Official Journal L 24, 29.01.2004, pp. 1—22

Directive of the European Parliament and of the Council on Cross-border Mergers of Limited Liability Companies, 27.07.2005, PE-CONS 3632/05

Directive 2005/56/EC of the European Parliament and of the Council of 26 October 2005 on cross-border mergers of limited liability companies, Official Journal L 310, 25.11.2005, p. 1—9

Directive 2005/36/EC of the European Parliament and of the Council of 7 September 2005 on the recognition of professional qualifications, Official Journal L 255/22, 30.09.2005, pp. 22—142

The Treaty of Lisbon, Official Journal C 306, 17.12.2007

Treaty on the Functioning of the European Union, Official Journal C 326, 26.10.2012, p. 47—390

5. 法国

Le Chapelier Act of June 14—17, 1791

6. 德国

The Foreign Trade and Payments Act(Außenwirtschaftsgesetz)

7. 卡塔尔

Law No. 13 of 2000(The Law Regulating the Investment of Non-Qatari Capital in Economic Activities)

8. 英国

Statute of Monopolies of 1623 Chapter 3 21 Ja 1

Bubble Act of 1720(6 Geo I, c 18)

Joint Stock Companies Act of 1844(7 & 8 Viet. c. 110)

Protection of Trading Interests Act of 1980

The Competition Act of 1998

Enterprise Act of 2002

9. 美国

Sherman Antitrust Act of 1980, Ch. 647, 26 Stat. 209, codified at 15 U.S.C. §§1—7

New Jersey General Corporation Act of 1896

Delaware General Corporation Law of 1899(21 Del. Laws-273)

Clayton Antitrust Act of 1914,codified at 15 U. S. C. §§ 12—27

The Federal Trade Commission Act of 1914,15 U. S. C §§ 41—58

Webb-Pomerene Act of 1918,15 U. S. Code § 61—66

The Merchant Marine Act of 1920,P. L. §§ 66—261

The Securities Act of 1933,codified at 48 Stat. 74,15 U. S. C. §77a et seq

The Administrative Procedure Act of 1946,5 U. S . C. 55—551,et seq

The Celler-Kafeuver Act of 1950,64 stat. 1125 15 U. S. C §18

The Defense Production Act of 1950,50 U. S. C. App. 2061 et seq

The Occupational Safety and Health Act of 1970,U. S. C. §651 et seq

The Clean Water Act of 1972,33 U. S. C. § 1251 et seq

The Antitrust Procedures and Penalties Act of 1974,15 U. S. C. § 16

The Resource Conservation and Recovery Act of 1976,42 U. S. C. 6901

The Toxic Substances Control Act of 1976,15 U. S. C. 2601—2692

The International Investment and Trade in Services Survey Act of 1976,22 USC Ch. 46

Foreign Corruption Practices Act of 1977,15 U. S. C. § 78dd-1,et seq

The Agricultural Foreign Investment Disclosure Act of 1978,7 U. S. C. 3501,et seq

The Antitrust Procedural Improvements Act of 1980,94 STAT. 1154 PUBLIC LAW 96—349

Foreign Trade Antitrust Improvements Act of 1982,15 U. S. C. § 6a

Local Government Antitrust Act of 1984,H. R. 6027(98th)

Emergency Planning and Community Right-to-Know Act of 1986,0 CFR Parts 355,370,and 372

The Worker Adjustment and Retraining Notification Act of 1988,29 U. S. C. 2101, et seq

The Americans with Disabilities Act of 1990,42 U. S. C. § 1210 1

Family and Medical Leave Act of 1993,29 U. S. C. 2601,et seq

The Communications Assistance to Law Enforcement Act of 1994,47 USC 1001—1010

The International Antitrust Enforcement Assistance Act of 1994,15 U. S. C. Chapter 88,§ 6201—§ 6212

Sarbanes Oxley Act of 2002(Pub. L. 107—204,116 Stat. 745,enacted July 30,2002)

Foreign Investment and National Security Act of 2007(Pub. L. 1 10—49,121 Stat. 246,enacted July 26,2007)

10. 瑞典

Insurance Contracts Act[Försäkringsavtalslag(SFS 2005：1 04)]

11. 国际条约

The Paris Convention for the Protection of Industrial Property,March 20,1883

GATT 1994：General Agreement on Tariffs and Trade 1994,Apr. 15,1994,Marrakesh

Agreement Establishing the World Trade Organization,Annex 1A,The Legal Texts：The Results of the Uruguay Round of Multilateral Trade Negotiations 17(1999),1867 U. N. T. S. 187,33 I. L. M. 1153(1994)

WTO Agreement：Marrakesh Agreement Establishing the World Trade Organization,Apr. 15,1994,The Legal Texts：The Results of the Uruguay Round of Multilateral Trade Negotiations 4(1999),1867 U. N. T. S. 154,33 I. L. M. 1144(1994)

TRIPS：Agreement on Trade Related Aspects of Intellectual Property Rights,Apr. 15,1994,Marrakesh Agreement Establishing the World Trade Organization,Annex 1C,The Legal Texts：The Results of The Uruguay Round of Multilateral Trade Negotiations 320(1999),1869 U. N. T. S. 299,33 1. L. M. 1197(1994)

PCT：Patent Cooperation Treaty,June 19,1970. TIAS 8733; 28 UST 7645; 9 I. L. M. 978(1970)

TBT：Agreement on Technical Barriers to Trade,Apr. 15,1994,Marrakesh Agreement Establishing the World Trade Organization,Annex 1A,The Legal Texts：The Results of The Uruguay Round of Multilateral Trade Negotiations

参考文献

此部分内容可用微信扫描上面二维码阅读